应用型本科院校"十二五"规划教材/经济管理类

Economic Law

经济法

(第3版)

主　编　曹　岩　孙利民
副主编　赵　楠　陈红梅
参　编　陈　松

哈尔滨工业大学出版社
HARBIN INSTITUTE OF TECHNOLOGY PRESS

内容摘要

本书主要介绍经济法概述、企业法、公司法、企业破产法、合同法、市场规制法、工业产权法、金融法律制度和经济纠纷解决机制。

本书以提高非法学专业本科学生整体专业素质为基础，力图更加贴近应用型高级人才培养的教育教学实践，可作为应用型高校非法学专业经济法方面的教材，同时可供对经济法相关知识或兴趣的读者参考。

图书在版编目(CIP)数据

经济法/曹岩,孙利民主编. —3 版. —哈尔滨:哈尔滨工业大学出版社,2014.1

应用型本科院校"十二五"规划教材

ISBN 978-7-5603-3329-8

Ⅰ.①经… Ⅱ.①曹… ②孙… Ⅲ.①经济法-中国-高等学校-教材 Ⅳ.①D922.29

中国版本图书馆 CIP 数据核字(2013)第 292598 号

策划编辑	赵文斌　杜　燕
责任编辑	翟新烨
出版发行	哈尔滨工业大学出版社
社　　址	哈尔滨市南岗区复华四道街 10 号　邮编 150006
传　　真	0451-86414749
网　　址	http://hitpress.hit.edu.cn
印　　刷	黑龙江省地质测绘印制中心印刷厂
开　　本	787mm×960mm　1/16　印张 19.25　字数 418 千字
版　　次	2011 年 8 月第 1 版　2014 年 1 月第 3 版 2014 年 1 月第 1 次印刷
书　　号	ISBN 978-7-5603-3329-8
定　　价	33.80 元

(如因印装质量问题影响阅读,我社负责调换)

《应用型本科院校"十二五"规划教材》编委会

主　任　　修朋月　　竺培国
副主任　　王玉文　　吕其诚　　线恒录　　李敬来
委　员　　（按姓氏笔画排序）
　　　　　　丁福庆　　于长福　　马志民　　王庄严　　王建华
　　　　　　王德章　　刘金祺　　刘宝华　　刘通学　　刘福荣
　　　　　　关晓冬　　李云波　　杨玉顺　　吴知丰　　张幸刚
　　　　　　陈江波　　林　艳　　林文华　　周方圆　　姜思政
　　　　　　庹　莉　　韩毓洁　　臧玉英

序

哈尔滨工业大学出版社策划的《应用型本科院校"十二五"规划教材》即将付梓,诚可贺也。

该系列教材卷帙浩繁,凡百余种,涉及众多学科门类,定位准确,内容新颖,体系完整,实用性强,突出实践能力培养。不仅便于教师教学和学生学习,而且满足就业市场对应用型人才的迫切需求。

应用型本科院校的人才培养目标是面对现代社会生产、建设、管理、服务等一线岗位,培养能直接从事实际工作、解决具体问题、维持工作有效运行的高等应用型人才。应用型本科与研究型本科和高职高专院校在人才培养上有着明显的区别,其培养的人才特征是:①就业导向与社会需求高度吻合;②扎实的理论基础和过硬的实践能力紧密结合;③具备良好的人文素质和科学技术素质;④富于面对职业应用的创新精神。因此,应用型本科院校只有着力培养"进入角色快、业务水平高、动手能力强、综合素质好"的人才,才能在激烈的就业市场竞争中站稳脚跟。

目前国内应用型本科院校所采用的教材往往只是对理论性较强的本科院校教材的简单删减,针对性、应用性不够突出,因材施教的目的难以达到。因此亟须既有一定的理论深度又注重实践能力培养的系列教材,以满足应用型本科院校教学目标、培养方向和办学特色的需要。

哈尔滨工业大学出版社出版的《应用型本科院校"十二五"规划教材》,在选题设计思路上认真贯彻教育部关于培养适应地方、区域经济和社会发展需要的"本科应用型高级专门人才"精神,根据黑龙江省委书记吉炳轩同志提出的关于加强应用型本科院校建设的意见,在应用型本科试点院校成功经验总结的基础上,特邀请黑龙江省9所知名的应用型本科院校的专家、学者联合编写。

本系列教材突出与办学定位、教学目标的一致性和适应性,既严格遵照学科体系的知识构成和教材编写的一般规律，又针对应用型本科人才培养目标及与之相适应的教学特点，精心设计写作体例，科学安排知识内容，围绕应用讲授理论，做到"基础知识够用、实践技能实用、专业理论管用"。同时注意适当融入新理论、新技术、新工艺、新成果，并且制作了与本书配套的PPT多媒体教学课件，形成立体化教材，供教师参考使用。

《应用型本科院校"十二五"规划教材》的编辑出版，是适应"科教兴国"战略对复合型、应用型人才的需求，是推动相对滞后的应用型本科院校教材建设的一种有益尝试，在应用型创新人才培养方面是一件具有开创意义的工作，为应用型人才的培养提供了及时、可靠、坚实的保证。

希望本系列教材在使用过程中，通过编者、作者和读者的共同努力，厚积薄发、推陈出新、细上加细、精益求精，不断丰富、不断完善、不断创新，力争成为同类教材中的精品。

第3版前言

经济法学是一门以经济法律现象为研究对象的学科。本书适应经济法学科的最新发展,立足于为财经、商贸、管理类非法学专业高等教育的人才培养提供优质教材,注重应用型、高技能人才培养素质要求,体现应用为本、能力为先的教育特点。

本书编写具有较强针对性,以提高非法学本科学生整体专业素质为基础,力图更加贴近应用型高级人才培养的教育教学实践。

本书编写在内容选择上,注重理论和实践的结合,注重知识的系统性、实用性。在阐述法律基本学科理论时,保证本科教育知识量达标,并针对非法学专业特点,对内容进行适当调整,深入浅出、通俗易懂,力求突出实用性和可操作性。

本书共9章,包括:经济法概述、企业法、公司法、企业破产法、合同法、市场规制法、工业产权法、金融法律制度、经济纠纷解决机制。

本书编写在体例上结合应用型非法学本科学生的学识水平和知识结构特征以及认知和阅读特点而设置。每章节首先以"知识目标、能力目标、案例导读"开始,使学生能够带着目标和疑问进入到具体理论知识的阐述中;每章节后都配有实用性很强的"案例评析示例"和"本章案例导读解析";"复习思考题"用以巩固本章的知识点。

本书由曹岩,孙利民担任主编,赵楠,陈红梅担任副主编,陈松担任参编。各章的撰稿人安排为:曹岩编写第2、4、7、9章,孙利民编写第5章,赵楠编写第6章,陈红梅编写第1、8章,陈松编写第3章。

本书在编写过程中,参考借鉴了许多经济法方面的书籍,在此向相关作者表示衷心的感谢。

由于水平所限,加之工作时间仓促,书中难免存在一些缺点和不足,敬请学界同仁和广大读者予以批评指正。

编 者
2013年11月

目 录

第一章 经济法概述 ... 1
- 第一节 法律的一般理论 ... 2
- 第二节 经济法的概念和调整对象 ... 7
- 第三节 经济法律关系 ... 13
- 第四节 经济法律责任 ... 19

第二章 企业法 ... 24
- 第一节 企业法概述 ... 25
- 第二节 个人独资企业法 ... 26
- 第三节 合伙企业法 ... 35
- 第四节 外商投资企业法 ... 47

第三章 公司法 ... 64
- 第一节 公司法概述 ... 65
- 第二节 有限责任公司 ... 68
- 第三节 股份有限公司 ... 74
- 第四节 公司债券与公司财务、会计 ... 80
- 第五节 公司的变更、解散与清算 ... 82

第四章 企业破产法 ... 87
- 第一节 企业破产法概述 ... 88
- 第二节 破产申请的提出与受理 ... 89
- 第三节 破产管理人 ... 94
- 第四节 债务人财产 ... 95
- 第五节 债权人会议 ... 96
- 第六节 重整与和解制度 ... 99
- 第七节 破产宣告和终结 ... 103

第五章 合同法 ... 110
- 第一节 合同法概述 ... 111
- 第二节 合同的订立 ... 115
- 第三节 合同的效力 ... 119
- 第四节 合同的履行 ... 125

第五节　合同的担保……………………………………………………… 129
　　第六节　合同的变更、转让与终止……………………………………… 138
　　第七节　违约责任………………………………………………………… 142
第六章　市场规制法……………………………………………………………… 147
　　第一节　反不正当竞争法………………………………………………… 148
　　第二节　反垄断法………………………………………………………… 157
　　第三节　消费者权益保护法……………………………………………… 164
　　第四节　产品质量法……………………………………………………… 178
第七章　工业产权法……………………………………………………………… 190
　　第一节　工业产权法概述………………………………………………… 191
　　第二节　专利法…………………………………………………………… 192
　　第三节　商标法…………………………………………………………… 206
第八章　金融法律制度…………………………………………………………… 222
　　第一节　银行法…………………………………………………………… 223
　　第二节　票据法…………………………………………………………… 230
　　第三节　证券法…………………………………………………………… 243
　　第四节　保险法…………………………………………………………… 260
第九章　经济纠纷解决机制……………………………………………………… 268
　　第一节　经济纠纷解决机制概述………………………………………… 269
　　第二节　仲裁……………………………………………………………… 270
　　第三节　经济诉讼………………………………………………………… 281
参考文献…………………………………………………………………………… 294

第一章 Chapter 1

经济法概述

【学习目标】
1. 掌握经济法律关系及其构成、经济法律责任；
2. 理解经济法的概念、经济法的调整对象；
3. 了解经济法的渊源、在法律体系中的地位及作用。

【能力目标】
1. 准确理解和运用具体经济法律规范；
2. 准确分析经济法的概念、本质、特征及经济法律关系构成要素；
3. 出现法律争端能够判断承担法律责任的形式。

【案例导读】
8岁的王洋在市教委组织的征文比赛中获得了二等奖。市教委下属的一家杂志社闻讯后即来信表示，他们将出一期儿童作品专刊，希望王洋能寄来两篇文章供他们挑选。王洋的父亲王冰收信后给杂志社寄去了一篇文章，但之后一直没有回音。第二年8月，王冰在该杂志社的期刊上发现有王洋的一篇文章但没有给王洋署名，便立即找到杂志社，质问为何不通知他们作品已被选用，而且既不支付稿酬也不署名。然而该杂志社称，王洋年仅8岁，还是未成年人，还不能享有著作权，因此没必要署名；杂志社发表王洋的作品是教委对其成绩的肯定，没有必要支付稿酬。请问，根据我国法律规定，王洋是否有署名的权利和获得报酬的权利？

第一节 法律的一般理论

一、法和法律

(一)法和法律的概念

1. 法的概念

法是由国家制定或认可的、代表统治阶级意志的、并由国家强制力保证实施的行为规范的总称。这一国家意志的内容由统治阶级物质生活条件所决定,它通过规定人们在社会关系中的权利和义务,确认、保护和发展有利于统治阶级的社会关系和社会秩序。

2. 法律的概念

法律一词,有广义和狭义之分。狭义的法律专指拥有立法权的国家机关依照立法程序制定和颁布的规范性文件;而广义的法律则指法的整体,即国家制定或认可并由国家强制力保证实施的各种行为规范的总称。在一般情况下,"法"和广义的"法律"同义,但在某些场合,"法"又和狭义的法律同义,如《中华人民共和国物权法》《中华人民共和国票据法》等。在我国历史上很长一段时期内把"法"称为"律",如秦律、汉律、隋律、唐律、明律、大清律等。近代才把法与律连用,称法律。

(二)法律的特征

法律作为一种特殊的行为规则和社会规范,不仅具有行为规则、社会规范的共性,还具有自己的特征。其特征主要包括:

1. 法律是由国家制定或认可的行为规范

法律是国家意志的表现,是由国家制定或认可的行为规范。制定或认可是国家创制法律的两种方式,也是统治阶级把自己的意志变为国家意志的两条途径。法律是通过国家制定和发布的,但不是国家发布的任何文件都是法律。首先,法律是国家发布的规范性文件;其次,法律需要通过特定的国家机关、按照特定的方式、表现为特定的法律文件形式才能成立。所谓国家认可,是指由国家立法机关或司法机关赋予社会上存在的某些习惯、教义、礼仪等以法律效力而形成的法律规范。

2. 法律是凭借国家强制力的保证而获得普遍遵行的行为规范

法律是由国家强制力保障实施的规范。法律的强制性是由国家提供和保证的,因而与一般社会规范的强制性不同。其他社会规范虽然也有一定的强制性,如道德主要依靠社会舆论的制约,习惯受到巨大习惯势力的制约,但这些制约都不同于国家的强制。国家强制力是以国家的强制机构(如军队、警察、法庭、监狱)为后盾,对违法者采取国家强制措施。法律是最具有强制力的规范。

3. 法律是明确而普遍适用的规范

法律具有明确的内容,能使人们预知自己或他人一定行为的法律后果。法律具有普遍适用性,凡是在国家权力管辖和法律调整的范围、期限内,对所有社会成员及其活动,都普遍适用。

4. 法律是规定权利和义务的行为规范

法律以权利和义务为机制,影响人们的行为动机,指引人们的行为,调节社会关系。法律所规定的权利和义务不仅指个人、组织及国家(作为普通法律主体)的权利和义务,而且包括国家机关及其公职人员在依法执行公务时所行使的职权和职责。法律不仅规定义务,而且赋予权力或权利。这是与道德、习惯等社会规范不同的。

从以上法律的特征可以看出,法律实际是指反映一定物质条件下的统治阶级意志,由国家制定和认可,并由国家强制力保证实施,赋予社会关系的主体相应权利和义务的社会规范的总称。

二、法律规范

1. 法律规范的含义

法律规范是由国家制定或者认可的,反映国家意志的,具体规定权利义务及法律后果的行为准则。法律规范实际上是对人们的行为自由及其限度的规定,是对人们的行为自由的认可与对人们行为责任的设定。法律规范具有以下基本特征:(1)法律规范是由国家制定、认可的,由国家强制的行为规范;(2)法律规范是具体规定权利、义务以及法律后果的准则;(3)法律规范是普遍适用、并能反复适用的;(4)法律规范具有严密的逻辑结构。

2. 法律规范的逻辑结构

法律规范是构成法的最基本的组织细胞,是通过一定法律条文表现出来的、具有一定内在逻辑结构的特殊行为规范。从逻辑结构上看,它通常由假定、指示、后果三个部分构成。

(1)假定,是指法律规范中规定的适用该法律规范的情况和条件。一个法律规范要在一定条件出现的情况下才能适用,而适用这一法律规范的必要条件就称为假定。只有合乎某种条件、出现了某种情况,才能适用某个法律规范。如《中华人民共和国公司法》中规定:"设立公司必须依照本法制定公司章程。"该法律规范中,"设立公司"就是假定部分,意指这一法律规范是在设立公司时适用。

(2)指示,指法律规范所规定的行为规则部分,具体规定允许人们做什么、禁止做什么或者要求做什么的部分,实际上即为规定权利、义务的行为规则本身。如上例中,"必须依照本法制定公司章程"的规定,就是法律规范的指示部分。

(3)后果,是指法律规范中规定的、违反本规范将要承担什么样的法律后果。法律后果可分为肯定性后果和否定性后果两种形式。肯定性后果是确认行为以及由此产生的利益和状态具有合法性,法律对其行为给予保护和奖励。否定性后果是否认行为以及由此产生的利益和状态具有合法性和有效性,不予以保护甚至对行为人施以制裁,法律对其行为不予确认或给予制裁。

任何一个完整意义上的法律规范都是由上述三个要素按一定逻辑关系组成的,三个要素缺一不可,缺少任何一种,就意味着该法律规范是不完整的,在实际生活中或者难以实现,或者根本无法实现。若如此,制定该法律规范没有实际意义。

3. 法律规范的种类

按照不同的标准,可以把法律规范划分为不同的种类:

(1)授权性规范和义务性规范。按照规范的内容不同,法律规范可以分为授权性规范和义务性规范。授权性规范是授予人们可以做出某种行为、或要求他人作出或不作出某种行为的法律规范。义务性规范指规定人们必须作出或者不应作出一定行为的法律规范。

(2)强制性规范和任意性规范。按照规范的强制性程度的不同可分为强制性规范和任意性规范。强制性规范是指权利和义务的规定十分明确,不允许人们以任何方式变更或违反的法律规范,强制性规范一般表现为前述的义务性规范。任意性规范是指允许人们在法定的范围内自行确定其权利和义务的法律规范。

(3)确定性规范、委任性规范和准用性规范。按照规范内容的确定性程度的不同,可以分为确定性规范、委任性规范和准用性规范。确定性规范,是指法律规范直接而明确地规定了行为规则的内容,适用时无须再援用其他的法律规范来补充或说明的法律规范。大多数法律规范是确定性规范。委任性规范,是指法律规范没有明确规定行为规则的内容,而是授权由某一专门机构加以规定的法律规范。准用性规范,是没有明确规定行为规则内容,但明确指出可以援引其他的规则是本规则的内容得以明确。

三、法律渊源

法律渊源,也称法律的形式,是指法律规范借以存在和表现的形式,它主要表现在各国家机关根据其权限范围所制定的各种规范性文件之中。就现有立法情况来看,我国法律的渊源有以下几种:

(一)宪法

宪法是国家的根本大法,由全国人民代表大会制定和修改,具有最高的法律效力。宪法规定国家的基本制度和根本任务,具有最为严格的制定和修改程序。我国现行宪法是1982年12月4日第五届全国人民代表大会第5次会议通过的《中华人民共和国宪法》,全国人民代表大会于1988年、1993年、1999年、2004年先后四次以宪法修正案的形式对现行宪法作了修改和补充,形成31条修正案,是现行宪法的重要组成部分。

(二)法律

法律是由全国人民代表大会及其常务委员会制定的规范性文件,其地位和效力仅次于宪法,法律通常规定和调整国家、社会和公民生活中某一方面带根本性的社会关系或基本问题,是制定其他规范性文件的依据。例如《中华人民共和国民事诉讼法》、《中华人民共和国会计法》、《中华人民共和国公司法》、《中华人民共和国合同法》、《中华人民共和国证券法》、《中华人民共和国税收征收管理法》等。

（三）行政法规

行政法规是国务院为执行法律规定及履行宪法规定的行政管理职权的需要而制定的规范性文件。它通常冠以条例、办法、规定等名称。其地位次于宪法和法律,高于地方性法规,是一种重要的法的形式。例如《企业财务会计报告条例》、《公司登记管理条例》、《反倾销条例》、《外汇管理条例》等。

（四）地方性法规

地方性法规是省、自治区、直辖市的人民代表大会及其常务委员会在与宪法、法律和行政法规不相抵触的前提下,根据本地区情况制定、发布的规范性文件。省、自治区人民政府所在地的市和经国务院批准的较大的市以及经济特区市的人民代表大会及其常务委员会在宪法、法律和行政法规允许范围内制定的适用于本地方的规范性文件,也属于地方性法规。例如深圳市人民代表大会制定的《深圳经济特区注册会计师条例》、北京市人大常委会发布的《北京市城乡规划条例》、《北京市实施〈中华人民共和国食品卫生法〉办法》等。地方性法规效力不超出本行政区域范围,是地方司法依据之一。

（五）行政规章

行政规章包括部门规章和政府规章。部门规章是指国务院各部、委及中国人民银行、审计署和具有行政管理职能的直属机构,根据法律和国务院的行政法规、决定、命令,在本部门的权限范围内制定、发布的规范性文件。例如：财政部颁布的《会计从业资格管理办法》、《代理记账管理办法》；证监会颁布的《证券公司管理办法》、《上市公司信息披露管理办法》等。地方政府规章是指省、自治区、直辖市和较大的市的人民政府根据法律、行政法规和本省、自治区、直辖市的地方性法规制定的规范性文件。例如,2009年3月20日上海市人民政府令第10号公布的《上海市旅馆业管理办法》等。行政规章是法律、行政法规的补充,对正确适用和执行法律、行政法规具有重要意义。

（六）民族自治地方的自治条例和单行条例,以及特别行政区的法

民族自治地方的自治条例和单行条例是指民族自治地方的人民代表大会依照当地民族的政治、经济和文化的特点,依法制定的自治条例和单行条例。特别行政区的法是指特别行政区依法予以保留的特别行政区原有法律和特别行政区立法机关依法制定的法律,例如,《香港特别行政区基本法》、《澳门特别行政区基本法》等。民族自治地方的自治条例和单行条例及特别行政区的法,主要适用于本民族自治地方或特别行政区。

(七)司法解释

司法解释是指最高人民法院、最高人民检察院在总结审判实践经验的基础上发布的指导性文件和法律解释。例如,最高人民法院颁发的《关于适用<中华人民共和国合同法>若干问题的解释》、《关于审理不正当竞争民事案件应用法律若干问题的解释》等。

(八)国际条约、协定

国际条约、协定是指我国作为国际法主体缔结或者参加的国际条约、双边或多边协定及其他具有条约、协定性质的文件。国际条约、协定在我国生效后,除我国声明保留的条款外,对我国国家机关、公民或者社会组织具有法律上的约束力。例如,我国和世界其他国家签订的条约、协定以及 WTO 规则等。

四、法律体系

一个国家的现行法律规范分为若干法律部门,由这些法律部门组成的具有内在联系的、互相协调的统一整体即为法律体系。我国的法律体系是以宪法为核心,以法律为主干而形成的法律体系,根据第九届全国人民代表大会常务委员会的意见,我国现行法律体系可以划分为以下七个主要的法律部门:

(一)宪法及宪法相关法法律部门

宪法是国家的根本大法,宪法相关法是与宪法相配套、直接保障宪法实施和国家政权运作等方面的法律规范的总和,主要包括四个方面的法律:(1)有关国家机构的产生、组织、职权和基本工作制度的法律;(2)有关民族区域自治制度、特别行政区制度、基层群众自治制度的法律;(3)有关维护国家主权、领土完整和国家安全的法律;(4)有关保障公民基本政治权利的法律。

(二)刑法法律部门

刑法是规范犯罪、刑事责任和刑事处罚的法律规范的总称。刑法是一个传统的法律部门,与其他法律门类相比,具有两个显著特点:一是所调整的社会关系最广泛;二是强制性最突出,刑法是保证其他法律有效实施的后盾。

(三)民商法法律部门

民商法是规范民事、商事活动的法律规范的总称,所调整的是自然人、法人和其他组织之间基于平等地位发生的各种法律关系。民法调整的是公民与公民之间、法人与法人之间、公民与法人之间的财产关系以及人身关系。商法是在民法基本原则的基础上适应现代商事活动的需要逐渐发展起来的法律部门,主要包括公司法、证券法、破产法、保险法、期货法、票据法等方面的法律规范。

（四）行政法法律部门

行政法是规范国家行政管理活动的法律规范的总称，包括有关行政管理主体、行政行为、行政程序、行政监督以及国家公务员制度等方面的法律规范。行政法调整的是行政机关与行政管理相对人（公民、法人和其他组织）之间因行政管理活动而发生的法律关系。行政机关与行政管理相对人的地位是不平等的，行政行为由行政机关单方面依法作出，不需要双方平等协商。

（五）经济法法律部门

经济法是规范国家对市场经济活动实行干预、管理、调控所产生的社会经济关系的法律规范的总称。经济法是在国家干预市场经济活动过程中逐渐发展起来的一个法律门类，一方面与行政法的联系很密切；另一方面又与民法、商法的联系很密切。经济法包括财政法、金融法、税法、会计法、统计法、审计法、企业法、外商投资企业法等，是一个庞大的法律部门。

（六）社会法法律部门

社会法是规范劳动关系、社会保障、社会福利和特殊群体权益保障方面法律关系的法律规范的总称。社会法是在国家干预社会生活过程中逐渐发展起来的一个法律门类，所调整的是政府与社会之间、社会不同部分之间的法律关系。

（七）诉讼与非诉讼程序法法律部门

诉讼与非诉讼程序法是规范解决社会纠纷的诉讼活动与非诉讼活动的法律规范的总称。我国已经制定了刑事诉讼法、民事诉讼法和行政诉讼法，分别对三种诉讼活动进行规范。此外，我国还制定了仲裁法、劳动争议调解仲裁法等非诉讼程序法。

第二节 经济法的概念和调整对象

一、经济法的概念

在我国理论界，对经济法的概念争议较大。自从法学界提出"经济法"这一命题后，论证与质疑就一直伴随着经济法的整个发展历程。这些论证最为根本的分歧集中在经济法的调整对象上，不同的经济法学者都试图给经济法下一个界定性的定义，主要存在以下几种观点：

第一种观点认为，经济法是调整在国家干预和协调经济运行过程中所发生的经济关系的法律规范的总称。

第二种观点认为，经济法是调整发生在政府、政府经济管理机关和经济组织、公民个人之间的以社会公共性为根本特征的经济管理关系的法律规范的总称。

第三种观点认为，经济法是调整国家在参与、组织和管理社会经济生活中发生的经济关系的法律规范的总称。

第四种观点认为,经济法是指调整社会主义市场经济条件下出现的管理协作关系这种新的经济关系的法律规范的总称。

第五种观点认为,经济法是指由于国家干预和管理经济而形成的,调整以国家或者国家机关为一方主体同其他各方主体之间发生的经济关系的法律规范的总称。

上述这些观点,尽管在具体的认识和表述上仍有差异,但在原则上可以说已形成基本的共识,即经济法是调整需要由国家介入干预的经济关系的法律规范的总称。有鉴于此,经济法应是调整国家对经济实行宏观调控和对经济活动进行协调过程中所发生的经济关系的法律规范的总称。

国家立法机关在关于《中华人民共和国民法通则》的立法说明中,就民法与经济法、行政法的关系问题作了解释:"民法主要调整平等主体间的财产关系,即横向的财产、经济关系。政府对经济的管理,国家和企业之间以及企业内部等纵向经济关系或者行政管理关系,不是平等主体之间的经济关系,主要由有关经济法、行政法调整,民法基本上不作规定。"由此说明,经济法所调整的经济关系往往是基于国家对经济管理而在国家与企业之间发生的经济关系、企业内部基于行政管理而发生的经济关系以及国家与企业存在的管理与被管理、监督与被监督、指令与服从的行政强制经济关系等。

二、经济法的调整对象

与经济法的概念相联系,经济法的调整对象是国家为促进和保障市场经济的健康发展,维护经济秩序,在对经济活动进行管理过程中所发生的法律关系。经济法调整的经济法律关系主要有以下几类。

(一)市场主体调控关系

市场主体调控关系,是指国家在对市场主体的活动进行管理以及市场主体在自身运行过程中所发生的社会关系。在市场主体体系中,企业是最主要的主体。国家为了协调经济运行,必须对企业进行规范。对企业的设立、变更、终止,企业内部机构的设置,企业的财务会计制度等,进行必要的干预,旨在维护社会主义市场秩序及交易安全。调整市场主体关系的法律制度主要有《中华人民共和国公司法》、《中华人民共和国合伙企业法》、《中华人民共和国个人独资企业法》、《中华人民共和国中外合资经营企业法》、《中华人民共和国外资企业法》等。

(二)市场运行调控关系

市场运行调控关系,是指国家为了建立社会主义市场经济秩序,维护国家、生产经营者和消费者的合法权益而干预市场所发生的经济关系。发挥市场机制在资源配置中的基础性作用,必须建立统一、开放的市场体系。培育市场体系要求各种生产要素的自由流动,规范市场行为,打破市场分割与封锁,制止不正当竞争。与此相适应,经济法把左右市场体系的不正当竞争关系、垄断关系、产品质量关系、广告关系、价格关系、消费者利益保护等关系纳入自己的调整范围,调整这些关系的主要有《中华人民共和国反不正当竞争法》、《中华人民共和国证券法》、《中华人民共和国合同法》、《中华人民共和国担保法》、《中华人民共和国票据法》、《中华人民共和国保险法》、《中华人民共和国城市房地产管理法》等。

(三) 宏观经济调控关系

宏观经济调控关系,是指国家从长远和社会公共利益出发,对关系国计民生的重大经济因素,在实行全局性的管理过程中,与其他社会组织所发生的具有隶属性或指导性的社会经济关系。生产的优化配置和效率的提高主要依靠市场的自发调节,但是各国市场经济运作的实践表明,市场调节本身也具有自身的局限性和消极方面,尤其是随着自由竞争发展到垄断阶段,对市场机制具有决定作用的竞争受到限制,并影响正常的价格机制,从而导致市场失灵。这就需要通过"国家之手"克服市场调节的盲目性和局限性,使经济各部门运行协调,使整个国家经济运行平稳,以保证市场的健康发展和国家经济战略的实现。实施国家宏观经济调控的法律制度,主要有《中华人民共和国预算法》、《中华人民共和国会计法》、《中华人民共和国商业银行法》、《中华人民共和国价格法》等。

(四) 社会分配调控关系

社会分配调控关系,是指国家在对国民收入进行初次分配和再分配过程中所发生的经济关系。规范社会分配的法律制度,主要有《中华人民共和国税收征收管理法》、《中华人民共和国个人所得税法》、《中华人民共和国外商投资企业和外国企业所得税法》、《中华人民共和国企业所得税暂行条例》、《中华人民共和国增值税暂行条例》、《中华人民共和国营业税暂行条例》、《中华人民共和国消费税暂行条例》等。

三、经济法的基本原则、地位、作用

(一) 经济法的基本原则

经济法的基本原则,是指具有普遍意义的调整经济关系的指导思想,是经济立法、司法、执法活动中的根本准则。它不仅贯穿于经济法的始终且起指导作用,而且是经济法的性质、任务、目的、调整对象的综合概括,是经济法本质的集中体现,是社会主义经济规律在法律上的反映。

1. 协调经济原则

经济法的立法和执法要从整个国民经济的协调发展和社会整体利益出发来调整具体经济关系,协调经济利益,以促进引导或强制实现社会整体目标与个体利益目标的统一。市场管理法,如反垄断法律制度、反不正当竞争法律制度、票据法律制度、证券法律制度等都是国家对经济的调整管理,"国家之手"在经济关系中的作用是协调本国经济,完善产业结构。在调整过程中应该遵循客观的经济规律,注意客观经济条件和国际经济形势的变化,主动灵活地发挥经济法的调节作用。

2. 维护公平竞争的原则

经济公平是指任何一个法律关系的主体,在以一定的物质利益为目标的活动中,都能够在同等的法律条件下,实现建立在价值规律基础之上的利益平衡。这是经济法反映社会化市场经济之内在要求和理念的一项核心的、基础性的原则。其要求不仅直接体现在竞争法——反垄断法和反不正当竞争法中,而且在经济的各项制度诸如发展计划、产业政策、财政税收、金融外汇、企业组织、经济合同等制度中都有体现。

3. 责权利相统一原则

责权利相统一原则是指在经济法律关系中各管理主体和公有制主导之经济活动主体所附的权利(力)、利益、义务和职责必须相一致,不应当有脱节、错位、不平衡等现象存在。权利(力),是指依法享有的经济权利(国家机关的经济职权);义务,则是与权利(力)相对应的经济义务(职责);责任,是违反经济义务(职责)所应承担的法律后果。责、权、利这三个方面在经济生活中互相联系,互相制约、互相依存。在社会主义市场经济或以公有制为主导的市场经济条件下,这是作为经济法灵魂的一项根本性原则。

4. 市场机制与国家干预相结合原则

市场机制必须与国家干预相结合,原因在于市场机制这支"看不见的手"存在天然的缺陷,诸如不完全竞争的存在、竞争条件的先天不公平、外部经济效果以及竞争引起的收入差距拉大等等,需要政府宏观调控去矫正。只有将市场机制与国家干预有机结合起来,才能既激发经济发展的巨大活力,又保证其平衡、稳健、协调、可持续。市场机制下国家干预社会经济活动的要求,一是政府由直接管理经济转向宏观调控。经济法要确认和保障政府宏观调控的权限,保证政府对国民经济发展的方向、进程、结构、质量等的有效控制。二是规范宏观调控的手段,由传统的行政命令、行政指挥手段为主,转向依靠基础建设、计划引导、政策调节、市场服务为主。三是完善微观经济规制,有效管理市场交易行为。

(二)经济法的地位

1. 经济法是一个独立的法律部门

这里所称的法律部门,也称部门法,一般是指根据一定标准和原则划定的调整同一类社会关系的法律规范的总称。经济法是不是一个独立的法律部门,一直是理论界存有较大争议的问题。现实经济生活中存在大量的经济性法律、法规,它们在管理和协调经济运行的过程中发挥着重要的作用,这意味着在理论上经济法的独立性是一个不争的事实。法律部门划分的主要标准是法律所调整的不同社会关系,即调整对象。经济法的调整对象包括市场主体调控关系、市场运行调控关系、宏观经济调控关系和社会分配调控关系,其范围是特定的,与其他法的部门的调整对象是有区别的。此外,根据第九届全国人民代表大会常务委员会的意见,我国现行法律体系可以划分为七个主要的法律部门,其中包括经济法法律部门。因此,我们认为经济法是一个独立的法律部门。

2. 经济法是一个重要的法律部门

在我国,经济法作为一个独立的法律部门,具有重要的地位,发挥着不可替代的作用。同时还可以从经济法与其他法律部门,特别是与民法和行政法的区别中体现出来。

(1)经济法与民法的区别。

①调整对象不同。经济法以国家在管理和协调国民经济运行过程中发生的经济关系为调整对象,具有显著的服从性,属于公法范畴;民法则调整作为平等主体的自然人、法人之间的财产关系和人身关系,以平等性为基本特征,属于私法的范畴。

②主体不同。经济法的主体主要是国家机关和市场主体,主体地位可以具有不平等性;而民法的主体主要是平等地位的公民和社会组织。

③调整的目的不同。经济法对其对象进行调整的主要目的是维护国家和国民经济的整体利益,提高宏观经济效益;民法调整的主要目的是保障公民、法人的合法民事权益。

④调整方法不同。经济法以强制性规范为主,对违法行为综合运用财产责任、行政责任、刑事责任三种制裁形式,具有惩罚性;民法则更多地采用任意性规范,当事人可以依法自由处分权利,对违法行为采取民事制裁形式,具有补偿性。

(2)经济法与行政法的区别。

①调整对象不同。行政法主要调整国家行政机关与企事业单位、社会团体和公民之间,以及国家行政机关内部在行政管理活动中所形成的各种社会关系,这种行政管理关系是非物质利益的社会关系;经济法调整政府对经济的管理,国家和企业之间以及企业内部等经济关系。

② 主体不同。行政法的主体是行政法律关系的参与人,以行政机关为主,其他主体以行政相对人的身份参与行政法律关系,不包括企业的内部组织,行政法主要规范行政主体的行为;经济法的主体是市场运行主体,以企业和其他经济组织为主,包括企业的内部组织,经济法主要规范市场主体的行为,行政机关以管理者的身份参与经济法律关系。

③社会功能不同。行政法主要在于规范政府权力的行使,维护社会政治秩序的稳定。经济法基本功能在于弥补民商法和行政法调整社会经济生活的不足,确保市场机制发挥作用。

④调整手段不同。行政法使用行政命令手段,即国家行政机关依行政区划、行政层次下达命令的方式,直接作用于被管理者;经济法的调整手段主要是规定市场主体的权利、义务及其行为程序,对违法的制裁形式包括追究民事责任、行政责任、刑事责任。

3. 经济法是一个具有较严密体系的法律部门

经济法有着属于自己的调整对象和基本原则,因此其内部已经形成了相对严密的体系,主要包括经济法理论、市场主体法、宏观调控法和社会分配法以及法律责任等内容。

(三)经济法的作用

一个法的部门重要性如何,取决于该法作用的大小。我国经济法之所以是一个重要的法律部门,从根本上来说,是因为它在保障和促进以经济建设为中心的社会主义现代化建设中发挥着巨大的作用,其作用可以归纳为以下几个方面:

1. **保障社会主义市场经济的有力工具**

我国实行的是社会主义体制下的市场经济。发展市场经济就要按市场经济的规律办事。市场经济对发展生产、繁荣经济、提高人民的物质文化生活等方面起着很大作用。但是,对市场经济要进行调控、管理,防止出现无政府状态破坏正常的经济秩序。对市场经济的管理和调控也不能过于僵化,防止走向市场经济的对立面。市场经济是有效率的,但不可避免存在着缺陷及市场失灵,因而,国家要加强经济立法,对国民经济实行协调,实现市场的健康有序发展。

2. **保障政府对经济的宏观调控,实现政府监督经济**

在市场经济条件下,政府一般不再进入微观经济领域,直接干预企业的经济活动。政府只是通过税收、价格、预算、利率等经济手段对国民经济进行宏观调控,同时对经济生活进行监测,在必要时进行适当干预。改革开放以来,我国在加强市场管理,反对垄断和不正当竞争方面,以及在计划、投资、财政、税收、金融、价格等方面,制定了不少法律、法规。目前,正在进一步加强这些方面的经济立法工作,以适应建立和完善社会主义市场经济体制的需要。

3. **维护公平竞争和市场经济秩序**

市场经济需要公平、公正、公开的"游戏规则",这是现代市场经济共同客观规律的要求。为了维护公平竞争和市场经济秩序,国家通过经济立法,限制不正当竞争和扰乱经济秩序的行为,打击经济活动中的违法犯罪行为,保护市场经济参与者的合法权益,使得市场能够良性有效运行,从而建立良好的经济环境,促进国民经济发展。

4. **促进对外经济交流与合作**

对外开放是我国长期的基本国策,是加快我国社会主义现代化建设的战略措施。在当代,世界各国之间的经济技术联系十分密切,任何一个国家的经济技术都不能孤立地发展。我国通过制定一系列经济法律、法规,促进对外经济贸易,吸引外商投资,引进先进技术和管理经验,进一步扩大对外经济交流与合作。同时,在经济立法中,越来越多地借鉴国际惯例,促进我国经济组织按照国际惯例参与国际经济交流和竞争,更好地保护自己的合法权益和经济利益。

四、案例评析示例

1. **案情**

某电脑公司销售的电脑十分畅销,供不应求,但其生产的耳机、音箱等小商品的销售量却很小。于是该公司将各种小型耳机、音箱等组合在一起,规定凡购买电脑者,必须同时购买相应的整套设备。此种做法引起了广大消费者的不满,告到了工商行政管理部门。工商管理部门查证属实,认定该公司的行为违反了《反不正当竞争法》第十二条的规定:"经营者销售商品,不得违背购买者的意愿搭销商品或者附加其他不合理的条件"。

2. **处理结果**

工商局责令该公司立即停止搭售,并处以 50 000 元的罚款。

3. 评析

我国经济法的调整对象是国家为促进和保障市场经济的健康发展,维护经济秩序,在对经济活动进行管理过程中所发生的法律关系。工商局与某电脑公司之间的经济管理关系是经济法的调整对象。

第三节　经济法律关系

一、经济法律关系的概念和特征

(一)经济法律关系的概念

法律关系是法律规范在调整人们的行为过程中所形成的权利与义务的社会关系。经济法律关系是指经济关系被经济法律规范确认和调整之后所形成的权利和义务关系。在国家对经济的管理活动中,在企事业单位的经济协作中,产生了复杂的经济关系。这些经济关系如果被相应的经济法规所调整,就成为经济法律关系,如税收关系、财政关系、会计关系、金融关系等,都有与此相适应的税收法规、财政法规、会计法规、金融法规来调整。在当事人之间形成了一定的经济权利和经济义务关系,所以它们就属于经济法律关系。

(二)经济法律关系的特征

(1)经济法律关系是国家意志与企业等社会组织意志直接协调结合的法律关系,是国家干预的物质社会关系被经济法律规范确认和调整后形成的、具有法律关系性质的思想社会关系,属于上层建筑范畴。

(2)经济法律关系是由经济法律规范确认和调整所形成的法律关系。没有经济法律规范的具体规定,经济法律关系不能产生,其内容也无法实现。

(3)经济法律关系是主体之间法律上的具有经济内容的权利义务关系。权利义务关系是法律关系的核心,法律确认某一法律关系的目的也是依靠确认权利义务来实现的。经济法律关系的核心同其他法律关系一样,也是权利义务关系,所不同的是,它是一种经济权利和经济义务关系。

(4)经济法律关系是由国家强制力保障实施的社会关系。由国家强制力作保障,实质上就是对经济法主体经济权利的保护,以使其法律权利能够真正得以实现。

二、经济法律关系的构成要素

法律关系是由法律关系的主体、法律关系的内容和法律关系的客体三个要素构成的。缺少其中任何一个要素,都不能构成法律关系。经济法律关系同样是由主体、内容和客体三个要素构成的。

(一)经济法律关系主体

1. 经济法律关系主体的概念

经济法律关系主体简称经济法主体,是指在经济法律关系中享有一定权利、承担一定义务的当事人或参与者。享受经济权利的一方称为权利主体,承担经济义务的一方称为义务主体。但双方当事人在许多情况下既享受经济权利又承担经济义务。

2. 经济法律关系主体的种类

经济法调整范围的广泛性,决定了经济法主体范围具有广泛性。根据主体在经济运行中的客观形态划分,经济法主体可分为以下几类:

(1)国家机关。国家机关是指行使国家职能的各种机关的通称,包括国家权力机关、国家行政机关、国家司法机关等。其中,作为经济法律关系主体的国家机关主要是指具有经济管理职能的行政机关,根据宪法、法律、法规规定的性质、职能、任务等,承担组织、管理和协调经济运行的职能。在某些情况下,国家机关或国家作为整体也可以作为经济实施主体参加经济法律关系,例如,国家对外签订政府贷款或担保合同,对内对外发行政府债券,作为股东投资设立企业等。

(2)企事业组织和社会团体。企业是市场中最主要的主体,是经济法律关系中最广泛的主体,是以营利为目的的从事生产、流通和服务等经营活动的经济组织。事业单位是由国家财政预算拨款为其资金来源设立的,不以营利为目的的从事文化、教育、科研、卫生等事业的单位。社会团体主要是指人民群众或社会组织依法组成的非经营性的社会组织,包括党团组织、工会、妇联、行业性、职业性协会及公益性、学术性团体等。

(3)企业的内部组织和有关人员。企业内部组织,如分公司、分厂、车间等分支机构或生产单位,虽无独立法人资格,但其担负一定经济管理职能,在和有关人员根据法律、法规的有关规定参加经济组织内部的经济管理法律关系时,则具有经济法律关系主体的资格。

(4)个体工商户、农村承包经营户和自然人。他们在通常情况下是民事法律关系的主体,当他们参与经济法律、法规规定的经济活动时,便成为经济法律关系的主体。

3. 主体的权利能力和行为能力

公民和法人要作为经济法律关系的主体,享有权利和承担义务,必须具备权利能力和行为能力,即具有法律关系主体构成的资格。

(1)权利能力。权利能力实际上就是经济法主体享有经济权利、承担经济义务的资格或者能力,它反映了权利主体享有权利和承担义务的可能性。各种具体权利的产生必须以主体的权利能力为前提。权利能力既包括一般的权利能力,即民事权利能力,也包括特殊的权利能力,即政治权利能力、劳动权利能力。《中华人民共和国民法通则》第十条规定:公民的民事权利能力一律平等。

(2)行为能力。行为能力是指经济法主体能够以自己的行为行使权利承担义务的能力。行为能力必须以权利能力为前提,无权利能力就谈不上行为能力。作为法人,它的权利能力和行为能力是一致的,它的权利能力有多大,它的行为能力也就有多大,企业一成立,它就有权利能力也就有相应的行为能力。但是对于自然人来讲,权利能力和行为能力就不一样,原则上来讲,所有的公民权利能力一律平等。但是有法律上的权利,并不意味着实实在在享受到这些权利,还涉及人的行为能力的问题。根据《中华人民共和国民法通则》的规定,自然人分为无民事行为能力人、限制民事行为能力人和完全民事行为能力人三种:

①无民事行为能力人。不满10周岁的未成年人以及不能辨认自己行为的精神病人都是无民事行为能力人,由他的法定代理人代理民事活动。

②限制民事行为能力人。10周岁以上的未成年人是限制民事行为能力人,可以进行与他的年龄、智力相适应的民事活动;不能完全辨认自己行为的精神病人也是限制民事行为能力人,可以进行与他的精神健康状况相适应的民事活动;其他民事活动由他的法定代理人代理,或者征得法定代理人同意。

③完全民事行为能力人。18周岁以上的公民是成年人,具有完全民事行为能力,可以独立进行民事活动,是完全行为能力人。16周岁以上不满18周岁的以自己的劳动收入为主要生活来源的人,视为完全民事行为能力人。

(二) 经济法律关系的内容

经济法律关系的内容是指经济法主体享有的经济权利和承担的经济义务。它是经济法律关系的核心,直接体现了经济法主体的利益和要求,包括:

1. 经济权利

经济权利是指法律允许权利人为了满足自己的利益,能够作为或不作为一定行为,以及要求他人作为或不作为一定行为的资格。包括以下几方面的含义:经济权利主体可以凭借这种资格,依法按照自己的意志,作出或不作出一定经济行为,以实现自己的利益和要求;经济法律关系的主体有权依法要求负有义务的人作出或不作出一定的行为,以实现自己的利益;经济法律关系的主体在其合法权利受到侵害或不能实现时,有权依法请求国家有关机关给予强制力保护。

经济权利主要有经济职权、所有权和其他物权、法人财产权、债权、知识产权等。例如,财产所有权人依法对自己的财产享有的占有、使用、收益、处分的权利;公民依法享有继承权,可以接受继承,也可以放弃继承。

2. 经济义务

经济义务是指经济法主体根据法律规定,必须作为或不作为一定行为的负担或约束。依法承担义务的主体称为义务主体。经济义务有以下几个方面的含义:(1)义务主体必须作为或不作为一定行为,以满足权利主体的利益需要;(2)义务主体只承担法定范围内的义务,超过法定范围,义务主体则不受限制;(3)义务主体如不依法履行经济义务,则要受到国家强制力的约束,如纳税、履行合同、不得侵占他人财产等。

3. 经济权利与经济义务的关系

在经济法律关系中,经济权利与经济义务相依而存,具有相对性和对等性。一个经济法主体享有一定权利,必定以其他经济法主体负有一定义务为前提,没有对应的义务主体时,权利主体的权利行使没有保障,是不可能实现的。同时,经济权利和经济义务具有对等性,没有无权利的义务,也没有无义务的权利。权利与义务是统一的,不允许只享有权利不承担义务,也不能只承担义务不享有权利。

(三)经济法律关系的客体

经济法律关系的客体是指经济法律关系主体的权利和义务所共同指向的对象。客体是确立权利义务关系的性质和具体内容的依据,也是确定权利行使与否和义务是否履行的客观标准。权利和义务只能通过客体才能得到体现和落实。如果没有客体,权利义务就失去了依附的目标和载体,无所指向,也就不可能发生权利义务。

根据我国经济法律法规的有关规定,经济法律关系的客体包括物、经济行为、智力成果和道德产品。

1. 物

物是指能够为人控制和支配的、具有一定经济价值的、可通过具体物质形态表现存在的物品。物可以是自然物,如土地、矿藏、水流、森林;也可以是人造物,如建筑物、机器等;还可以是财产物品的一般表现形式——货币及有价证券。

2. 经济行为

经济行为是指经济法主体为达到一定经济目的,实现其权利义务所进行的经济活动,包括生产经营行为、经济管理行为、完成工作行为和提供劳务行为等。例如经济决策、经济命令、监督检查、运送旅客的行为等。

3. 智力成果

它是指人们通过脑力劳动创造的能够带来经济价值的精神财富,如科学发明、技术成果、艺术创作成果、学术论著等。智力成果本身不直接表现为物质财富,但可以转化为物质财富。智力成果作为经济法律关系的客体,其法律表现形式主要为商标、发明、专利、文学、艺术和科学作品等。

4. 道德产品

道德产品,是指人们在各种社会活动中取得的非物化的道德价值,如荣誉称号、嘉奖表彰等,它们是公民、法人荣誉权的客体。

三、经济法律关系的发生、变更和消灭

(一)经济法律关系的发生、变更和消灭的条件

经济法律关系的设立,是指根据经济法律规范在经济法律关系主体之间形成一定的经济

权利和经济义务关系;经济法律关系的变更,是指经济法律关系主体、内容或客体发生变化;经济法律关系的消灭,是指经济法律关系主体之间权利和义务关系的终止。经济法律规范本身并不能必然在经济法主体间形成权利与义务关系,只有在一定的经济法律事实出现后,才能使经济法律关系以经济法律规范为依据而设立、变更和消灭。因此,经济法律关系的发生、变更和消灭需要具备三个条件:一是有相应的法律规范的依据;二是有经济法律关系主体,这是法律权利与义务的实际承担者;三是能够引起经济法律关系发生、变更和消灭的客观现象,即经济法律事实出现。

(二)经济法律事实

经济法律事实,是指由经济法律规范所规定的,能够引起经济法律关系发生、变更和消灭的客观现象。经济法律事实是客观事实的一部分,那些不为法律规范所规定,不能引起任何法律后果的客观事实不是经济法律事实。经济法律事实是经济法律关系发生、变更和消灭的直接原因。根据是否以当事人的意志为转移作为标准,法律事实可以分为两类:法律事件和法律行为。

1. 法律事件

法律事件是指不以人的主观意志为转移的,能够引起法律关系发生、变更和消灭的客观情况。能够导致一定法律关系的产生、变更和消灭的事件有:(1)人的出生与死亡。例如:人的出生可引起抚养关系、户籍管理关系的发生;人的死亡可引起婚姻关系、劳务合同关系的消灭,继承关系的发生;(2)自然现象又称绝对事件,如地震、洪水、台风等造成的自然灾害;(3)社会现象又称相对事件,相对事件虽由人的行为引起,但其出现在特定经济法律关系中并不以当事人的意志为转移,如人类战争导致合同无法履行、重大政策的改变等。

2. 法律行为

法律行为是指以法律关系主体意志为转移、能够引起法律后果,即引起法律关系发生、变更和消灭的人们有意识的活动。它是引起法律关系发生、变更和消灭的最普遍的法律事实。

法律行为是一个非常重要的法学概念,在法学理念中居于重要地位,因为法律本身主要是行为规范,各部门法都涉及对不同领域的行为的调整。根据不同的标准,可以对法律行为作不同的分类。

(1)积极行为和消极行为。根据法律行为的表现形式不同可以分为积极和消极两种形式。积极行为,又称作为,指积极地实行具有法律意义的动作行为;消极行为,又称不作为,指消极地不实行法律要求的动作行为。

(2)合法行为和违法行为。根据行为是否符合法律规范的要求可分为合法行为和违法行为。合法行为是指行为人所实施的与法律规范要求相符合的行为,此种行为引起法律关系的发生、变更和消灭的情况最为常见,如依法订立合同、缔结婚姻、录用职工。违法行为是指行为人所实施的违反法律规范或法律所禁止的行为。此种行为也可以引起法律关系的发生,如侵权行为可以引起民事诉讼和损害赔偿关系,违反行政法规可以引起行政处罚和行政处分关系,犯罪行为可引起刑事诉讼和刑事处罚关系等。

（3）单方行为和多方行为。根据主体意思表示的形式可以分为单方行为和多方行为。单方行为，是指由法律主体一方的意思表示即可成立的法律行为，如债务的免除、债权人主张债权的请求、撤销权的行使、无权代理的追认等等。多方行为，是指由两个或两个以上的多方法律主体意思表示一致而成立的法律行为，如订立合同的行为、缔结婚姻关系的行为等。

（4）要式行为和非要式行为。根据行为是否需要特定形式或实质要件，可以分为要式行为和非要式行为。要式行为，是指必须具备某种特定形式或程序才能成立的法律行为；如我国《票据法》对票据的出票行为的要求、《担保法》对不动产抵押法律行为的登记要求等等。非要式行为，是指无需特定形式或程序即能成立的法律行为。我国经济法要求的经济法律行为，要式是个别，大量经济法律行为是不要式法律行为。

（5）有偿行为与无偿行为。根据主体是否互为给付一定代价分为有偿行为与无偿行为。有偿行为是指当事人互为给付一定代价（包括金钱、财产、劳务）的法律行为，如买方为获得对方的货物而支付价款、承揽人为获得对方的报酬而提供劳务等。无偿行为是指一方当事人承担给付一定代价的义务，而他方当事人不承担相应给付义务的法律行为，如赠与行为、无偿委托、无偿借贷等。

四、案例评析示例

1. 案情

李某去年只有16周岁，在本市的一家快餐厅做临时工，每月有1 000元的收入。为了上班方便，李某在快餐厅附近租了一间平房。9月份，李某未经其父母同意，欲花800元钱从王某处买一台旧电脑，此事遭到了其父母的强烈反对，但李某还是买了下来。同年11月，李某因患精神分裂症丧失了民事行为能力。12月，其父找到王某，认为他们之间的买卖无效，要求王某返还钱款，拿走电脑。

2. 处理结果

王某不用向李某返还800元钱，电脑归李某所有。

3. 评析

此买卖合同完全有效。因为合同成立时李某已满16周岁，并以自己的劳动收入为其主要生活来源，根据我国《民法通则》第十一条的规定："16周岁以上不满18周岁的公民，以自己的劳动收入为主要生活来源的，视为完全民事行为能力人。"所以李某已经是完全民事行为能力人，可以独立实施法律行为，无须征得其父母同意。李某患上精神病丧失行为能力是在合同成立之后，这不影响他在此前所做出的民事法律行为的效力。

本案中买卖法律关系的构成要素分别为：(1)民事法律关系的主体：李某和王某。(2)民事法律关系的客体：双方买卖的标的——电脑。(3)民事法律关系的内容：李某有向王某交付购买电脑的价款800元的义务，以及取得电脑的权利；王某有收取李某800元价款的权利和向李某交付电脑的义务。

第四节 经济法律责任

一、法律责任

法律责任是法律、法规、规章必不可少的重要组成部分,占有重要的地位。法律责任的规定是体现法律规范国家强制力的核心部分,如果在一个法律文件中缺乏法律责任的规定,法律所规定的权利和义务就形同虚设。因此,在法律、法规乃至规章中,根据其所调整的社会关系的性质、特点,正确、合理地选择、规定法律责任的条款,对保证法律、法规、规章的有效实施具有非常重要的法律意义和社会意义。

法律责任,又称违法责任,是指法律关系的主体由于其行为违法,按照法律、法规规定必须承担的消极法律后果。欠债还钱、杀人偿命,是人们对法律责任最通俗的解释。产生法律责任的原因大体上可以分为三种:① 侵权行为,如侵犯他人的财产权利、人身权利等;② 违约行为,即违反合同规定,没有履行合同法律关系中作为的义务或不作为的义务;③ 法律规定,指无过错责任或叫严格责任。

二、承担经济法律责任的要件

(一)主体须有经济违法行为

经济违法行为不仅是产生经济法律责任的前提,而且也是承担经济法律责任的必备条件。经济法主体的违法行为既包括违反法定经济义务的行为,如偷税、抗税、骗税、生产伪劣产品、销售侵权产品等,也包括不正确地行使权利的行为,如错误吊销营业执照、超额罚款、擅自审批、擅自减免税款等;既包括作为的违法行为,如私设金融机构、诈骗贷款等,又包括不作为的经济违法行为,如偷税、玩忽职守等。

(二)主体违法行为须有损害或危害的事实

一般来说,行为人的行为只要违法,就应当予以追究,令其承担相应的经济法律责任。但在具体确定经济法律责任时,要考虑损害或危害事实的有无以及危害性质、危害程度等客观情况。

(三)主体的违法行为与损害事实之间存在因果关系

主体要承担经济法律责任,不仅要有经济违法行为和损害事实,而且要求经济违法行为与损害事实之间必须具有内在的、必然的引起和被引起的关系。无论是管理、调控主体,还是管理和调控的受体其违法行为与损害事实无关,或者说违法行为仅仅是损害事实产生的外部的、偶然的条件,一般就不应要求经济法主体承担经济法律责任。

（四）主体须有过错

主体承担经济法律责任,不仅要具备客观方面的条件,还必须同时具备主观方面的条件,即要具备法定的故意或者过失的主观因素。所谓故意是指行为人能够预见到自己的行为会产生一定的危害社会的后果,但仍实施该行为并希望或放任危害结果的发生。所谓过失是指主体应该预见自己的行为会发生危害结果,但由于疏忽大意而没有预见或者虽然预见却轻信可以避免而致使危害结果发生。当然也有个别的经济违法行为,实行无过错责任原则,但这是特殊原则,并以法定为限。如国家机关及其工作人员在执行经济管理职权过程中,侵犯相对主体的经济权利时,应承担经济法律责任,而不论其主观上有无过错及其内容。

三、经济法律责任的形式

经济法律责任是一个具有综合性的范畴,它是由不同性质的多种责任形式构成的统一体。经济法律责任的形式主要有:

（一）民事责任

民事责任,是指违反经济法的单位和个人所应承担的不利民事法律后果。它主要是一种民事救济手段,旨在使受害人被侵犯的权益得以恢复。根据《中华人民共和国民法通则》的规定,承担民事责任的主要形式有以下十种:

(1) 停止侵害。此种责任形式适用于侵权行为正在进行或仍在延续中,受害人可依法要求侵害人立即停止其侵害行为。

(2) 排除妨碍。不法行为人实施的侵害行为使受害人无法行使或不能正常行使自己的财产权利、人身权利的,受害人有权请求排除妨碍。

(3) 消除危险。行为人的行为对他人人身和财产安全造成威胁,或存在着侵害他人人身或者财产的可能,他人有权要求行为人采取有效措施消除危险。

(4) 返还财产。无权占有人非法占有他人财产,权利人有权要求其返还。

(5) 恢复原状。指被侵权人要求恢复其财产、人身权利至被侵害前的原有状态。

(6) 修理、重作、更换。修理、重作、更换是指将被损害的财产通过修理、重新制作或者更换损坏的部分,使财产恢复到原有正常状态。

(7) 赔偿损失。赔偿损失是指行为人有侵权行为或者因违反合同而给他人造成损害,应以其财产赔偿受害人所受的损失。

(8) 支付违约金。支付违约金是指按照当事人约定或者法律规定,一方当事人违约时应当根据违约情况向对方支付的一定数额的货币。

(9) 消除影响、恢复名誉。消除影响、恢复名誉是指行为人因其侵害了公民或者法人的人格、名誉而应承担的,在影响所及的范围内消除不良后果、将受害人的名誉恢复到未受侵害前的状态。

(10)赔礼道歉。赔礼道歉是指违法行为人向受害人公开认错、表示歉意的责任形式。

(二)行政责任

对违反经济法的行为,可依法追究违法者的行政责任,给予行政处罚。行政责任指法律关系主体由于违反行政法律规范,所应承担的一种行政法律后果。行政责任主要包括行政处罚和行政处分。

1. 行政处罚

行政处罚,是指行政主体对行政相对人违反行政法律规范尚未构成犯罪的行为所给予的法律制裁。根据我国《行政处罚法》第八条规定,行政处罚的种类有以下几种:

(1)警告,指行政机关对公民、法人或者其他组织违反行政管理法律法规的行为的谴责和警示。

(2)罚款,指行政机关强迫违法行为人缴纳一定数额的金钱从而依法损害或剥夺违法行为人某些财产权的一种处罚。罚款不同于民事责任中的赔偿损失,赔偿损失是违法行为人损害了他人财产权和其他合法权益后而为的赔偿;也不同于罚金,罚金是刑罚的附加刑之一,适用对象只能是触犯刑法、构成犯罪的个人或者组织,只能由法院进行判处。罚款是一种行政行为,罚金是一种司法行为。

(3)责令停产停业,指行政机关责令违法行为人停止生产、经营活动,从而限制或者剥夺违法行为人生产、经营能力的一种处罚。一般常附有限期整顿的要求,如果受罚人在限期内纠正了违法行为,则可恢复生产、营业。

(4)暂扣或者吊销许可证、执照和有关证照,指行政机关依法限制或者剥夺违法行为人某种资格的处罚。无论是许可证,还是执照,在本质上都是认可公民、法人或者其他组织具备某种资格、能力,从而能够得到国家法律的承认和保障,其前提是公民、法人或者其他组织符合法定条件,当这种条件发生变化或者行为人不符合这一条件时,行政机关就要依法收回或暂扣违法者已获得的从事某种活动的权利的许可证、执照和有关证照。

(5)没收违法所得、没收非法财物。没收违法所得是指行政机关依法将行为人通过违法行为获取的财产收归国有的处罚形式,如没收通过赌博或者销售伪劣产品获取的财产;没收非法财物,是指行政机关依法将违禁物品或用以实施违法行为的工具等财物收归国有的处罚形式。

(6)行政拘留,指特定行政机关对违反行政法律规范的公民,在短期内限制其人身自由的一种处罚。

(7)法律、行政法规规定的其他行政处罚。这一规定主要有两个考虑:一是,现行法律、行政法规对行政处罚其他种类的规定仍然保留、有效;二是,以后的法律、行政法规还可以在行政处罚法规定的处罚种类之外设定其他处罚种类。

2. 行政处分

行政处分指对违反法律规定的国家机关工作人员或被授权、委托的执法人员所实施的内部制裁措施。行政处分的种类包括:警告、记过、记大过、降职、留用察看、开除等。

(三)刑事责任

对违反经济法律情节严重、构成犯罪的行为,要依法追究刑事责任。刑事责任指法律关系主体违反国家刑事法律规范,所应承担的应当给予刑罚制裁的法律责任。根据《刑法》规定,刑罚分为主刑和附加刑两类。

1. 主刑

主刑,是对犯罪分子适用的主要刑罚方法,主刑的种类如下:

(1)管制,是指对犯罪分子不实行关押,但是限制其一定的自由,交由公安机关管束和监督的刑罚。管制期限为3个月以上2年以下。

(2)拘役,是剥夺犯罪分子短期的人身自由的刑罚,由公安机关就近执行。期限为1个月以上6个月以下。

(3)有期徒刑,是剥夺犯罪分子一定期限的人身自由,实行劳动改造的刑罚。期限为6个月以上15年以下。

(4)无期徒刑,是剥夺犯罪分子终身自由,实行劳动改造的刑罚。

(5)死刑,是剥夺犯罪分子生命的刑罚。

2. 附加刑

附加刑,是补充、辅助主刑适用的刑罚方法。附加刑可以附加于主刑之后作为主刑的补充,同主刑一起适用;也可以独立适用。附加刑的各类处罚如下:

(1)罚金,是强制犯罪分子或者犯罪的单位向国家缴纳一定数额金钱的刑罚。

(2)剥夺政治权利,是指剥夺犯罪分子参加国家管理和政治活动权利的刑罚。剥夺政治权利是剥夺下列权利:选举权和被选举权;言论、出版、集会、结社、游行、示威自由的权利;担任国家机关职务的权利;担任国有公司、企业、事业单位和人民团体领导职务的权利。

(3)没收财产,是指没收犯罪分子个人所有财产的一部分或者全部,强制无偿地收归国有的刑罚。

对犯罪的外国人可以独立适用或附加适用驱逐出境。

本章案例导读解析

1.《中华人民共和国民法通则》(以下简称《民法通则》)第九条规定:"公民从出生时起到死亡时止,具有民事权利能力,依法享有民事权利,承担民事义务。"第十条规定:"公民的民事权利能力一律平等。"因此,无论是成年人还是未成年人,都平等地享有民事权利。著作权是一项民事权利,它包括作者署名权和获得报酬权。王洋完全享有著作权,也当然享有署名权和获得报酬权。

2.该杂志社虽然为教委下属,但它是教委下属的一个具有独立法人资格的企业,不是教委的工作部门。《民法通则》第三十六条规定:"法人是具有民事权利能力和民事行为能力,依法独立享有民事权利和承担民事义务的组织。"因而杂志社在没有得到教委授权的情况下,其行为仅代表自己的意志,不能代表教委,它必须对自己行为的后果负责。杂志社与王洋之间的关系是平等主体间的民事关系,适用平等自愿、等价有偿的原则,杂志社选用王洋的作品,就应该依照我国《著作权法》为王洋署名并支付报酬。

复习思考题

1. 我国现行法律体系包括哪些部门?
2. 经济法的调整对象包括哪几类?
3. 经济法的基本原则包含哪些?
4. 什么是经济权利?什么是经济义务?经济权利与经济义务的关系如何?
5. 试述经济法律关系的构成要素。
6. 承担经济法律责任的形式有哪些?

第二章
Chapter 2

企 业 法

【学习目标】
1. 理解企业的概念和特征;
2. 掌握个人独资企业的申请程序和设立条件;
3. 掌握合伙企业的概念和特征;
4. 掌握合伙企业的设立条件和变更、终止及清算的相关规定;
5. 理解外商投资企业的类型以及各自的设立条件和主要法律规定。

【能力目标】
1. 能够正确判断个人独资企业设立条件是否具备;
2. 能够申请设立合伙企业并能判断合伙人的法律责任;
3. 能够分析外商投资企业是否符合我国法律规定。

【案例导读】
甲、乙、丙、丁四人拟合伙开设一家食品厂,生产各种西式糕点。其中甲出资30万元,乙提供两间空房作为合伙企业的厂房,但仅供合伙企业使用,乙仍享有所有权,丙出资20万元,丁以一辆小货车出资。四人缴清出资后,经登记管理机关核准登记,领取营业执照,合伙企业正式成立。不久,甲家中发生变故,急需用钱,遂从其出资中抽走5万元应急,但一直没有归还。合伙企业经营一年后,效益平平,丙见无利可图,欲转让其在合伙企业中的财产份额,其余三名合伙人同意了,乙愿出资23万元购买丙在合伙企业的财产。丙私下与戊联系,戊愿出资23万元购买丙在合伙企业的财产。丙遂与戊达成转让协议,将其财产份额转让给戊,乙得知后,认为自己享有优先受让权,丙的转让行为无效,因此拒不同意接纳戊成为新合伙人。此时,丁因个人买房拖欠房地产公司一笔房款,遂私下将小货车质押给房地产公司。由于货车被房地产公司占有,食品厂无法按时送货,损失2万元。四名合伙人为此发生争执。

请问:本案中,合伙企业的财产使用、管理中有哪些不正确的地方?

第一节 企业法概述

一、企业概述

(一) 企业的概念与特征

1. 企业的概念

企业是指依法设立的具备一定的组织形式,从事商品生产经营活动和商业服务活动以满足社会需要,实行依法设立、自主经营、独立核算的一种营利性的经济组织。

2. 企业法律特征

(1) 企业从事的是商品经营或者营利性服务的经济活动。

(2) 企业是一个经济实体,是一个营利性的经济组织。

(3) 企业是依法设立的经济组织。

(4) 企业具有独立或相对独立的法律人格。

(二) 企业的分类

(1) 按照企业投资人的出资方式和责任形式划分,可分为个人独资企业、合伙企业、公司企业和外商投资企业。

(2) 按照企业的法律地位划分,可分为法人企业和非法人企业。

(3) 按照企业的所有制形式划分,可分为全民所有制企业、集体所有制企业和私营企业。

二、企业法概述

(一) 企业法的概念与特征

1. 企业法的概念

企业法是调整企业在设立、组织、活动、终止过程中发生的社会关系的法律规范的总称。企业法调整的特定的社会关系主要包括国家对企业的经济管理关系、企业的内部组织关系及企业部分经营活动所产生的经济关系。

2. 企业法的特征

(1) 企业法属于组织法。企业法是规范企业这一主体,确立其法律地位、组织制度、活动规则等从设立到终止的整个过程中所发生的法律关系。

(2) 企业法是行为法。企业法在规范主体的组织制度时,对企业的基本经济行为进行规范和调整,因而企业法又具有行为法的特征。

(3) 企业法是强制性规范,兼具任意性规范。为了维护社会经济秩序,企业法更多地体现了国家的意志和干预。企业的成立及生产经营等必须符合企业法的相关规定,不能根据当事人的意志而予以改变。但企业法也有一定的任意性规范,当事人可以自主决定一些事项,以体现出资人和企业一定的意愿。

(4)企业法具有一定国际性。在经济联系日趋密切的当今世界,企业的国际经济交往越来越多,这也要求各国的企业法在适应本国实际的同时,借鉴和吸收国际通行的企业制度,体现具有共性的企业组织原则和活动准则。

(二)现代企业制度

现代企业制度是指以完善的企业法人制度为基础,以有限责任制度为保证,以公司企业为主要形式,以产权明晰、权责明确、政企分开、管理科学为条件的新型企业制度。其主要内容包括企业法人制度、企业自负盈亏制度、出资者有限责任制度、科学的领导体制与组织管理制度。

1. 市场准入制度

企业市场准入制度是指政府对企业或投资者进入某经营领域从事经营活动施加限制或禁止的有关制度。市场准入制度是国家对市场进行干预的基本制度,主要针对企业和分支机构的设立、企业营业以及特许经营等进行审批的制度。

2. 企业登记管理制度

企业登记管理制度是指国家主管机关依法对企业的设立、变更、终止进行审核登记,确认企业的法人资格或营业资格,并对其生产经营活动进行监督管理的行政执法活动的有关制度。

(三)我国企业法的立法状况

改革开放至今,我国制定一系列企业法律制度。主要包括《中华人民共和国个人独资企业法》、《中华人民共和国合伙企业法》、《中华人民共和国公司法》、《中华人民共和国中外合资经营企业法》、《中华人民共和国中外合作经营企业法》、《中华人民共和国外资企业法》等。

第二节 个人独资企业法

一、个人独资企业的概念和特征

(一)个人独资企业的概念

个人独资企业是指依法设立的,由一个自然人投资,财产为投资人个人所有,投资人以其个人财产对企业债务承担无限责任的经营实体。农村村民、城镇待业人员、个体工商业主、辞职退职人员以及国家法律法规允许的其他人员,均可以依法申请开办个人独资企业。

(二)个人独资企业的特征

1. 个人独资企业是由一个自然人投资设立的企业

个人独资企业的投资人只能是自然人,法人或其他经济组织和社会团体不能成为个人独资企业的投资人,这是个人独资企业与国有独资公司的重要区别。"自然人"指具有中国国籍的自然人,外国的投资者在中国投资设立企业不适用《个人独资企业法》,而适用《外商投资企业法》。

2. 投资人独享企业财产所有权

由于个人独资企业是个人单独投资设立的企业,企业财产属于投资人个人所有,所以不存在企业财产共有、资本联合等问题,在法律上也不对企业财产与投资者个人财产进行严格界定。

3. 投资人对企业的债务承担无限责任

个人独资企业的投资人既是企业的经营者和所有者,也是企业的成员,企业的资产与其个人资产的无法分离性导致企业实际上没有独立的资产,所以,当企业的资产不足以清偿到期债务时,投资人应以自己的个人全部财产用于清偿,实际是将企业的责任与投资人的责任连为一体。如果允许投资人在享有企业所得的同时,不对企业的债务承担无限责任,从市场交易安全的角度来说将会加大市场交易风险,最终会阻碍交易成功进行,不仅不利于相对人的财产安全,也不利于市场经济的发展。

4. 个人独资企业的内部机构设置简单,经营管理方式灵活

个人独资企业的投资人同时兼具所有者、经营者的身份,因此,法律对其内部的组织机构和经营管理方式没有规定如公司和其他企业的较为严格的限制,财产私有可以充分调动投资者的自主经营积极性,方式灵活,降低经营成本。

5. 个人独资企业是非法人企业

法人是指具有民事权利能力和民事行为能力,以其自有财产独立承担民事责任的组织。尽管个人独资企业有自己的名称和商号,并以该企业的名义从事经营活动,是一个独立的经济主体,但因个人独资企业不具备独立的财产,导致在权利义务上,企业和个人是融为一体的,企业的财产和责任亦是投资人的财产和责任,这一根本特点决定了个人独资企业不具备法人资格。

6. 个人独资企业不缴纳企业所得税

由于个人独资企业是典型的非法人企业,个人独资企业本身不是独立的纳税主体,其经营收入可以看作是投资人的收入,因此,自2001年1月1日起,我国的个人独资企业的投资人依法缴纳个人所得税,而不再缴纳企业所得税。

二、个人独资企业法的概念和基本原则

(一)个人独资企业法的概念

个人独资企业法是调整个人独资企业的设立、变更、终止以及在生产经营活动中产生的各种社会关系的法律规范的总称。为了保护个人独资企业的财产和其他合法权益,同时规范个人独资企业的生产经营行为,1999年8月30日,第九届全国人大常委会第十一次会议通过了《中华人民共和国个人独资企业法》,并于2000年1月1日施行。自此之后,个人独资企业法

与 1994 年施行的《中华人民共和国公司法》、1997 年施行的《中华人民共和国合伙企业法》及其他相关法律法规,共同构建起较为完整的社会主义市场经济企业法律制度体系。

(二) 个人独资企业法的基本原则

(1) 依法保护个人独资企业的财产和其他合法权益。

(2) 个人独资企业从事经营活动必须遵守法律、行政法规,遵守诚实信用原则,不得损害社会公共利益。

(3) 个人独资企业应当依法履行纳税的义务。

(4) 个人独资企业应当依法招用职工并维护其合法权益。

三、个人独资企业的投资人

(一) 个人独资企业投资人的条件

个人独资企业的投资人只能是一个具有中国国籍的自然人。我国法律、行政法规禁止一些人从事营利性活动的人,不得作为投资人申请设立个人独资企业。主要包括:

(1) 不具有完全民事行为能力的人。如未成年人,不具有辨认控制能力的精神病人。

(2) 行使特定的国家管理职责的人。如党政机关的领导干部、法官、检察官、人民警察、国家公务员、现役军人等,由于他们负责制定和执行国家政策和法律,掌握一定的管理职权,如果允许他们参与营利性活动,会影响国家公务的执行,也可能影响公平竞争。

(3) 具有特殊商业身份,可能影响公平竞争的人。如商业银行的工作人员、公司的董事、经理等不得作为投资人申请设立与公司经营相关的个人独资企业。

(二) 个人独资企业投资人的权利和义务

1. 个人独资企业投资人的权利

(1) 个人独资企业投资人对企业财产享有所有权。

独资企业成立时的出资和经营过程中积累的财产都归投资人所有。这里的财产既包括独资企业成立时的出资财产,也包括独资企业经营过程中积累的财产,既包括机器、厂房等有形财产,还包括工业产权、专有技术、商业秘密等无形财产。投资人对企业的财产享有充分的支配权,可以将企业的财产全部或部分转让给他人,同时,当投资人死亡或被宣告死亡时,其继承人可以依据我国继承法的规定对独资企业行使继承权。投资人的有关权利可以依法进行转让和继承。

(2) 个人独资企业的投资人有委托和聘用其他人对企业进行管理的权利。

投资人有权依法授权他人管理企业,投资人应当和被授权人签订书面合同,合同中应明确委托的具体内容和授予权利的范围。受托人或者被聘用的人员应当履行忠实、勤勉义务,按照与投资人签订的合同,负责个人独资企业的事务管理。

2. 个人独资企业投资人的义务

(1) 应当依法履行纳税义务。

与有法人资格的其他企业不同,个人独资企业不缴企业所得税,而是由投资者缴纳个人所得税。每一纳税年度的收入总额减除成本、费用以及损失后,作为投资者个人的生产经营所得,比照个人所得税法的"个体工商户的生产经营所得"应税项目,适用5%~35%的五级超额累进税率,计算征收个人所得税。

(2) 个人独资企业的投资人对企业债务承担无限责任。

投资人在申请企业设立时明确以家庭共有财产作为个人出资的,应当依据以家庭共有的财产对企业的债务承担无限责任,如以投资人个人财产出资设立的,则由投资人的个人财产承担责任。实践中主要是根据工商行政管理机构的投资登记来确定投资人是以个人财产还是以家庭财产对企业债务承担责任。

四、个人独资企业的设立与变更

(一) 个人独资企业设立的条件

根据《个人独资企业法》的规定,设立个人独资企业应当具备下列条件:

1. 投资人必须是具有中国国籍的一个自然人

2. 有合法的企业名称

个人独资企业享有名称权和商号权。企业名称应符合以下要求:企业只准使用一个名称,名称应当使用汉字,名称的内容通常包括字号(或者商号)、行业或经营特点、组织形式;除历史悠久、字号驰名的企业、外商投资企业和法律允许的企业外,其他企业名称应当冠以所在地行政区划名称;名称应当与其责任形式及从事的营业相符合,独资企业的名称中不得使用"有限"、"有限责任"字样,以免发生公众对企业性质的误解;在登记主管机关辖区内不得与已登记注册的同行业企业名称相同或者近似。

3. 有投资人申报的出资额

《个人独资企业法》没有对最低注册资本作出规定,目的在于鼓励中小企业投资者和其他有能力但缺少资金的人投资办企业。但一定的资本是任何企业得以生产经营的经济基础和保障,所以,投资人申请设立时可根据企业的规模和经营需要申报出资,该出资只是经营条件,不是注册资本。投资人可以用货币出资,也可以用实物、土地使用权以及知识产权等其他财产权利出资。

4. 有固定的生产经营场所和必要的生产经营条件

生产经营场所,是指个人独资企业进行制造、加工、修理、咨询、服务等生产经营等业务活动的处所,如办公场所、营业场地、店铺、生产车间、销售网点等。生产经营场所包括企业的住所以及与企业生产经营相关的处所,住所一般是企业主要办事机构所在地。对从事临时经营、季节性经营、流动经营和没有固定门面的摆摊经营,不得登记为个人独资企业。

必要的生产经营条件,是指个人独资企业开展正常生产经营业务所需要的条件和设施,这些条件因个人独资企业从事的行业和经营范围不同而有所区别。例如,对于从事食品加工的企业,必须拥有一定数量的周转资金、厂房车间、技术工人、食品加工设备、正常的原材料供应渠道等。而对于从事商业贸易的个人独资企业而言,必要的生产经营条件表现为一定数量的流动资金、办公场所和电话、传真等通信设备。

5. 有必要的从业人员

《个人独资企业法》没有对从业人员的数量进行限制。必要的从业人员是指与其企业的生产经营范围、规模相适应的从业人员。

(二)个人独资企业设立的程序

1. 申请

凡申请设立个人独资企业,应当向企业所在地的工商行政管理部门提出设立申请,并依法向登记机构提交下列文件:(1)设立申请书;(2)投资人身份证明;(3)企业住所证明和生产经营场所使用证明等文件;(4)委托代理人申请设立登记的,应提交投资人的授权委托书和代理人的身份证明;(5)国家工商行政管理机构规定的其他文件。

2. 登记发证

登记机构应当在收到设立申请文件之日起 15 日内,对符合《个人独资企业法》规定条件的予以登记,发给营业执照;对不符合条件的,不予登记,并发给企业登记驳回通知书,说明不予登记理由。

个人独资企业营业执照的签发日期为该个人独资企业的成立日期。在领取个人独资企业营业执照前,投资人不得以个人独资企业的名义从事经营活动。

3. 个人独资企业分支机构的设立

独资企业的分支机构是指独资企业在住所地以外设立的从事业务活动的办事机构。独资企业分支机构的设立和登记程序与独资企业的设立程序大体相同。

4. 个人独资企业的变更

个人独资企业的变更指在个人独资企业存续期间,企业登记事项如企业名称、住所、经营范围、经营期限等方面发生的改变。发生改变的情形,独资企业应当在做出变更决定之日起的 15 日内依法向登记机关申请办理变更登记。

五、个人独资企业的事务管理

(一)个人独资企业事务管理的方式

投资人有权自主选择企业事务的管理形式,个人独资企业事务管理主要有三种模式:

(1)自行管理,即由个人独资企业投资人本人对本企业的经营事务直接进行管理。

(2)委托管理,即由个人独资企业的投资人委托其他具有民事行为能力的人负责企业的事务管理。

(3)聘任管理,即个人独资企业的投资人聘用其他具有民事行为能力的人负责企业的事务管理。

(二)对采用委托和聘用他人管理的特别规定

投资人委托或聘用管理应签订书面合同,明确委托的具体内容、授予的权力范围、受托人或被聘用人应履行的义务、报酬和责任等。受托人或者被聘用人管理个人独资企业事务时违反双方订立的合同,给投资人造成损害的,应承担民事赔偿责任。

投资人与受托人或者被聘用人之间有关权利的限制只对受托人或者被聘用人有效,对第三人并无约束力,受托人或者被聘用人超出投资人的限制与善意第三人的有关业务交往应当有效。

受托人或者被聘用人应当履行诚信、勤勉义务,按照与投资人签订的合同负责个人独资企业的事务管理。投资人委托或者聘用的管理个人独资企业事务的人员不得有下列行为:(1)利用职务上的便利,索取或者收受贿赂;(2)利用职务或者工作上的便利侵占企业财产;(3)挪用企业的资金归个人使用或者借贷给他人;(4)擅自将企业资金以个人名义或者以他人名义开立账户储存;(5)擅自以企业财产提供担保;(6)未经投资人同意,从事与本企业相竞争的业务;(7)未经投资人同意,同本企业订立合同或者进行交易;(8)未经投资人同意,擅自将企业商标或者其他知识产权转让给他人使用;(9)泄露本企业的商业秘密;(10)法律、行政法规禁止的其他行为。

(三)个人独资企业的管理内容

1. 个人独资企业的财务管理

个人独资企业应当依法设置会计账簿,进行会计核算。根据《中华人民共和国会计法》的规定,各单位应当按照国家统一会计制度的规定和会计业务的需要设置会计账簿,必须根据实际发生的经济业务事项进行会计核算。任何单位不得以虚假的经济业务事项或者资料进行会计核算。个人独资企业应当按时申报税务登记,严格履行纳税义务,接受税务机关的监督检查。

2. 个人独资企业的用工管理

个人独资企业录用职工,应当依法与职工签订劳动合同,保障职工的劳动安全,按时、足额发放职工工资。个人独资企业应严格按照《劳动法》及有关规定用工,劳动合同必须遵循平等自愿、协商一致的原则,不得违反国家法律、法规和有关政策规定。个人独资企业的职工可以依法组建工会组织,以维护职工的合法权益,独资企业应当为本企业工会提供必要的活动条件。

3. 个人独资企业的社会保险管理

个人独资企业应当按照国家规定参加社会保险,为职工缴纳社会保险费。根据我国的法律、法规规定,我国目前设有五种强制性的社会保险,即养老保险、工伤保险、医疗保险、失业保险和企业职工生育保险。个人独资企业违反个人独资企业法的规定,侵犯职工合法权益,不缴纳社会保障费用的,按照有关法律、行政法规予以处罚。

六、个人独资企业的解散和清算

(一)个人独资企业解散

1. 个人独资企业解散概念

个人独资企业的解散是指个人独资企业终止活动使其民事主体资格消灭的行为。个人独资企业由于出现了法律规定的情形而失去经营能力,从而使企业失去存在的基础,依据法定的程序终止经营解散组织。

2. 个人独资企业解散的法定条件

根据《个人独资企业法》规定,个人独资企业有下列情形之一时,企业应当解散:(1)投资人决定解散。(2)投资人死亡或者被宣告死亡,无继承人或者继承人放弃继承。(3)被依法吊销营业执照,个人独资企业在经营过程中出现严重违反国家法律、法规的行为,经工商行政管理部门审查后,认为确有必要的,可以依法决定吊销个人独资企业的营业执照;(4)法律、行政法规规定的其他情形。

3. 解散个人独资企业需提交的文件

个人独资企业解散的,应当由投资人或者清算人于清算结束之日起 15 日内向原登记机关申请注销登记,同时向登记机关提交下列文件:(1)投资人或者清算人签署的注销登记申请书;(2)投资人或者清算人签署的清算报告;(3)国家工商行政管理总局规定提交的其他文件。个人独资企业办理注销登记时,应当缴回营业执照、公章。

(二)个人独资企业的清算

1. 企业清算的概念

个人独资企业解散时,应当进行清算。清算是指企业按章程规定解散或者由于破产等其他原因宣布终止经营后,对企业的财产、债权、债务进行全面清查,进行清偿债务、主张债权以及分配剩余财产的经济活动。

2. 个人独资企业解散的清算人

根据不同的解散原因,投资人本人或者法院指定的人有可能成为清算人。

(1)投资人自行清算。

在下列两种情形下,应由投资人自行清算:①投资人决定解散的。②个人独资企业被依法吊销营业执照的。

(2)由人民法院指定清算人进行清算。

个人独资企业因投资人死亡或被宣告死亡后没有继承人,或者虽有继承人但继承人决定放弃继承,从而解散企业的,或投资人决定解散企业后无力进行清算的,企业的债权人可以请求人民法院指定清算人,进行清算。

3. 清算通知

清算通知是在清算开始前,投资人或者清算人以电话、邮件、电报、传真、在报纸上公告等形式通知债权人,在规定的期间内向投资人或者清算人申报债权。投资人自行清算的,应当在清算前15日内书面通知债务人,无法通知的应当予以公告。

4. 债权人申报债权

投资人或由法院指定的清算人依法通知债权人或者发布公告后,债权人接到通知的,应当在通知之日起30日内,向投资人或者清算人申报债权;债权人未接到通知的,也应当在最后一次公告之日起60日内,向投资人或清算人申报其债权。

5. 清算期间对投资人的要求

清算期间,个人独资企业不得开展与清算目的无关的经营活动。在清偿债务前,投资人不得转移、隐匿财产。

6. 财产清偿顺序

个人独资企业解散的,财产应当按照下列顺序清偿:(1)所欠职工工资和社会保险费用;(2)所欠的税款;(3)其他债务。个人独资企业财产不足以清偿债务的,投资人应当以其个人的其他财产予以清偿。

7. 清算的法律后果

(1)申报债权的实现。

对于债权人在法定期限内申报、经调查核实并无异议的债权,投资人依法应当偿还。对于未到期的债权应视为已经到期,但应当减去未到期的利息。

(2)投资人的持续偿债责任。

个人独资企业解散后,投资人对个人独资企业存续期间的债务仍应承担偿还责任,但债权人在5年内未向债务人提出偿债请求的,该责任消灭。债权人在清算期间未按期申报债权的,只要在5年内提出清偿的要求,企业的投资人就仍然还有义务予以清偿。这里的5年并不是一个绝对的期间,适用民事诉讼法关于时效中断的法律规定。

七、法律责任

(一)投资人及企业违法应承担的法律责任

(1)交虚假文件或采取其他欺骗手段取得企业登记的,责令改正,处以5 000元以下罚款,情节严重的,并处吊销营业执照。

(2)个人投资企业使用的名称与其在登记机关登记的名称不相符合的,可以责令期限改正,处2 000元以下罚款。

(3)涂改、出租、转让营业执照的,责令改正,没收违法所得,处3 000元以下罚款;情节严重的,吊销营业执照。

（4）伪造营业执照的,责令停业,没收违法所得,处5 000元以下罚款;构成犯罪的,依法追究刑事责任。

（5）个人独资企业成立后无正当理由超过6个月未开业的,或者开业后自行停业连续6个月以上的,吊销营业执照。

（6）未领取营业执照,以个人独资企业名义从事经营活动的,责令停止经营活动,处以3 000元以下罚款。

（7）个人独资企业违反《个人独资企业法》规定,侵犯职工合法权益,未保障职工劳动安全,不缴纳社会保险费用的,按照有关法律、行政法规予以处罚,并追究有关责任人员的责任。

（8）在清算前或清算期间隐匿或转移财产,逃避债务的,依法追回其财产,并按照有关规定给以处罚;构成犯罪的,依法追究刑事责任。

（二）管理人员对投资人造成损害或侵犯投资人权益的法律责任

投资人委托或者聘用的人如果违反双方订立的合同,给投资人造成损害的,则需承担民事赔偿责任。

投资人委托或者聘用的人员违反规定,侵犯个人独资企业财产权益的,责令退还侵占的财产;给企业造成损失的,依法担负赔偿责任,有违法所得的,没收违法所得;构成犯罪的依法追究刑事责任。

（三）企业登记机关的法律责任

登记机关对不符合《个人独资企业法》规定条件的个人独资企业予以登记,或者对符合《个人独资企业法》规定条件的企业不予以登记的,对直接负责人员依法给予行政处分;构成犯罪的,依法追究刑事责任。

登记机关的上级部门的有关主管人员强令登记机关对不符合《个人独资企业法》规定条件的个人独资企业予以登记,或者对符合《个人独资企业法》规定条件的企业不予以登记的,或者对登记机关的违法登记行为进行包庇的,对直接责任人员依法给予行政处分,构成犯罪的,依法追究刑事责任。

登记机关对符合法定条件的申请不予登记或者超过法定时限不予答复的,当事人可依法申请行政复议或提起行政诉讼。

八、案例评析示例

1. 案情

2000年1月15日,甲出资5万元设立个人独资企业A(以下称A企业)。甲聘请乙管理企业事务,同时规定,凡乙对外签订标的额超过1万元以上的合同,须经甲同意。2月10日,乙未经甲同意,以A企业名义向善意第三人丙购买价值2万元的货物。2000年7月4日,A

企业亏损,不能支付到期的丁的债务,甲决定解散该企业,并请求人民法院指定清算人。7月10日,人民法院指定戊作为清算人对 A 企业进行清算。经查,A 企业和甲的资产及债权债务情况如下:(1)A 企业欠缴税款 2 000 元,欠乙工资 5 000 元,欠社会保险费用 5 000 元,欠丁 10 万元;(2)A 企业的银行存款 1 万元,实物折价 8 万元;(3)甲个人其他可执行的财产价值 2 万元。

问题:
(1)乙于 2 月 10 日以 A 企业名义向丙购入价值 2 万元的货物的行为是否有效?请说明理由。(2)A 企业的财产清偿顺序是什么?(3)如何满足丁的债权请求?

2. 处理结果和评析

(1)乙于 2 月 10 日以 A 企业名义向丙购买价值 2 万元货物的行为有效。根据《个人独资企业法》的规定,投资人对被聘用的人员职权的限制,不得对抗善意第三人。尽管乙向丙购买货物的行为超越职权,但丙为善意第三人,因此,该行为有效。(2)根据《个人独资企业法》的规定,A 企业的财产清偿顺序为:①职工工资和社会保险费用;②税款;③其他债务。(3)首先,用 A 企业的银行存款和实物折价共 9 万元清偿所欠乙的工资、社会保险费用、税款后,剩余 78 000 元用于清偿所欠丁的债务;其次,A 企业剩余财产全部用于清偿后,仍欠丁 22 000 元,可用甲个人财产清偿;最后,甲可以其个人其他可执行的财产 2 万元、甲在 B 合伙企业中分取的收益、甲在 B 合伙企业中的财产份额清偿余下债务。

第三节 合伙企业法

一、合伙企业概述

(一)合伙企业的概念和种类

合伙企业是指自然人、法人和其他组织依照《中华人民共和国合伙企业法》在中国境内设立的普通合伙企业和有限合伙企业。在我国,合伙企业有普通合伙企业和有限合伙企业两种形式。

普通合伙企业是指由普通合伙人组成,合伙人对合伙企业债务承担无限连带责任的合伙企业。

有限合伙企业,是指由普通合伙人和有限合伙人组成的,普通合伙人对合伙企业债务承担无限连带责任,有限合伙人以其认缴的出资额为限对合伙企业债务承担责任的合伙企业。

(二)合伙企业的法律特征

1. 合伙人必须为两人以上

《合伙企业法》规定,合伙人可以是自然人、法人和其他组织,其合伙人必须为两人以上。

2. 合伙企业以书面合伙协议为成立的基础

合伙协议是各合伙人基于共同经营、并以营利为目的而订立的书面合同,合伙具有一定的契约性,合伙人之间自愿联合,其前提条件是就合伙的出资、管理以及利润分配等事宜均达成了一致的合伙协议。

3. 合伙企业由合伙人共同出资、合伙经营

出资是合伙人的法定义务,也是取得合伙人资格的前提条件,只有合伙人出资才能形成合伙企业的生产经营的物质基础和保障。

4. 合伙人共负盈亏、共担风险,普通合伙人对合伙债务承担无限连带责任

合伙企业经营中出现经营风险,应当由全体合伙人共同承担。普通合伙人对合伙债务承担无限连带责任,有限合伙中,有限合伙人对外承担有限责任,普通合伙人也对外承担无限责任。

5. 合伙企业不具有法人资格

合伙企业不具有法人资格,但合伙企业是以自己的名义参加民事活动的经济主体。

(三)合伙企业法的概念

合伙企业法是指调整合伙企业设立、变更、解散、经营等活动中所形成的内部合伙关系以及与外部发生关系的法律规范的总称。1997年2月23日第八届全国人民代表大会常务委员会第二十四次会议通过了《中华人民共和国合伙企业法》(以下简称《合伙企业法》),自1997年8月1日起施行。2006年8月27日第十届全国人民代表大会常务委员会第二十三次会议修订了《合伙企业法》,并于2007年6月1日起施行。

二、普通合伙企业

(一)普通合伙企业的设立

1. 普通合伙企业设立的条件

(1)有两个以上合伙人。

普通合伙企业应当有两个以上合伙人。合伙人为自然人、法人或其他组织。合伙人为自然人的,应当具有完全民事行为能力,但国家法律、行政法规规定的不得从事营利性活动的人员如国家公务员、法官、检察官、警察等,不得成为合伙人。国有独资公司、国有企业、上市公司以及公益性的事业单位、社会团体不得成为普通合伙人。

(2)有书面合伙协议。

全体合伙人应当遵循自愿、平等、公平、诚实信用原则,协商一致,以书面形式订立合伙协议。合伙协议应当载明下列事项:合伙企业的名称和主要经营场所的地点;合伙目的和合伙经营范围;合伙人的姓名及其住所;合伙人的出资方式、数额和缴付出资的期限;利润分配、亏损分担方式;合伙事务的执行;入伙与退伙;争议解决办法;合伙企业解散与清算;违约责任。

合伙协议经全体合伙人签名、盖章后生效,合伙人按照合伙协议享有权利、履行义务。修改或者补充合伙协议,应当经全体合伙人一致同意,但是合伙协议另有约定的除外。合伙协议未约定或者约定不明确的事项,由合伙人协商决定;协商不成的,依照《中华人民共和国合伙企业法》和其他有关法律、行政法规的规定处理。

(3)有各合伙人实际缴付的出资。

合伙企业没有最低注册资本的要求。合伙人可以用货币、实物,知识产权、土地使用权或者其他财产权利出资,也可以用劳务出资。合伙人以非货币方式出资,需要评估作价的,可以由全体合伙人协商确定,也可以由全体合伙人委托法定评估机构评估。合伙人以劳务出资的,其评估办法由全体合伙人协商确定,并在合伙协议中载明。合伙人应当按照合伙协议约定的出资方式、金额和缴付期限,履行出资义务。合伙人未按期足额履行出资义务的,应当对合伙企业和其他合伙人承担违约责任。

(4)有合伙企业的名称和生产经营场所。

合伙企业名称中应当标明"普通合伙"字样。企业名称一般由企业所在地的行政区划名称、字号、行业、或者经营特点、组织形式几部分构成。合伙企业进行生产经营活动应当有其固定的经营场所。

(5)法律、行政法规规定的其他条件。

如果国家法律、行政法规对合伙企业的设立有其他条件的,应当符合规定要求。

2. 普通合伙企业设立程序

(1)申请。

设立合伙企业,应当由全体合伙人指定的代表或者共同委托的代理人向企业登记机关申请登记,并提交全体合伙人签署的登记申请书、合伙协议书、合伙人身份证明等文件。

(2)登记颁发营业执照。

申请人提交的登记申请材料齐全、符合法定形式,企业登记机关能够当场登记的,应予当场登记;发给营业执照。除上述情形外,企业登记机关应当自受理申请之日起二十日内,作出是否登记的决定。予以登记的,发给营业执照,营业执照签发日期为合伙企业成立日期;不予登记的,应当给予书面答复,并说明理由。

合伙企业领取营业执照前,合伙人不得以合伙企业名义从事合伙业务。合伙企业设立分支机构,应当向分支机构所在地的企业登记机关申请登记,领取营业执照。

(二)普通合伙企业的财产

1. 普通合伙企业财产范围

(1)合伙人的出资。合伙人的出资既包括合伙成立时合伙人实际缴纳的出资,也包括合伙成立后合伙人增加的出资。

(2)合伙企业的收益。是指合伙企业在经营过程中,以合伙企业的名义取得的收益和依法取得的其他财产,如接受赠与的财产等。

2. 普通合伙企业财产的管理和使用

合伙企业的财产由全体合伙人共同管理和使用。合伙企业存续期间,除非有退伙等法定事由,合伙人不得请求分割财产。对合伙企业财产的占有、使用、收益和处分,均应当依据全体合伙人的共同意志进行。

3. 普通合伙企业财产份额的转让限制

合伙人财产份额的转让是指合伙企业的合伙人向其他人转让其在合伙企业中的全部或部分财产份额的行为。由于合伙人转让其财产份额的行为会导致入伙、退伙或者合伙人出资比例的改变的法律后果,所以,《合伙企业法》对此有严格的规定:

(1)除合伙协议另有约定外,合伙人向合伙人以外的人转让其在合伙企业中的全部或者部分财产份额时,须经其他合伙人的一致同意。

(2)合伙人之间转让在合伙企业中的全部或者部分财产份额时,应当通知其他合伙人。

(3)合伙人向合伙人以外的人转让其在合伙企业中的财产份额时,在同等条件下,其他合伙人有优先购买权;但是,合伙协议另有约定的除外。

4. 普通合伙企业财产份额质押限制

合伙人以其在合伙企业中的财产份额出质的,须经其他合伙人一致同意,否则其行为无效,由此给其他合伙人或善意第三人造成损失的,依法承担赔偿责任。

(三)普通合伙事务执行

1. 合伙事务执行人的权利和义务

合伙人对执行合伙事务享有同等的权利。合伙人按照合伙协议的约定或者经全体合伙人决定,可以委托一个或者数个合伙人对外代表合伙企业,执行合伙事务;作为合伙人的法人、其他组织执行合伙事务的,由其委派的代表执行。

合伙事务执行人的权利包括:(1)对外代表企业,执行合伙事务;(2)合伙人分别执行合伙事务的,执行事务合伙人可以对其他合伙人执行的事务提出异议;(3)执行合伙事务所产生的费用和亏损由合伙企业承担。

合伙事务执行人的义务包括:(1)报告义务。由一名或者数名合伙人执行合伙事务的,执行事务的合伙人应当定期向其他合伙人报告事务执行情况以及合伙企业的经营和财务状况。(2)注意义务。执行事务的合伙人处理合伙事务,应和处理自己的事务有同样的注意义务。(3)利益转移义务。合伙人执行合伙企业事务产生的收益归合伙企业。(4)忠实义务。合伙事务执行人不得自营或者同他人合作经营与本合伙企业相竞争的业务;不得从事损害本合伙企业利益的活动,除合伙协议另有约定或者经全体合伙人同意外,不得同本合伙企业进行交易。

2. 合伙人的权利

(1)监督权。执行事务合伙人与不参加执行事务的合伙人均有权监督执行事务合伙人执行合伙事务的情况。(2)查阅权。全体合伙人为了解合伙企业的经营状况和财务状况,均有权查阅合伙企业账簿。(3)撤销委托权。被委托执行合伙事务的合伙人不按照合伙协议或者全体合伙人的决定执行事务的,其他合伙人可以决定撤销该委托。(4)表决权。合伙人对合伙企业的有关事项作出表决时,按照合伙协议约定的表决办法办理。合伙协议约定不明或未约定的,实行合伙人一人一票,并经全体合伙人过半数通过的表决办法。

3. 合伙企业的事务决议

(1)合伙企业合伙人依法或者按照合伙协议对合伙企业有关事项作出决议时,除法律另有规定或合伙协议另有约定外,实行一人一票的表决办法,以过半数通过。

(2)除合伙协议另有约定外,合伙企业下列事项必须经全体合伙人一致同意:①改变合伙企业的名称;②改变合伙企业的经营范围、主要经营场所的地点;③处分合伙企业的不动产;④转让或者处分合伙企业的知识产权和其他财产权利;⑤以合伙企业名义为他人提供担保;⑥聘任合伙人以外的人担任合伙企业的经营管理人员。

(四)普通合伙企业的损益分配

合伙企业的利润分配、亏损分担,按照合伙协议的约定办理;合伙协议未约定或者约定不明确的,由合伙人协商决定,协商不成的,由合伙人按照实缴出资比例分配、分担;无法确定出资比例的,由合伙人平均分配、分担。

合伙协议不得约定将全部利润分配给部分合伙人或者由部分合伙人承担全部亏损。

(五)普通合伙企业与第三人的关系

1. 合伙企业与善意第三人的关系

合伙企业对合伙人执行合伙事务以及对外代表合伙企业权利的限制,不得对抗善意第三人。

2. 合伙企业与债权人的关系

合伙企业对其债务应当先以企业全部财产进行清偿,当企业财产不足以偿还债务时,由合伙人以出资财产之外的其他个人财产来偿还债务;如果合伙人以家庭财产对合伙企业出资,则应以家庭的全部财产来偿还。合伙人清偿数额超过其亏损分担比例的,有权向其他合伙人追偿。

合伙人由于承担无限连带责任,清偿数额超过应承担的亏损分担比例的,有权向其他合伙人追偿。

3. 合伙人个人债务的清偿

合伙人发生与合伙企业无关的个人债务时,合伙人应以个人财产清偿个人债务,相关债权人不得以其债权抵消其对合伙企业的债务,也不得代位行使合伙人在合伙企业中的权利。

当个人财产不足以清偿个人债务时,该合伙人可以用其从合伙企业中分取的收益清偿;债权人也可以依法请求人民法院强制执行该合伙人在合伙企业中的财产份额。人民法院强制执行合伙人的财产份额时,应当通知全体合伙人,其他合伙人有优先受让的权利;其他合伙人未购买,又不同意将该财产份额转让给他人的,应当为该合伙人办理退伙结算,或者办理削减该合伙人相应财产份额的结算。

（六）入伙与退伙

1. 入伙

入伙,是指合伙企业存续期间,合伙人以外的第三人加入合伙企业,并取得合伙人资格的法律行为。

（1）入伙的条件和程序。

新合伙人入伙,除合伙协议中另有约定的外,应当经全体合伙人一致同意,并依法签订书面入伙协议。订立入伙协议时,原合伙人应当向新合伙人如实告知原合伙企业的经营状况和财务状况。

（2）新合伙人的权利和责任。

入伙的新合伙人与原合伙人享有同等权利,承担同等责任。入伙协议另有约定的,从其约定。新合伙人对入伙前合伙企业的债务承担连带责任。

2. 退伙

退伙是在合伙企业存续期间,合伙人退出合伙企业,丧失合伙人资格的法律行为。根据退伙的原因不同,退伙分为自愿退伙、法定退伙和除名退伙。

（1）自愿退伙。

自愿退伙是指合伙人基于自愿的意思表示而退伙。其中,对合伙协议约定合伙期限的,在合伙企业存续期间,有下列情形之一的,合伙人可以退伙：合伙协议约定的退伙事由出现；经全体合伙人一致同意；发生合伙人难以继续参加合伙的事由；其他合伙人严重违反合伙协议约定的义务。对合伙协议未约定合伙期限的,合伙人在不给合伙企业事务执行造成不利影响的情况下,可以退伙,但应当提前30日通知其他合伙人。

（2）法定退伙。

法定退伙也称当然退伙。《合伙企业法》规定,合伙人有下列情形之一的,当然退伙：作为合伙人的自然人死亡或者被依法宣告死亡；个人丧失偿债能力；作为合伙人的法人或者其他组织依法被吊销营业执照、责令关闭、撤销,或被宣告破产；法律规定或者合伙协议约定合伙人必须具有相关资格而丧失该资格；合伙人在合伙企业中的全部财产份额被人民法院强制执行。

合伙人被依法认定为无民事行为能力人或者限制民事行为能力人的,经其他合伙人一致同意,可以依法转为有限合伙人,普通合伙企业依法转为有限合伙企业。其他合伙人未能一致同意的,该无民事行为能力或者限制民事行为能力的合伙人退伙。

（3）除名退伙。

除名退伙又称开除退伙。《合伙企业法》规定,合伙人有下列情形之一的,经其他合伙人一致同意,可以决议将其除名：未履行出资义务；因故意或者重大过失给合伙企业造成损失；执行合伙企业事务时有不正当行为；发生合伙协议约定的事由。

3. 退伙的法律效力

退伙的法律效力,是指退伙时退伙人在合伙企业中的财产份额和民事责任的归属变动。分为两类情况,一是财产继承,二是退伙结算。

(1)财产继承。

合伙人死亡或者被依法宣告死亡的,对该合伙人在合伙企业中的财产份额享有合法继承权的继承人,按照合伙协议的约定或者经全体合伙人一致同意,从继承开始之日起,取得该合伙企业的合伙人资格。合伙人死亡时其继承人取得该合伙企业的合伙人资格必须具备以下三个条件:一是有合法继承权;二是有合伙协议的约定或者全体合伙人的一致同意;三是继承人愿意。如果合伙人的继承人不愿意成为合伙人或者存在不具有成为合伙人的相关资格等不能成为合伙人的情形,则合伙企业应当向合伙人的继承人退还被继承合伙人的财产份额。

合伙人的继承人为无民事行为能力人或者限制民事行为能力人的,经全体合伙人一致同意,可以依法成为有限合伙人,普通合伙企业依法转为有限合伙企业。全体合伙人未能一致同意的,合伙企业应当将被继承合伙人的财产份额退还该继承人。

(2)退伙结算。

除合伙人死亡或者被依法宣告死亡的情形外,合伙人退伙,其他合伙人应当与该退伙人按照退伙时的合伙企业财产状况进行结算,退还退伙人的财产份额。退伙人对给合伙企业造成的损失负有赔偿责任的,相应扣减其应当赔偿的数额。退伙时有未了结的合伙企业事务的,待事务了结后进行结算。退伙人在合伙企业中财产份额的退还办法,由合伙协议约定或者由全体合伙人决定,可以退还货币,也可以退还实物。合伙人退伙以后,并不能解除对于合伙企业既往债务的连带责任。根据《合伙企业法》规定,退伙人对基于其退伙前的原因发生的合伙企业债务,承担无限连带责任。

(七)特殊的普通合伙企业

特殊的普通合伙企业的特殊性体现在企业服务内容和承担责任的方式的特殊性上。

1. 特殊的服务内容

根据《合伙企业法》的相关规定,以专业知识和专门技能为客户提供有偿服务的专业服务机构,可以设立为特殊的普通合伙企业,例如合伙性质的会计师事务所。

2. 合伙人承担责任的特别规定

(1)在执业活动中,一个合伙人或者数个合伙人因故意或者重大过失给合伙企业造成债务的,应当承担无限责任或者无限连带责任,其他合伙人以其在合伙企业中的财产份额为限承担责任。

(2)合伙人执业活动中因故意或者重大过失造成的合伙企业债务,以合伙企业财产对外承担责任后,该合伙人应当按照合伙协议的约定对给合伙企业造成的损失承担赔偿责任。

(3)合伙人在执业活动中非因故意或者重大过失造成的合伙企业债务以及合伙企业的其他债务,由全体合伙人承担无限连带责任。

3. 名称特殊

特殊的普通合伙企业名称中应当标明"特殊普通合伙"字样。

4. 建立风险基金的特殊规定

特殊的普通合伙企业应当建立执业风险基金、办理职业保险。执业风险基金用于偿付合伙人执业活动造成的债务,执业风险基金应当单独立户管理。

三、有限合伙企业

有限合伙企业是指由普通合伙人和有限合伙人组成,普通合伙人对合伙企业债务承担无限连带责任,有限合伙人以其认缴的出资额为限对合伙企业债务承担责任的合伙组织。在法律适用中,凡是《合伙企业法》中对有限合伙企业有特殊规定的,应当适用有关《合伙企业法》中对有限合伙企业的特殊规定,无特殊规定的,适用有关普通合伙企业及其合伙人的一般规定。

(一)有限合伙企业的设立

(1)有限合伙企业人数。

有限合伙企业由2个以上50个以下合伙人设立,但法律另有规定的除外。有限合伙企业至少应当有一个普通合伙人。按照规定,自然人、法人和其他组织可以依照法律规定设立有限合伙企业,但国有独资公司、国有企业、上市公司以及公益性的事业单位、社会团体不得成为有限合伙企业的普通合伙人。

有限合伙企业中必须包括有限合伙人和普通合伙人两部分,否则有限合伙企业应当进行组织形式变化。有限合伙企业仅剩有限合伙人的,应当解散。有限合伙企业仅剩普通合伙人的,转为普通合伙企业。

(2)有限合伙企业名称。

有限合伙企业名称中应当标明"有限合伙"字样,不能标明"普通合伙"、"特殊普通合伙"、"有限公司"、"有限责任公司"等字样。

(3)有限合伙企业协议。

有限合伙企业协议是有限合伙企业生产经营的重要法律文件。有限合伙企业协议除应符合普通合伙企业合伙协议的规定外,还应当载明下列事项:①普通合伙人和有限合伙人的姓名或者名称、住所;②执行事务合伙人应具备的条件和选择程序;③执行事务合伙人权限与违约处理办法;④执行事务合伙人的除名条件和更换程序;⑤有限合伙人入伙、退伙的条件、程序以及相关责任、有限合伙人和普通合伙人相互转变程序等。

(4)有限合伙人出资。

有限合伙人可以用货币、实物、知识产权、土地使用权或者其他财产权利作价出资,但不得以劳务出资。

有限合伙人应当按照合伙协议的约定按期足额缴纳出资,未按期足额缴纳的,应当承担补缴义务,并对其他合伙人承担违约责任。

(5)有限合伙企业登记事项。

有限合伙企业登记事项中应当载明有限合伙人的姓名或者名称及认缴的出资数额。

(二)有限合伙企业事务的执行

(1)有限合伙企业由普通合伙人执行合伙事务。

有限合伙企业由普通合伙人执行合伙事务。执行事务合伙人可以要求在合伙协议中确定执行事务的报酬及报酬提取方式,如合伙协议约定数个普通合伙人执行合伙事务,这些普通合伙人均为合伙事务执行人;如合伙协议无约定,全体普通合伙人是合伙事务的共同执行人。合伙事务执行人除享有一般合伙人相同的权利外,还有接受其他合伙人的监督和检查、谨慎执行合伙事务的义务,若因自己的过错造成合伙财产损失的,应向合伙企业或其他合伙人负赔偿责任。

(2)有限合伙人不执行合伙事务,不得对外代表有限合伙企业。

有限合伙人不执行合伙事务,不得对外代表有限合伙企业,有限合伙人的下列行为不视为执行合伙事务:参与决定普通合伙人入伙、退伙;对企业的经营管理提出建议;参与选择承办有限合伙企业审计业务的会计师事务所;获取经审计的有限合伙企业财务会计报告;对涉及自身利益的情况,查阅有限合伙企业财务会计账簿等财务资料;在有限合伙企业中的利益受到侵害时,向有责任的合伙人主张权利或者提起诉讼;执行事务合伙人怠于行使权利时,督促其行使权利或者为了本企业的利益以自己的名义提起诉讼以及依法为本企业提供担保。

(3)第三人有理由相信有限合伙人为普通合伙人并与其交易的,该有限合伙人对该笔交易承担与普通合伙人同样的无限连带责任。

(4)有限合伙人未经授权以有限合伙企业名义与他人进行交易,给有限合伙企业或者其他合伙人造成损失的,该有限合伙人应当承担赔偿责任。

(三)有限合伙人的特殊权利

因有限合伙人在合伙企业中的特殊地位,《合伙企业法》对其赋予了下列特殊的权利:

(1)有限合伙人可以同本有限合伙企业进行交易;但是,合伙协议另有约定的除外。

(2)有限合伙人可以自营或者同他人合作经营与本有限合伙企业相竞争的业务;但是,合伙协议另有约定的除外。

(3)有限合伙人可以将其在有限合伙企业中的财产份额出质;但是,合伙协议另有约定的除外。

(4)有限合伙人可以按照合伙协议的约定向合伙人以外的人转让其在有限合伙企业中的财产份额,但应当提前30日通知其他合伙人。

(四)有限合伙人的债务承担

(1)有限合伙人的自有财产不足以清偿其与合伙企业无关的债务时,该合伙人可以以其从有限合伙企业中分取的收益用于清偿;债权人也可以依法请求人民法院强制执行该合伙人在有限合伙企业中的财产份额用于清偿。

(2)人民法院强制执行有限合伙人的财产份额时,应当通知全体合伙人。在同等条件下,其他合伙人有优先购买权。

(3)第三人有理由相信有限合伙人为普通合伙人并与其交易的,该有限合伙人对此交易应承担与普通合伙人同样的法律责任。

(4)有限合伙人未经授权以有限合伙企业的名义与他人交易的,如给该有限合伙企业或其他合伙人造成损失的,该有限合伙人应当承担赔偿责任。

(五)有限合伙企业的利润分配

(1)有限合伙企业不得将全部利润分配给部分合伙人;但是,合伙协议另有约定的除外。

(2)除合伙协议另有约定外,有限合伙人可以同本有限合伙企业进行交易;可以自营或者同他人合作经营与本有限合伙企业相竞争的业务。

(六)有限合伙企业入伙、退伙的特殊规定

1.入伙

新入伙的有限合伙人对入伙前有限合伙企业的债务,以其认缴的出资额为限承担责任。

2.退伙

(1)有限合伙企业中的普通合伙人退伙,按照普通合伙企业合伙人的规定执行。有限合伙企业仅剩有限合伙人时,有限合伙企业应当解散。

(2)有限合伙人的自然人在有限合伙企业存续期间丧失民事行为能力的,其他合伙人不得因此要求其退伙。

(3)有限合伙人的自然人死亡、被依法宣告死亡或者作为有限合伙人的法人及其他组织终止时,其继承人或者权利承受人可以依法取得该有限合伙人在有限合伙企业中的资格。

(4)有限合伙人退伙后,对基于其退伙前的原因发生的有限合伙企业债务,以其退伙时从有限合伙企业中取回的财产承担责任。

(七)有限合伙人身份变更

除合伙协议另有约定外,普通合伙人转变为有限合伙人,或者有限合伙人转变为普通合伙人的,应当经全体合伙人一致同意。

(1)有限合伙人转变为普通合伙人的,对其作为有限合伙人期间有限合伙企业发生的债务承担无限连带责任。

(2)普通合伙人转变为有限合伙人的,对其作为普通合伙人期间合伙企业发生的债务承担无限连带责任。

四、合伙企业解散和清算

(一) 合伙企业解散

合伙企业有下列情形之一的,应当解散:(1)合伙期限届满,合伙人决定不再经营;(2)合伙协议约定的解散事由出现;(3)全体合伙人决定解散;(4)合伙人已不具备法定人数满30天;(5)合伙协议约定的合伙目的已经实现或者无法实现;(6)依法被吊销营业执照、责令关闭或者是被撤销;(7)法律、行政法规规定的其他原因。

(二) 合伙企业清算

1. 确定清算人

清算人由全体合伙人担任;经全体合伙人过半数同意,可以自合伙企业解散事由出现后15日内指定一个或者数个合伙人,或者委托第三人,担任清算人。自合伙企业解散事由出现之日起15日内未确定清算人的,合伙人或者其他利害关系人可以申请人民法院指定清算人。

清算人应履行下列职责:(1)清理合伙企业财产,分别编制资产负债表和财产清单;(2)处理与清算有关的合伙企业未了结事务;(3)清缴所欠税款;(4)清理债权、债务;(5)处理合伙企业清偿债务后的剩余财产;(6)代表合伙企业参加诉讼或者仲裁活动;(7)通知债权人申报债权;(8)清算结束,清算人应当编制清算报告;(9)申请办理合伙企业注销登记。

2. 通知和公告债权人

清算人自被确定之日起10日内将合伙企业解散事项通知债权人,并于60日内在报纸上公告。债权人应当自接到通知书之日起30日内,未接到通知书的自公告之日起45日内,向清算人申报债权。债权人申报债权应当说明债权的有关事项,并提供证明材料。清算人应当对债权进行登记。清算期间,合伙企业存续,但不得开展与清算无关的经营活动。

3. 财产清偿顺序

合伙企业财产依照以下顺序进行分配:

(1)合伙企业的财产首先用于支付合伙企业的清算费用。

(2)合伙企业的财产支付合伙企业的清算费用后的清偿顺序如下:合伙企业职工工资、社会保险费用和法定补偿金;缴纳所欠税款;清偿债务。法定补偿金主要是指法律、行政法规和规章所规定的应当支付给职工的补偿金。

(3)分配财产。合伙企业财产依法清偿后仍有剩余时,对剩余财产,依照《合伙企业法》关于利润和亏损分担的规定进行分配。

4. 注销登记

清算结束,清算人应当编制清算报告,经全体合伙人签名、盖章后,在15日内向企业登记机关报送清算报告,申请办理合伙企业注销登记。合伙企业注销后,原普通合伙人对合伙企业存续期间的债务仍应承担无限连带责任。

5. 合伙企业不能清偿到期债务的处理

合伙企业不能清偿到期债务的,债权人可以依法向人民法院提出破产清算申请,也可以要求普通合伙人清偿。

合伙企业依法被宣告破产的,普通合伙人对合伙企业债务仍应承担无限连带责任。

五、法律责任

(一)合伙企业的法律责任

(1)合伙企业提交虚假文件或者采取其他欺骗手段取得合伙企业登记的,未在其名称中标明"普通合伙"、"特殊普通合伙"或者"有限合伙"字样的,未领取营业执照而以合伙企业或者合伙企业分支机构名义从事合伙业务的,合伙企业登记事项发生变更时未依照本法规定办理变更登记的,要依法承担相应的行政责任。

(2)合伙企业登记事项发生变更,执行合伙事务的合伙人未按期申请办理变更登记的,应当赔偿由此给合伙企业、其他合伙人或者善意第三人造成的损失。

(二)合伙人的法律责任

(1)合伙人执行合伙事务,或者合伙企业从业人员利用职务上的便利,将应当归合伙企业的利益据为己有的,或者采取其他手段侵占合伙企业财产的,应当将该利益和财产退还合伙企业;给合伙企业或者其他合伙人造成损失的,依法承担赔偿责任。

(2)合伙人对依法或者合伙协议约定必须经全体合伙人一致同意始得执行的事务擅自处理,给合伙企业或者其他合伙人造成损失的,依法承担赔偿责任。不具有事务执行权的合伙人擅自执行合伙事务,给合伙企业或者其他合伙人造成损失的,依法承担赔偿责任。

(3)合伙人违反法律规定或者合伙协议的约定,从事与本合伙企业相竞争的业务或者与本合伙企业进行交易的,该收益归合伙企业所有;给合伙企业或者其他合伙人造成损失的,依法承担赔偿责任。

(4)合伙人违反合伙协议的,应当依法承担违约责任。

(三)清算人的法律责任

(1)清算人未依法向企业登记机关报送清算报告,或者报送清算报告隐瞒重要事实,或者有重大遗漏的,由企业登记机关责令改正。由此产生的费用和损失,由清算人承担和赔偿。

(2)清算人执行清算事务,牟取非法收入或者侵占合伙企业财产的,应当将该收入和侵占的财产退还合伙企业;给合伙企业或者其他合伙人造成损失的,依法承担赔偿责任。

(3)清算人违反法律规定,隐匿、转移合伙企业财产,对资产负债表或者财产清单作虚假记载,或者在未清偿债务前分配财产,损害债权人利益的,依法承担赔偿责任。

(四)其他人的法律责任

有关行政管理机关的工作人员违反法律规定,滥用职权、徇私舞弊、收受贿赂、侵害合伙企业合法权益的,依法给予行政处分。

六、案例评析示例

1.案情

A、B、C、D协商设立合伙企业。其中,A、B、D系辞职职工,C系一有限公司。四方共同拟订的合伙协议约定:A、B、D以劳务和实物出资,对企业债务承担无限责任,并由A、D负责公司的经营管理事务;C以货币出资,对企业债务以其认缴的出资额为限承担有限责任,但不参与企业的经营管理。合伙企业开业不久,D提出退伙。在D撤资退伙的同时,合伙企业又接纳E入伙。

问题:

(1)假设合伙协议约定只有A和D才有权执行合伙事务,B无权执行合伙事务,而B与乙公司签订一份合同,A、D知悉后认为该合同不符合企业的利益,并明确地向乙表示对该合同不予承认,那么,该合同的效力如何确认?

(2)假设合伙协议规定由A行使合伙事务执行权,D向乙公民借款时,在征得A的同意后,将其在合伙企业中的财产份额出质给乙,那么,D的出质是否有效?请说明理由。

2.处理结果和评析

(1)根据法律规定,合伙企业对合伙人执行合伙企业事务以及对外代表合伙企业权利的限制,不得对抗善意第三人。本案中,如乙公司不知道B是权利被限制的合伙人而与之签订合同。则该合同有效,即使A、D知悉后明确地向乙公司表示对该合同不予承认,也是有效的。反之,如果乙公司明知B的权利受到限制而与之签订合同,则该合同无效。

(2)根据《合伙企业法》的规定,合伙人以其在合伙企业中的财产份额出质的,须经其他合伙人一致同意。未经其他合伙人一致同意,其行为无效,由此给善意第三人造成损失的,由行为人依法承担赔偿责任。本案中,D只征得了A的同意,尽管A是协议规定的合伙事务的执行人,但他也无权决定D的出质事宜。只有同时获得了A、B、C、E的同意,D才能以其在合伙企业中的财产份额出质给乙。

第四节 外商投资企业法

一、外商投资企业法概述

(一)外商投资企业的概念

外商投资企业是指依照中华人民共和国法律的规定,在中国境内设立的,由中国投资者与外国投资者共同投资,或者仅由外国投资者单独投资的企业。根据我国《宪法》和有关法律的规定,中国投资者包括中国的企业或者其他经济组织,外国投资者包括外国的企业和其他经济组织或者个人。

在我国,外商投资资本介入存在着两种途径,即新设介入与并购介入。前者是指外国投资者自己,或者与我国投资者通过合资、合作等方式新设成立一个经济实体并从事该实体的经营管理活动的介入形式;后者是指外国投资者通过购买并持有某个目标企业的全部或部分股份,进而参与该企业经营管理活动的介入形式。

(二)外商投资企业的特征

外商投资企业具有以下法律特征:

1. 外商投资企业依据我国法律规定而成立

我国宪法规定,允许外国的企业和其他经济组织或个人,依照我国的法律规定在中国境内进行投资,同中国的企业或者其他经济组织进行各种形式的经济合作。我国《中外合资经营企业法》、《中外合作经营企业法》、《外资企业法》、《公司法》以及其他相关法律、法规对外商投资企业的法律地位、设立程序及权利义务等做出了明确规定,外商投资企业必须依据我国相关的法律、法规的规定设立和存在才能获得相应的法律地位,开展正常的经济活动。

2. 外商投资企业是在中国境内设立的具有中国国籍的经济组织

外商投资企业设立在中国境内,依据我国法律规定,外商投资企业均具有中国国籍,具备法人条件的,依法登记为企业法人,不具备法人条件的,可取得营业执照。外商投资企业的一切活动必须遵守我国法律和法规的规定,同时我国法律保护外商投资企业的一切合法权益不受侵害。

3. 外商投资企业主要是外国私人资本介入兴办的企业

在我国境内设立外商投资企业,是我国以资本输入国身份参与国际投资关系的结果,也是引进与利用外资,尤其是外国私人直接投资,掌握先进的生产技术,提高我国生产经营管理水平的一种有效途径。它与政府的对外援助不同,具有民间经济技术合作的色彩。

(三)外商投资企业的类型

根据我国法律规定,外商投资企业一般包括以下几种类型:

1. 中外合资经营企业

中外合资经营企业,简称合营企业,是指外国公司、企业和其他经济组织或个人,按照平等互利的原则,依照我国法律,经我国政府批准,在我国境内,同我国的公司、企业或其他经济组织共同投资举办的股权式经营企业。这种企业由中外双方投资者按照出资比例承担风险、分配利润、投资各方的权利义务十分明确,因此,中外投资者大多愿意采用这种形式。

2. 中外合作经营企业

中外合作经营企业,简称合作企业,是指外国公司、企业和其他经济组织或者个人按照平等互利的原则,依照我国法律,经我国政府批准,在我国境内,同我国的公司、企业或者其他经济组织共同投资举办的契约式经营的企业。这种企业由中外双方投资者在合作企业合同中约定投资或者合作条件、收益或者产品的分配、风险和亏损的分担、经营管理的方式和合作企业终止时财产的归属等事项，合作方式较为灵活，对外国投资者有较大的吸引力。

3. **外商独资企业**

外商独资企业，又称外资企业，是指外国的公司、企业和其他经济组织或者个人，依照中国有关法律，经我国批准，在中国境内设立的全部资本由外国投资的企业，但不包括外国的企业和其他经济组织在中国境内的分支机构。这种企业的股权完全属于外国投资者所有。

4. **外商投资股份有限公司**

外商投资股份有限公司，是指依照我国法律规定，在我国境内设立的，全部资本由等额股份构成，股东以其所认购的股份对公司承担责任，公司以其全部财产对公司债务承担责任，中外股东共同持有公司股份，外国股东购买并持有的股份占公司注册资本25%以上的企业法人。外商投资股份有限公司是特殊的股份有限公司，该公司发起人中至少有1名外国投资者；公司注册资本的最低限额为人民币3 000万元。其发行股票的对象、地区范围、股票的种类也与其他国内股份有限公司不同。

5. **外商投资性公司**

外商投资性公司，是指外国投资者在中国以独资或与中国投资者合资的形式设立的从事直接投资的有限责任公司，也就是通常所说的"控股公司"。

目前在我国设立的外商投资企业主要是中外合资经营企业、中外合作经营企业、外资企业。随着我国对外开放事业的发展，特别是我国加入WTO后，中国政府遵守自己对WTO协定的承诺，废、改、立了一大批有关外商投资企业的法律、法规，极大地适应了外商投资的发展需求，大量的外资不断涌入中国，外商投资股份有限公司、外商投资性公司等外商投资企业形式也正在不断出现。

（四）**外商投资企业法**

外商投资企业法，是指调整外商投资企业在设立、管理、运营、收益分配和终止过程中形成的经济关系的法律规范的总称。上述外商投资企业的经济关系，包括在外商投资企业的设立、变更、终止过程中和外商投资企业内部管理过程中发生的经济关系，以及在社会经济保障过程中发生的关于外商投资企业、企业职工的经济关系。

我国对外商投资企业没有采取统一立法形式，而是有各种专项立法及相关的法律、法规相互联系而形成的法律体系，既包括宪法，也包括法律、行政法规和地方性法规。其中，主要的调整外商投资企业的法律、法规包括：1979年7月1日第五届全国人大二次会议通过，并于1990年4月4日和2001年3月15日进行了两次修订的《中华人民共和国中外合资经营企业法》。1988年4月13日第七届全国人大次会议通过，并于2000年10月31日由全国人大常委会进行了修订的《中华人民共和国中外合作经营企业法》。1986年4月12日第六届全国人大第四次会议通过，并于2000年由全国人大常委会进行了修订的《中华人民共和国外资企业法》。为了便于贯彻实施，国务院又根据这三部法律的规定，制定了两个实施细则，即《中外合资经营企业法实施细则》、《中外合作经营企业法实施细则》、《外资企业法实施细则》。另外还有大量的单行法规出台,如《中外合资经营企业合营期限暂行规定》、《国务院关于鼓励外商投资的规定》、《中外合资经营企业合营各方出资的若干规定》、《外商投资企业清算办法》、《关于设立外商投资股份有限公司若干问题的暂行规定》等,使得我国的相关法律更符合WTO的要求。

(五)外商投资企业的投资方向

根据《指导外商投资方向规定》的规定,外商投资企业的投资项目分为鼓励、允许、限制和禁止四类。

1. 鼓励类外商投资项目

属于下列情形之一的,列为鼓励类外商投资项目:(1)属于农业新技术、农业综合开发和能源、交通、重要原材料工业的;(2)属于高新技术、先进适用技术,能够改进产品性能、提高企业技术经济效益或者生产国内生产能力不足的新设备、新材料的;(3)适应市场需求,能够提高产品档次、开拓新兴市场或者增加产品国际竞争能力的;(4)属于新技术、新设备,能够节约能源和原材料,综合利用资源和再生资源以及防治环境污染的;(5)能够发挥中西部地区的人力和资源优势,并符合国家产业政策的;(6)法律、行政法规规定的其他情形。

鼓励类外商投资项目,除依照有关法律、行政法规的规定享受优惠待遇外,从事投资额大、回收期长的能源、交通、城市基础设施(煤炭、石油、天然气、电力、铁路、公路、港口、机场、城市道路、污水处理、垃圾处理等)建设、经营的,经批准,可以扩大与其相关的经营范围。

2. 限制类外商投资项目

属于下列情形之一的,列为限制类外商投资项目:(1)技术水平落后的;(2)不利于节约资源和改善生态环境的;(3)从事国家规定实行保护性开采的特定矿种勘探、开采的;(4)属于国家逐步开放的产业的;(5)法律、行政法规规定的其他情形。

3. 禁止类外商投资项目

属于下列情形之一的,列为禁止类外商投资项目:(1)危害国家安全或者损害社会公众利益的;(2)对环境造成污染损害,破坏自然资源或者损害人体健康的;(3)占用大量耕地,不利于保护、开发土地资源的;(4)危害军事设施安全和使用效能的;(5)运用我国特有工艺或者技术生产产品的;(6)法律、行政法规规定的其他情形。

4. 允许类外商投资项目

不属于鼓励类、限制类和禁止类的外商投资项目,为允许类外商投资项目。产品全部直接出口的允许类外商投资项目,视为鼓励类外商投资项目。产品出口销售额占其产品销售总额70%以上的限制类外商投资项目,经省、自治区、直辖市及计划单列市人民政府或者国务院主管部门批准,可以视为允许类外商投资项目。

除了《指导外商投资方向规定》之外,国家还制定了《外商投资产业指导目录》,将这四个方向的投资项目加以细化,它最早自1995年订立,后经过了多次的调整,2007年10月,经国务院批准,国家发展改革委员会和商务部联合发布了最新版的目录,自 2007 年 12 月 1 日起施行。新的目录主要涉及以下五方面的重大调整:

(1)坚持扩大对外开放,促进产业结构升级。对制造业领域,进一步鼓励外商投资我国高新技术、装备制造、新材料制造等产业;对服务业的领域,全面落实我国加入世界贸易组织承诺的同时,积极稳妥扩大开放,增加了"承接服务外包"、"现代物流"等鼓励内容,并减少原来限制类和禁止类条目。

(2)节约资源、保护环境。新增加相关鼓励类条目,鼓励外商投资发展循环经济、清洁生产、可再生能源和生态环境保护以及资源综合利用领域。对于我国稀缺或不可再生的重要矿产资源不再鼓励外商投资。一些不可再生的主要矿产资源不再允许外商投资勘察开采。限制或禁止高物耗、高能耗、高污染外资项目准入。

(3)调整单纯鼓励出口的导向政策。针对我国贸易顺差过大、外汇储备快速增加等新形势,不再继续实施单纯鼓励出口的导向政策。

(4)促进区域协调发展。配合西部大开发、中部崛起、振兴东北等老工业基地的战略,在鼓励外商投资产业目录中不再列入仅"先于中西部地区"的条目。

(5)维护国家经济安全。对部分涉及国家经济安全的战略性和敏感性行业,持谨慎开放的态度,适当调整相关条目,统筹国内发展和对外开放。

二、中外合资经营企业法

(一)设立中外合资经营企业的条件

在中国境内设立合营企业,应当能够促进中国经济的发展和科学技术水平的提高,有利于社会主义现代化建设。国家鼓励、允许、限制或者禁止设立合营企业的行业,按照国家指导外商投资方向的规定及外商投资产业指导目录执行。

为保障我国经济健康、安全地发展,我国法律、法规对申请设立合营企业作了些限制性的规定。申请设立合营企业有下列情况之一的,不予批准:(1)有损中国主权的;(2)违反中国法律的;(3)不符合中国国民经济发展要求的;(4)造成环境污染的;(5)签订的协议、合同、章程显属不公平,损害合营一方权益的。

(二)设立中外合资经营企业的程序

1. 申请

申请设立合资企业,由中外合资者共同向审批机构报送下列文件:(1)设立合资企业的申请书;(2)合资各方共同编制的可行性研究报告;(3)由合资各方授权代表签署的合资企业协议、合同和章程;(4)由合资各方委派的合资企业董事长、副董事长、董事人选名单;(5)审批机构规定的其他文件。

2. 审批

在中国境内设立合资企业,必须经商务部审查批准,发给批准证书。但具备以下两个条件的,国务院授权省、自治区、直辖市人民政府或国务院有关部门审批:(1)投资总额在国务院规定的投资审批权限以内,中国合营者的资金来源已落实的;(2)不需要国家增拨原材料,不影响燃料、动力、交通运输、外贸出口配额等的全国平衡的。后一类审批机关批准设立的合资企业,应报商务部备案。审批机关自接到报送的全部文件之日起90天内决定批准或不批准。

3. 登记

申请者应当自收到批准证书之日起1个月内,向工商行政管理机关(以下简称登记管理机关)办理登记手续。合资企业的营业执照签发日期,即为该合资企业的成立日期。

(三) 中外合资经营企业的资本

1. 注册资本

合营企业的注册资本,是指为设立合营企业在工商行政管理机关登记注册资本,应为合营各方认缴的出资额之和。注册资本一般应以人民币表示,也可以用合营各方约定的外币表示。在合资企业的注册资本中,外国合营者的投资比例一般不低于25%。外国投资者的出资比例低于25%的,除法律、行政法规另有规定外,均应按照现行设立外商投资企业的审批登记程序进行审批和登记。

合营企业在合营期限内,不得减少其注册资本。但因投资总额和生产经营规模等发生变化,确需减少注册资本的,须经审批机关批准。对合营企业在合营期限内增加注册资本,法律没有禁止。但是,合营企业增加注册资本应当经合营各方协商一致,并由董事会会议通过,报经原审批机关核准。合营企业增加、减少注册资本,应当修改合营企业章程,并办理变更注册资本登记手续。

合营各方可以向第三方全部或部分地转让其出资,但必须经合营他方同意并报审批机构批准,同时向登记管理机构办理变更登记手续。转让方必须依法确保在同等条件下他方投资者优先购买权的行使。转让行为违反上述规定的,转让行为无效。

2. 投资总额

合营企业的投资总额(含企业借款),是指按照合营企业合同、章程规定的生产规模需要投入的基本建设资金和生产流动资金的总和。

为防止投资人以很小的投资成立合营企业后,在中国大举借债,从而不能达到我国政府吸引外资的目的,并且影响对债权人和第三人利益的保护以及整个社会经济秩序的稳定。1987年,国家工商行政管理局专门发布了《关于中外合资经营企业注册资本与投资总额比例的暂行规定》,中外合资经营企业的注册资本与投资总额的比例,应当遵守如下规定:

(1)中外合资经营企业的投资总额在300万美元以下(含300万美元)的,其注册资本至少应占投资总额的70%。

(2)中外合资经营企业的投资总额在300万美元以上至1 000万美元(含1 000万美元)的,其注册资本至少应占投资总额的50%,其中投资总额在420万美元以下的,注册资本不得低于210万美元。

(3)中外合资经营企业的投资总额在1 000万美元以上至3 000万美元(含3 000万美元)的,其注册资本至少应占投资总额的40%,其中投资总额在1 250万美元以下的,注册资本不得低于500万美元。

(4)中外合资经营企业的投资总额在3 000万美元以上的,其注册资本至少应占投资总额的1/3,其中投资总额在3 600万美元以下的,注册资本不得低于1 200万美元。

中外合资经营企业如遇特殊情况,不能执行上述规定,由商务部会同国家工商行政管理局批准。

3. 出资方式

出资各方可以用货币、实物、工业产权、专有技术、场地使用权等作价出资。

以实物、工业产权或者专有技术作价出资的,其作价由合资各方按照公平合理的原则协商确定,或者聘请合资各方同意的第三者评定。

外国合资者作为出资的机器设备或其他物料、工业产权或专有技术,应经中国合资者的企业主管部门审查同意,报审批机构批准。合资各方缴付出资额后应由中国注册的会计师验证,出具验资报告,由合资企业据此发给出资证明书。

4. 出资期限

合资各方应当在合资合同中明确出资期限,并且应当按照合资合同规定的期限缴清各自的出资。国家工商行政管理局和原对外贸易经济合作部于1988年1月1日发布的经国务院批准的《中外合资经营企业合资各方出资的若干规定》及1997年9月29日发布的补充规定,对此作出了如下具体规定。

(1)合资合同中规定一次缴清出资的,合资各方应当从营业执照签发之日起6个月内缴清。

(2)合资合同中规定分期缴付出资的,合资各方的第一期出资不得低于各自认缴出资额的15%,并且应当在营业执照签发之日起3个月内缴清,其余部分应当自公司成立之日起2年内缴足,其中投资公司可以在5年内缴足。

(3)合资各方未能在合资合同规定的上述期限内缴付出资的,视同合资企业自动解散,合资企业批准证书自动失效。合资企业应当向工商行政管理机关办理注销登记手续,缴销营业执照;不办理注销登记手续和缴销营业执照的,由工商行政管理机关吊销其营业执照,并予以公告。

(4)合资各方缴付第一期出资后,超过合资合同规定的其他任何一期出资期限3个月,仍未出资或者出资不足时,工商行政管理机关应当会同原审批机关发出通知,要求合资各方在1个月内缴清出资。未按上述通知期限缴清出资的,原审批机关有权撤销对该合资企业的批准证书。合资一方未按照合资合同的规定如期缴付或者缴清其出资的,即构成违约,应当按照合同规定支付迟延利息或者赔偿损失。

（四）中外合资经营企业的组织形式与组织机构

1. 合营企业的组织形式

合营企业的组织形式为有限责任公司。合营各方应以自己认缴的出资额为限对合营企业的债务承担责任，合营企业应以其全部资产对自身经营活动的后果承担责任。我国法律未将合营企业各方的出资分成股份，而是划分为一定的出资比例，合营各方按照出资比例对企业享有权利和承担义务。这种规定不仅明确了合营各方的责任与风险，而且也顺应了国际社会发展的要求，有利于按照国际惯例管理与经营合营企业，比较容易为合营各方所接受。当然，作为一种特殊的有限责任企业，尽管与其他有限责任公司有一定的区别，但对某些合营企业法没有特殊规定的事项，公司法的一般性原则对合营企业也是适用的。

2. 合营企业的组织机构

（1）最高权力机构。

董事会是合营企业的最高权力机构，董事会的职权是按合营企业章程规定，讨论决定合营企业的一切重大问题，包括企业发展规划、生产经营活动方案、收支预算、利润分配、劳动工资计划、停业，以及总经理、副总经理、总工程师、总会计师、审计师的任命或聘请及其职权和待遇等。

董事会由合营各方推荐的董事组成，董事会的人数，应根据合营企业的规模大小、投资多少、业务繁简等情况，由合营各方协商，在合同、章程中确定，并由合营各方委派和撤换，但不得少于3人。其名额的分配由合营各方参照出资比例协商确定。董事长和副董事长由合营各方协商确定或由董事会选举产生。中外合营者一方担任董事长的，由他方担任副董事长。董事长是合营企业的法定代表人，对内、对外代表企业进行必要的活动，董事长不能履行职责时，应授权副董事长或其他董事代表企业行事。董事的任期为4年。

董事会会议分为定期会议和临时会议，定期会议每年至少召开1次，由董事长负责召集并主持。董事长不能召集时，由董事长委托副董事长或者其他董事负责召集并主持董事会会议。经1/3以上董事提议，可以由董事长召开董事会临时会议。董事会会议应当有2/3以上董事出席方能举行。董事不能出席的，可以出具委托书委托他人代表其出席和表决。董事会会议一般应当在合营企业法定地址所在地举行。

董事会的议事规则因所议事项的不同而不同。对一般事项，通过合营企业章程载明的议事规则做出决议，但《合营企业法实施条例》第三十三条规定，下列事项由出席董事会会议的董事一致通过方可做出决议：合营企业章程的修改；合营企业的中止、解散；合营企业注册资本的增加、减少；合营企业的合并、分立。

（2）经营管理机构。

合营企业设经营管理机构，负责日常经营管理工作。在经营管理机构中，设总经理1人、副总经理若干人，其具体人选可由合营双方协商确定。总经理、副总经理由董事会聘任，其职权是执行董事会会议的各项决定，组织领导合营企业日常的经营管理活动。在董事会授权范围内,总经理对外代表合营企业,对内任免下属人员,行使董事会授予的其他职权。总经理、副总经理以及其他高级管理职务,经董事会聘任可由董事长、副董事长、董事兼任。

总经理、副总经理及其他高级管理人员有营私舞弊或者严重失职行为的,经董事会决议可以随时解聘。

(五)中外合资经营企业的期限、解散和清算

1. 合营企业的期限

合营企业的期限是指合营企业作为一个单独的企业存在的时间。按照1990年9月30日国务院批准、1990年10月22日对外经济贸易部发布的《中外合资经营企业合营期限暂行规定》执行,按不同行业、不同情况,做不同的约定。

属于国家鼓励和允许投资项目的合营各方可以在合营合同中约定合营期限,也可以不约定合营期限。在合同中不约定合营期限的,应在合同中订立终止条款,规定企业终止的条件、终止程序以及企业清算和财产分配原则。

但属于下列行业或者情况的,合营各方应当依照国家有关法律、法规的规定,在合营合同中约定合营期限:(1)服务性行业的,如饭店、公寓、写字楼、娱乐、饮食、出租汽车、彩扩洗相、维修、咨询等;(2)从事土地开发及经营房地产的;(3)从事资源勘察开发的;(4)国家规定限制投资项目的;(5)国家其他法律、法规规定需要约定合营期限的。

按规定在合同中应约定合营期限的项目,其期限应根据项目的行业类型、投资额、投资风险和投资回收期的长短确定,一般不超过30年。属于国家鼓励和允许投资的项目,在合同中约定合营期限的,可适当放宽,其约定的期限一般不超过50年。约定合营期限的合营企业,合营各方同意延长合营期限的,应在距合营期满6个月前向审查批准机关提出申请。审查批准机关应自接到申请之日起1个月内决定批准或不批准。

2. 合营企业的解散

合营企业的解散,也称为合营企业的终止,是指合营企业作为一个独立的经济主体资格的消灭。合营企业的终止分为提前终止和期满终止。终止的原因有:(1)合营期限届满;(2)企业发生严重亏损,无力继续经营;(3)合营一方不履行合营协议、合同、章程规定的义务,致使企业无法继续经营;(4)因自然灾害、战争等不可抗力遭受严重损失,无法继续经营;(5)合营企业未达到其经营目的,同时又无发展前途;(6)合营企业合同、章程所规定的其他解散原因已经出现。

合营企业提前终止时,应由董事会提出解散申请书,报审批机构批准。合营一方不履行合营协议、合同和章程而致使企业解散时,该合营方应对合营企业由此造成的损失负赔偿责任。

3. 合营企业的清算

合营企业宣告解散时,应当进行清算。合营企业应当按规定成立清算委员会,由清算委员会负责清算事宜。清算委员会的任务是对合营企业的财产、债权、债务进行全面清查,编制资产负债表和财产目录,提出财产作价和计算依据,制订清算方案,提请董事会议通过后执行。

清算期间,清算委员会代表该合营企业起诉和应诉。

清算委员会的成员一般应当在合营企业的董事中选任。董事不能担任或者不适合担任清算委员会成员时,合营企业可以聘请中国的注册会计师、律师担任。审批机构认为必要时,可以派人进行监督。清算费用和清算委员会成员的酬劳应当从合营企业现存财产中优先支付。

合营企业以其全部资产对其负债承担责任。合营企业清偿债务后的剩余财产按照合营各方的出资比例进行分配,但合营企业协议、合同、章程另有规定的除外。合营企业解散时,其资产净额或剩余财产超过注册资本的增值部分视同利润,应依法缴纳所得税。外国合营者分得资产净额或剩余财产超出其出资额的部分,在汇往国外时,应依法缴纳所得税。

合营企业的清算工作结束后,由清算委员会提出清算结束报告,提请董事会会议通过后,报告审批机构,并向登记管理机构办理注销登记手续,缴销营业执照。合营企业解散后,各项账册及文件应当由原中国合营者保存。

三、中外合作经营企业法

(一)设立中外合作经营企业的条件

合作企业的设立条件与合营企业的要求基本一致,但在项目的选择上国家鼓励举办产品出口的或技术先进的生产型合作企业。所谓产品出口企业,是指产品主要用于出口,年度外汇总收入额减除年度生产经营外汇支出额和投资者汇出分得利润所需外汇额以后,外汇有节余的生产型企业;所谓先进技术企业,是指外国投资者提供先进技术,从事新产品开发,实现产品升级换代,以增加出口创汇或者替代进口的生产型企业。

申请设立合作企业,有下列情形之一的,不予批准:①损害国家主权或社会公共利益的;②危害国家安全的;③对环境造成污染损害的;④有违反法律、行政法规或国家产业政策的其他情形的。

(二)设立中外合作经营企业的程序

1. 申请

申请设立合作企业,应当将中外合作者签订的协议、合同、章程等文件报商务部或者国务院授权的部门和地方人民政府批准。

2. 审批

审批机构应当在接到设立合作企业申请书之日起45天内,做出批准或不批准的决定。

3. 登记

合作企业的申请在获得批准后,应当在接到批准证书之日起30天内到企业登记部门申请登记。对于符合法人条件的,颁发企业法人营业执照;不符合法人条件的,颁发企业营业执照。营业执照签发日期为企业的成立日期。合作企业自成立之日起30日内向税务机关办理税务登记。

(三) 中外合作经营企业的注册资本

合作企业的注册资本是指为设立合作企业,在工商行政机关登记的合作各方认缴的出资额之和。

1. 出资方式

合作各方应依照法律的规定和合作企业合同的约定向合作企业投资或提供合作条件。合作企业各方出资方式较之合营企业灵活,除货币出资、实物出资、产权技术出资外,合作各方还可以用其他财产权利出资。所谓其他财产权利,法律并未做出明确规定,实践中多以抵押权、留置权、特许权、工艺流程、经营权等进行投资。合作各方缴纳投资或提供合作条件后,应当由中国注册会计师验证,合作企业据此发给合作各方出资证明书。

合作企业各方出资的资产,在法人式合作企业中归企业所有;在非法人式合作企业中,则为合作各方分别所有,经合作各方约定,也可以共有或者部分共有。合作各方的出资或提供的合作条件应该由企业统一管理和使用,未经合作他方同意,任何一方不得擅自处理。

2. 出资比例

依法取得法人资格的合作企业,外方合作者的投资一般不低于合作企业注册资本的25%。不具备法人资格的合作企业,对合作各方向合作企业投资或者提供合作条件的具体要求,由商务部确定。

3. 合作各方的出资期限

合作企业的合作各方应当根据合作企业的生产经营需要,在合作企业合同中约定合作各方向合作企业投资或提供合作条件的期限。

(四) 中外合作经营企业组织形式与组织机构

1. 合作企业的组织形式

合作企业的组织形式有两种:一种是法人型合作企业,即依法取得我国法人资格的合作企业,为有限责任公司。另一种是非法人型合作企业,即不具备我国法人资格的合作企业。

2. 合作企业的组织机构

合作企业的组织机构随企业的组织形式的不同而不同。法人型的合作企业的组织机构与合营企业基本相同,企业设立董事会和经营管理机构。非法人型的合作企业一般设立联合管理委员会作为企业的最高权力机构,并依照企业章程的规定,决定企业的一切重大问题。联合管理委员会的人员组成及其职权与董事会的规定大体一致,其负责人(通常都称为主任)是企业的法定代表人,行使类似于董事长的职权。

合资企业不论采取董事会制还是采取联合管理委员会制,都可以设立统一的经营管理机构,实行总经理负责制。董事会或联合管理机构可以决定任命或者聘请总经理,负责企业的日常经营管理工作。总经理对董事会或者联合管理机构负责。

董事会或者联合管理委员会成员不得少于3人,其名额的分配由中外合作者参照其投资或者提供的合作条件协商确定。董事会董事或者联合管理委员会委员由合作各方自行委派或者撤换。董事会董事长、副董事长或者联合管理委员会主任、副主任的产生办法由合作企业章程规定;中外合作者的一方担任董事长、主任的,副董事长、副主任由他方担任。

董事或者委员的任期由合作企业章程规定,但是每届任期不得超过3年。董事或者委员任期届满,委派方继续委派的,可以连任。

董事会会议或者联合管理委员会会议每年至少召开1次,由董事长或者主任召集并主持。董事长或者主任因特殊原因不能履行职务时,由董事长或者主任指定副董事长、副主任或者其他董事、委员召集并主持。1/3以上董事或者委员可以提议召开董事会会议或联合管理委员会会议。

董事会会议或者联合管理委员会会议应当有2/3以上董事或者委员出席方能举行,不能出席董事会会议或者联合管理委员会会议的董事或者委员应当书面委托他人代表其出席和表决。董事会会议或者联合管理委员会会议做出决议,须经全体董事或者委员的过半数通过。董事或者委员无正当理由不参加又不委托他人代表其参加董事会会议或者联合管理委员会会议的,视为出席董事会会议或者联合管理委员会会议并在表决中弃权。

召开董事会会议或者联合管理委员会会议,应当在会议召开的10天前通知全体董事或者委员,董事会或者联合管理委员会也可以用通信的方式做出决议。

合作企业经董事会或联合管理委员会一致同意并经审批机构批准,可以委托合作各方之外的人来经营管理企业,并与被委托人签订委托经营管理合同。

(五)合作企业收益分配与风险承担

合作企业收益或产品的分配方式和比例应当在合作企业合同中予以约定。合作企业在分配方式上可以实行利润分成,也可以实行产品分成。

根据我国《中外合作经营企业法》的规定,中外合作者合作期满时,合作企业的全部固定资产归中方合作者所有的,可以在合作企业合同中约定外方合作者在合作期限内先行回收投资的办法。回收投资的办法一般有三种:(1)在按照投资或者提供合作条件进行分配的基础上,在合同中约定扩大外国合作者的收益分配比例;(2)经财政税务机关按照国家有关税收的规定审查批准,外国合作者在合作企业缴纳所得税前回收投资;(3)经财政税务机关和审批机关批准的其他回收投资方式。

为避免外方合作者先行回收投资后,企业债务被转移到中方合作者身上,我国法律规定,合作企业的亏损未弥补前,外国合作者不得先行回收投资。

中外合作者应依照有关法律的规定及合作企业合同的约定,承担风险和亏损。法人型合作企业以企业的所有财产对外承担有限责任,中外合作者以各自的投资或者提供的合作条件对外承担责任。非法人型合作企业,以中外合作者各自所有的或者经营管理的财产对外承担责任,合作各方负连带责任。

(六)中外合作经营企业的期限、解散与清算

1. 合作企业的期限

合作企业的合作期限由中外合作者协商并在合作企业合同中订明。建设周期短、资金回收快的项目,合作期限可以短一些;反之,合作期限可长一些。合作期满后,中外合作双方同意延长的,应当在距合作期满180天前向审批机关提出申请,说明原合作企业合同的执行情况,延长合作期限的原因和目的,同时报送合作各方就延长合作期间各方权利、义务等事项所达成的协议。审批机关应在接到申请之日起30天内决定批准或不批准。经审查机关批准,延长的期限从合作企业期限届满后的第一天开始计算。

2. 合作企业的解散

合作企业因下列情形之一解散:(1)合作期限届满;(2)合作企业发生严重亏损,或者因不可抗力遭受严重损失,无力继续经营;(3)中外合作者一方或者数方不履行合作企业合同、章程规定的义务,致使合作企业无法继续经营;(4)合作企业合同章程中规定的其他解散原因已经出现;(5)合作企业违反法律、行政法规,被依法责令关闭。

上述第(2)、(4)项情形发生时,应当由合作企业的董事会或者联合管理委员会做出决定,报审查批准机关批准。在第(3)项情形下,不履行合作企业合同、章程规定的义务的一方或者数方,应当对履行合同的他方因此遭受的损失承担赔偿责任;履行合同的一方或数方有权向审查批准机关提出申请,解散合作企业。

3. 合作企业的清算

合作企业期满或者提前终止,应当依照法定程序对资产和债权、债务进行清算。中外合作者应当依照合作企业合同的约定确定合作企业财产的归属。

四、外资企业法

(一)设立外资企业的条件

设立外资企业必须有利于国民经济的发展,能够取得显著的经济效益,国家鼓励外资企业采用先进技术和设备,从事新产品开发实现产品升级换代,节约能源和原材料,并鼓励举办产品出口型的外资企业。

外资企业设立的行业领域基本上等同于其他外商投资企业,但因其企业的特殊性,我国法律对外资企业的设立作了更多的限制。有下列情况之一的,不予批准设立外资企业:①有损中国主权或者社会公共利益的;②危及中国国家安全的;③违反中国法律、法规的;④不符合中国国民经济发展要求的;⑤可能造成环境污染的。

(二)设立外资企业的程序

1. 申请

由外国投资者向商务部或者国务院授权的审批机关提出申请。申请需报送的材料包括:

设立外商企业的申请书;可行性研究报告;外资企业章程;外资企业法定代表人(或董事会人选)名单;外国投资者的法律证明文件和资信证明文件;其他需报送的文件。

2. 审批

审批机构应当在收到申请的全部文件之日起 90 天内决定批准或不批准。对于申请文件不齐备或有不当之处的,可以要求限期补报或修正。设立外资企业的申请被批准的,应发给批准证书。

3. 登记

设立外资企业的申请被批准后,外国投资者应当在收到批准证书之日起 30 天内向登记主管部门申请登记并领取营业执照。自企业成立之日起 30 天内向税务机关办理税务登记。外国投资者在收到批准证书之日起 30 天内未向登记机关申请登记的,外资企业的批准证书自动失效。

(三)外资企业的资本

1. 注册资本

外资企业在经营期内不得减少其注册资本。但是,因投资总额和生产经营规模等发生变化,确需减少的,须经审批机关批准。外资企业注册资本的增加、转让,须经审批机关批准,并向工商行政管理机关办理变更登记手续。外资企业将其财产或者权益对外抵押、转让,须经审批机关批准并向工商行政管理机关备案。

2. 出资的方式

外国投资者可以用可自由兑换的外币出资,也可以用机器设备、工业产权、专有技术等作价出资。经审批机关批准,外国投资者也可以用其从中国境内兴办的其他外商投资企业获得的人民币利润出资。以工业产权、专有技术作价出资的,该工业产权、专有技术应当为外国投资者所有,其作价应当与国际上通用的作价原则相一致,作价金额不得超过外资企业注册资本的 20%。

3. 出资期限

外国投资者缴付出资的期限应当在设立外资企业申请书和外资企业章程中载明。外国投资者可以分期缴付出资,但最后一期出资应当在营业执照签发之日起 3 年内缴清。其第一期出资不得少于外国投资者认缴的出资额的 15%,并应当在外资企业营业执照签发之日起 90 日内缴清。

外国投资者未能在外资企业营业执照签发之日起 90 日内缴付第一期出资的,或者无正当理由逾期 30 日不缴付其他各期出资的,外资企业批准证书即自动失效。外资企业应当向工商行政管理机关办理注销登记手续,缴销营业执照;不办理注销登记手续和缴销营业执照,由工商行政管理机关吊销其营业执照,并予以公告。

（四）外资企业的组织形式与组织机构

1. 外资企业的组织形式

外资企业的组织形式为有限责任公司,经批准也可以为其他责任形式。外资企业为有限责任公司的,外国投资者对企业的责任以其认缴的出资额为限;为其他责任形式的,投资者对企业应负的责任适用我国有关法律、法规的规定。

2. 外资企业的组织机构

外资企业组织机构的设置由投资者自行决定,一般应与其组织形式相适应,如有限责任公司形式的外资企业,应按照其规模的大小、投资者的多少等因素的不同,分别设立董事会或1名执行董事行使企业权力机构的职权等。

（五）外资企业的期限、终止和清算

1. 外资企业的期限

对于外资企业,既不应当做出无期限经营的规定,也不适宜具体地规定统一的经营期限。《外资企业法》规定:"外资企业的经营期限由外国投资者申报,由审查批准机关批准。期满需要延长的,应当在期满180天以前向审查批准机关提出申请,审查批准机关应当在接到申请之日起30天内决定批准或者不批准。"

2. 外资企业的终止

外资企业有下列情形之一的,应当终止:(1)经营期限届满;(2)经营不善,严重亏损,外国投资者决定解散的;(3)因自然灾害、战争等不可抗力而遭受严重损失,无法继续经营的;(4)破产;(5)违反中国法律、法规,危害社会公共利益被依法撤销的;(6)外资企业章程规定的其他解散事由已出现的。

3. 外资企业的清算

外资企业依其终止原因不同,存在以下几种清算方式:

(1)自行清算。

外资企业依照上述终止原因第①、②、③、⑥项的规定终止的,应当自终止之日起15日内对外公告并通知债权人,并在终止公告发出之日起15日内,提出清算程序、原则和清算委员会人选,报审批机关审核后进行清算。清算委员会应当由外资企业的法定代表人、债权人代表以及有关主管机关的代表组成,并聘请中国的注册会计师、律师等参加。清算费用从外资企业现存财产中优先支付。

外资企业清算处理财产时,同等条件下,中国的企业或者其他经济组织有优先购买权。外资企业在清算结束之前,外国投资者不得将该企业的资金汇出或者携出中国境外,不得自行处理企业的财产。外资企业清算结束,其资产净额和剩余财产超过注册资本的部分视同利润,应当依照中国税法缴纳所得税。外资企业清算结束,应当向工商行政管理机关办理注销登记手续,缴销营业执照。

(2) 破产清算。

外资企业因资不抵债而破产,若具有中国法人资格,其清算依照《企业破产法》企业破产还债的有关规定进行清算。

(3) 被依法撤销的清算。

外资企业因违反中国法律、法规,危害公共利益而被依法撤销而终止的,其清算由有关部门依照我国有关规定组织清算。

五、案例评析示例

1. 案情

某中外合资经营合同规定,合资企业注册资本为800万美元,中方投资650万美元,其中场地使用权作价200万美元,机器设备作价250万美元,现金200万美元;外方投资150万美元,其中现金为100万美元,机器设备作价50万美元(是以合营企业名义向某国租赁来的)。企业投资总额为2 500万美元,注册资本预定在5年之内全部缴齐,企业若今后需要更多资金,通过向社会发行股票的方式来筹措。合营企业的经营期限暂定10年,在期满前2年,外方可以提前回收投资;企业的内部管理机构为联合管理委员会,主任由中方担任;根据企业的发展需要,可设立分公司,分公司为外资企业性质,对外独立承担责任。

问题:上述企业行为是否符合法律规定?请说明理由。

2. 问题处理及评析

(1)从中外双方出资比例上看存在的法律问题:外方出资150万美元,占注册资本的18.75%,不符合至少25%的法律规定。(2)依照法律规定,合营各方认缴的出资,必须是合营者自己所有的现金或是未设立任何担保物权的实物、工业产权和专有技术;任何一方不得用以合营企业名义取得的借款、租赁的设备或其他财产以及合营者以外的他人财产作为自己的出资。本案中,外方除用一部分现金出资外,还以50万美元的租赁设备作为出资,违反法律规定。(3)合营企业合同规定:合营企业今后以向社会发行股票的方法筹集资金不符合法律规定。合营企业的组织形式为有限责任公司(除非其按法律规定变更为中外合资股份公司),它是不能向社会公开发行股票的。(4)投资总额与注册资本应保持适当比例,投资总额在1 000万美元至3 000万美元(含3 000万美元)的注册资本至少应占2/5,此案例中注册资本过少(2 500万美元投资总额,注册资本少于1 000万美元),不符合法律规定。(5)关于资本缴纳期限,300万美元至1 000万美元的,自营业执照核发之日起3年内必须缴齐,而合同规定是5年显然违法。(6)合营企业是不允许提前回收投资的,因此合同规定提前回收投资显然混淆了合营企业与合作企业的关系和区别。(7)合营企业的组织体制为单一的董事会制,因此联合管理委员会不合法。(8)分公司的性质是非法人资格,即不能独立承担责任,其性质也不属于外资企业,因为中外合资经营企业为中国企业法人,其设立的分支机构也只能是中国企业的一个分支机构,因此,上述事项不合法。

本章案例导读解析:

合伙企业的财产使用、管理中,存在以下问题:

1. 合伙企业的财产由全体合伙人共同管理和使用,合伙人在合伙企业清算前,不得请求分割合伙企业的财产。

2. 合伙人向合伙人以外的人转让其在合伙企业中的全部或者部分财产份额时,须经其他合伙人一致同意。在同等条件下,其他合伙人有优先购买权,合伙人以其在合伙企业中的财产份额出质的,须经其他合伙人一致同意;未经其他合伙人一致同意,其行为无效。

复习思考题

1. 个人独资企业设立的条件?
2. 《个人独资企业法》对清算是如何规定的?
3. 普通合伙企业设立的条件?
4. 普通合伙企业财产转让的有哪些限制?
5. 普通合伙企业的合伙人对企业债务应如何承担?
6. 有限合伙企业内部事务的执行有什么特殊规定?
7. 普通合伙企业的入伙、退伙有哪些规定?
8. 我国中外合资经营企业与中外合作经营企业的区别?
9. 设立外商投资股份有限公司应具备哪些条件?
10. 中外合作经营企业收益分配有什么特殊性?

第三章 Chapter 3

公 司 法

【学习目标】

1. 掌握公司法的基本原理；
2. 掌握公司的概念与特征；
3. 了解公司的种类；
4. 全面理解我国的公司设立，公司章程，公司的资本、股份与公司债，公司的股东与组织机构，公司的变更、破产、解散和清算等法律制度。

【能力目标】

1. 准确判断某一公司属于何种性质的公司形式；
2. 学会判断某一公司的成立是否符合法定要件；
3. 学会判断某一公司的组织机构的设置是否合法；
4. 学会判断某一公司的解散和清算是否符合法律规定的条件。

【案例导读】

甲、乙两人与另外九人共同出资设立 A 有限责任公司,公司章程规定:公司股东会临时会议须经代表 1/2 以上表决权的股东,1/2 以上的董事或 1/2 以上的监事提议召开。公司注册资本为 1 000 万元,其中甲以工业产权出资,作价 120 万元;乙出资 140 万元,为出资最多的股东。公司成立后,由甲召集和主持了首次股东会会议,设立了董事会。2006 年 5 月,A 公司董事会发现,甲作为出资的工业产权的实际价额显著低于公司章程所定的价额,董事会遂提出了解决方案:由甲补足差额,如果甲不能补足差额,则由其他股东按出资比例分担该差额。2007 年 5 月,公司经过一段时间的运作后,经济效益较好,董事会制定了一个增加注册资本的方案,方案提出将公司现有的注册资本由1 000万元增加到1 500万元。增资方案提交股东会讨论表决时,有7名股东赞成增资(该7名股东出资总和为580万元),有4名股东不赞成增资(该4名股东出资总和为420万元),股东会通过了增资决议,并授权董事会执行。2008年3月,A公司因业务发展需要,依法成立了B分公司。B分公司在生产经营过程中,因违反了合同约定被诉至法院,对方以A公司是B分公司的总公司为由,要求A公司承担违约责任。

问题:
1. A公司章程中关于召开临时股东会议的规定是否合法?请说明理由。
2. A公司的首次股东会议由甲召集和主持是否合法?请说明理由。
3. A公司董事会作出的关于甲出资不足的解决方案是否合法?请说明理由。
4. A公司股东会作出的增资决议是否合法?请说明理由。
5. A公司是否应替B分公司承担违约责任?请说明理由。

第一节 公司法概述

一、公司的概念与特征

(一)公司的概念

当今社会,公司是社会经济活动最重要的主体,也是最重要的企业形式。然而,在不同国家,由于立法习惯及法律体系的差异,公司的概念不尽相同。我国《公司法》第二条规定:"本法所称公司是指依照本法在中国境内设立的有限责任公司和股份有限公司。"第三条规定:"公司是企业法人,有独立的法人财产,享有法人财产权。公司以其全部财产对公司的债务承担责任。有限责任公司的股东以其认缴的出资额为限对公司承担责任;股份有限公司的股东以其认购的股份为限对公司承担责任。"根据公司法的规定,公司指股东依照公司法的规定,以出资方式设立,股东以其认缴的出资额或认购的股份为限对公司承担责任,公司以全部独立法人财产对公司债务承担责任的企业法人。

(二)公司的特征

1. 公司须依法设立

公司必须依据公司法及相关法律规定的条件和程序而设立,那些依据其他法律设立的法人企业或公司,都不是公司法上所说的公司。

2. 公司以营利为目的

公司通过经营或营业而取得营利。所谓营业,首先以营利为目的;其次必须具有内容的确定性,即从事何种营业活动;再次营业还必须具有连续性或稳定性。

3. 公司具有法人资格

法人是具有民事权利能力和民事行为能力,依法独立享有民事权利,承担民事义务的组织。法人的特征在于具有独立的人格,独立的组织机构,独立的财产和独立的民事责任。公司作为一种经济组织,必定有自己的组织机构,且能独立地承担民事责任。

二、公司的种类

（一）无限责任公司、有限责任公司、股份有限公司、两合公司、股份两合公司

这是以公司股东责任范围为标准进行划分的。无限责任公司亦称无限公司,是指股东对公司债务负无限连带清偿责任的公司。有限责任公司简称有限公司,是指股东对公司债务仅以其出资额为限承担有限责任的公司。股份有限公司简称股份公司,是指将公司的全部资本划分为等额股份,股东按其所认购的股份对公司债务承担责任的公司。两合公司是指由一个以上的无限责任股东和一个以上的有限责任股东组成的公司。股份两合公司是指股份有限公司与无限责任公司的组合,无限责任股东对公司债务负无限连带责任,有限责任部分的资本则划分为股份,可以发行股票,其股东仅以其认购的股份对公司债务承担责任的公司。

（二）人合公司、资合公司、人合兼资合公司

这是以公司信用基础为标准进行划分的。人合公司是指公司的信用基础在于股东个人的信用,而不在于公司资本多少的公司。资合公司是指以公司的资本额为公司信用基础的公司。人合兼资合公司是指以股东的个人信用和公司的资本信用为公司信用基础的公司。

（三）封闭型公司、开放型公司

这是以公司股份是否可以公开发行和自由转让为标准进行划分的。这种分类被英美法系国家公司立法所采用,也属于法律上的分类。封闭型公司又称为私人公司、不上市公司或非公开招股公司。其特点是公司的股份只能向特定范围内的股东发行,而不能在证券交易所向社会公开发行;股东持有的股份可以有条件的转让,但不能在证券交易所公开交易。封闭型公司类似于大陆法系国家的有限责任公司和上市公司以外的股份有限公司。开放型公司又称为上市公司、公众公司、公开招股公司。其特点是公司可以向社会公众公开发行股票,股东持有的股份可以在证券交易所公开交易。开放型公司类似于大陆法系国家股份有限公司中的上市公司。

（四）母公司、子公司

这是以一个公司对另一个公司的控制与支配关系为标准进行划分的。母公司是指因拥有其他公司一定比例股份或者根据协议可以控制或支配其他公司的公司。子公司是指全部股份或达到控股程度的股份被另一个公司控制,或者依照协议被另一个公司实际控制的公司。母公司和子公司具有法人资格。

（五）总公司、分公司

这是按公司的内部管辖系统进行划分的。总公司也称本公司,是指管辖公司全部组织的

总机构。分公司是指被总公司所管辖的公司分支机构。分公司不具有法人资格,仅为总公司的附属机构。

(六) 本国公司、外国公司、跨国公司

这是以公司注册地为标准进行划分的。本国公司是指国籍隶属于本国的公司。根据我国法律,凡是依照我国法律、在我国境内设立登记的公司,即为我国的本国公司,也就是中国公司,而无论其资本构成是否有外资成分。外国公司是指国籍隶属于外国的公司,根据我国法律,凡是依照外国法律、在我国境外设立登记的公司,即为我国的外国公司。跨国公司是指以本国为基地或中心,在不同国家和地区设立分公司、子公司或投资企业,从事国际生产经营活动的经济组织。

三、公司法的概念、基本原则与作用

(一) 公司法的概念

公司法是指规定公司的设立、组织、活动、解散及其他对内对外关系的法律规范的总称。《中华人民共和国公司法》(以下简称《公司法》),于1993年12月29日第八届全国人民代表大会常务委员会第五次会议通过,自1994年7月1日起施行。1999年12月25日第九届全国人民代表大会常务委员会第十三次会议对《公司法》作了修正。2004年8月28日第十届全国人民代表大会常务委员会第十一次会议对《公司法》作了第二次修正。2005年10月27日第十届全国人民代表大会常务委员会第十八次会议对《公司法》进行了修订,自2006年1月1日起施行。《公司法》共十三章,二百一十九条。《公司法》对于规范公司的组织和行为,保护公司、股东和债权人的合法权益,维护社会经济秩序,促进社会主义市场经济的发展,有着重要的意义。

(二) 公司法的基本原则

(1) 保护公司、股东、债权人及职工的合法权益原则。

(2) 投资者股权与公司法人财产权相分离原则。公司股东作为出资者,依法享有资产收益、参与重大决策和选择管理者等权利;公司有独立的法人财产,享有法人财产权,公司以其全部财产对公司的债务承担责任。

(3) 依法经营原则。公司从事经营活动,必须遵守法律、行政法规,遵守社会公德、商业道德、诚实守信,接受政府和社会公众的监督,承担社会责任。

(三) 公司法的作用

《公司法》对我国市场经济的确立和发展起着极大的推动和保护作用,主要表现在以下三个方面:

(1) 保障公司的健康发展。《公司法》明确规定了各类公司成立的条件,统一了各种公司的合理模式,禁止和取消了不符合法定条件的公司,从法律上保证公司沿着正确的方向健康发

展。

(2)维护社会经济秩序。《公司法》将公司活动纳入法制轨道,规定了公司的财产制度和经营活动原则,保证了公司独立承担债务和责任的能力,从而促进了市场经济活动的正常进行,维护了社会经济秩序的稳定。

(3)促进国际经贸合作与交流。《公司法》不仅规范了公司的组织行为,还确立了外国公司在我国的法律地位,使《公司法》成为具有国际性的法律制度,这对加强各国间的经济交往具有十分重要的作用。

第二节 有限责任公司

在公司立法史上,有限责任公司是出现最晚的一种公司类型,自1892年德国首创,迅速推行,目前已经成为世界各国最普遍采用的公司组织形式。

一、有限责任公司的概念与特征

(一)有限责任公司的概念

有限责任公司也称有限公司,是指股东以其认缴的出资额为限对公司承担有限责任,公司以其全部财产对公司债务承担责任的企业法人。

(二)有限责任公司的特征

(1)股东人数限制性。我国《公司法》规定,有限责任公司股东人数为50人以下。

(2)股东责任有限性。有限责任公司股东以其认缴的出资额为限对公司承担有限责任。当然,股东责任有限性也有例外,根据《公司法》第二十条第三款的规定,公司股东滥用公司法人独立地位和股东有限责任,逃避债务,严重损害公司债权人利益的,应当对公司债务承担连带责任。

(3)法人性。有限责任公司具有法人资格。

(4)公司资本非股份性。有限责任公司的公司资本不分为等额股份,股东按其认缴的出资额对公司享有权利和承担义务。

(5)相对的封闭性。有限责任公司的股份不公开发行,股份转让及股东人数受一定限制。

(6)机构设置灵活性。《公司法》规定,股东人数较少或者规模较小的有限责任公司,可以设1名执行董事,不设董事会;可以设1~2名监事,不设监事会。

二、有限责任公司的设立

(一)有限责任公司设立的条件

(1)股东符合法定人数。有限责任公司由50个以下股东出资设立。这里指的股东数量既包括参与公司设立的原始股东,也包括公司设立后由于新增出资、转让出资、公司合并等原因新增的股东。《公司法》允许只有一个自然人股东或者一个法人股东的有限责任公司,即一人有限责任公司的存在。国家亦可单独出资,由国务院或者地方人民政府授权本级人民政府国有资产监督管理机构履行出资人职责设立有限责任公司。

(2)股东出资达到法定资本最低限额。有限责任公司注册资本的最低限额为人民币3万元。法律、行政法规对有限责任公司注册资本的最低限额有较高规定的,从其规定。

(3)股东共同制定公司章程。有限责任公司设立时,由全体股东共同制定公司章程,股东应当在公司章程上签名、盖章。公司章程应当载明下列事项:①公司名称和住所;②公司经营范围;③公司注册资本;④股东的姓名或者名称;⑤股东的出资方式、出资额和出资时间;⑥公司的机构及其产生办法、职权、议事规则;⑦公司法定代表人;⑧股东会会议认为需要规定的其他事项。

(4)有公司名称,建立符合有限责任公司要求的组织机构。公司名称通常由四部分组成:地名、字号、经营业务、法律性质。设立有限责任公司,必须在公司名称中标明有限责任公司或者有限公司字样。

(5)有公司住所。有限责任公司以其主要办事机构所在地为住所。

(二)有限责任公司股东的出资

有限责任公司的注册资本为在公司登记机关登记的全体股东认缴的出资额。公司全体股东的首次出资额不得低于注册资本的20%,也不得低于法定的注册资本最低限额,其余部分由股东自公司成立之日起2年内缴足;其中,投资公司可以在5年内缴足。

股东可以用货币出资,也可以用实物、知识产权、土地使用权等可以用货币估价并可以依法转让的非货币财产作价出资;但是,法律、行政法规规定不得作为出资的财产除外。对作为出资的非货币财产应当评估作价,核实财产,不得高估或者低估作价。法律、行政法规对评估作价有规定的,从其规定。全体股东的货币出资金额不得低于有限责任公司注册资本的30%。

股东应当按期足额缴纳公司章程中规定的各自所认缴的出资额。股东以货币出资的,应当将货币出资足额存入有限责任公司在银行开设的账户;以非货币财产出资的,应当依法办理其财产权的转移手续。股东不按期缴纳出资的,除应当向公司足额缴纳外,还应当向已按期足额缴纳出资的股东承担违约责任。有限责任公司成立后,发现作为设立公司出资的非货币财产的实际价额显著低于公司章程所定价额的,应当由交付该出资的股东补足其差额;公司设立时的其他股东承担连带责任。

股东缴纳出资后,必须经依法设立的验资机构验资并出具证明。公司成立后,股东不得抽逃出资。

(三)有限责任公司的设立登记

股东的首次出资经依法设立的验资机构验资后,由全体股东指定的代表或者共同委托的代理人向公司登记机关报送公司登记申请书、公司章程、验资证明等文件,申请设立登记。法律、行政法规规定设立有限责任公司必须报经批准的,应当在公司登记前依法办理批准手续。公司登记机关对设立登记申请进行审查,对符合规定条件的,予以登记,发给公司营业执照;对不符合规定条件的,不予登记。有限责任公司营业执照签发日期为其成立日期。

三、有限责任公司的组织机构

(一)股东会

1. 股东会的组成和职权

有限责任公司的股东会由公司全体股东组成,是公司的权力机构。股东会行使下列职权:决定公司的经营方针和投资计划;选举和更换非由职工代表担任的董事、监事,决定有关董事、监事的报酬事项;审议批准董事会的报告;审议批准监事会或者监事的报告;审议批准公司的年度财务预算方案、决算方案;审议批准公司的利润分配方案和弥补亏损方案;对公司增加或者减少注册资本作出决议;对发行公司债券作出决议;对公司合并、分立、解散、清算或者变更公司形式作出决议;修改公司章程;公司章程规定的其他职权。

2. 股东会会议的召开

股东会会议分为定期会议和临时会议。定期会议应当按照公司章程的规定按时召开。代表 1/10 以上表决权的股东,1/3 以上的董事,监事会或者不设监事会的公司的监事提议召开临时会议的,应当召开临时会议。首次股东会会议由出资最多的股东召集和主持。有限责任公司设立董事会的,股东会会议由董事会召集,董事长主持;董事长不能履行职务或者不履行职务的,由副董事长主持;副董事长不能履行职务或者不履行职务的,由半数以上董事共同推举一名董事主持。有限责任公司不设董事会的,股东会会议由执行董事召集和主持。董事会或者执行董事不能履行或者不履行召集股东会会议职责的,由监事会或者不设监事会的公司的监事召集和主持;监事会或者监事不召集和主持的,代表 1/10 以上表决权的股东可以自行召集和主持。

3. 股东会的决议

召开股东会会议,应当于会议召开 15 日以前通知全体股东;但是,公司章程另有规定或者全体股东另有约定的除外。股东会应当对所议事项的决定做成会议记录,出席会议的股东应当在会议记录上签名。股东会会议作出修改公司章程、增加或者减少注册资本的决议,以及公司合并、分立、解散或者变更公司形式的决议,必须经代表 2/3 以上表决权的股东通过。股东会的议事方式和表决程序,除《公司法》有规定的外,由公司章程规定。

(二)董事会(执行董事)及经理

1. 董事会的组成和职权

有限责任公司设董事会,其成员为 3~13 人。两个以上的国有企业或者其他两个以上的国有投资主体投资设立的有限责任公司,其董事会成员中应当有公司职工代表;其他有限责任公司董事会成员中也可以有公司职工代表。董事会中的职工代表由公司职工通过职工代表大会、职工大会或者其他形式民主选举产生。董事会设董事长一人,可以设副董事长。董事长、副董事长的产生办法由公司章程规定。董事任期由公司章程规定,但每届任期不得超过3年。董事任期届满,连选可以连任。董事任期届满未及时改选,或者董事在任期内辞职导致董事会成员低于法定人数的,在改选出的董事就任前,原董事仍应当依照法律、行政法规和公司章程的规定,履行董事职务。董事会对股东会负责,行使下列职权:召集股东会会议,并向股东会报告工作;执行股东会的决议;决定公司的经营计划和投资方案;制订公司的年度财务预算方案、决算方案;制订公司的利润分配方案和弥补亏损方案;制订公司增加或者减少注册资本以及发行公司债券的方案;制订公司合并、分立、变更公司形式、解散的方案;决定公司内部管理机构的设置;决定聘任或者解聘公司经理及其报酬事项,并根据经理的提名决定聘任或者解聘公司副经理、财务负责人及其报酬事项;制定公司的基本管理制度;公司章程规定的其他职权。

2. 董事会会议

董事会会议由董事长召集和主持;董事长不能履行职务或者不履行职务的,由副董事长召集和主持;副董事长不能履行职务或者不履行职务的,由半数以上董事共同推举一名董事召集和主持。董事会应当对所议事项的决定做成会议记录,出席会议的董事应当在会议记录上签名。董事会决议的表决,实行一人一票。董事会的议事方式和表决程序,除《公司法》有规定的外,由公司章程规定。

3. 经理

有限责任公司可以设经理,由董事会决定聘任或者解聘。经理对董事会负责,并列席董事会会议。经理依法行使下列职权:主持公司的生产经营管理工作,组织实施董事会决议;组织实施公司年度经营计划和投资方案;拟订公司内部管理机构设置方案;拟订公司的基本管理制度;制定公司的具体规章;提请聘任或者解聘公司副经理、财务负责人;决定聘任或者解聘除应由董事会决定聘任或者解聘以外的负责管理人员;董事会授予的其他职权。公司章程对经理职权另有规定的,从其规定。

4. 执行董事

股东人数较少或者规模较小的有限责任公司,可以设一名执行董事,不设董事会。执行董事可以兼任公司经理。执行董事的职权由公司章程规定。

(三) 监事会(监事)

1. 监事会的组成

有限责任公司设立监事会,其成员不得少于3人。股东人数较少或者规模较小的有限责任公司,可以设1~2名监事,不设立监事会。监事会应当包括股东代表和适当比例的公司职工代表,其中职工代表的比例不得低于1/3,具体比例由公司章程规定。监事会中的职工代表由公司职工通过职工代表大会、职工大会或者其他形式民主选举产生。监事会设主席1人,由全体监事过半数选举产生。监事会主席召集和主持监事会会议;监事会主席不能履行职务或者不履行职务的,由半数以上监事共同推举一名监事召集和主持监事会会议。董事、高级管理人员不得兼任监事。监事的任期每届为3年。监事任期届满,连选可以连任。监事任期届满未及时改选,或者监事在任期内辞职导致监事会成员低于法定人数的,在改选出的监事就任前,原监事仍应当依照法律、行政法规和公司章程的规定,履行监事职务。

2. 监事会(监事)的职权

监事会、不设监事会的公司的监事行使下列职权:检查公司财务;对董事、高级管理人员执行公司职务的行为进行监督,对违反法律、行政法规、公司章程或者股东会决议的董事、高级管理人员提出罢免的建议;当董事、高级管理人员的行为损害公司的利益时,要求董事、高级管理人员予以纠正;提议召开临时股东会会议,在董事会不履行本法规定的召集和主持股东会会议职责时召集和主持股东会会议;向股东会会议提出提案;依法对董事、高级管理人员提起诉讼;公司章程规定的其他职权。除此之外,监事会、不设监事会的公司的监事发现公司经营情况异常,可以进行调查;必要时,可以聘请会计师事务所等协助其工作,费用由公司承担。监事可以列席董事会会议,并对董事会决议事项提出质询或者建议。

(四)董事、监事、高级管理人员任职资格的限制和义务

1. 董事、监事、高级管理人员任职资格的限制

公司的董事、监事、高级管理人员均是公司机构的主要人员,有必要对这些人员的任职资格加以限制。为此,《公司法》规定,有下列情形之一的,不得担任公司的董事、监事、高级管理人员:①无民事行为能力或者限制民事行为能力;②因贪污、贿赂、侵占财产、挪用财产或者破坏社会主义市场经济秩序,被判处刑罚,执行期满未逾5年,或者因犯罪被剥夺政治权利,执行期满未逾5年;③担任破产清算的公司、企业的董事或者厂长、经理,对该公司、企业的破产负有个人责任的,自该公司、企业破产清算完结之日起未逾3年;④担任因违法被吊销营业执照、责令关闭的公司、企业的法定代表人,并负有个人责任的,自该公司、企业被吊销营业执照之日起未逾3年;⑤个人所负数额较大的债务到期未清偿。除此之外,公司违反上述规定选举、委派董事、监事或者聘任高级管理人员的,该选举、委派或者聘任无效。董事、监事、高级管理人员在任职期间出现上述所列情形的,公司应当解除其职务。

2. 董事、监事、高级管理人员的义务

董事、监事、高级管理人员应当遵守法律、行政法规和公司章程,对公司负有忠实义务和勤勉义务。董事、监事、高级管理人员不得利用职权收受贿赂或者其他非法收入,不得侵占公司的财产。

董事、高级管理人员不得有下列行为:挪用公司资金;将公司资金以其个人名义或者以其他个人名义开立账户存储;违反公司章程的规定,未经股东会、股东大会或者董事会同意,将公司资金借贷给他人或者以公司财产为他人提供担保;违反公司章程的规定或者未经股东会、股东大会同意,与本公司订立合同或者进行交易;未经股东会或者股东大会同意,利用职务便利为自己或者他人谋取属于公司的商业机会,自营或者为他人经营与所任职公司同类的业务;接受他人与公司交易的佣金归为己有;擅自披露公司秘密;违反对公司忠实义务的其他行为。

董事、高级管理人员违反上述规定所得的收入应当归公司所有。董事、监事、高级管理人员执行公司职务时违反法律、行政法规或者公司章程的规定,给公司造成损失的,应当承担赔偿责任。

股东会或者股东大会要求董事、监事、高级管理人员列席会议的,董事、监事、高级管理人员应当列席并接受股东的质询。董事、高级管理人员应当如实向监事会或者不设监事会的有限责任公司的监事提供有关情况和资料,不得妨碍监事会或者监事行使职权。

四、一人有限责任公司

(一)一人有限责任公司的设立

一人有限责任公司,是指只有一个自然人股东或者一个法人股东的有限责任公司。一人有限责任公司的注册资本最低限额为人民币 10 万元。股东应当一次足额缴纳公司章程规定的出资额。一个自然人只能投资设立一个一人有限责任公司。该一人有限责任公司不能投资设立新的一人有限责任公司。一人有限责任公司应当在公司登记中注明自然人独资或者法人独资,并在公司营业执照中载明。

(二)一人有限责任公司的运营

一人有限责任公司章程由股东制定。一人有限责任公司不设股东会。股东作出《公司法》第三十八条第一款所列决定时,应当采用书面形式,并由股东签字后置备于公司。一人有限责任公司应当在每一会计年度终了时编制财务会计报告,并经会计师事务所审计。一人有限责任公司的股东不能证明公司财产独立于股东自己财产的,应当对公司债务承担连带责任。

五、国有独资公司

(一)国有独资公司的概念和特征

国有独资公司,是指国家单独出资、由国务院或者地方人民政府授权本级人民政府国有资产监督管理机构履行出资人职责的有限责任公司。

国有独资公司具有以下特征:(1)国有独资公司为国家单独出资,由国务院或者地方人民政府授权本级人民政府国有资产监督管理机构开办;(2)国有独资公司章程由国有资产监督管理机构制定,或者由董事会制定报国有资产监督管理机构批准;(3)重要的国有独资公司,按照国务院的规定确定。

(二)国有独资公司的组织机构

1.股东会职权的行使

国有独资公司不设股东会,由国有资产监督管理机构行使股东会职权。国有资产监督管理机构可以授权公司董事会行使股东会的部分职权,决定公司的重大事项,但公司的合并、分立、解散、增减注册资本和发行公司债券,必须由国有资产监督管理机构决定;其中,重要的国有独资公司合并、分立、解散、申请破产的,应当由国有资产监督管理机构审核后,报本级人民政府批准。

2. 董事会、经理

国有独资公司设立董事会,依照公司法的规定及国有资产监督管理机构的授权来行使职权。董事每届任期不得超过3年。董事会成员中应当有公司职工代表。董事会成员由国有资产监督管理机构委派;但是,董事会成员中的职工代表由公司职工代表大会选举产生。董事会设董事长一人,可以设副董事长。董事长、副董事长由国有资产监督管理机构从董事会成员中指定。国有独资公司设经理,由董事会聘任或者解聘。经国有资产监督管理机构同意,董事会成员可以兼任经理。

3. 监事会

国有独资公司监事会成员不得少于5人,其中职工代表的比例不得低于1/3,具体比例由公司章程规定。监事会成员由国有资产监督管理机构委派;但是,监事会中的职工代表由公司职工代表大会选举产生。监事会主席由国有资产监督管理机构从监事会成员中指定。监事会行使下列职权:检查公司财务;对董事、高级管理人员执行公司职务的行为进行监督,对违反法律、行政法规、公司章程或者股东会决议的董事、高级管理人员提出罢免的建议;当董事、高级管理人员的行为损害公司的利益时,要求董事、高级管理人员予以纠正;国务院规定的其他职权。

六、股权转让

有限责任公司的股东之间可以相互转让其全部或者部分股权。股东向股东以外的人转让股权,应当经其他股东过半数同意。股东应就其股权转让事项书面通知其他股东征求同意,其他股东自接到书面通知之日起满30日未答复的,视为同意转让。其他股东半数以上不同意转让的,不同意的股东应当购买该转让的股权;不购买的,视为同意转让。

经股东同意转让的股权,在同等条件下,其他股东有优先购买权。两个以上股东主张行使优先购买权的,协商确定各自的购买比例;协商不成的,按照转让时各自的出资比例行使优先购买权。公司章程对股权转让另有规定的,从其规定。

第三节 股份有限公司

股份有限公司能最大限度地广泛集资,是典型的股份制企业,对社会经济发展具有重大作用。

一、股份有限公司的概念与特征

（一）股份有限公司的概念

股份有限公司也称股份公司,是指全部资本分为等额股份,股东以其认购的股份为限对公司承担责任,公司以其全部资产对公司的债务承担责任的企业法人。

（二）股份有限公司的特征

(1)典型的资合性。股份有限公司的信用基础为公司资本,而非股东个人信用。
(2)股东人数低限性。股份有限公司的股东人数为2人以上。
(3)公司资本股份性。股份有限公司的全部资本分为等额股份。
(4)股份转让自由性。股份有限公司股份转让的限制较少。
(5)股东责任有限性。股份有限公司的股东以其认购的股份为限对公司承担责任。
(6)典型的法人性。股份有限公司具有法人资格。

二、股份有限公司的设立

（一）设立条件

(1)发起人符合法定人数。股份有限公司发起人承担公司筹办事务,发起人应当签订发起人协议,明确各自在公司设立过程中的权利和义务。设立股份有限公司,应当有2人以上200人以下为发起人,其中须有半数以上的发起人在中国境内有住所。

(2)发起人认购和募集的股本达到法定资本最低限额。股份有限公司注册资本的最低限额为人民币500万元。法律、行政法规对股份有限公司注册资本的最低限额有较高规定的,从其规定。

(3)股份发行、筹办事项符合法律规定。

(4)发起人制订公司章程,采用募集方式设立的经创立大会通过。股份有限公司章程应当载明下列事项:公司名称和住所;公司经营范围;公司设立方式;公司股份总数、每股金额和注册资本;发起人的姓名或者名称、认购的股份数、出资方式和出资时间;董事会的组成、职权、任期和议事规则;公司法定代表人;监事会的组成、职权、任期和议事规则;公司利润分配办法;公司的解散事由与清算办法;公司的通知和公告办法;股东大会会议认为需要规定的其他事项。

(5)有公司名称,建立符合股份有限公司要求的组织机构。公司名称必须标明"股份有限公司"或者"股份公司"的字样,必须符合有关法律、行政法规的规定。公司须建立与法律规定相一致的组织机构。

(6)有公司住所。公司以其主要办事机构所在地为主所。

（二）设立程序

股份有限公司的设立，可以采取发起设立或者募集设立的方式。发起设立，是指由发起人认购公司应发行的全部股份而设立公司；募集设立，是指由发起人认购公司应发行股份的一部分，其余股份向社会公开募集或者向特定对象募集而设立公司。因设立方式的不同，设立程序有所不同。

（1）发起设立的程序。发起设立的程序如下：①发起人订立公司章程；②发起人认足股份。发起人以书面形式认足公司章程规定其认购的股份，在公司登记机关登记的全体发起人认购的股本总额为公司的注册资本；③发起人缴纳股款。公司全体发起人的首次出资额不得低于注册资本的20%，其余部分由发起人自公司成立之日起2年内缴足；其中，投资公司可以在五年内缴足。在缴足前，不得向他人募集股份；④发起人组建公司机构。发起人首次缴纳出资后，应当选举董事会和监事会；⑤公司设立登记。由董事会向公司登记机关报送公司章程、由依法设定的验资机构出具的验资证明以及法律、行政法规规定的其他文件，申请设立登记。

（2）募集设立的程序。募集设立的程序如下：①发起人订立公司章程并认购股份。在募集设立中，发起人应该一次性足额认缴其股份，发起人认购的股份不得少于公司股份总数的35%；但是，法律、行政法规另有规定的，从其规定；②认股人认股。发起人向社会公开募集股份，必须公告招股说明书，并制作认股书。发行股份的股款缴足后，必须经依法设立的验资机构验资并出具证明；③召开创立大会。创立大会是在股份有限公司募集设立过程中由发起人、认股人所组成的决议机构。发起人应当自股款缴足之日起30日内主持召开公司创立大会；④申请设立登记。董事会应于创立大会结束后30日内，向公司登记机关报送有关文件，申请设立登记。以募集方式设立股份有限公司公开发行股票的，还应当向公司登记机关报送国务院证券监督管理机构的核准文件。

三、股份有限公司的组织机构

（一）股东大会

（1）股东大会的组成和职权。股份有限公司股东大会由全体股东组成，是公司的权力机构。其职权范围与有限责任公司股东会的职权相同。

（2）股东大会会议的召开。股东大会会议由董事会召集，董事长主持；董事长不能履行职务或者不履行职务的，由副董事长主持；副董事长不能履行职务或者不履行职务的，由半数以上董事共同推举一名董事主持。董事会不能履行或者不履行召集股东大会会议职责的，监事会应当及时召集和主持；监事会不召集和主持的，连续90日以上单独或者合计持有公司10%以上股份的股东可以自行召集和主持。股东大会会议分为年会和临时会议。股东大会应当每年召开一次年会。有下列情形之一的，应当在2个月内召开临时股东大会：①董事人数不足公司法规定人数或者公司章程所定人数的2/3时；②公司未弥补的亏损达实收股本总额1/3时；

③单独或者合计持有公司10%以上股份的股东请求时;④董事会认为必要时;⑤监事会提议召开时;⑥公司章程规定的其他情形。

(3)股东大会的表决。股东出席股东大会会议,所持每一股份有一表决权。股东可以委托代理人出席股东大会会议,代理人应当向公司提交股东授权委托书,并在授权范围内行使表决权。但是,公司持有的本公司股份没有表决权。股东大会作出决议,必须经出席会议的股东所持表决权过半数通过。但是,股东大会作出修改公司章程、增加或者减少注册资本的决议,以及公司合并、分立、解散或者变更公司形式的决议,必须经出席会议的股东所持表决权的2/3以上通过。股东大会选举董事、监事,可以根据公司章程的规定或者股东大会的决议,实行累积投票制。累积投票制是指股东大会选举董事或者监事时,每一股份拥有与应选董事或者监事人数相同的表决权,股东拥有的表决权可以集中使用。

(二)董事会及经理

(1)董事会的组成和职权。股份有限公司设董事会,其成员为5~19人。董事会成员中可以有公司职工代表。董事会中的职工代表由公司职工通过职工代表大会、职工大会或者其他形式民主选举产生。董事的任期、董事会的职权与有限责任公司的规定相同。董事会设董事长1人,可以设副董事长。董事长和副董事长由董事会以全体董事的过半数选举产生。董事长召集和主持董事会会议,检查董事会决议的实施情况。副董事长协助董事长工作,董事长不能履行职务或者不履行职务的,由副董事长履行职务;副董事长不能履行职务或者不履行职务的,由半数以上董事共同推举1名董事履行职务。

(2)董事会会议的召开。董事会每年度至少召开两次会议,每次会议应当于会议召开10日前通知全体董事和监事。代表1/10以上表决权的股东、1/3以上董事或者监事会,可以提议召开董事会临时会议。董事长应当自接到提议后10日内,召集和主持董事会会议。董事会召开临时会议,可以另定召集董事会的通知方式和通知时限。

(3)董事会的表决。董事会会议应有过半数的董事出席方可举行。董事会作出决议,必须经全体董事的过半数通过。董事会决议的表决,实行一人一票。董事会会议,应由董事本人出席;董事因故不能出席,可以书面委托其他董事代为出席,委托书中应载明授权范围。董事会应当对会议所议事项的决定做成会议记录,出席会议的董事应当在会议记录上签名。董事应当对董事会的决议承担责任。董事会的决议违反法律、行政法规或者公司章程、股东大会决议,致使公司遭受严重损失的,参与决议的董事对公司负赔偿责任。但经证明在表决时曾表明异议并记载于会议记录的,该董事可以免除责任。

(4)经理。股份有限公司设经理,由董事会决定聘任或者解聘。《公司法》关于有限责任公司经理职权的规定,适用于股份有限公司经理。公司董事会可以决定由董事会成员兼任经理。

(三)监事会

股份有限公司设立监事会,其成员不得少于3人。监事的任期及监事会的职权与有限责任公司的规定相同。监事会应当包括股东代表和适当比例的公司职工代表,其中职工代表的比例不得低于1/3,具体比例由公司章程规定。监事会中的职工代表由公司职工通过职工代表大会、职工大会或者其他形式民主选举产生。监事会设主席1人,可以设副主席。监事会主席和副主席由全体监事过半数选举产生。监事会主席召集和主持监事会会议;监事会主席不能履行职务或者不履行职务的,由监事会副主席召集和主持监事会会议;监事会副主席不能履行职务或者不履行职务的,由半数以上监事共同推举1名监事召集和主持监事会会议。董事、高级管理人员不得兼任监事。

监事会每6个月至少召开一次会议。监事可以提议召开临时监事会会议。监事会应当对所议事项的决定做成会议记录,出席会议的监事应当在会议记录上签名。

(四)董事、监事、高级管理人员的资格和义务

股份有限公司董事、监事、高级管理人员的资格和义务与有限责任公司的规定相同。

四、股份有限公司的股份发行与转让

(一)股份有限公司的股份发行

股份有限公司的资本划分为股份,每一股的金额相等。公司的股份采取股票的形式。股票是公司签发的证明股东所持股份的凭证。股份的发行,实行公平、公正的原则,同种类的每一股份应当具有同等权利。同次发行的同种类股票,每股的发行条件和价格应当相同;任何单位或者个人所认购的股份,每股应当支付相同价额。股票发行价格可以按票面金额,也可以超过票面金额,但不得低于票面金额。股票采用纸面形式或者国务院证券监督管理机构规定的其他形式。股份有限公司成立后,即向股东正式交付股票。公司成立前不得向股东交付股票。

股份发行按照发行阶段可以分为设立发行和新股发行。公司发行新股,依照公司章程的规定由股东大会或者董事会对下列事项作出决议:新股种类及数额;新股发行价格;新股发行的起止日期;向原有股东发行新股的种类及数额。公司经国务院证券监督管理机构核准公开发行新股时,必须公告新股招股说明书和财务会计报告,并制作认股书。依法与证券公司签订股票承销协议、与银行签订代收股款协议。公司发行新股,可以根据公司经营情况和财务状况,确定其作价方案。公司发行新股募足股款后,必须向公司登记机关办理变更登记,并公告。

股份发行按照发行对象的不同可以分为记名股与无记名股。公司向发起人、法人发行的股票,应当为记名股票,并应当记载该发起人、法人的名称或者姓名,不得另立户名或者以代表人姓名记名。公司发行记名股票的,应当置备股东名册,记载下列事项:股东的姓名或者名称及住所;各股东所持股份数;各股东所持股票的编号;各股东取得股份的日期。

(二)股份有限公司的股份转让

(1)股份转让的限制。发起人持有的本公司股份,自公司成立之日起1年内不得转让。公司公开发行股份前已发行的股份,自公司股票在证券交易所上市交易之日起1年内不得转

让。公司董事、监事、高级管理人员应当向公司申报所持有的本公司的股份及其变动情况,在任职期间每年转让的股份不得超过其所持有本公司股份总数的25%;所持本公司股份自公司股票上市交易之日起1年内不得转让。上述人员离职后半年内,不得转让其所持有的本公司股份。公司章程可以对公司董事、监事、高级管理人员转让其所持有的本公司股份作出其他限制性规定。

(2)股份转让的场所。股东转让其股份,应当在依法设立的证券交易场所进行或者按照国务院规定的其他方式进行。

(3)股份转让的方式。记名股票,由股东以背书方式或者法律、行政法规规定的其他方式转让;转让后由公司将受让人的姓名或者名称及住所记载于股东名册。无记名股票的转让,由股东将该股票交付给受让人后即发生转让的效力。

(4)公司股份的自行收购。公司不得收购本公司股份。但是,有下列情形之一的除外:①减少公司注册资本;②与持有本公司股份的其他公司合并;③将股份奖励给本公司职工;④股东因对股东大会作出的公司合并、分立决议持异议,要求公司收购其股份的。

五、上市公司

(一)上市公司的概念及申请股票上市的条件

上市公司,是指其股票在证券交易所上市交易的股份有限公司。

股份有限公司申请股票上市,应当符合《证券法》规定的下列条件:(1)股票经国务院证券监督管理机构核准已公开发行;(2)公司股本总额不少于人民币3 000万元;(3)公开发行的股份达到公司股份总数的25%以上;公司股本总额超过人民币4亿元的,公开发行股份的比例为10%以上;(4)公司最近3年无重大违法行为,财务会计报告无虚假记载。证券交易所可以规定高于前款规定的上市条件,并报国务院证券监督管理机构批准。国家鼓励符合产业政策并符合上市条件的公司股票上市交易。

(二)上市公司董事会秘书

上市公司设董事会秘书,负责公司股东大会和董事会会议的筹备、文件保管以及公司股东资料的管理,办理信息披露事务等事宜。

(三)上市公司独立董事制度

(1)独立董事的概念。上市公司独立董事是指不在公司担任除董事外的其他职务,并与其所受聘的上市公司及其主要股东不存在可能妨碍其进行独立客观判断的关系的董事。

(2)独立董事的任职条件。独立董事应当具备与其行使职权相适应的任职条件。担任独立董事应当符合下列基本条件:①根据法律、行政法规及其他有关规定,具备担任上市公司董事的资格;②具独立性;③具备上市公司运作的基本知识,熟悉相关法律、行政法规、规章及规则;④具有5年以上法律、经济或者其他履行独立董事职责所必需的工作经验;⑤公司章程规定的其他条件。

(3) 独立董事任职资格的限制。独立董事必须具有独立性。下列人员不得担任独立董事：①在上市公司或者其附属企业任职的人员及其直系亲属、主要社会关系（直系亲属是指配偶、父母、子女等；主要社会关系是指兄弟姐妹、岳父母、儿媳女婿、兄弟姐妹的配偶、配偶的兄弟姐妹等）；②直接或间接持有上市公司已发行股份1%以上或者是上市公司前十名股东中的自然人股东及其直系亲属；③在直接或间接持有上市公司已发行股份5%以上的股东单位或者在上市公司前五名股东单位任职的人员及其直系亲属；④最近一年内曾经具有前三项所列举情形的人员；⑤为上市公司或者其附属企业提供财务、法律、咨询等服务的人员；⑥公司章程规定的其他人员；⑦中国证监会认定的其他人员。

(4) 独立董事的任期。独立董事每届任期与该上市公司其他董事任期相同，任期届满，连选可以连任，但是连任时间不得超过6年。

(5) 独立董事的特别职权。为了充分发挥独立董事的作用，独立董事除应当具有公司法和其他相关法律、法规赋予董事的职权外，上市公司还应当赋予独立董事以下特别职权：①重大关联交易（指上市公司拟与关联人达成的总额高于300万元或高于上市公司最近经审计净资产值的5%的关联交易）应由独立董事认可后，提交董事会讨论；②向董事会提议聘用或解聘会计师事务所；③向董事会提请召开临时股东大会；④提议召开董事会；⑤独立聘请外部审计机构和咨询机构；⑥可以在股东大会召开前公开向股东征集投票权。

第四节　公司债券与公司财务、会计

一、公司债券

(一) 公司债券的概念和特征

公司债券，是指公司依照法定程序发行、约定在一定期限还本付息的有价证券。它具有如下法律特征：(1) 公司债券是公司依法向不特定主体发行的；(2) 公司债券是一种有价证券；(3) 公司债券在约定的期限内还本付息。

(二) 公司债券与股票的区别

(1) 性质不同。股票表示的是股东权，是股权凭证；债券表示的是债权，是债权凭证。

(2) 收益不同。股票持有人是从公司利润中分取股息、红利；债券持有人则不论公司是否盈利，都有权依事先约定的利率计取利息。

(3) 承担的风险不同。债券持有人承担的风险相对于股票持有人要小。

(4) 对公司经营管理享有的权利不同。股票持有人可通过在股东大会上行使表决权参与公司的经营管理，而债券持有人则无权参与公司经营管理。

(三) 公司债券的种类

(1) 记名公司债券、无记名公司债券。这是以公司债券上是否载明债券持有人的姓名或名称为标准来进行划分的。

(2) 可转换公司债券、不可转换公司债券。这是以公司债券是否可转换成股票为标准来进行划分的。发行可转换为股票的公司债券的，公司应当按照其转换办法向债券持有人换发股票，但债券持有人对转换股票或者不转换股票有选择权。

二、公司财务、会计

(一) 财务、会计制度

公司应当依照法律、行政法规和国务院财政部门的规定建立本公司的财务、会计制度。公司应当在每一会计年度终了时编制财务会计报告，并依法经会计师事务所审计。财务会计报告应当依照法律、行政法规和国务院财政部门的规定制作。

有限责任公司应当按照公司章程规定的期限将财务会计报告送交各股东。股份有限公司的财务会计报告应当在召开股东大会年会的20日前置备于本公司，供股东查阅；公开发行股票的股份有限公司必须公告其财务会计报告。

(二) 利润分配

利润是公司在一定时期内生产经营的财务成果。公司利润的分配，按以下顺序进行：

(1) 弥补以前年度亏损，但不得超过税法规定的弥补年限。
(2) 缴纳所得税。
(3) 弥补在税前利润弥补亏损之后仍存在的亏损。
(4) 提取法定公积金。
(5) 公司从税后利润中提取法定公积金后，经股东会或者股东大会决议，还可以从税后利润中提取任意公积金。
(6) 向股东分配股利。

公司弥补亏损和提取公积金后所余税后利润，有限责任公司依照《公司法》第三十五条的规定分配，即股东按照实缴的出资比例分取红利；公司新增资本时，股东有权优先按照实缴的出资比例认缴出资。但是，全体股东约定不按照出资比例分取红利或者不按照出资比例优先认缴出资的除外。股份有限公司按照股东持有的股份比例分配，但股份有限公司章程规定不按持股比例分配的除外。股东会、股东大会或者董事会违反前款规定，在公司弥补亏损和提取法定公积金之前向股东分配利润的，股东必须将违反规定分配的利润退还公司。公司持有的本公司股份不得分配利润。

(三) 公积金

公积金分为法定公积金、任意公积金和资本公积金。股份有限公司以超过股票票面金额的发行价格发行股份所得的溢价款以及国务院财政部门规定列入资本公积金的其他收入,应当列为公司资本公积金。公司的公积金用于弥补公司的亏损、扩大公司生产经营或者转为增加公司资本。但是,资本公积金不得用于弥补公司的亏损。法定公积金转为资本时,所留存的该项公积金不得少于转增前公司注册资本的25%。公司应提取税后利润的10%列入公司的法定公积金,公司法定公积金累计额为公司注册资本的50%以上的,可不再提取。公司从税后利润中提取法定公积金后,经股东会或者股东大会决议,还可以从税后利润中提取任意公积金。

第五节 公司的变更、解散与清算

一、公司合并、分立

(一)公司的合并

公司的合并,是指两个以上的公司依照法定程序变为一个公司的行为。其形式有两种:一是吸收合并,二是新设合并。一个公司吸收其他公司为吸收合并,被吸收的公司解散。两个以上公司合并设立一个新的公司为新设合并,合并各方解散。公司合并时,合并各方的债权、债务,应当由合并后存续的公司或者新设的公司承继。

(二)公司的分立

公司的分立,是指一个公司依法分为两个以上的公司。公司分立前的债务由分立后的公司承担连带责任。但是,公司在分立前与债权人就债务清偿达成的书面协议另有约定的除外。

(三)公司合并与分立的程序

公司合并,应当由合并各方签订合并协议,并编制资产负债表及财产清单。公司应当自作出合并决议之日起10日内通知债权人,并于30日内在报纸上公告。债权人自接到通知书之日起30日内,未接到通知书的自公告之日起45日内,可以要求公司清偿债务或者提供相应的担保。

公司分立,其财产作相应的分割。公司分立,应当编制资产负债表及财产清单。公司应当自作出分立决议之日起10日内通知债权人,并于30日内在报纸上公告。

公司合并或者分立,登记事项发生变更的,应当依法向公司登记机关办理变更登记;公司解散的,应当依法办理公司注销登记;设立新公司的,应当依法办理公司设立登记。

二、公司增资、减资

有限责任公司增加注册资本时,股东认缴新增资本的出资,按照公司法关于设立有限责任公司缴纳出资的有关规定执行。股份有限公司为增加注册资本发行新股时,股东认购新股应当按照公司法关于设立股份有限公司缴纳股款的有关规定执行。

公司需要减少注册资本时,必须编制资产负债表及财产清单。公司应当自作出减少注册资本决议之日起10日内通知债权人,并于30日内在报纸上公告。债权人自接到通知书之日起30日内,未接到通知书的自公告之日起45日内,有权要求公司清偿债务或者提供相应的担保。公司减资后的注册资本不得低于法定的最低限额。

公司增加或者减少注册资本,应当依法向公司登记机关办理变更登记。

三、公司解散、清算

(一)公司的解散

公司的解散是指对成立的公司,因公司章程或法律规定的事由出现,依法使公司法人资格消灭的法律行为。公司因下列原因解散:①公司章程规定的营业期限届满或者公司章程规定的其他解散事由出现;②股东会或者股东大会决议解散;③因公司合并或者分立需要解散;④依法被吊销营业执照、责令关闭或者被撤销;⑤人民法院依持有公司全部股东表决权10%以上股东的请求对公司予以解散。

(二)公司的清算

公司的清算是指终结解散公司法律关系、消灭解散公司法人资格的程序。

(1)清算组的成立。公司解散(因合并或者分立需要解散的除外),应当在解散事由出现之日起15日内成立清算组,开始清算。有限责任公司的清算组由股东组成,股份有限公司的清算组由董事或者股东大会确定的人员组成。逾期不成立清算组进行清算的,债权人可以申请人民法院指定有关人员组成清算组进行清算。人民法院应当受理该申请,并及时组织清算组进行清算。

(2)清算组的职权。清算组在清算期间行使下列职权:①清理公司财产,分别编制资产负债表和财产清单;②通知、公告债权人;③处理与清算有关的公司未了结的业务;④清缴所欠税款以及清算过程中产生的税款;⑤清理债权、债务;⑥处理公司清偿债务后的剩余财产;⑦代表公司参与民事诉讼活动。

(3)清算组的义务。清算组在清理公司财产、编制资产负债表和财产清单后,发现公司财产不足清偿债务的,应当依法向人民法院申请宣告破产。公司经人民法院裁定宣告破产后,清算组应当将清算事务移交给人民法院。公司清算结束后,清算组应当制作清算报告,报股东会、股东大会或者人民法院确认,并报送公司登记机关,申请注销公司登记,公告公司终止。清算组成员应当忠于职守,依法履行清算义务。清算组成员不得利用职权收受贿赂或者其他非法收入,不得侵占公司财产。清算组成员因故意或者重大过失给公司或者债权人造成损失的,应当承担赔偿责任。

(4)财产的分配。清算组在清理公司财产、编制资产负债表和财产清单后,应当制定清算方案,并报股东会、股东大会或者人民法院确认。公司财产在分别支付清算费用、职工的工资、社会保险费用和法定补偿金,缴纳所欠税款,清偿公司债务后的剩余财产,有限责任公司按照股东的出资比例分配,股份有限公司按照股东持有的股份比例分配。清算期间,公司存续,但不得开展与清算无关的经营活动。公司财产在未按前款规定清偿前,不得分配给股东。

四、案例评析示例

1. 案情

甲公司、乙公司、丙公司和张某、李某共同出资设立了丁有限责任公司,其中甲公司出资40%,乙公司和丙公司各出资20%,张某和李某各出资10%。公司成立后,乙公司未征求其他股东的意见,直接将自己的10%的股份转让给丙公司。张某拟将自己的股份转让给陈某,书面征求其他股东的意见,甲公司和李某表示同意,但都表示要购买张某的股份、乙公司一直不作回复,丙公司明确表示反对。张某与甲公司、李某、和陈某谈判,甲公司、李某和陈某的出价均为20万元,甲公司和李某表示要分期支付,陈某同意一次性支付,张某遂将股份转让给陈某。陈某受让股权后,向董事会提议召开股东会临时会议更换公司董事,董事会不予理会,陈某要求丁公司购买自己的股份,丁公司拒绝,陈某起诉丁公司要求收购自己的股份,法院判陈某败诉。丁公司总经理王某购买新设备质次价高,李某经调查了解到王某收受了对方公司的贿赂,李某向监事会反映,监事会迟迟不予答复。

问题:

(1)乙公司直接将股份转让丙公司的做法是否合理?请说明理由。

(2)张某将股份转让给陈某的做法是否合理?请说明理由。如果张某最终决定将股份转让给甲公司和李某,甲公司和李某对受让股份的比例协商不成,张某应如何转让?

(3)法院判决陈某败诉是否正确?请说明理由。

(4)陈某可以如何保护自己的利益?

(5)李某可以如何保护公司利益?

2. 处理结果及评析

(1)乙公司直接将股份转让丙公司合法。《公司法》第七十二条第一款规定,有限责任公司的股东之间可以相互转让其全部或者部分股权。

(2)张某将股份转让给陈某合法。《公司法》第七十二条第二款规定,股东向股东以外的人转让股权,应当经其他股东过半数同意。股东应就其股权转让事项书面通知其他股东征求同意,其他股东接到书面通知之日起满30日未答复的视为同意转让。其他股东半数以上不同意转让的,不同意的股东应当购买该转让的股权;不购买的,视为同意转让。经股东同意转让的股权,在同等条件下,其他股东有优先购买权。两个以上股东主张行使优先购买权的协商确定各自的购买比例;协商不成的,按照转让时各自的出资比例行使优先购买权。张某根据法律的规定,书面征求股东的同意,甲公司和李某同意,乙公司迟迟不答复,视为同意,除张某外,4

名股东有3名同意，张某可以把股份转让给陈某。虽然甲公司和李某主张优先购买权，但是陈某的条件优于甲公司和李某，所以张某可以将股份转让给陈某。张某将自己持有的10%股份转让给甲公司8%，转让给李某2%。

（3）法院判决陈某败诉符合法律规定。《公司法》第七十五条规定，有下列情形之一的，对股东会该项决议投反对票的股东可以请求公司按照合理的价格收购其股权：①公司连续5年不向股东分配利润，而公司该5年连续盈利，并符合本法规定的分配利润条件的；②公司合并、分立、转让主要财产的；③公司章程规定的，营业期限届满或者章程规定的其他解散事由出现，股东会会议通过决议修改章程是公司存续的。本题中董事会不依法召集股东会会议不属于股东要求公司收购自己股份的法定情形。

（4）陈某有权要求监事会召集和主持股东会临时会议，监事会不召集，陈某有权自行召集和主持。《公司法》第四十一条规定"董事会或者执行董事不能履行召集股东会会议职责的，由监事会或者不设监事会的公司的监事召集和主持；监事会或者监事不召集和主持的，代表1/10以上表决权的股东可以自行召集和主持。"

（5）李某书面请求监事会以公司的名义起诉王某，要求王某赔偿公司损失，监事会拒绝或者受到请求之日起30日内未起诉，李某有权以自己的名义起诉王某，要求王某赔偿公司损失。根据《公司法》第一百五十二条规定该条规定了股东代表诉讼制度。

本章案例导读解析：

1. A公司章程中关于召开临时股东会会议的提议权的规定不合法。根据《公司法》的规定，代表1/10以上表决权的股东，1/3以上董事，监事会或者不设监事会的公司的监事，均可以提议召开临时股东会会议。而在A公司的章程中却规定临时会议须经1/2以上表决权的股东，1/2以上的董事或1/2以上的监事提议召开，是不符合法律规定的。

2. A公司的首次股东会会议由甲召集和主持不合法。根据《公司法》的规定，有限责任公司股东会的首次会议由出资最多的股东召集和主持。A公司的股东乙出资140万元，是出资最多的股东。因此，首次股东会会议应由乙召集和主持。

3. A公司董事会作出的关于甲出资不足的解决方案不合法。根据《公司法》的规定，有限责任公司成立后，发现作为设立公司出资的非货币财产的实际价额显著低于公司章程所定价额的，应当由交付该出资的股东补足其差额；公司设立时的其他股东承担连带责任，而并非由其他股东按出资比例分担该差额。

4. A公司股东会作出的增资决议不合法。根据《公司法》的规定，股东会对公司增加注册资本作出决议，必须经代表2/3以上表决权的股东通过。而A公司讨论表决时，同意的股东的出资额占表决权总数的58%，未达到2/3的比例。因此，增资决议不能通过。

5. A公司应替B分公司承担违约责任。根据《公司法》的规定，有限责任公司设立的分公司只是总公司管理的一个分支机构，不具有法人资格，其民事责任由设立该分公司的总公司承担。

复习思考题

1. 有限责任公司的设立条件和程序？
2. 如何理解一人有限责任公司的特殊规定？
3. 股份有限公司的组织机构的设立规则？
4. 公司董事、监事、高级管理人员的资格和义务有哪些？
5. 债券与股票的区别？
6. 公司合并与分立的形式和程序？
7. 公司解散的原因有哪些？

第四章
Chapter 4

企业破产法

【学习目标】
1. 了解企业破产法律体系;
2. 掌握企业破产的条件和程序;
3. 了解破产管理人和债权人会议的规定;
4. 理解重整与和解制度;
5. 掌握破产财产的分配顺序。

【能力目标】
1. 判断企业是否符合申请破产的条件;
2. 能够运用基础知识判断某企业破产程序是否正确;
3. 能够判断企业破产财产处理和分配是否合法。

【案例导读】
　　育华大酒家1992年9月开业,注册资金人民币20万元。1992年10月,育华大酒家与鑫兴公司签订承包经营协议。协议规定育华大酒家由鑫兴公司承包经营至2002年10月31日。鑫兴公司则书面全权委托邱天成全面负责经营管理。在邱天成负责经营期间,经营不善,管理混乱,财务收支严重不平衡。1995年7月,育华大酒家停业,10月向本院申请破产还债。
　　根据育华大酒家向法院提供的1995年6月的资产负债表表明,育华大酒家的应收款为人民币194万元,但育华大酒家提供的应收款明细表中,应收款仅为人民币62万元,其余人民币132万元应收款无明细记载。在已知的应收款人民币62万元中,除去7.4万元是一些企业或个人就餐签单的餐费外,其余人民币54.6万元全部是个人白条借款。其中邱天成一人白条借款就达人民币20万元,另一叫安睦旺的人竟达人民币26万元。

法院经审理认为：育华大酒家虽因管理混乱、经营不善而致亏损和资不抵债直至停业，由于资不抵债并未考虑企业的信用因素，资不抵债并不必然导致不能清偿到期债务。育华大酒家提供的材料数据不一致，尚不足以证明其已经不能清偿到期债务。另外，育华大酒家的应收款中，有54.6万元之巨额的个人白条借款。这些个人借款，既未作销账处理，育华大酒家也未行使催款权利。这些个人占用的巨额资金，是什么性质尚未查明，不足以证明是一种正常的经营亏损。

综上所述，育华大酒家破产还债的申请，不符合法律规定的破产条件。法院依照《中华人民共和国民事诉讼法》第一百九十九条的规定，裁定驳回育华大酒家破产还债的申请。

育华大酒家不服一审判决，提出上诉。认为一审驳回其破产还债申请之裁定不符合有关法律规定。

二审法院经审理认为：根据上诉人目前状况及提供的材料，尚不能成为其申请破产还债的依据。原审对本案的处理并无不当，上诉人上诉理由不能成立。二审法院依照《中华人民共和国民事诉讼法》第一百五十四条之规定，裁定驳回育华大酒家的上诉，维持原审裁决。

请分析：本案二审法院维持原审裁决，驳回育华大酒家破产申请是否正确？为什么？试说明理由。

第一节 企业破产法概述

一、企业破产和企业破产法的概念

（一）企业破产的概念

企业破产，是指当债务人不能清偿到期债务，并且其资产不足以清偿全部债务或者明显缺乏清偿能力时，经债权人或负有清偿责任的人申请，在人民法院的监督下按照法定程序将其财产公平清偿给债权人的法律制度。破产作为企业的一种法律范畴，是特定当事人之间的信用关系产生危机时，为贯彻债权人平等原则，在体现对债务人救济的同时而设定的一种司法上的债务清理和概括性的财产执行程序。

（二）企业破产的法律特征

（1）破产是一种特殊的偿债手段。它以债务人不能清偿到期债务并且资产不足以清偿全部债务或者明显缺乏清偿能力为前提；它以债务人主体资格的消亡为后果。与诸如抵消、提存、混同、免除、清偿等债的方式不同的是，破产以债务人的全部财产作为清偿债务的对象，并多以债务人主体资格的丧失或营业体的解散作为偿债的代价。

（2）破产的主要目的是依照债权性质的不同使债权人得到公平清偿。破产意味着债务人欠缺支付能力，此时当债权人为数人时就产生一种使所有债权人受到公平合理清偿的内在要求。

（3）破产是依司法程序进行的偿债手段。破产是法院审理案件的一种特殊程序，破产程序自始至终是在人民法院的主持下进行。

（4）破产程序具有总括强制执行程序的特征。总括执行系将债权人的总债权就债务人的全部财产实施全盘的、统一的执行，与个别民事执行的不同之处在于，后者以债务人的个别财产为执行标的，并且执行程序的开始只能由债权人申请。

二、企业破产法的概念

企业破产法有广义和狭义之分。广义的企业破产法，是指企业法人不能清偿到期债务时，法院强制对其全部财产清算分配，公平清偿债权，或通过整顿、和解清偿债务的法律规范的总称。狭义的破产法，仅指国家有关对债务人破产清算的专门法律文件，即《中华人民共和国企业破产法》（以下简称《破产法》），该法与2006年8月27日经第十届全国人民代表大会常务委员第二十三次会议通过，于2007年6月1日起实施。

三、企业破产法的适用范围

《破产法》第2条规定："企业法人不能清偿到期债务，并且资产不足以清偿全部债务或者明显缺乏清偿能力的，依照本法规定清理债务。"也就是说，企业破产法适用于中华人民共和国领域内的所有企业法人。所谓的企业法人是指以营利为目的，以自己的名义享有民事权利、承担民事义务的企业组织。当前我国的企业法人主要包括：有限责任公司和股份有限公司、全民所有制企业和集体所有制企业、国有企业、法人型的三资企业等。其他法律规定企业法人以外的组织的清算，属于破产清算的，参照适用《破产法》的规定的程序执行。

依照《破产法》开始的破产程序，对债务人在中华人民共和国领域外的财产发生法律效力。

第二节　破产申请的提出与受理

一、破产申请的提出

（一）破产申请人

破产申请人是指有权向人民法院提出破产宣告申请的人，包括债权人和债务人和对企业负有清算责任的人。破产申请人申请破产是破产程序开启的前提条件，我国对破产程序的启动采取申请主义，即破产程序只能依当事人的申请开始。

依据我国《破产法》的规定，破产申请可以由不同的人在不同情况下向人民法院提出：

1. 债权人

债务人不能清偿到期债务,债权人可以向人民法院提出对债务人进行重整或者破产清算的申请。

2. 债务人

债务人不能清偿到期债务,并且资产不足以清偿全部债务或者明显缺乏清偿能力时,可以向人民法院提出重整、和解或者破产清算申请。

3. 负有清算责任的人

企业法人已解散但未清算或者未清算完毕,资产不足以清偿债务的,依法负有清算责任的人可以向人民法院申请破产清算。例如,商业银行、证券公司、保险公司等金融机构达到破产界限的,国务院金融监督管理机构可以向人民法院提出对金融机构进行重整或者破产清算的申请。

二、破产界限

所谓破产界限,是指确定企业法人破产的法定事由,是债务人或债权人申请破产和人民法院宣告破产的实质要件。

我国《企业破产法》规定,企业法人不能清偿到期债务,并且资产不足以清偿全部债务或者明显缺乏清偿能力的,依照本法规定清理债务。所谓不能清偿到期债务,是指债务的清偿期限已经届满、债权人已要求清偿、债务人明显缺乏清偿能力。债务人停止支付到期债务并呈连续状态,如无相反证据,可推定为不能清偿到期债务。我国《民事诉讼法》也规定企业法人因严重亏损,无力清偿到期债务即达到破产界限。可知,我国破产法对破产原因规定得非常严格,要宣告债务人破产,债务人不但要有无力清偿到期债务这实质上的破产原因,而且还要达到严重亏损的程度。

三、破产案件的管辖

破产案件由债务人住所地人民法院管辖。债务人住所地主要指企业法人主要办事机构所在地。债务人无办事机构的,由其注册的人民法院管辖。基层人民法院一般管辖县、县级市或者区的工商行政管理机关核准登记企业的破产案件;中级人民法院一般管辖地区、地级市(含本级)以上的工商行政管理机关核准登记企业的破产案件,纳入国家调整的企业破产案件,由中级人民法院管辖。

四、破产申请应提交的材料

破产申请人向人民法院提出破产申请,应当提交破产申请书和有关证据。申请破产时应当向法院提交的材料因申请主体不同而有所差异:

(1)由债权人申请债务人破产,应当向人民法院提交下列材料:债权发生的事实与证据;

债权性质、数额、有无担保,并附证据;债务人不能清偿到期债务的证据。人民法院可以通知债务人核对以下情况:债权的真实性;债权在债务人不能偿还的到期债务中所占的比例;债务人是否存在不能清偿到期债务的情况。

(2)由债务人提出破产申请,应当向人民法院提供以下材料:企业主体资格证明;企业法定代表人与主要负责人名单;企业职工情况和安置预案;企业亏损情况的书面说明,并附审计报告;企业至破产申请日的资产状况明细表,包括有形资产、无形资产和企业投资情况等;企业在金融机构开设账户的详细情况,包括开户审批材料、账号、资金等;企业债权情况表,列明企业的债务人名称、住所、债务数额、发生时间和催讨偿还情况;企业债务情况表,列明企业的债权人名称、住所、债权数额、发生时间;企业涉及的担保情况;企业已发生的诉讼情况;国有企业向人民法院申请破产时,应当提交其上级主管部门同意其破产的文件;其他企业应当提供其开办人或者股东会议决定企业破产的文件;人民法院认为应当提交的其他材料。

五、破产受理

破产受理,是指人民法院收到破产申请人的申请后,按照法律程序进行审查予以受理而启动破产程序的一项司法活动。

(一)破产案件审查和受理程序

人民法院应当自收到破产申请之日起15日内裁定是否受理。人民法院受理破产案件后,应当依法进行审查。审查申请人是否具备主体资格,受诉法院是否有管辖权,申请书的内容是否完备,需要提交的材料是否齐全等。审查后,人民法院应根据具体情况做出不同的处理。

(1)债权人提出破产申请的,人民法院应当自收到申请之日起5日内通知债务人。债务人对申请有异议的,应当在收到人民法院的通知之日起7日内向人民法院提出。人民法院应当自异议期满之日起10日内裁定是否受理。

(2)债务人提出破产申请的,人民法院应当自收到破产申请之日起15日内裁定是否受理。有特殊情况需要延长前两款规定的裁定受理期限的,经上一级人民法院批准,可以延长15日。

人民法院受理破产申请的,应当自裁定作出之日起5日内送达申请人。债权人提出申请的,人民法院应当自裁定作出之日起5日内送达债务人。债务人应当自裁定送达之日起15日内,向人民法院提交财产状况说明、债务清册、债权清册、有关财务会计报告以及职工工资的支付和社会保险费用的缴纳情况。

人民法院裁定受理破产申请的,应当同时指定管理人;并应当自裁定受理破产申请之日起25日内通知已知债权人,并予以公告。

依照《审理破产案件规定》,人民法院经审查发现有下列情况的,破产申请不予受理:①债务人有隐匿、转移财产等行为,为逃避债务而申请破产的;②债权人借破产申请毁损债务人商业信誉,意图损害公平竞争的。人民法院受理企业破产案件后,发现不符合法律规定受理条件的,或者有上述情形的,应当裁定驳回破产申请。人民法院裁定不受理破产申请的,应当自裁定作出之日起五日内送达申请人并说明理由。破产申请人对驳回破产申请的裁定不服的,可以在裁定送达之日起10日内向上一级人民法院提起上诉。

（二）通知和公告

人民法院受理破产案件后,应组成合议庭,并在10日内完成下列工作。首先,将合议庭组成人员情况书面通知破产申请人和被申请人,并在法院公告栏张贴企业破产受理公告。公告内容应当写明:破产申请受理时间、债务人名称、申报债权的期限、地点和逾期未申报债权的法律后果以及第一次债权人会议召开的日期、地点。其次,在债务人企业发布公告,要求保护好企业财产,不得擅自处理企业的账册、文书、资料、印章,不得隐匿、私分、转让、出售企业财产。再次,通知债务人立即停止清偿债务,非经人民法院许可不得支付任何费用。最后,通知债务人的开户银行停止债务人的结算活动,并不得扣划债务人款项抵扣债务,但经人民法院依法许可的除外。人民法院受理债权人提出申请的企业破产案件后,应当通知债务人在15日内向人民法院提交财产状况说明、债务清册、债权清册、有关财务会计报告以及职工工资的支付和社会保险费用的缴纳情况。

人民法院应当自裁定受理破产申请之日起25日内通知已知债权人,并予以公告。通知和公告应当载明下列事项:①申请人、被申请人的名称或者姓名;②人民法院受理破产申请的时间;③申报债权的期限、地点和注意事项;④管理人的名称或者姓名及其处理事务的地址;⑤债务人的债务人或者财产持有人应当向管理人清偿债务或者交付财产的要求;⑥第一次债权人会议召开的时间和地点;⑦人民法院认为应当通知和公告的其他事项。

（三）申报债权

债权人应当在收到通知后1个月内,向人民法院申报债权。未收到通知的债权人应当自公告之日起3个月内,向人民法院申报债权。债权人申报债权时,应向法院说明债权的性质、种类、数额、有无财产担保、债权成立和履行的期限,并附相关的证据材料。逾期未向法院申报债权的,视为自动放弃债权。

人民法院应根据债权人对债权的申报按有财产担保和无财产担保分别进行登记。因为有财产担保的债权根据法律规定享有优先受偿权,可以不通过破产还债程序获得清偿;而无财产担保的债权没有优先受偿权,必须依照法律规定的破产清偿顺序清偿。

债务人为其他单位的债务提供担保的,根据破产法及担保法的原则,保证责任不因保证人被宣告破产而免除。依照法律规定,被申请破产的保证人企业应当在收到人民法院破产案件立案通知后5日内转告有关当事人。债权人有权决定是否将其担保债权作为破产债权申报。债权人申报债权的,即以其在破产宣告时所享有的、保证人承担的担保债权额为破产债权。债权人在破产分配后,仍可就其未受清偿的债权向主债务人要求清偿。债权人未申报债权的,保证人所承担的担保义务即从债权申报期满之日起终止,此后债权人也只能向主债务人追究民事责任。

六、破产案件受理后的法律后果

自人民法院受理破产案件后,破产程序正式启动,并产生一系列法律效果。

(一)对债务人的法律效果

自人民法院受理破产申请的裁定送达债务人之日起至破产程序终结之日,相关债务人承担下列义务:(1)妥善保管其占有和管理的财产、印章和账簿、文书等资料;(2)根据人民法院、管理人的要求进行工作,并如实回答询问;(3)列席债权人会议并如实回答债权人的询问;(4)未经人民法院许可,不得离开住所地;(5)不得新任其他企业的董事、监事、高级管理人员。

人民法院受理破产申请后,债务人对个别债权人的债务无效。

(二)对债权人的法律效果

人民法院受理破产申请后,债权人应当在人民法院确定的债权申报期限内向管理人申报债权。债权只能通过破产程序受偿,而不能就该债权向法院提起新的诉讼。债权人未申报债权的,不得行使权利。

债权人在破产申请受理前对债务人负有债务的,可以向管理人主张抵消;有财产担保的债权人须经管理人同意方可行使优先权。

(三)对第三人的法律效果

人民法院受理破产申请后,债务人的债务人或者财产持有人应当向管理人清偿债务或者交付财产。

人民法院受理破产申请后,管理人对破产申请受理前成立而债务人和对方当事人均未履行完毕的合同有权决定解除或者继续履行,并通知对方当事人。管理人自破产申请受理之日起两个月内未通知对方当事人,或者自收到对方当事人催告之日起 30 日内未答复的,视为解除合同。管理人决定继续履行合同的,对方当事人应当履行;但是,对方当事人有权要求管理人提供担保。管理人不提供担保的,视为解除合同。

人民法院受理破产申请后,债务人的出资人尚未完全履行出资义务的,管理人应当要求该出资人缴纳所认缴的出资,而不受出资期限的限制。

(四)对其他民事程序的法律效果

人民法院受理破产申请后,有关债务人财产的保全措施应当解除,对债务人财产的其他民事执行程序应当中止。

破产企业为债务人的其他经济纠纷案件,根据不同情况分别处理:若审结但未执行的,应当中止执行,由债权人凭生效的法律文书向受理破产案件的人民法院申报债权;若尚未审结且无连带责任人的,应当终结诉讼,由债权人向受理破产案件的人民法院申报债权。若尚未审结且另有连带责任人的,应当中止诉讼,由债权人向受理破产案件的人民法院申报债权。待破产程序终结后,恢复审理。

破产企业为债权人的其他经济纠纷案件,受诉人民法院不能在3个月内结案的,应当移送受理破产案件的人民法院;发现破产企业作为债权人的案件在其他人民法院并且在3个月内难以审结的,应通知该人民法院移送;

债务人对个别债权人的债务清偿无效。

第三节 破产管理人

一、破产管理人的概念和任职资格

（一）破产管理人的概念

破产管理人是指在进入破产程序以后,根据人民法院的指定,全面接管债务人企业并负责债务人财产的保管、清理、估价、处理和分配等事务的组织。

（二）破产管理人的任职资格

破产管理人必须具备一定的专业素质和特定的执业资格,才能胜任复杂的破产法律程序的需要。《企业破产法》第二十四条规定:破产管理人可以有关部门、机构的人员组成清算组或者依法设立的律师事务所、会计师事务所、破产清算事务所等社会中介机构担任。人民法院根据债务人的实际情况,指定上述社会中介机构中具备相关专业知识并取得执业资格的人员担任管理人。

有下列情形之一的,不得担任管理人:(1)因故意犯罪受过刑事处罚;(2)曾被吊销相关专业执业证书;(3)与本案有利害关系;(4)人民法院认为不宜担任管理人的其他情形。个人担任破产管理人的,应当参加执业责任的保险。

二、破产管理人的指定和报酬的确定

（一）破产管理人的指定

人民法院应当在裁定受理破产申请的同时,指定破产管理人。破产管理人应当依法履行职务,向人民法院报告工作并接受债权人会议和债权人委员会的监督。

若债权人会议认为管理人不能依法、公正执行职务或者有其他不能胜任职务情形的,可以申请人民法院予以更换。同时要求,管理人没有正当理由不得辞去职务,若管理人坚持辞去职务应当经人民法院许可。

（二）破产管理人的报酬的确定

破产管理人的报酬由人民法院确定,最高人民法院制定具体办法以确保人民法院对指定破产管理人的报酬确定的公正性和权威性。同时,由于破产管理人费用的确定事关债权人的切身利益,因此赋予了债权人会议和债权人委员会对破产管理人报酬确定的监督职能。债权

人会议对破产管理人的报酬有异议的,可以向人民法院提出。

三、破产管理人的职责

破产管理人履行下列职责:(1)接管债务人的财产、印章和账簿、文书等资料;(2)调查债务人的财产状况,制作财产状况报告;(3)决定债务人的内部管理事务;(4)决定债务人的日常开支和其他必要开支;(5)在第一次债权人会议召开之前,决定继续或者停止债务人的营业;(6)管理和处分债务人的财产;(7)代表债务人参加诉讼、仲裁或者其他法律程序;(8)提议召开债权人会议;(9)人民法院认为管理人应当履行的其他职责。

破产管理人应当勤勉尽责,忠实执行职务。如果破产管理人未勤勉尽责,忠实执行职务的,人民法院可以依法处以罚款;给债权人、债务人或者第三人造成损失的,依法承担赔偿责任。

破产管理人没有正当理由不得辞去职务,辞去职务应当经人民法院的许可。

第四节 债务人财产

一、债务人财产的概念

债务人财产是指供破产债权人分配的破产企业的财产,包括破产申请受理时属于债务人的全部财产,以及破产申请受理后至破产程序终结前债务人取得的财产。

二、保护债务人财产的法律制度

(一)撤销权

撤销权是指破产程序开始后,管理人请求法院对债务人在破产程序开始前一定期限实施的减少债务人财产、损害债权人利益的行为予以撤销的权利。撤销权行使的范围:

根据我国《企业破产法》第三十一条的规定,人民法院受理破产申请前一年内,涉及债务人财产的下列行为,管理人有权请求人民法院予以撤销:无偿转让财产的;以明显不合理的价格进行交易的;对没有财产担保的债务提供财产担保的;对未到期的债务提前清偿的;放弃债权的。

人民法院受理破产申请前6个月内,债务人不能清偿到期债务,并且资产不足以清偿全部债务或者明显缺乏清偿能力时,仍对个别债权人进行清偿的。

(二)追回权

我国《企业破产法》第三十四条规定,因本法第三十条、第三十一条或者第三十三条规定的行为而取得的债务人的财产,管理人有权追回。同时,债务人的董事、监事和高级管理人员利用职权从企业获取的非正常收入和侵占的企业财产,管理人应当追回。

(三)取回权

取回权是指管理人占有不属于破产财产的他人财产,该财产的权利人可以不经破产清算程序,而经管理人同意将其直接取回的权利。是所有人针对特定物的返还请求权。

(1)一般取回权:人民法院受理破产申请后,债务人占有的不属于债务人的财产,该财产的权利人可以通过管理人取回。

(2)特殊取回权:人民法院受理破产申请时,出卖人已将买卖标的物向作为买受人的债务人发运,债务人尚未收到且未付清全部价款的,出卖人可以取回在运途中的标的物。但是,管理人可以支付全部价款,请求出卖人交付标的物。

(四)破产抵消权

破产抵消权,是指在破产案件受理前,破产债权人对破产人同时负有债务的,不论其债权同所负债务的种类是否相同,也不论其债权是否已经到期,破产债权人有权不依破产程序而以自己所享有的破产债权与其所负债务进行抵消。

有下列情形之一的,不得抵消:(1)债务人的债务人在破产申请受理后取得他人对债务人的债权的;(2)债权人已知债务人有不能清偿到期债务或者破产申请的事实,对债务人负担债务的;但是,债权人因为法律规定或者有破产申请一年前所发生的原因而负担债务的除外;(3)债务人的债务人已知债务人有不能清偿到期债务或者破产申请的事实,对债务人取得债权的;但是,债务人的债务人因为法律规定或者有破产申请一年前所发生的原因而取得债权的除外。

(五)确认无效权

涉及债务人财产的下列行为无效:为逃避债务而隐匿、转移财产的;虚构债务或者承认不真实的债务的。

第五节 债权人会议

一、债权人会议的法律地位及其组成

(一)债权人会议的法律地位

债权人会议是破产程序中全体债权人组成的自治性组织,是代表全体债权人的整体利益,参与破产程序的最高决议机构,是全体债权人行使破产参与权、决议权与监督权的机构,在破产还债程序中占有重要的地位,具有独立的法律地位。

债权人会议有权对破产还债程序中涉及债权人利益的重大问题做出决议,实现参加破产还债程序的目的。作为监督机构,债权人会议有权在破产还债程序中监督企业和解协议和重

整方案的执行情况,有权监督清算组的工作,监督破产财产的清算和分配。债权人会议本身不是执行机关,是非常设机构,其所做出的各项决议一般由破产管理人等相应机构执行。

债权人会议的设立,可以有效地保护债权人的利益,平衡各债权人之间的利益关系,有利与人民法院公平合理地处理破产案件。

(二)债权人会议的组成

债权人会议由以下申报债权的债权人组成:

(1)无财产担保的债权人。这类债权人数量最多,是较为常见的债权人,是通常所称的破产债权人。该类债权人依法申报了债权并被确认后,在债权人会议上享有完全的表决权。

(2)有财产担保的债权人。这类债权人在债务人破产后,可以就债务人的特定财产受偿,未放弃优先受偿权的可以参加债权人会议。但对通过和解协议和通过破产财产的分配方案则没有表决权,享有不完全的表决权,他们的债权可以在破产还债程序以外优先获得清偿。当债权人的债权既有财产担保债权,也有无财产担保债权时,则该债权人在债权人会议上享有表决权,但表决时所代表的债权额仅限于无财产担保的部分。有财产担保的债权人在担保物价值不足以清偿其担保债权时,就未受清偿的债权额在债权人会议上享有表决权。

(3)债权尚未确定的债权人。这类债权人除人民法院能够为其行使表决权而临时确定债权额以外,其不得行使表决权。

(4)债务人的担保人。担保人等依法预先行使追偿权而申报债权时,也属于债权人会议的成员,其是否享有表决权及行使表决权代表的债权数额由人民法院确定。

(5)债权人的职工和工会代表。债权人会议应当有债务人的职工和工会的代表参加,对有关事项发表意见。

债权人还可以委托代理人出席债权人会议,行使表决权,但应当向人民法院或者债权人会议的主席提交债权人的授权委托书。

债权人会议设有主席,债权人会议主席由人民法院在有表决权的债权人中指定。必要时,人民法院可以指定多名债权人会议主席,成立债权人会议主席委员会。

二、债权人会议的召集

(一)第一次债权人会议的召集

我国《企业破产法》规定,第一次债权人会议由人民法院召集并主持。第一次债权人会议应当在人们法院受理破产案件公告3个月期满后召开。除债务人的财产不足以支付破产费用,破产程序提前终结外,不得以一般债权的清偿率为零作为理由取消债权人会议。

第一次债权人会议召集前,人民法院应当做好以下准备工作:拟订第一次债权人会议议程;向债务人的法定代表人或者负责人发出通知,要求其必须到会;向债务人的上级主管部门、开办人或者股东会议代表发出通知,要求其派员列席会议;通知破产清算组成员列席会议;通知审计、评估人员参加会议;需要提前准备的其他工作。

人民法院召集第一次债权人会议时,须指定并宣布债权人会议主席,宣布债权人会议的职权及其他有关事项,并通报债务人的生产、经营、财产、债务的基本状况。债务人的法定代表人必须列席会议,回答债权人的询问。

(二)以后债权人会议的召集

以后的债权人会议在以下四种情况下召开:(1)人民法院认为必要时召开;(2)破产管理人向债权人会议主席提议召开;(3)债权人委员会向债权人会议主席提议召;(4)占财产担保债权总额的1/4以上的债权人向债权人会议主席提议召开。

少数债权人拒绝参加债权人会议不影响会议的召开。但债权人会议不得做出剥夺其对破产财产受偿的机会或者不利于其受偿的决议。

以后召开债权人会议的,债权人会议主席应当在发出会议通知前3日报告人民法院,破产管理人应当在开会前15日将会议时间、地点、内容、目的等事项通知已知的债权人,以便债权人做好充分的准备。

三、债权人会议的职权

债权人会议作为破产参与组织,享有法定的职权。我国根据《企业破产法》的规定,债权人会议行使下列职权:(1)核查债权;(2)申请人民法院更换管理人,审查管理人的费用和报酬;(3)监督管理人;(4)选任和更换债权人委员会成员;(5)决定继续或者停止债务人的营业;(6)通过重整计划;(7)通过和解协议;(8)通过债务人财产的管理方案;(9)通过破产财产的变价方案;(10)通过破产财产的分配方案;(11)人民法院认为应当由债权人会议行使的其他职权。

四、债权人会议的决议

(一)债权人会议的决议方式

债权人会议讨论通过的决议,必须采用法定方式,符号法定条件。我国《企业破产法》规定:(1)债权人会议的决议,应当由出席会议的有表决权的债权人过半数通过,并且他们所代表的债权额必须占财产担保债权总额的1/2以上;(2)通过和解协议草案的决议,除了要由出席会议的有表决权的债权人过半数通过外,还要求他们所代表的债权额必须占财产担保债权总额2/3以上;(3)通过重整计划草案时,要依法分成各个表决组,必须由出席会议的同一表决组的债权人过半数同意,并且其所代表的债权额占该组债权总额的2/3以上,即为该组通过重整计划草案。各表决组均通过重整计划草案的,重整计划通过。

(二)债权人会议的效力

债权人会议的决议对全体债权人均有约束力。债权人认为该债权人会议违反法律规定或者侵犯其合法权益的,可以在决议作出后 15 日内请求人民法院裁定撤销该决议,责令债权人会议依法重新作出决议。

对债权人会议确定的债权额有争议的,由人民法院审查后裁定,并按裁定所确认的债权额计算。清算组财产分配方案经债权人会议两次讨论未获通过的,由人民法院依法裁定。占无财产担保债权总额半数以上债权的债权人对裁定有异议的,可以在人民法院做出裁定之日起 10 日内向上一级人民法院申诉。上一级人民法院应当组成合议庭进行审理,并在 30 日内做出裁定。

五、债权人委员会

(一)债权人委员会的设立

债权委员会是债务人会议决定设立的,在债务人会议闭会期间代表债权人会议行使权利,对破产程序行使日常监督权的机构。

债权人委员会由债权人会议选任的债权人代表和 1 名债务人的职工代表或者工会代表组成。债权人委员会成员不得超过 9 人。债权人委员会成员应当经人民法院书面决定认可。

(二)债权人委员会的职权

债权人委员会依法行使下列职权:

(1)监督债务人财产的管理和处分。破产管理人实施下列行为,应当及时报告债权人委员会:①涉及土地、房屋等不动产权益的转让;②探矿权、采矿权、知识产权等财产权的转让;③全部库存或者营业的转让;④借款;⑤设定财产担保;⑥债权和有价证券的转让;⑦履行债务人和对方当事人均未履行完毕的合同;⑧放弃权利;⑨担保物的取回;⑩对债权人利益有重大影响的其他财产处分行为。

(2)监督破产财产分配。

(3)提议召开债权人会议。

(4)债权人委员会执行职务时,有权要求管理人、债务人的有关人员对其职权范围内的事务做出说明或者提供有关文件。

(5)债权人会议委托的其他职权。

第六节　重整与和解制度

一、重整制度

重整是通过推迟债务、注入资本、对企业的债务与经营进行必要的整合,采取措施消除引起企业经营困难的原因,从而使濒临破产的企业得以恢复偿债能力的行为。重整是在人民法院的主持下有债务人与债权人达成协议,制度重整计划,规定在一定期限内,债务人按一定方式全部或部分清偿债务,同时债务人可以继续经营其业务。重整是防止企业破产的一个重要的法律制度。

(一)重整的申请

当企业财务状况发生严重困难或有破产危险时,为维护企业的存在和使之振兴复苏,并保护企业债权人的合法利益,可以依照破产法进行重整。依我国《破产企业法》第七十条:"债务人或者债权人可以依照本法规定,直接向人民法院申请对债务人进行重整。债权人申请对债务人进行破产清算的,在人民法院受理破产申请后、宣告债务人破产前,债务人或者出资额占债务人注册资本1/10以上的出资人,可以向人民法院申请重整。"由此可见,有权申请对债务人进行重整的只有以上三种人:债务人、债权人、出资额占债务人注册资本1/10以上的出资人。

人民法院经审查认为重整申请符号法律规定的,应当裁定债务人重整,并予以公告。

(二)重整期间对债务人企业的保护

自人民法院裁定债务人重整之日起至重整程序终止,为重整期间。(1)在重整期间,对债务人的特定财产享有的担保权暂停行使;(2)在重整期间,债务人或者管理人为继续营业而借款的,可以为该借款设定担保;(3)债务人合法占有的他人财产,该财产的权利人在重整期间要求取回的,应当符合事先约定的条件;(4)在重整期间,债务人的出资人不得请求投资收益分配;(5)在重整期间,债务人的董事、监事、高级管理人员不得向第三人转让其持有的债务人的股权。但是,经人民法院同意的除外。

(三)重整期间债务人企业的事务执行方式

重整期间,债务人企业事务的执行可以采用两种方式:一是破产管理人负责管理财产和营业事务;二是经债务人申请,人民法院批准,债务人在破产管理人的监督下自行管理财产和营业事务。

(四)重整计划的制订、通过

重整计划是通过对债权债务关系的重新安排和对企业经营方略的重新设定,力求达到债务人企业的重新振作,从而避免破产的一个具有实质内容和约束力的法律文件。

1. 重整计划的制订

(1)制定主体。

债务人自行管理财产和营业事务的,由债务人制作计划草案。管理人负责管理财产和营业事务的,由管理人制作重整计划草案。

(2)制定期限。

债务人或者管理人应当自人民法院裁定债务人重整之日起六个月内,同时向人民法院和债权人会议提交重整计划草案。如果上述期限不能制定出重整计划,经债务人或者管理人请求,有正当理由的,人民法院应当裁定终止重整程序,并宣告债务人破产。

(3)草案的内容。

重整计划草案应当包括下列内容:债务人的经营方案,债权分类;债权调整方案,债权受偿方案,重整计划的执行期限;重整计划执行的监督期限,有利于债务人重整的其他方案。

(4)对计划内容的限制。

重整计划不得规定减免债务人欠缴应当划入职工个人账户的基本养老保险费用以外的社保险费用;该项费用的债权人不参加重整计划草案的表决。

2. 重整计划的表决

人民法院应当自收到重整计划草案之日起30日内召开债权人会议,对重整计划草案进行表决。依我国《破产企业法》第八十二条的相关规定,下列各类债权的债权人参加讨论重整计划草案的债权人会议,依照下列债权分类,分组对重整计划草案进行表决:

(1)对债务人的特定财产享有担保权的债权。

(2)债务人所欠职工的工资和医疗、伤残补助、抚恤费用,所欠的应当划入职工个人账户的基本养老保险、基本医疗保险费用,以及法律、行政法规规定应当支付给职工的补偿金。

(3)债务人所欠税款。

(4)普通债权。

人民法院在必要时可以决定在普通债权组中设小额债权组对重整计划草案进行表决出席会议的同表决组的债权人过半数同意重整计划草案,并且其所代表的债权额占该组债权总额的2/3以上的,即为该组通过重整计划草案。各表决组均通过重整计划草案时,重整计划即为通过。若部分表决组未通过重整计划草案的,债务人或名管理人可以同未通过重整计划草案的表决组协商。该表决组可以在协商后再表决一次。未通过重整计划草案的表决组拒绝再次表决或者再次表决仍未通过重整计划草案,但重整计划草案符合一定条件的,债务人或者管理人可以申请人民法院批准重整计划草案。

(五)重整计划的批准、执行

1. 重整计划的批准

自重整计划通过表决之日10日内,债务人或者管理人应当向人民法院提出批准重整计划的申请。人民法院经审查认为符合法律规定的,应当自收到申请之日其30日内裁定批准,终止重整程序,并予以公告。

2. 重整计划的执行

(1)执行主体。

重整计划由债务人负责执行,由管理人监督重整计划的执行。

(2)重整计划的效力。

经人民法院裁定批准的重整计划,对债务人和全体债权人均有约束力。债权人未依法申报债权的,在重整计划执行期间不得行使权利;在重整计划执行完毕后,可以按照重整计划规定的各类债权的清偿条件行使权利。债权人对债务人的保证人和其他连带债务人所享有的权利,不受重整计划的影响。

（六）重整计划的终止

重整计划草案未通过的,或者已通过的重整计划未获得批准的,人民法院应当裁定终止重整程序,并宣告债务人破产。

在重整期间,有下列情形之一的,经管理人或者利害关系人请求,人民法院应当裁定终止重整程序,并宣告债务人破产：(1)债务人的经营状况和财产状况继续恶化,缺乏挽救的可能性；(2)债务人有欺诈、恶意减少债务人财产或者其他显著不利于债权人的行为；(3)由于债务人的行为致使管理人无法执行职务。

人民法院裁定终止重整计划执行的,债权人在重整计划中做出的债权调整的承诺失去效力。债权人因执行重整计划所受的清偿仍然有效,债权未受清偿的部分作为破产债权。

二、和解制度

和解是指在破产程序中,为了避免破产清算,债务人经与债权人会议协商一致,就债务人延期清偿债务、减少债权数额等达成协议,从而中止破产程序,避免企业破产,以解决债务危机,谋求复苏的一种制度。的双方法律行为。和解不是必经程序,是否和解完全依债务双方当事人意思,当和解不能成立时,人民法院可依职权宣告企业破产。

（一）和解申请的提出和审查

1. 申请人

和解申请只能由债务人向法院提出,其他任何利害关系人均不得提出和解申请,法院不得依职权开始和解程序。

2. 申请提出的时间

债务人可以直接向人民法院申请和解；也可以在人民法院受理破产申请后,宣告债务人破产前,向人民法院申请和解

3. 和解申请的审查

人民法院经审查认为和解申请符合《企业破产法》规定的,应当裁定和解,予以公告,并召集债权人会议讨论和解协议草案。

（二）和解协议的制订和通过

债务人提出和解,应当提出和解协议草案。债权人会议认为和解协议草案需要补充修订时,可与债务人进行协商。如果和解协议草案经出席会议的有表决权的债权人过半数同意,并且他们所代表的债权额,占无财产担保债权总额的2/3时,即获得通过。

债权人会议通过和解协议的,由人民法院裁定认可,终止和解程序,并予以公告。管理人应当向债务人移交财产和营业事务,并向人民法院提交执行职务的报告。和解协议自公告之

日起具有法律效力。

和解协议草案经债权人会议表决未获得通过,或者已经债权人会议通过的和解协议来获得人民法院认可的,人民法院应当裁定终止和解程序,并宣告债务人破产。

(三)和解协议的效力

依我国《企业破产法》第一百条的相关规定,经人民法院裁定认可的和解协议,对债务人和全体和解债权人均有约束力。和解债权人是指人民法院受理破产申请时对债务人享有无财产担保债权的人。

和解债权人未依照本法规定申报债权的,在和解协议执行期间不得行使权利;在和解协议执行完毕后,可以按照和解协议规定的清偿条件行使权利。

和解协议一经公告,即产生如下法律效力:

(1)破产还债程序中止,一切有关破产案件的调查、处理活动必须停止。

(2)该和解协议对全体无财产担保的债权人有效,债权人只能按和解协议的规定接受债务清偿,不得个别要求或接受和解协议外的利益,无权提起民事执行程序。但是,和解协议生效后,在整顿期间产生的新债权人不受协议约束。

(3)债务人应当按照和解协议清偿债务,不得给个别债权人以任何特殊利益,但公平地给全体债权人清偿的除外,例如全部债务均提前偿清等。

(四)和解协议的无效、终止

因债务人的欺诈或者其他违法行为成立的和解协议,人民法院应当裁定无效,并宣告债务人破产。

债务人应当按照和解协议规定的条件清偿债务。债务人不执行或不能执行和解协议的,人民法院经和解债权人的请求,应当裁定终止和解协议的执行,并宣告债务人破产。

第七节 破产宣告和终结

一、破产宣告

破产宣告是指指人民法院根据当事人的申请或职权,依法做出裁定,确认债务人的破产事实,并使债务人进入破产清算程序的一种司法裁定的行为。破产宣告标志着破产程序进行实质阶段,也是整个破产程序中最重要的阶段。

(一)破产宣告的列情形

人民法院受理债务人破产案件后,在下列情况下,应当裁定宣告债务人破产:(1)债务人不能清偿债务且与债权人不能达成和解协议和重整方案的。(2)债务人不履行或者不能履行和解协议的。(3)债务人在整顿期间有以下情形的:不执行和解协议的;财务状况继续恶化,债权人会议申请终结整顿的;人民法院受理破产案件前6个月至破产宣告之日的期间内,实施严重损害债权人利益的行为。包括:债务人隐匿、私分或者无偿转让财产;非正常压价出售财产;对原来没有财产担保的债务提供财产担保;对未到期的债务提前清偿;放弃自己的债权。(4)整顿期满,企业不能按照和解协议清偿债务的。

（二）破产宣告的效力

人民法院应当以裁定的形式做出破产宣告,在裁定做出之日起5日内送达债务人和破产管理人,10日内通知已知债权人,并予以公告。人民法院宣告企业破产的裁定自宣告之日起发生法律效力。

破产宣告后,债权人或者债务人对破产宣告有异议的,可以在人民法院宣告企业破产之日起10日内,向上一级人民法院申诉。上一级人民法院应当组成合议庭进行审理,并在30日内做出裁定。

债务人被宣告破产后,债务人称为破产人,债务人财产称为破产财产,人民法院受理破产案件时对债务人享有的债权称为破产债权。

债务人自破产宣告之日起停止生产经营活动。为债权人利益确有必要继续生产经营的,须经人民法院许可。人民法院应当自宣告企业破产之日起15日内成立清算组,接管破产企业,对破产财产进行保管、清理、估价、处理和分配。

人民法院宣告债务人破产后,应当通知债务人的开户银行,限定其银行账户只能由清算组使用。人民法院通知开户银行时应当附破产宣告裁定书。

破产宣告后,破产企业的财产在其他民事诉讼程序中被查封、扣押、冻结的,受理破产案件的人民法院应当立即通知采取查封、扣押、冻结措施的人民法院予以解除,并向受理破产案件的人民法院办理移交手续。

企业被宣告破产后,人民法院应当指定必要的留守人员,破产企业的法定代表人、财会、财产保管人员必须留守。

二、破产财产

破产财产是指破产申请受理时属于债务人的全部财产,以及破产申请受理后至破产程序终结前债务人取得的用于破产分配的财产。它既包括债务人所有的厂房、机器、设备等有形财产,也包括债务人所有的债权、股权、期权以及商标权、专利权等无形财产;既包括未设定担保权的财产,也包括设定担保权的财产;即包括债务人在中国境内的财产,也包括债务人在境外的财产。

三、破产费用和共益债务

（一）破产费用

破产费用,指人民法院在受理破产案件时收取的案件受理费,以及在破产程序进行中为全体债权人利益和程序进行之必需而支付的各项费用的总称。

人民法院受理破产申请后发生的下列费用,为破产费用:(1)破产财产的管理、变卖、分配所需要的费用;(2)破产案件的受理费;(3)债权人会议费用;(4)催收债务所需费用;(5)为债权人的共同利益而存在破产程序中支付的其他费用。破产费用可随时支付,破产财产不足以支付破产费用的,人民法院根据清算组的申请裁定终结破产程序。

(二)共益债务

共益债务,指为全体债权人的共同利益而承担的债务。

人民法院受理破产申请后发生的下列债务,为共益债务:因管理人或者债务人请求对方当事人履行双方均未履行完毕的合同所产生的债务;债务人财产受无因管理所产生的债务;因债务人不当得利所产生的债务;为债务人继续营业而应支付的劳动报酬和社会保险费用以及由此产生的其他债务;管理人或者相关人员执行职务致人损害所产生的债务;债务人财产致人损害所产生的债务。

(三)破产费用和共益债务的清偿原则

破产费用和共益债务由债务人财产随时清偿。债务人财产不足以清偿所有破产费用和共益债务的,先行清偿破产费用。债务人财产不足以清偿所有破产费用或者共益债务的,按照比例清偿。债务人财产不足以清偿破产费用的,管理人应当提请人民法院终结破产程序。人民法院应当自收到请求之日起15日内裁定终结破产程序,并予以公告。

四、破产财产的分配

(一)分配顺序

破产财产在优先清偿破产费用和共益债务后,依照下列顺序清偿:(1)破产人所欠职工的工资和医疗、伤残补助、抚恤费用,所欠的应当划入职工个人账户的基本养老保险、基本医疗保险费用,以及法律、行政法规规定应当支付给职工的补偿金;(2)破产人欠缴的除前项规定以外的社会保险费用和破产人所欠税款;(3)普通破产债权,破产财产不足以清偿同一顺序的清偿要求的,按照比例分配。

破产财产只有清偿完前顺序债权后,才能清偿后一顺序的债权。如果破产财产只能满足部分顺序的清偿要求,则其后顺序的就不再获得清偿,破产程序只能终结。如果破产财产不能满足同顺序的清偿要求的,则按照比例分配。破产企业的董事、监事和高级管理人员的工资按照该企业职工的平均工资计算。

(二)分配方案

破产管理人应当及时拟订破产财产分配方案,提交债权人会议。财产分配可以一次分配,也可以多次分配。破产财产分配方案应当载明下列事项:(1)参加破产财产分配的债权人名称或者姓名、住所;(2)参加破产财产分配的债权额;(3)可供分配的破产财产数额;(4)破产财产分配的顺序、比例及数额;(5)实施破产财产分配的方法。

债权人会议通过破产财产分配方案后,由破产管理人将该方案提请人民法院裁定认可。破产财产分配方案经人民法院裁定认可后,由管理人执行。

破产财产应当优先拨付破产费用。

（三）破产财产的提存及处理

对于附生效条件或者解除条件的债权,管理人应当将其分配额提存。管理人提存的分配额,在最后分配公告日,生效条件未成就或者解除条件成就的,应当分配给其他债权人;在最后分配公告日,生效条件成就或者解除条件未成就的,应当交付给债权人。

债权人未受领的破产财产分配额,管理人应当提存。债权人自最后分配公告之日起满两个月仍不领取的,视为放弃受领分配的权利,管理人或者人民法院应当将提存的分配额分配给其他债权人。

破产财产分配时,对于诉讼或者仲裁未决的债权,管理人应当将其分配额提存。自破产程序终结之日起满两年仍未能受领分配的,人民法院应当将提存的分配额分配给其他债权人。

五、破产终结

破产程序的终结分为正常终结和非正常终结两种。破产财产分配完毕,破产程序进行完了而终止的属于正常终结;破产企业无财产可供分配以及破产财产不足以支付破产费用、共益债务而终止的属于非正常终结。

破产终结发生以下法律效:破产程序终结后,破产管理人应当自破产程序终结之日起10日内,持人民法院终结破产程序的裁定,向破产人的原登记机关办理注销登记,该企业归于消灭。管理人于办理注销登记完毕的次日终止执行职务。但是,存在诉讼或者仲裁未决情况的除外。破产程序终结后,对债权人未清偿的债务不再清偿。但破产程序终结后出现可供分配的财产的,应当追加分配。追加分配的财产,包括人民法院在破产终结之日起1年内查出并追缴的人民法院受理破产案件前6个月至破产宣告之日的期间内,破产企业不法处分的财产、破产程序中因纠正错误支出收回的款项因权利被承认追回的财产、债权人放弃的财产和破产程序终结后实现的财产权利等。

破产程序终结后,破产企业的账册、文书等卷宗材料由清算组移交破产企业上级主管机关保存;无上级主管机关的,由破产企业的开办人或者股东保存。

六、破产责任

（一）破产企业的高级管理人员的法律责任

企业董事、监事或者高级管理人员违反忠实义务、勤勉义务,致使所在企业破产的,依法承担民事责任。自破产程序终结之日起3年内不得担任任何企业的董事、监事及高级管理人员。

（二）债务人的法律责任

债务人拒不向人民法院提交或者提交不真实的财产状况说明、债务清册、债权清册、有关财务会计报告以及职工工资的支付情况和社会保险费用的缴纳情况的，人民法院可以对直接责任人员依法处以罚款。

债务人违反本法规定，拒不向管理人移交财产、印章和账簿、文书等资料的，或者伪造、销毁有关财产证据材料而使财产状况不明的，人民法院可以对直接责任人员依法处以罚款。

债务人实施了损害债权人利益的行为的，债务人的法定代表人和其他直接责任人员依法承担赔偿责任。

债务人的有关人员违反本法规定，擅自离开住所地的，人民法院可以予以训诫、拘留，可以依法并处罚款。

（三）管理人的法律责任

管理人未依照本法规定，履行勤勉尽责、忠实执行职务义务的，人民法院可以依法处以罚款；给债权人、债务人或者第三人造成损失的，依法承担赔偿责任。

七、案例评析示例

1. 案情

蓝天啤酒公司拥有固定资产原值900万元。蓝天啤酒公司隶属于该市轻工业局，属占有国家资产的集体所有制企业。有原价70万美元的原西德进口设备，是该市范围内唯一啤酒生产线。公司占地百亩，其中大部分职工具有一定的生产技能。由于多方面的原因，蓝天啤酒公司自建公司以来连年亏损，亏损额高达600万元。及主管部门曾想方设法采取过一系列措施，未果。已累计负债1 500万元，仅银行利息每年即需付120万元以上。蓝天啤酒公司生存无望，职工生活更无着落。蓝天啤酒公司向该市中级人民法院提出破产申请。

法院受理后，按《中华人民共和国民事诉讼法》第二百条的规定，在规定的期限内通知债权人申报债权。经核定，实际债权人23个，金额1 300元，其中有抵押的债权额为97万元，普通债权额为1 203万元。劳动保险费8.1万元。斯凯布鲁服装公司的债权为：应收回债权为81万元，其中不能收回的25万元，实际债权额为56万元。蓝天啤酒公司的资产评估，依照法律规定，由清算组委托某会计师事务所。于1994年10月22日至11月10日，对蓝天啤酒公司全部实物清理评估，固定资产净值620万元，存货120万元，土地使用值170万元。总计910万元。蓝天啤酒公司欠职工医药费6.3万元；应该支付的税款为6.1元。

依《中华人民共和国民事诉讼法》第二百零一条之规定，法院组织有关机关和有关人员成立了蓝天啤酒公司的清算组。该市中级人民法院根据《中华人民共和国民事诉讼法》第一百九十九条、第二百条，并参照《中华人民共和国企业破产法》第37条的规定，分别于1993年9月1日和1993年12月29日做出裁定。

问题:你认为应该如何处理这个破产案件?

2. 处理结果

可以宣告申请人蓝天啤酒公司破产还债。

3. 评析

(1)可以宣告申请人蓝天啤酒公司破产还债。

根据《中华人民共和国企业破产法》第三条的规定,国有企业法人的破产原因由三项事实构成:其一,企业经营不善;其二,严重亏损;其三,不能清偿到期债务。要符合三个要件:第一,债务的清偿期限已经届满;第二,债权人已要求清偿;第三,债务人明显缺乏清偿能力。该条还规定,债务人停止支付到期债务并呈连续状态,如无相反证据,可推定为"不能清偿到期债务"。

(2)破产财产总额为966万元。其中蓝天啤酒公司的债权为56万元。

(3)根据《中华人民共和国企业破产法》的规定,破产财产优先拨付破产费用后,按如下顺序清偿:①破产企业所欠职工的工资和劳动保险费用(第一顺位);②破产企业所欠税款(第二顺位);③破产债权(第三顺位)。其中,第一、二顺位的请求权,称为优先请求权。破产法规定分配顺序的意义在于,依据一定的法律政策确定不同类别的请求权人的受偿顺序,使顺序在先的请求权人能够优先于顺序在后的请求权人获得清偿。

(4)本案情况具体如下:破产费用为20万元;优先支付的押抵债权为97万元;支付的劳动保险费8.1万元;职工医药费6.3万元;支付的税款为6.1元;供普通债权分配的金额为828.5元,普通债权额为1 203万元,清偿率约为69%。

本章案例导读解析:

驳回育华大酒家破产还债的申请是正确的。在本案中,法院驳回育华大酒家破产还债的申请,是基于以下两点考虑:

1. 根据《中华人民共和国企业破产法(试行)》以及《中华人民共和国民事诉讼法》破产还债程序的规定,企业法人因严重亏损,无力清偿到期债务是人民法院受理申请宣告破产案件的唯一依据。本案育华大酒家未对其经营状况及财务状况进行审计,而其提供的资产负债表和应收款明细表数据不一致。也就是说,育华大酒家提供的现有材料不足以证明其确属无力清偿到期债务。育华大酒家确是到了资不抵债的地步。但由于资不抵债并不是企业破产的要件,仅仅是无力清偿的原因之一。结合本案,资不抵债未考虑育华大酒家的信用因素。因此,资不抵债并不必然带来无力清偿。也就是说,育华大酒家即使资不抵债,也不一定是无力清偿。故人民法院依法驳回育华大酒家破产还债的申请是正确的。

2. 破产制度建立的一个重要功能就是保障债权在最大限度内得到公平的清偿。破产企业在破产宣告后享有豁免剩余债务的权利,同时也就负有保管、追偿破产财产的义务。本案育华大酒家的资产负债表的应收款和应付款明细表数字之间有一个132万元的差额,而在已知的应收款中,竟有54.6万元之巨额是个人白条借款不去追索。这笔款是什么性质未能查明。如是经营性借款,应报账冲销计入费用;如是个人借款,则应积极主动追索。这是破产企业应负的保护债权人的利益,防止资产流失的不可推卸的义务。本案育华大酒家在交由鑫兴公司承包经营和邱天成受委托负责期间,对邱天成对外大肆举债以及个人大量白条提取现金或支票划款不闻不问,甚至在向检察部门举报尚无结论情况下,就急于申请破产还债,其必然造成两个严重结果:(1)让可能存在的侵吞国家、集体财产的犯罪分子在破产的掩护下逍遥法外,免受惩处。(2)无法做到"最大限度"地清偿债务放任债权人不应有损失的发生和扩大。这种意义的破产,违背了破产法的立法宗旨,应予驳回。

复习思考题

1. 我国《企业破产法》的适用范围是什么?
2. 企业申请破产的条件是什么?
3. 破产管理人的任职资格和职责有哪些?
4. 债权委员会有哪些职权?
5. 重整计划包括哪些内容?
6. 破产债权应当具备哪些条件?
7. 哪些财产属于企业的破产财产?
8. 我国《企业破产法》对破产财产的分配顺序和分配要求是怎样的?

第五章

Chapter 5

合 同 法

【学习目标】

1. 掌握合同的概念、合同订立的程序、合同效力的认定、合同履行抗辩权、合同的保全、合同的担保等概念、特征;

2. 了解合同的种类、合同解除的条件与程序;

3. 理解合同法的基本原则、合同的转让、合同的终止、违约责任等问题。

【能力目标】

1. 分析和解决合同订立过程中的法律问题;

2. 分析和解决合同履行过程中出现的法律问题;

3. 判断合同的效力;

4. 合理运用合同担保方式;

5. 法律责任形式的正确使用。

【案例导读】

某大型超市是一家综合商品经营的零售商场。5月4日某自行车厂商向该超市发函称:愿以每辆500元的价格卖给该超市100台某型号自行车。5月6日该超市回函:愿以400元的价格购买100台自行车,并且货到后付款。5月7日自行车厂商收到超市回函后又发一函:愿以每辆450元价格卖给超市100台自行车,同意货到付款。超市对自行车厂的条件不满意,故未予理睬。5月9日自行车厂商又给超市发一函:同意5月6日函电中提出的条件,且函到发货。5月20日,该自行车厂商将100台自行车运至该超市,但超市拒绝接收。后该自行车厂商到法院起诉该超市。

问题:该超市与该自行车厂商是否存在买卖自行车的合同?为什么?请分析每一份函电的性质。

第一节 合同法概述

一、合同法简介

(一)合同法的体例与内容

1999年3月15日,第九届全国人民代表大会第二次会议通过了《中华人民共和国合同法》(以下简称《合同法》)。合同法分总则、分则、附则三篇,共23章428条。为保障《合同法》的顺利实施,最高人民法院先后通过了《关于适用〈中华人民共和国合同法〉若干问题的解释(一)》(以下简称《合同法解释》)、《中华人民共和国物权法》(以下简称《物权法》)、《中华人民共和国担保法》)((以下简称《担保法》)、《关于适用〈中华人民共和国合同法〉若干问题的解释(二)》以及审理若干合同纠纷适用法律的司法解释,这些法律及司法解释对合同问题也起着重要的调整作用。

合同法是调整平等主体之间交易关系的法律,主要规范合同的订立、合同的效力、合同的履行、变更、解除、保全、违约责任等问题。合同法强调主体平等、意思自治,主要是通过任意性法律规范而不是强制性法律规范调整合同关系。合同法通过任意性规范或引导当事人的行为,或补充当事人意思的不完整。合同法对当事人意思自治的限制,即合同法中的强制性规范,被严格限制在合理与必要的范围之内。

(二)合同法的基本原则

《合同法》在总则部分确定了以下基本原则:

1. 平等原则

合同当事人法律地位一律平等,一方不得将自己的意志强加给另一方,平等原则要求合同当事人以平等、协商的方式来设立、变更或消灭合同关系,各方应在权利义务对等的基础上订立合同。

2. 意思自治原则

意思自治是贯彻合同活动整个过程的基本原则,在不违反强制性法律规范和社会公共利益的基础上,当事人依法享有自愿订立合同的权利,任何单位和个人不得非法干预。当事人享有出于内心真实想法而自愿订立合同的自由。

3. 公平原则

当事人应当遵循公平原则确定各方的权利和义务。合同双方当事人间的权利义务要基本平衡。任何当事人不得滥用权利,不得在合同中规定显失公平的内容,要根据公平原则确定风险与违约责任的承担。

4. 诚实信用原则

当事人行使权利、履行义务应当遵循诚实信用原则。当事人应当遵守和善意履行合同,善意行使权利、履行义务,不得有欺诈等恶意行为。在法律、合同未作规定或规定不清的情况下,要依据诚实信用原则解释法律和合同,平衡当事人之间的利益关系。

5. 守法、不损害社会公共利益原则

当事人订立、履行合同,应当遵守法律、行政法规,尊重社会公德,不得扰乱社会经济秩序,损害社会公共利益。

(三)合同法适用的范围

合同法是调整平等主体之间交易关系的法律规范的总称。《合同法》第二条规定:婚姻、收养、监护等有关身份关系的协议,适用其他法律的规定。

《合同法》第一百二十六条规定:涉外合同的当事人可以选择处理合同争议所适用的法律,但法律另有规定的除外。涉外合同的当事人没有选择的,适用与合同有最密切联系的国家的法律。在中华人民共和国境内履行的中外合资经营企业合同、中外合作经营企业合同、中外合作勘探开发自然资源合同,适用中华人民共和国法律。

二、合同的概念与分类

(一)合同的概念

《中华人民共和国合同法》(下称《合同法》)所称合同,是指平等主体的自然人、法人、其他组织之间设立、变更、终止民事权利义务关系的协议。

(二)合同的分类

根据不同的标准,可将合同分为不同的种类。

1. 有名合同与无名合同

根据合同法是否对合同规定有确定的名称与调整规则为标准,可将合同分为有名合同与无名合同。区分两者的法律意义在于法律适用的不同。有名合同又称典型合同,合同法分则中规定了15种有名合同,有名合同可直接适用《合同法》分则中关于该种合同的具体规定。无名合同又称非典型合同,是立法上尚未规定有确定名称与规则的合同。对无名合同则只能在适用《合同法》总则中规定的一般规则的同时,参照该法分则或者其他法律中最相类似的规定执行。

2. 有偿合同与无偿合同

根据合同当事人是否因给付取得对价为标准,可将合同分为有偿合同与无偿合同。有偿合同是指合同当事人为从合同中得到利益要支付相应对价给付(此给付并不局限于财产的给付,也包含劳务、事务等)的合同。无偿合同是指只有一方当事人做出给付,或者虽然是双方做出给付但双方的给付间不具有对价意义的合同。赠与合同是典型的无偿合同,另外,委托、保管合同如果没有约定利息和报酬的,也属于无偿合同。区分两者的法律意义在于法律适用的不同。如对于无偿保管合同,轻过失可以免责。

3. 单务合同与双务合同

根据合同当事人是否相互负有对价义务为标准,可将合同分为单务合同与双务合同。此处的对价义务并不要求双方的给付价值相等,而只是要求双方的给付具有相互依存、相互牵连的关系即可。单务合同是指仅有一方当事人承担义务的合同,如赠与合同。双务合同是指双方当事人互负对价义务的合同,如买卖合同、承揽合同、租赁合同等。区分两者的法律意义在于,因为双务合同中当事人之间的给付义务具有依存和牵连关系,因此双务合同中存在同时履行抗辩权和风险负担的问题,而这些情形并不存在于单务合同中。

4. 诺成合同与实践合同

根据合同成立是否需要现实给付为标准,可以将合同分为诺成合同与实践合同。诺成合同是指当事人意思表示一致即可认定合同成立的合同。实践合同是指在当事人意思表示一致以外,尚须有实际交付标的物或者有其他现实给付行为才能成立的合同。确认某种合同属于实践合同必须法律有规定或者当事人之间有约定。常见的实践合同有保管合同、自然人之间的借贷合同、定金合同等。但赠与合同、质押合同不再是实践合同。区分两者的法律意义在于:除了两种合同的成立要件不同以外,实践合同中作为合同成立要件的给付义务的违反不产生违约责任,而只是一种缔约过失责任。

5. 要式合同与不要式合同

根据合同的成立是否必须符合一定的形式为标准,可将合同分为要式合同与不要式合同。要式合同是按照法律规定或者当事人约定必须采用特定形式订立方能成立的合同。不要式合同是对合同成立的形式没有特别要求的合同。确认某种合同属于要式合同必须法律有规定或者当事人之间有约定。

6. 主合同与从合同

根据两个或者多个合同相互间的主从关系为标准,可将合同分为主合同与从合同。主合同是无须以其他合同存在为前提即可独立存在的合同。这种合同具有独立性。从合同,又称附属合同,是以其他合同的存在为其存在前提的合同。保证合同、定金合同、质押合同等相对于提供担保的借款合同即为从合同。从合同的存在是以主合同的存在为前提的,故主合同的成立与效力直接影响到从合同的成立与效力。但是从合同的成立与效力不影响主合同的成立与效力。

三、案例评析示例

案例一

1. 案情

甲、乙在火车上相识,甲担心自己到站时未醒,请求乙在 A 站唤醒自己下车,乙欣然同意。火车到达 A 站时,甲沉睡,乙也未醒。甲未能在 A 站及时下车,为此支出了额外费用。甲要求乙赔偿损失。

问题:(1)甲、乙之间是否成立了合同关系?(2)乙是否应承担对甲的赔偿责任?

2. 处理结果

法律关系是指法律所调整和确认的权利和义务关系。本题甲乙之间并不存在合同法和侵权法意义上的法律关系,二者之间的关系属于道德性质的关系,不属于民事法律调整的范围。因此,甲未能在 A 站及时下车的损失由甲自己承担。

3. 评析

合同,是指平等主体的自然人、法人、其他组织之间设立、变更、终止民事权利义务关系的协议。合同关系涉及当事人双方的权利与义务,合同法是调整平等主体之间设立、变更、终止财产权利义务的合同的法律规范的总称。它包含三层含义:一是合同法只调整平等主体间的关系;二是合同法调整的关系只限于平等主体间的合同关系;三是合同法调整的合同关系为财产性的合同关系,不包括人身性质的合同关系。

案例二

1. 案情

甲用单位年底发的奖金 1 万元,到某超市购买了一部手机和一个微波炉,由于有公务急于办理,所以暂将所购商品存放到超市接待台,办完公务后,将商品取回。一部送给了女朋友,一部送给了妈妈。

问题:甲共形成了几个合同?这些合同属于什么类型?

2. 处理结果

甲向超市购买手机、微波炉的买卖合同是双务合同、有名合同、有偿合同;甲将商品寄存商场就与商场形成了保管合同,是无偿合同、有名合同;赠送给女朋友、妈妈的赠予合同是单务合同、无偿合同、有名合同。

3. 评析

根据合同法或者其他法律是否对合同规定有确定的名称与调整规则为标准,可将合同分为有名合同与无名合同。有名合同是立法上规定有确定名称与规则的合同。无名合同是立法上尚未规定有确定名称与规则的合同。根据合同当事人是否相互负有对价义务为标准,可将合同分为单务合同与双务合同。单务合同是指仅有一方当事人承担义务的合同。双务合同是指双方当事人互负对价义务的合同。根据合同当事人是否因给付取得对价为标准,可将合同分为有偿合同与无偿合同。有偿合同是指合同当事人为从合同中得到利益要支付相应对价给付的合同。无偿合同是指只有一方当事人做出给付,或者虽然是双方做出给付但双方的给付间不具有对价意义的合同。

第二节 合同的订立

一、合同的内容与形式

(一)合同的内容

1. 合同条款

根据《合同法》规定,在不违反法律强制性规定的情况下,合同条款可以由当事人自由约定,但一般包括以下条款:(1)当事人的名称或者姓名和住所;(2)标的,即合同双方当事人权利义务所共同指向的对象;(3)数量;(4)质量;(5)价款或者报酬;(6)履行期限、地点和方式;(7)违约责任;(8)解决争议的方法。

2. 格式条款

格式条款是指一方当事人为了与不特定多数人订立合同重复使用而单方预先拟定,并在订立合同时不允许对方协商变更的条款。格式条款可以简化签约程序,加快交易速度,减少交易成本,但难免有不公平之处。

为保证合同相对人的合法权益,《合同法》特别规定:(1)采用格式条款订立合同的,提供格式条款的一方应当遵循公平原则确定当事人之间的权利和义务,并采取合理的方式提请对方注意免除或者限制其责任的条款,按照对方的要求,对该条款予以说明;(2)格式条款具有《合同法》规定的合同无效和免责条款无效的情形,或者提供格式条款一方免除其责任、加重对方责任、排除对方主要权利的,该条款无效;(3)对格式条款的理解发生争议的,应当按照通常理解予以解释。对格式条款有两种以上解释的,应当做出不利于提供格式条款一方的解释。格式条款和非格式条款不一致的,应当采用非格式条款。

3. 免责条款

免责条款是指合同当事人在合同中规定的排除或限制一方当事人未来责任的条款。基于合同自由原则,对双方当事人自愿订立的免责条款,尤其是事后订立的免责条款,法律原则上不加干涉。但如事先约定的免责条款明显违反诚实信用原则及社会公共利益的,则法律规定其为无效。《合同法》规定,合同中的下列免责条款无效:(1)造成对方人身伤害的;(2)因故意或者重大过失造成对方财产损失的。

(二)合同的形式

当事人订立合同,可以采取书面形式、口头形式和其他形式。

口头形式的合同虽方便易行,但缺点是发生争议时难以举证确认责任,不够安全。书面形式是指以合同书、信件等各种有形地表现所载内容的合同形式。根据合同法规定,数据电文(包括电报、电传、传真、电子数据交换和电子邮件)也属于书面形式的一种。另外,根据合同法规定,法律、行政法规规定或者当事人约定采用书面形式的合同,当事人应当采用书面形式。

二、合同订立的程序

订立合同采取要约、承诺的方式进行。当事人意思表示真实一致时,合同即可成立。

（一）要约

1. 要约的概念

要约是指希望和他人订立合同的意思表示。要约可以向特定人发出,也可以向非特定人发出。根据《合同法》规定。该意思表示应当符合下列规定:(1)内容具体确定,即订立合同的意思表示肯定,内容明确;(2)表明经受要约人承诺,要约人即受该意思表示约束。

2. 要约邀请

要约邀请是希望他人向自己发出要约的意思表示。寄送的价目表、拍卖公告、招标公告、招股说明书、商业广告等,性质为要约邀请。但若商业广告的内容符合要约的规定,如悬赏广告,则视为要约。在实践中要注意要约与要约邀请的区分,如根据《最高人民法院关于审理商品房买卖合同纠纷案件适用法律若干问题的解释》规定,商品房的销售广告和宣传资料为要约邀请,但是出卖人就商品房开发规划范围内的房屋及相关设施所作的说明和允诺具体确定,并对商品房买卖合同的订立以及房屋价格的确定有重大影响的,应当视为要约。该说明和允诺即使未载入商品房买卖合同,亦应当视为合同内容,当事人违反的,应当承担违约责任。

3. 要约的生效时间

要约到达受要约人时生效。采用数据电文形式订立合同,收件人指定特定系统接收数据电文的。该数据电文进入该特定系统的时间,视为到达时间;未指定特定系统的,该数据电文进入收件人的任何系统的首次时间,视为到达时间。

4. 要约的撤回

要约可以撤回。撤回要约的通知应当在要约到达受要约人之前或者与要约同时到达受要约人。撤回要约是在要约尚未生效的情形下发生的。如果要约已经生效,则非要约的撤回,而是要约的撤销。

5. 要约的撤销

要约可以撤销。撤销要约的通知应当在受要约人发出承诺通知之前到达受要约人。但下列情形下的要约不得撤销:(1)要约人确定了承诺期限的;(2)以其他形式明示要约不可撤销的;(3)受要约人有理由认为要约是不可撤销的,并已经为履行合同作了准备工作。

6. 要约的失效

有下列情形之一的,要约失效:(1)拒绝要约的通知到达要约人;(2)要约人依法撤销要约;(3)承诺期限届满,受要约人未做出承诺;(4)受要约人对要约的内容做出实质性变更。

(二)承诺

1. 承诺的概念
承诺是受要约人同意要约的意思表示。承诺应当由受要约人向要约人做出。

2. 承诺的内容
承诺的内容应当与要约的内容一致。但在实践中,受要约人可能对要约的文字乃至内容做出某些修改,此时承诺是否具有法律效力需根据具体情况予以确认。《合同法》规定,受要约人对要约的内容做出实质性变更的,为新要约。有关合同标的、数量、质量、价款或者报酬、履行期限、履行地点和方式、违约责任和解决争议方法等内容的变更,是对要约内容的实质性变更。承诺对要约的内容做出非实质性变更的,除要约人及时表示反对或者要约表明承诺不得对要约的内容做出任何变更的以外,该承诺有效,合同的内容以承诺的内容为准。

3. 承诺期限
承诺应当在要约确定的期限内或合理的期限内到达要约人。所谓合理期限,是指依通常情形可期待承诺到达的期间,一般包括要约到达受要约人的期间、受要约人做出承诺的期间、承诺通知到达要约人的期间。

要约以信件或者电报做出的,承诺期限自信件载明的日期或者电报交发之日开始计算。信件未载明日期的,自投寄该信件的邮戳日期开始计算。要约以电话、传真等快速通讯方式做出的,承诺期限自要约到达受要约人时开始计算。

4. 承诺的生效时间
承诺自通知到达要约人时生效。承诺不需要通知的,根据交易习惯或者要约的要求做出承诺的行为时生效。采用数据电文形式订立合同,收件人指定特定系统接收数据电文的,该数据电文进入该特定系统的时间,视为承诺到达时间;未指定特定系统的,该数据电文进入收件人的任何系统的首次时间,视为承诺到达时间。承诺生效时合同成立。

5. 承诺的撤回
承诺人撤回承诺的条件是:撤回承诺的通知应当在承诺通知到达要约人之前或者与承诺通知同时到达要约人,即在承诺生效前到达要约人。

6. 逾期承诺
受要约人超过承诺期限发出承诺的,为逾期承诺,除要约人及时通知受要约人该承诺有效的以外,逾期承诺应视为新要约。受要约人在承诺期限内发出承诺,按照通常情形能够及时到达要约人,但因其他原因使承诺到达要约人时超过承诺期限的,除要约人及时通知受要约人因承诺超过期限不接受该承诺的以外,逾期承诺为有效承诺。

(三)合同成立的时间与地点

1. 合同成立的时间
由于合同订立方式的不同,合同成立的时间也有不同:(1)承诺生效时合同成立。这是大部分合同成立的时间标准;(2)当事人采用合同书形式订立合同的,自双方当事人签字或者盖章时合同成立。如双方当事人未同时在合同书上签字或盖章,则以当事人中最后一方签字或盖章的时间为合同的成立时间;(3)当事人采用信件、数据电文等形式订立合同的,可以要求在合同成立之前签订确认书。签订确认书时合同成立。

对于第(2)、(3)种情况要注意一点:如果当事人未采用法律要求或者当事人约定的书面形式、合同书形式订立合同,或者当事人没有在合同书上签字盖章的,只要一方当事人履行了主要义务,对方接受的,合同仍然成立。

2. 合同成立的地点

由于合同订立方式的不同,合同成立地点的确定标准也有不同:(1)承诺生效的地点为合同成立的地点。这是大部分合同成立的地点标准;(2)采用数据电文形式订立合同的,收件人的主营业地为合同成立的地点;没有主营业地的,其经常居住地为合同成立的地点。当事人另有约定的,按照其约定;(3)当事人采用合同书形式订立合同的,双方当事人签字或者盖章的地点为合同成立的地点。如双方当事人未在同一地点签字或盖章,则以当事人中最后一方签字或盖章的地点为合同成立的地点。

三、缔约过失责任

(一)缔约过失责任的含义

缔约过失责任,亦称缔约过错责任,是指当事人在订立合同过程中,一方因违背诚实信用原则和法律规定的义务致另一方的信赖利益损失时所应承担的损害赔偿责任。

在缔约阶段,当事人因社会接触而进入可以彼此影响的范围,依诚实信用原则,应尽交易上的必要注意,以维护他人的财产和人身利益,不得因无合同约束,而随意撤销要约或实施其他致人损害的不正当行为,影响交易安全。因此,缔约阶段也应受到法律的调整。

(二)承担缔约过失责任的法定情形

《合同法》第四十二条规定,当事人在订立合同过程中有下列情形之一,给对方造成损失的,应当承担损害赔偿责任:(1)假借订立合同,恶意进行磋商;(2)故意隐瞒与订立合同有关的重要事实或者提供虚假情况;(3)当事人泄露或者不正当地使用在订立合同过程中知悉的商业秘密;(4)有其他违背诚实信用原则的行为。

(三)缔约过失责任与违约责任的区别

(1)两种责任产生的时间不同。缔约过失责任发生在合同成立之前;而违约责任产生于合同生效之后。(2)适用和范围不同。缔约过失责任适用于合同未成立、合同未生效、合同无效等情况;违约责任适用于生效合同。(3)赔偿范围不同。缔约过失赔偿的是信赖利益的损失;而违约责任赔偿的是可期待利益的损失。原则上,可期待利益的损失要大于信赖利益的损失。

四、案例评析示例

案例一

1. 案情

甲公司在与乙公司协商购买某种零件时提出,由于该零件的工艺要求高,只有乙公司先行制造出符合要求的样品后,才能考虑批量购买。乙公司完成样品后,甲公司因经营战略发生重大调整,遂通知乙公司:本公司已不需此种零件。终止谈判。

问题:(1)甲公司的行为是否构成违约责任?为什么?(2)甲公司的行为是否构成缔约过失责任?为什么?(3)甲公司是否应当赔偿乙公司的损失?

2. 处理结果

承担违约责任的前提是有效合同的存在,由于甲乙双方尚处于缔约阶段,合同还未成立。因而甲公司不构成违约。缔约过失的本质在于违背了诚实信用原则,本题中,甲只是表示在样品做出后才考虑是否购买,后因战略调整做出不购买的决定,甲公司并不存在违背诚实信用原则的行为,所以不需要承担缔约过失责任。因甲公司不需要承担缔约过失责任,因而也不需要赔偿乙公司的损失。

3. 评析

缔约过失责任,是指当事人在订立合同过程中,一方因违背诚实信用原则和法律规定的义务致另一方的信赖利益的损失时所应承担的损害赔偿责任。违约责任是指当事人违反已生效的合同而应承担的赔偿责任。缔约过失责任与违约责任的区别(1)两种责任产生的时间不同。缔约过失责任发生在合同成立之前;而违约责任产生于合同生效之后。(2)适用和范围不同。缔约过失责任适用于合同未成立、合同未生效、合同无效等情况;违约责任适用于生效合同。(3)赔偿范围不同。缔约过失赔偿的是信赖利益的损失;而违约责任赔偿的是可期待利益的损失。原则上,可期待利益的损失要大于信赖利益的损失。

第三节 合同的效力

一、合同的效力概述

所谓合同生效,是指已经成立的合同在当事人之间产生了一定的法律拘束力,也就是通常所说的法律效力。

《合同法》第八条规定:"依法成立的合同,对当事人具有法律约束力。当事人应当按照约定履行自己的义务,不得擅自变更或者解除合同。"可见合同的拘束力主要体现在对当事人的拘束力上。合同当事人依据法律和合同的规定所产生的权利依法受法律保护。当事人依据合同所才产生的义务具有法律的强制性。如果当事人违反合同义务则应当承担违约责任。

(一)合同成立与合同生效的区别

合同的成立和生效通常是密切联系在一起的,但合同成立不同于合同生效。

合同的成立是指缔约当事人就合同的主要条款达成合意。合同是否成立是一个事实问题,需要考察当事人间是否有要约和承诺,合同的成立只是解决了当事人之间是否存在合意的问题,并不意味着已经成立的合同都能产生法律拘束力。

合同的生效,是指已依法成立的合同,发生相应的法律效力,即当事人的权利受到法律保护,当事人的义务也受到法律的约束。合同生效是一个价值判断,需要考察当事人之间的合同是否符合法律的精神与规定,能否发生法律所认可的效力。即使合同已经成立,如果不符合法律规定的生效要件,仍然不能产生法律效力。

(二)合同生效的时间

《合同法》根据合同类型的不同,分别规定了不同的合同生效的时间:

(1)依法成立的合同,原则上自成立时生效。

(2)法律、行政法规规定应当办理批准、登记等手续生效的,在依照其规定办理批准、登记等手续后生效。法律、行政法规规定合同应当办理登记手续,但未规定登记后生效的,当事人未办理登记手续不影响合同的效力,但合同标的所有权及其他物权不能转移。根据《物权法》的规定,需要办理登记的抵押合同及商品房买卖合同均属于这类合同,即未登记不影响合同的生效,只影响物权的成立或者转移。

(3)当事人对合同的效力可以附条件或者附期限。附生效条件的合同,自条件成就时生效。附生效期限的合同,自期限届至时生效。

(三)合同的效力状态

按照合同的效力状态不同,合同又分为:有效合同、效力待定的合同、可变更可撤销的合同、无效合同。

二、有效合同

1. 有效合同的含义

有效合同是指已经成立并符合法律所规定的生效要件,从而具有对当事人的拘束力的合同,也就是具有法律效力的合同。

2. 合同的生效要件

已经成立的合同必须具备一定的生效要件,才能产生法律拘束力。合同生效要件是判断合同是否具有法律效力的标准。

按照我国《民法通则》的规定,合同的一般生效要件包括以下几项:

(1)行为人具有相应的民事行为能力。民法通则规定,10周岁以上的未成年人和不能完全辨认自己行为的精神病人是限制行为能力人。他们只能实施某些与其年龄、智力、健康状况相适应的民事活动,其他活动由其法定代理人代理或者在征得其法定代理人同意后实施。限制民事行为能力人订立的合同,经法定代理人追认后,该合同有效,但纯获利益的合同或者与其年龄、智力、健康状况相适应而订立的合同,不必经法定代理人追认。

《民法通则》规定,不满10周岁的未成年人和不能辨认自己行为的精神病人是无行为能力人。无行为能力人的民事活动由其法定代理人代理进行。

(2)意思表示真实。

(3)不违反法律和社会公共利益。

三、无效合同和可变更可撤销合同

(一)无效合同

《合同法》规定,下列情形的合同无效:(1)一方以欺诈、胁迫的手段订立合同,损害国家利益;(2)恶意串通,损害国家、集体或者第三人利益;(3)以合法形式掩盖非法目的;(4)损害社会公共利益;(5)违反法律、行政法规的强制性规定。

根据《合同法解释》规定,关于合同的无效还要注意几点:(1)合同法实施以后,人民法院确认合同无效,应当以全国人大及其常委会制定的法律和国务院制定的行政法规为依据,不得以地方性法规、行政规章为依据。(2)当事人超越经营范围订立合同,人民法院不会因此认定合同无效,但违反国家限制经营、特许经营以及法律、行政法规禁止经营规定的除外。

(二)可变更可撤销合同

1. 可变更可撤销合同的含义

可撤销合同是指因合同当事人意思表示的瑕疵,撤销权人可以请求人民法院或者仲裁机构予以撤销或者变更的合同。

与无效合同相比,可撤销合同在撤销前已经生效。而无效合同在法律上当然无效,从一开始即不发生法律效力。而且可撤销合同的撤销,应由撤销权人以撤销行为为之,人民法院不主动干预。无效合同在内容上具有明显的违法性,故对无效合同的确认,司法机关和仲裁机构可以主动干预,宣告其无效。

2. 可变更可撤销合同的情形

根据《合同法》规定,可撤销合同主要有:

(1)因重大误解订立的合同。所谓重大误解是指当事人对合同的性质、对方当事人、标的物的种类、质量、数量等涉及合同后果的重要事项存在错误认识,违背其真实意思表示订立合同,并因此可能受到较大损失的行为。合同订立后因商业风险等发生的错误认识,不属于重大误解。

(2)在订立合同时显失公平的合同。显失公平是指一方当事人利用优势或者对方没有经验,在订立合同时致使双方的权利与义务明显违反公平、等价有偿原则的行为。此类合同的

"显失公平"必须发生合同订立时,如果合同订立以后,因为商品价格发生变化而导致的权利义务不对等不属于显失公平。

(3)一方以欺诈、胁迫的手段或者乘人之危,使对方在违背真实意思的情况下订立的合同。对于这种类型的可撤销合同,注意几点:①因一方欺诈、胁迫而订立的合同,如损害到国家利益,则属于无效合同。对于乘人之危订立的合同,则不用考虑是否损害国家利益,一律属于可撤销合同。②并非所有的合同当事人都享有撤销权,只有合同的受损害方,即受欺诈方、受胁迫方等才享有撤销权。

3. 撤销权的使用

撤销权在性质上是一种形成权,即依据撤销权人单方面的意思表示即可使得双方当事人之间的法律关系发生变动。为了确保当事人之间法律关系的稳定性,《合同法》特别规定撤销权因一定的事由或者期限而消灭:

(1)具有撤销权的当事人自知道或者应当知道撤销事由之日起 1 年内没有行使撤销权。此"1 年"期间的性质为除斥期间,不适用诉讼时效中止、中断或者延长的规定。

(2)具有撤销权的当事人知道撤销事由后明确表示或者以自己的行为放弃撤销权。

(三)合同无效或者被撤销后的法律后果

合同无效或者被撤销后发生的法律后果主要有:

(1)无效或者可撤销的合同在被认定无效或者被撤销后自始没有法律约束力。

(2)合同部分无效,不影响其他部分效力的,其他部分仍然有效。

(3)合同无效、被撤销或者终止的,不影响合同中独立存在的有关解决争议方法的条款的效力。如关于管辖权、法律适用的条款即属于有关争议方法的条款。

(4)合同无效或者被撤销后,因该合同取得的财产,应当予以返还;不能返还或者没有必要返还的,应当折价补偿。有过错的一方应当赔偿对方因此所受到的损失,双方都有过错的,应当各自承担相应的责任。当事人恶意串通,损害国家、集体或者第三人利益的,因此取得的财产收归国家所有或者返还集体、第三人。

四、效力待定的合同

(一)效力待定合同的含义

效力待定的合同,是指合同订立后尚未生效,须经权利人追认才能生效的合同。

(二)效力待定合同的情形

效力待定合同主要有以下几种类型:

1. 限制民事行为能力人独立订立的与其年龄、智力、精神状况不相适应的合同

《合同法》规定,限制民事行为能力人订立的合同,经法定代理人追认后,该合同有效,但纯获利益的合同或者与其年龄、智力、精神健康状况相适应而订立的合同,不必经法定代理人追认。

法定代理人的追认权性质上属于形成权。仅凭其单方面意思表示就可以使得效力待定的合同转化为有效合同。

法律在保护限制民事行为能力人合法权益的同时,为避免合同相对人的利益因为合同效力待定而受损,特别规定了相对人的催告权和善意相对人的撤销权。相对人可以催告法定代理人在一个月内予以追认。法定代理人未作表示的,视为拒绝追认。合同被追认之前,善意相对人有撤销的权利。撤销应当以通知的方式做出。其中的"善意"是指相对人在订立合同时不知道与其订立合同的人欠缺相应的行为能力。

2. 无权代理人订立的合同

《合同法》规定,行为人没有代理权、超越代理权或者代理权终止后以被代理人名义订立的合同,未经被代理人追认,对被代理人不发生效力,由行为人承担责任。相对人可以催告被代理人在一个月内予以追认。被代理人未作表示的,视为拒绝追认。合同被追认之前,善意相对人有撤销的权利。撤销应当以通知的方式做出。

3. 无处分权人订立的合同

《合同法》规定,无处分权的人处分他人财产,经权利人追认或者无处分权的人订立合同后取得处分权的,该合同有效。

五、因表见代理订立的合同

表见代理是指在无权代理的场合,如果善意相对人客观上有正当理由相信无权代理人具有代理权而与其为法律行为,该法律行为的效果直接由被代理人承担。表见代理无须本人追认,即对其发生效力。

六、附条件的合同和附期限的合同

附条件的合同是指当事人在合同中特别规定一定的条件,以条件的是否成就来决定合同的效力的发生或消灭的合同。我国合同法第四十五条规定:"当事人对合同的效力可以约定附条件。附生效条件的合同,自条件成就时生效。附解除条件的合同,自条件成就时失效。""当事人为自己的利益不正当地阻止条件成就的,视为条件已成就。"

附期限的合同是指当事人在合同中设定一定的期限,并把期限的到来作为合同效力的发生或消灭根据的合同。

合同中所附的期限与合同中所附的条件一样,都能够直接限制合同效力的发生或消灭,但作为条件的事实是否发生是不确定的,而期限的到来却具有必然性。期限的到来是必然发生的,能够为当事人所预知的,所以期限是确定的事实。而条件的成就与不成就是当事人所不可预知的,条件可能成就,条件也可能不成就,因此,条件是不确定的事实。

七、案例评析示例

案例一

1. 案情

甲被乙打成重伤,支付医药费5万元。甲与乙达成如下协议:"乙向甲赔偿医药费5万元,甲不得告发乙"。甲获得5万元赔偿后,向公安机关报案。后乙被判刑。

问题:甲乙之间的协议是否有效?乙是否有权要求甲返还5万元赔偿费?

2. 处理结果

该协议是属于部分无效。甲乙之间约定"甲不得告发乙"无效。"乙向甲赔偿医药费5万元"的约定是有效的。乙无权要求甲返还5万元赔偿费。

3. 评析

有效合同是指已经成立并符合法律所规定的生效要件,从而具有对当事人的拘束力的合同,也就是具有法律效力的合同。合同生效要件是判断合同是否具有法律效力的标准。按照我国民法通则的规定,合同的一般生效要件包括以下几项:(一)行为人具有相应的民事行为能力;(二)意思表示真实;(三)不违反法律和社会公共利益。

无效合同是属于不具有法律拘束力的合同。合同法第52条规定,违法法律、行政法规的强制性规定的,合同无效。乙将甲打成重伤,属于犯罪行为,约定不得告发,属于违反法律的强制性规定,因此该条款应当被认定为无效。由于乙造成甲重伤,甲乙之间可以约定赔偿的数额,且具备了合同的生效要件,该约定是有效的。乙无权要求甲返还5万元赔偿费。

案例二

1. 案情

甲将其电脑借给乙使用,乙却将该电脑卖给丙。依据我国合同法的规定,请判断乙丙之间买卖电脑合同的效力。

2. 处理结果

乙将电脑卖给丙是属于无权处分行为。此时乙丙之间的买卖合同效力待定。乙的行为如果经甲的追认,则乙丙之间的买卖合同有效,如果甲没有追认,则该合同无效。

3. 评析

《合同法》第五十一条规定:"无处分权的人处分他人财产,经权利人追认或无处分权的人订立合同后取得处分权的,该合同有效。"

案例三

1. 案情

张某是某企业的销售人员,随身携带盖有该企业公章的空白合同书,便于对外签约。后张某因收取回扣被企业除名,但空白合同书未被该企业收回。张某以此合同书与他人签订购销协议,该购销协议的性质该如何认定?

2. 处理结果

甲携带有盖企业章的空白合同，相对人完全有理由相信甲有代理权。因此该购销协议成立并生效。

3. 评析

表见代理是指在无权代理的场合，如果善意相对人客观上有正当理由相信无权代理人具有代理权而与其为法律行为，该法律行为的效果直接由被代理人承担。表见代理无须本人追认，即对其发生效力。

第四节 合同的履行

一、合同履行的原则

合同生效后，合同当事人应当遵循诚实信用、互相协作的原则，全面、恰当地履行合同。

二、合同履行的主要规定

（一）合同内容约定不明确时的履行原则

合同生效后，当事人就质量、价款或者报酬、履行地点等内容没有约定或者约定不明确的，可以协议补充；不能达成补充协议的，按照合同有关条款或者交易习惯确定。依照上述履行原则仍不能确定的，适用《合同法》的下列规定：

（1）质量要求不明确的，按照国家标准、行业标准履行；没有国家标准、行业标准的，按照通常标准或者符合合同目的的特定标准履行。

（2）价款或者报酬不明确的，按照订立合同时履行地的市场价格履行；依法应当执行政府定价或者政府指导价的，按照规定履行。

（3）履行地点不明确，给付货币的，在接受货币一方所在地履行；交付不动产的，在不动产所在地履行；其他标的，在履行义务一方所在地履行。

（4）履行期限不明确的，债务人可以随时履行，债权人也可以随时要求履行，但应当给对方必要的准备时间。

（5）履行方式不明确的，按照有利于实现合同目的的方式履行。

（6）履行费用的负担不明确的，由履行义务一方负担。

合同生效后，当事人不得因姓名、名称的变更或者法定代表人、负责人、承办人的变动而不履行合同义务。

（二）执行政府定价或者政府指导价合同的履行原则

执行政府定价或者政府指导价的，在合同约定的交付期限内政府价格调整时，按照交付时的价格计价。逾期交付标的物的,遇价格上涨时,按照原价格执行;价格下降时,按照新价格执行。逾期提取标的物或者逾期付款的,遇价格上涨时,按照新价格执行;价格下降时,按照原价格执行。

(三)合同涉及第三人时的规则

在合同的履行中常常会涉及第三人,如当事人约定由债务人向第三人履行或由第三人向债权人履行。为保障涉及第三人的合同履行中各方当事人的正当权益,《合同法》规定,当事人约定由债务人向第三人履行债务的,债务人未向第三人履行债务或者履行债务不符合约定,应当向债权人承担违约责任。当事人约定由第三人向债权人履行债务的,第三人不履行债务或者履行债务不符合约定,债务人应当向债权人承担违约责任。

从这两个规定来看,对于向第三人履行和由第三人履行,《合同法》严格遵循合同的相对性规则,并不将参与履行的第三人作为合同相对人对待,使其既不承担合同项下的义务,也不享有合同项下的权利。

三、双务合同履行中的抗辩权

双务合同的履行抗辩权,是当事人在符合条件时,将自己的给付暂时保留的权利。双务合同中的双方当事人互为债权人和债务人,双方的履行给付具有牵连性,为了体现双方权利义务的对等及保护交易安全,《合同法》为双务合同的债务人规定了同时履行抗辩权、后履行抗辩权和不安抗辩权三种履行抗辩权,使得债务人可以在法定情况下对抗相对人的请求权,使保留给付的行为不构成违约。

(一)同时履行抗辩权

同时履行抗辩权,是指双务合同的当事人应同时履行义务的,一方在对方未履行前,有拒绝对方请求自己履行合同的权利。《合同法》规定,当事人互负债务,没有先后履行顺序的,应当同时履行。一方在对方履行之前有权拒绝其对自己提出的履行要求。一方在对方履行债务不符合约定时,有权拒绝其相应的履行要求。

(二)后履行抗辩权

后履行抗辩权,是指双务合同中应先履行义务的一方当事人未履行时,后履行义务方有拒绝对方请求履行的权利。《合同法》规定,当事人互负债务,有先后履行顺序,先履行一方未履行的,后履行一方有权拒绝其履行要求。先履行一方履行债务不符合约定的,后履行一方有权拒绝其相应的履行要求。

(三)不安抗辩权

不安抗辩权,是指双务合同中应先履行义务的一方当事人,有确切证据证明相对人财产明显减少或欠缺信用,不能保证对待给付时,有暂时中止履行合同的权利。《合同法》规定,应当先履行债务的当事人,有确切证据证明对方有下列情形之一的,可以中止履行:(1)经营状况严重恶化;(2)转移财产、抽逃资金,以逃避债务;(3)丧失商业信誉;(4)有丧失或者可能丧失履行债务能力的其他情形。主张不安抗辩权的当事人如果没有确切证据中止履行的,则应当承担违约责任。

当事人行使不安抗辩权中止履行的,应当及时通知对方。对方提供适当担保时,应当恢复履行。中止履行后,对方在合理期限内未恢复履行能力并且未提供适当担保的,中止履行的一方可以解除合同。

四、合同的保全

合同的保全是合同的一般担保,是指为了保护一般债权人不因债务人的财产不当减少而受损害,允许债权人干预债务人处分自己财产行为的法律制度。合同保全主要有代位权与撤销权。

(一)代位权

1. 代位权的含义

代位权,是指债务人怠于行使其对第三人(次债务人)享有的到期债权,危及债权人债权实现时,债权人为保障自己的债权,可以自己的名义代位行使债务人对次债务人的债权的权利。代位权是针对债务人消极不行使自己债权的行为,为了实现债务人的财产权利。

2. 代位权行使的条件

结合《合同法》及《合同法解释》的规定,债权人提起代位权诉讼,应当符合下列条件:(1)债权人对债务人的债权合法。(2)债务人怠于行使其到期债权,对债权人造成损害。债务人的懈怠行为必须是债务人不以诉讼方式或者仲裁方式向次债务人主张其享有的具有金钱给付内容的到期债权。(3)债务人的债权已到期,债权人的债权已经到期。(4)债务人的债权不是专属于债务人自身的债权。所谓专属于债务人自身的债权,是指基于扶养关系、抚养关系、赡养关系、继承关系产生的给付请求权和劳动报酬、退休金、养老金、抚恤金、安置费、人寿保险、人身伤害赔偿请求权等权利。

(二)撤销权

1. 撤销权的含义

撤销权是指债务人实施了减少财产行为,危及债权人债权实现时,债权人为保障自己的债权,请求人民法院撤销债务人处分行为的权利。撤销权则是针对债务人积极侵害债权人债权实现的行为,恢复债务人的责任财产。

2. 合同保全撤销权与可撤销合同中的撤销权的区别

保全撤销权是债权人请求人民法院撤销债务人与第三人之间已经生效的法律关系。此种撤销权突破了合同相对性,其效力扩及到了第三人,而且其目的是为了维护债务人清偿债权的清偿能力。而可撤销合同中的撤销权并没有扩及第三人,其目的也是为了消除当事人之间意思表示的瑕疵。

3. 行使撤销权的条件

根据《合同法》的规定,债权人行使撤销权,应当具备以下条件:(1)债权人须以自己的名义行使撤销权。(2)债权人对债务人存在有效债权。债权人对债务人的债权可以到期,也可以不到期。(3)债务人实施了减少财产的处分行为。(4)债务人的处分行为有害于债权人债权的实现。

4. 可行使撤销权的情形

债权人可针对债务人减少财产的处分行为行使撤销权,包括:(1)放弃到期债权,对债权人造成损害;(2)无偿转让财产,对债权人造成损害;(3)以明显不合理的低价转让财产,对债权人造成损害,并且受让人知道该情形。其中第(3)种处分行为不但要求有客观上对债权人造成损害的事实,还要求有受让人知道的主观要件。

当债务人的处分行为符合上述条件时,债权人可以请求人民法院撤销债务人的处分行为。撤销权的行使范围以债权人的债权为限。

5. 撤销权的行使期限

《合同法》对撤销权的行使规定有期限限制。撤销权自债权人知道或者应当知道撤销事由之日起 1 年内行使。自债务人的行为发生之日起 5 年内没有行使撤销权的,该撤销权消灭。

五、案例评析示例

案例

1. 案情

甲欠乙 5 000 元,乙多次催促,甲拖延不还。后乙告甲必须在半个月内还钱,否则起诉。甲立即将家中仅有的值钱物品九成新电冰箱和彩电各一台以 150 元价格卖给知情的丙,被乙发现。

问题:乙应当如何维护自己的权益?法律依据是什么?维权的费用应由谁负担?

2. 处理结果

由于丙是在知道甲乙之间债权债务关系的情况下进行买卖活动,存在过错。所以如乙的撤销权成立,则乙为此支付的律师代理费、差旅费应由甲丙承担。

3. 评析

《合同法》规定:撤销权,是指债务人实施了减少财产行为,危及债权人债权实现时,债权人为保障自己的债权请求人民法院撤销债务人处分行为的权利。甲以不合理的低价转让财产的行为已经危及债权人乙的债权实现,因此乙为保障自己的债权可以请求人民法院撤销甲丙之间的买卖合同。根据《合同法解释》规定,债权人行使撤销权所支付的律师代理费、差旅费等必要费用,由债务人负担;第三人有过错的,应当适当分担。

第五节 合同的担保

一、合同担保概述

(一)担保的概念与方式

1. 担保的概念与特征

担保,是指法律规定或者当事人约定的保证合同履行、保障债权人利益实现的法律措施。《物权法》、《担保法》及《担保法解释》等法律、法规、司法解释对担保问题作有详细规定。

2. 担保的方式

《担保法》规定的担保方式主要有保证、抵押、质押、留置和定金。

(二)担保合同的效力与担保责任

1. 担保无效的情形

担保合同必须合法方才有效。根据有关法律和司法解释规定,下列担保合同无效:(1)国家机关和以公益为目的的事业单位、社会团体违法提供担保的,担保合同无效。(2)董事、高级管理人员违反《公司法》第一百四十九条规定,即违反公司章程的规定,未经股东会、股东大会或者董事会同意,以公司财产为他人提供担保的,担保合同无效。(3)以法律、法规禁止流通的财产或者不可转让的财产设定担保的,担保合同无效。

根据《担保法司法解释》规定,下列情形的对外担保合同无效:(1)未经国家有关主管部门批准或者登记对外担保的。(2)未经国家有关主管部门批准或者登记,为境外机构向境内债权人提供担保的。(3)为外商投资企业注册资本、外商投资企业中的外方投资部分的对外债务提供担保的。(4)无权经营外汇担保业务的金融机构、无外汇收入的非金融性质的企业法人提供外汇担保的。(5)主合同变更或者债权人将对外担保合同项下的权利转让,未经担保人同意和国家有关主管部门批准的,担保人不再承担担保责任。但法律、法规另有规定的除外。

在《公司法》、《证券法》修订之后,证监会、银监会发布《关于规范上市公司对外担保行为的通知》(证监发〔2005〕120号),自2006年1月1日起施行。该通知规定,上市公司对外担保必须经董事会或股东大会审议。上市公司的《公司章程》应当明确股东大会、董事会审批对外担保的权限及违反审批权限、审议程序的责任追究制度。

2. 担保合同无效的法律责任

担保合同被确认无效时,债务人、担保人、债权人有过错的,应当根据其过错各自承担相应的民事责任,即承担《合同法》规定的缔约过失责任。根据《担保法司法解释》规定:(1)主合同有效而担保合同无效,债权人无过错的,担保人与债务人对主合同债权人的经济损失,承担连带赔偿责任;债权人、担保人有过错的,担保人承担民事责任的部分,不应超过债务人不能清偿部分的1/2。(2)主合同无效而导致担保合同无效,担保人无过错则不承担民事责任;担保人有过错的,应承担的民事责任不超过债务人不能清偿部分的1/3。(3)担保人因无效担保合同向债权人承担赔偿责任后,可以向债务人追偿,或者在承担赔偿责任的范围内,要求有过错的反担保人承担赔偿责任。

但为了保证债权人的利益,主合同解释后,担保人对债务人应当承担的民事责任仍应承担担保责任。但是,担保合同另有约定的除外。另外,如果法人或者其他组织的法定代表人、负责人超越权限订立的担保合同,除相对人知道或者应当知道其超越权限以外,该代表行为有效。

二、保证

(一)保证的概念及保证合同

保证,是指第三人和债权人约定,当债务人不履行其债务时,该第三人按照约定履行债务或者承担责任的担保方式。保证是保证人与债权人之间的合同关系。

保证合同,是指保证人与债权人订立的在主债务人不履行其债务时,由保证人承担保证债务的协议。

(二)保证方式

保证的方式有两种,即一般保证和连带责任保证。

因为保证人承担责任方式的不同,可以将保证分为一般保证和连带责任保证。所谓一般保证,是指当事人在保证合同中约定,债务人不能履行债务时,由保证人承担保证责任的保证。所谓连带责任保证,是指保证人与债务人在保证合同中约定,在债务人不履行债务时,由保证人对债务承担连带责任的保证。依据担保法的规定,如果当事人在保证合同中对保证方式没有约定或者约定不明确的,按照连带责任保证承担保证责任。这两种保证之间最大的区别在于保证人是否享有先诉抗辩权,一般保证的保证人享有先诉抗辩权,连带责任保证的保证人则不享有。

所谓先诉抗辩权,是指在主合同纠纷未经审判或仲裁,并就债务人财产依法强制执行用于清偿债务前,对债权人可拒绝承担保证责任。根据《担保法解释》规定,所谓"不能清偿",是指对债务人的存款、现金、有价证券、成品、半成品、原材料、交通工具等可以执行的动产和其他方便执行的财产执行完毕后,债务仍未能得到清偿。

但有下列情形之一的,保证人不得行使先诉抗辩权:(1)债务人住所变更,致使债权人要求其履行债务发生重大困难的,如债务人下落不明,移居境外,且无财产可供执行;(2)人民法院受理债务人破产案件,中止执行程序的;(3)保证人以书面形式放弃先诉抗辩权的。

一般保证的保证人在主债权履行期间届满后,向债权人提供了债务人可供执行财产的真实情况的,债权人放弃或怠于行使权利致使该财产不能被执行,保证人可以请求法院在其提供可供执行财产的实际价值范围内免除保证责任。

(三)保证责任

1. 保证责任的范围

根据《担保法》规定,保证担保的责任范围包括主债权及利息、违约金、损害赔偿金和实现债权的费用。保证合同对责任范围另有约定的,按照约定执行。当事人对保证担保的范围没有约定或者约定不明确的,保证人应当对全部债务承担责任。

2. 主合同变更与保证责任承担

保证期间,债权人依法将主债权转让给第三人,保证债权同时转让,保证人在原保证担保的范围内对受让人承担保证责任。但是保证人与债权人事先约定仅对特定的债权人承担保证责任或者禁止债权转让的,保证人不再承担保证责任。

保证期间,债权人许可债务人转让债务的,应当取得保证人书面同意,保证人对未经其同意转让的债务部分,不再承担保证责任。

保证期间,债权人与债务人协议变更主合同的,应当取得保证人书面同意,未经保证人同意的主合同变更,如果减轻债务人的债务的,保证人仍应当对变更后的合同承担保证责任;如果加重债务人的债务的,保证人对加重的部分不承担保证责任。债权人与债务人对主合同履行期限作了变动,未经保证人书面同意的,保证期间为原合同约定的或者法律规定的期间。

3. 保证期间与保证的诉讼时效

保证期间为保证责任的存续期间,是债权人向保证人行使追索权的期间。保证期间性质上属于除斥期间,不发生诉讼时效的中止、中断和延长。债权人没有在保证期间主张权利的,保证人免除保证责任。"主张权利"的方式在一般保证中表现为对债务人提起诉讼或者申请仲裁,在连带责任保证中表现为向保证人要求承担保证责任。

当事人可以在合同中约定保证期间。如果没有约定的,保证期间为6个月。在连带责任保证的情况下,债权人有权自主债务履行期届满之日起6个月内要求保证人承担保证责任;在一般保证场合,债权人应自主债务履行期届满之日起6个月内对债务人提起诉讼或者申请仲裁。保证合同约定的保证期间早于或者等于主债务履行期限的,视为没有约定。保证合同约定保证人承担保证责任,直至主债务本息还清时为止等类似内容的,视为约定不明,保证期间为主债务履行期届满之日起2年。如果主债务履行期限没有约定或者约定不明时,保证期间自债权人要求债务人履行债务的宽限期届满之次日计算。

在保证期间中,债权人主张权利的,保证责任确定。从确定保证责任时起,在连带保证,开始起算保证的诉讼时效。在一般保证,则在对债务人提起诉讼或者申请仲裁的判决或者仲裁裁决生效之日起算保证的诉讼时效。保证的诉讼时效期限,按照《民法通则》的规定应为两年。

4.保证责任与共同担保

在同一债权上既有保证又有物的担保的,属于共同担保。《物权法》规定,被担保的债权既有物的担保又有人的担保的,债务人不履行到期债务或者发生当事人约定的实现担保物权的情形,债权人应当按照约定实现债权;没有约定或者约定不明确,债务人自己提供物的担保的,债权人应当先就该物的担保实现债权;第三人提供物的担保的,债权人可以就物的担保实现债权,也可以要求保证人承担保证责任。提供担保的第三人承担担保责任后,有权向债务人追偿。

三、抵押

(一)抵押的概念

抵押,是指债务人或者第三人不转移对财产的占有,将该财产作为债权的担保。债务人不履行债务时,债权人有权依法以该财产折价或者以拍卖、变卖该财产的价款优先受偿。抵押中提供财产担保的债务人或者第三人为抵押人,债权人为抵押权人,提供担保的财产为抵押物。

(二)抵押的财产范围与效力

《担保法》第三十四条规定:下列财产可以抵押:

(1)抵押人所有的房屋和其他地上定着物;(2)抵押人所有的机器、交通运输工具和其他财产;(3)抵押人依法有权处分的国有的土地使用权、房屋和其他地上定着物;(4)抵押人依法有权处分的国有机器、交通运输工具和其他财产;(5)抵押人依法承包并经发包方同意抵押的荒山、荒沟、荒丘、荒滩等荒地的土地使用权;(6)依法可以抵押的其他财产。

根据《担保法解释》规定,以依法获准尚未建造的或者正在建造中的房屋或者其他建筑物抵押的,当事人办理抵押物登记的,抵押有效。以尚未办理权属证书的财产抵押的,发生诉讼后在第一审法庭辩论终结前能够提供权利证书或者补办登记手续的,抵押有效。当事人未办理抵押物登记手续的,不得对抗第三人。

《担保法》第三十六条对房地产的抵押作有专门规定,实行房与地同时抵押的原则。以依法取得的国有土地上的房屋抵押的,该房屋占用范围内的国有土地使用权同时抵押。以出让方式取得的国有土地使用权抵押的,应当将抵押时该国有土地上的房屋同时抵押。乡(镇)、村企业的土地使用权不得单独抵押。以乡(镇)、村企业的厂房等建筑物抵押的,其占用范围内的土地使用权同时抵押。

《担保法》第三十七条规定:下列财产不得抵押:

(1)土地所有权;(2)耕地、宅基地、自留地、自留山等集体所有的土地使用权,但本法第三十四条第五项、第三十六条第三款规定的除外;(3)学校、幼儿园、医院等以公益为目的的事业单位、社会团体的教育设施、医疗卫生设施和其他社会公益设施;但以上述设施以外的财产为该事业单位、社会团体自身债务设定抵押的,抵押有效;(4)所有权、使用权不明或者有争议的财产;(5)依法被查封、扣押、监管的财产;(6)依法不得抵押的其他财产。

根据最高人民法院的司法解释,企业对其以划拨方式取得的国有土地使用权无处分权,以该土地使用权为标的物设定抵押,除依法办理抵押登记手续外,还应经具有审批权限的人民政府或土地行政管理部门批准。否则,应认定抵押无效。抵押有效时,抵押权人只有在以抵押标的物折价或拍卖、变卖所得价款缴纳相当于土地使用权出让金的款项后,对剩余部分方可享有优先受偿权。国有企业以建筑物设定抵押的效力问题,应区分两种情况处理:如果建筑物附着于以划拨方式取得的国有土地使用权之上,将该建筑物与土地使用权一并设定抵押的,对土地使用权的抵押需履行法定的审批手续,否则,应认定抵押无效;如果建筑物附着于以出让、转让方式取得的国有土地使用权之上,将该建筑物与土地使用权一并设定抵押的,即使未经有关主管部门批准,亦应认定抵押有效。

国有工业企业以机器设备、厂房等财产与债权人签订的抵押合同,如无其他法定的无效情形,不应当仅以未经政府主管部门批准为由认定抵押合同无效。

(三)抵押合同与抵押物登记

抵押合同应当以书面形式订立,应当包括以下内容:(1)被担保的主债权种类、数额;(2)债务人履行债务的期限;(3)抵押物的名称、数量、质量、状况、所在地、所有权权属或者使用权权属;(4)抵押担保的范围;(5)当事人认为需要约定的其他事项。

订立抵押合同时,抵押权人和抵押人不得约定在债务履行期届满抵押权人未受清偿时,抵押物的所有权转移为债权人所有,因此约定可能影响抵押人及其他抵押权人的权利。但该约定内容的无效不影响抵押合同其他部分内容的效力。

抵押合同对被担保的主债权种类、抵押财产没有约定或者约定不明,根据主合同和抵押合同不能补正或者无法推定的,抵押不成立。

抵押人所担保的债权不得超出其抵押物的价值,超出抵押物实现价值的部分债权不具有优先受偿的效力。财产抵押后,该财产的价值大于所担保债权的余额部分,可以再次抵押。

当事人以法律规定的特定财产抵押应当办理抵押物登记,抵押合同自登记之日起生效。不同的抵押物办理登记的部门不同,以无地上定着物的土地使用权抵押的,为核发土地使用权证书的土地管理部门;以城市房地产或者乡(镇)、村企业的厂房等建筑物抵押的,为县级以上地方人民政府规定的部门,县级以上地方人民政府对登记部门未作规定,当事人在土地管理部门或者房产管理部门办理抵押物登记手续的,均具有登记效力;以林木抵押的,为县级以上林木主管部门;以航空器、船舶、车辆抵押的,为运输工具的登记部门;以企业的设备和其他动产抵押的,为财产所在地的工商行政管理部门。

法律规定登记生效的抵押合同签订后,抵押人违背诚实信用原则拒绝办理抵押登记致使债权人受到损失的,抵押人应当承担赔偿责任。

当事人以上述财产以外的其他财产抵押的,可以自愿办理抵押物登记,登记部门为抵押人所在地的公证处。当事人是否办理抵押物登记,不影响抵押合同的生效。抵押合同自签订之日起生效。但未办理抵押物登记的,不得对抗第三人。抵押人如在抵押期间再次设置抵押并办理登记,经登记的抵押权人将优先于发生时间在前的未登记的抵押权人受偿。

当事人办理抵押物登记,应当向登记部门提供主合同和抵押合同、抵押物的所有权或者使用权证书。抵押物登记记载的内容与抵押合同约定的内容不一致的,以登记记载的内容为准。抵押物的登记部门登记的资料,允许公众查阅、抄录或者复印。

当事人办理抵押物登记手续时,因登记部门的原因致使其无法办理抵押物登记,抵押人向债权人交付权利凭证的,可以认定债权人对该财产有优先受偿权。但未办理抵押物登记的,不得对抗第三人。

(四)抵押权的效力

抵押人将已出租的财产抵押的,应当书面告知承租人,抵押权实现后,租赁合同在有效期内对抵押物的受让人继续有效。

抵押人将已抵押的财产出租的,抵押权实现后,租赁合同对受让人不具有约束力。如果出租时抵押人未书面告知承租人该财产已抵押的,抵押人对因此造成承租人的损失承担赔偿责任;如果抵押人已书面告知承租人该财产已抵押的,抵押权实现造成承租人的损失,由承租人自己承担。

抵押期间,抵押人转让已办理登记的抵押物的,应当通知抵押权人并告知受让人转让物已经抵押的情况。抵押人未通知抵押权人或者未告知受让人的,抵押权人仍可以行使抵押权;取得抵押物所有权的受让人,可以代替债务人清偿其全部债务,使抵押权消灭。受让人清偿债务后可以向抵押人追偿。抵押人转让未经登记的抵押物,抵押权不得对抗受让人,因此给抵押权人造成损失的,由抵押人承担赔偿责任。抵押物依法被继承或者赠与的,抵押权不受影响。

(五)抵押权的实现

抵押担保的范围包括主债权及利息、违约金、损害赔偿金和实现抵押权的费用。抵押合同另有约定的,按照约定。

抵押物折价或者拍卖、变卖所得的价款,当事人没有约定的,清偿顺序如下:(1)实现抵押权的费用;(2)主债权的利息;(3)主债权。

四、质押

质押分为动产质押与权利质押。

(一)动产质押

1. 动产质押的概念与质押合同

动产质押,是指债务人或者第三人将其动产移交债权人占有,将该动产作为债权的担保。债务人不履行债务时,债权人有权依法以该动产折价或者以拍卖、变卖该动产的价款优先受偿。提供担保财产的债务人或者第三人为出质人,债权人为质权人,移交的动产为质物。

动产质押的标的物为可移转占有之动产。根据《担保法解释》规定,债务人或者第三人将其金钱以特户、封金、保证金等形式特定化后,可作为动产质押的标的物,移交债权人占有作为债权的担保,债务人不履行债务时,债权人可以以该金钱优先受偿。

质押合同应当以书面形式订立,应当包括以下内容:(1)被担保的主债权种类、数额;(2)债务人履行债务的期限;(3)质物的名称、数量、质量、状况;(4)质押担保的范围;(5)质物移交的时间;(6)当事人认为需要约定的其他事项。质押合同中不得约定在债务履行期届满质权人未受清偿时,质物的所有权转移为质权人所有。

质押合同为实践合同,自质物移交于质权人占有时生效。出质人代质权人占有质物的,质押合同不生效;质权人将质物返还于出质人后,其质权不能对抗第三人。

质押担保的范围包括主债权及利息、违约金、损害赔偿金、质物保管费用和实现质权的费用,合同另有约定的除外。

2.质权的行使

债务履行期届满,出质人请求质权人及时行使权利,而质权人怠于行使权利致使质物价格下跌的,由此造成的损失,质权人应当承担赔偿责任。

质权人负有妥善保管质物的义务。因保管不善致使质物灭失或者毁损的,质权人应当承担民事赔偿责任。质权人不能妥善保管质物可能致使其灭失或者毁损的,出质人可以要求质权人将质物提存,或者要求提前清偿债权而返还质物。因此提存质物的费用由质权人负担;出质人提前清偿债权的,应当扣除未到期部分的利息。质物有隐蔽瑕疵造成质权人其他财产损害的,出质人应承担赔偿责任,但质权人在质物移交时明知质物有瑕疵而予以接受的除外。质权人在质权存续期间,未经出质人同意,擅自使用、出租、处分质物,因此给出质人造成损失的,应承担赔偿责任。除合同另有约定,质权人有权收取质物所生的孳息。孳息应当先充抵收取孳息的费用。

质物有损坏或者价值明显减少的可能,足以危害质权人权利的,质权人可以要求出质人提供相应的担保。出质人不提供的,质权人可以拍卖或者变卖质物,并与出质人协议将拍卖或者变卖所得的价款用于提前清偿所担保的债权或者向与出质人约定的第三人提存。质权因质物灭失而消灭。因灭失所得的赔偿金,应当作为出质财产。

质权人在质权存续期间,为担保自己的债务,经出质人同意,以其所占有的质物为第三人设定质权的,应当在原质权所担保的债权范围之内,超过的部分不具有优先受偿的效力。转质权的效力优于原质权。质权人未经出质人同意设定的转质权无效,对因此而发生的损害应承担赔偿责任。

出质人以其不具有所有权但合法占有的动产出质的,不知出质人无处分权的质权人行使质权后,因此给动产所有人造成损失的,由出质人承担赔偿责任。

(二)权利质押

1. 权利质押的概念与范围

权利质押,是指债务人或者第三人以其财产权利出质作为债权的担保。除《担保法》另有规定者外,动产质押的法律规定适用于权利质押。

《担保法》第七十五条规定:"下列权利可以质押:(1)汇票、支票、本票、债券、存款单、仓单、提单;(2)依法可以转让的股份、股票;(3)依法可以转让的商标专用权,专利权、著作权中的财产权;(4)依法可以质押的其他权利。"根据《担保法解释》规定,依法可以质押的其他权利,还包括公路桥梁、公路隧道或者公路渡口等不动产的收益权。

2. 质权的效力与行使

质押合同自权利凭证交付之日起生效。以汇票、支票、本票、公司债券出质,出质人与质权人没有背书记载"质押"字样,票据、债券的出质不得对抗善意第三人。上述票据、单据中载明的兑现或者提货日期先于债务履行期的,质权人可以在债务履行期届满前兑现或者提货,并与出质人协议将兑现的价款或者提取的货物用于提前清偿新担保的债权或者向与出质人约定的第三人提存。上述票据、单据兑现或者提货日期后于债务履行期的,质权人只能在兑现或者提货日期届满时兑现款项或者提取货物。

以存款单出质的,签发银行核押后又受理挂失并造成存款流失的,应当承担民事责任。

以票据、债券、存款单、仓单、提单出质的,质权人再转让或者质押的无效。

根据《担保法解释》规定,以股份有限公司的股份出质的,适用《公司法》有关股份转让的规定。以上市公司的股份出质的,质押合同自股份出质向证券登记机构办理出质登记之日起生效。以非上市公司的股份出质的,质押合同自股份出质记载于股东名册之日起生效。以依法可以转让的股份、股票出质的,质权的效力及于股份、股票的法定孳息。

以有限责任公司的股份出质的,适用《公司法》股份转让的有关规定。质押合同自股份出质记载于股东名册之日起生效。

以依法可以转让的商标专用权,专利权、著作权中的财产权出质的,出质人与质权人应当订立书面合同,并向其管理部门办理出质登记。质押合同自登记之日起生效。权利出质后,出质人不得转让或者许可他人使用,但质权人同意者除外。出质人未经质权人同意而转让或者许可他人使用已出质权利的,应当认定为无效。因此给质权人或者第三人造成损失的,出质人应承担民事责任。出质人所得的转让费、许可费应当向质权人提前清偿所担保的债权或者向与质权人约定的第三人提存。

五、留置

留置,是指债权人按照合同约定占有债务人的动产,债务人不按照合同约定的期限履行债务,债权人有权留置该财产,以该财产折价或者以拍卖、变卖该财产的价款优先受偿。

留置权的构成有三项要件:(1)债权清偿期限已到;(2)债权人合法占有债务人的动产,非法强占债务人财产的,不能构成留置权;(3)债权与财产的占有存在牵连关系。

因保管合同、运输合同、加工承揽合同及其他法律规定可以留置财产的合同而发生的债权,债务人不履行债务的,债权人有留置权。但当事人可以在合同中约定不得留置的物。

债权人合法占有债务人交付的动产时,不知债务人无处分该动产的权利,债权人可以依法行使留置权。

债权人的债权未届清偿期,其交付占有标的物的义务已届履行期的,不能行使留置权。但是,债权人能够证明债务人无支付能力的除外。

留置的财产为可分物的,留置物的价值应当相当于债务的金额。留置物为不可分物的,留置权人可以就其留置物的全部行使留置权。留置权人负有妥善保管留置物的义务。因保管不善致使留置物灭失或者毁损的,留置权人应当承担民事责任。

债权人与债务人应当在合同中约定,债权人留置财产后,债务人应当在不少于2个月的期限内履行债务。债权人与债务人在合同中未约定的,债权人留置债务人财产后,应当确定2个月以上的期限,通知债务人在该期限内履行债务。债权人未通知债务人履行义务,直接变价处分留置物的,应当对此造成的损失承担赔偿责任。债务人逾期仍不履行的,债权人可以与债务人协议以留置物折价清偿债务,也可以依法拍卖、变卖留置物清偿债务。

留置担保的范围包括主债权及利息、违约金、损害赔偿金、留置物保管费用和实现留置权的费用留置物折价或者拍卖、变卖后,其价款超过债权数额的部分归债务人所有,不足部分由债务人清偿。

六、定金

定金,系以确保合同的履行为目的,由当事人一方在合同订立前后,合同履行前预先交付于另一方的金钱或者其他代替物的法律制度。

《担保法》规定,定金应当以书面形式约定。当事人在定金合同中应当约定交付定金的期限。定金合同从实际交付定金之日起生效。故定金合同是实践性合同。

定金的效力表现为以下几个方面:

(1)定金一旦交付,定金所有权发生移转。当定金由给付定金方转移至收受定金方时,定金所有权即发生移转,此为货币的特点决定的。

(2)给付定金一方不履行约定的债务的,无权要求返还定金;收受定金的一方不履行约定的债务的,应当双倍返还定金。当事人一方不完全履行合同的,应当按照未履行部分所占合同约定内容的比例,适用定金罚则。

(3)在迟延履行或者有其他违约行为时,并不能当然适用定金罚则。只有因当事人一方迟延履行或者其他违约行为,致使合同目的不能实现,才可以适用定金罚则。当然法律另有规定或者当事人另有约定的除外。

(4)当事人约定的定金数额不得超过主合同标的额的20%。如果超过20%的,超过部分无效。

(5) 因不可抗力、意外事件致使主合同不能履行的，不适用定金罚则。因合同关系以外第三人的过错，致使主合同不能履行的，适用定金罚则。受定金处罚的一方当事人，可以依法向第三人追偿。

(6) 如果在同一合同中，如果当事人既约定违约金，又约定定金的，在一方违约时，当事人只能选择适用违约金条款或者定金条款，不能同时要求适用两个条款。

七、案例评析示例

1. 案情

甲乙订立买卖合同约定：甲向乙交付200吨钢材，货款为200万元，乙向甲支付订金20万元，如任何一方不履行合同应支付违约金30万元。甲因将钢材卖给丙而无法向乙交货。在乙向法院起诉时，既能最大限度保护自己的利益，又能获得法院支持的诉讼请求是什么？

2. 处理结果

本案中请求甲支付违约金30万元，同时请求返还定金20万元是最佳方案，因为该方案可使乙获得最多的赔偿。

3. 评析

合同法规定，如果在同一合同中，如果当事人既约定违约金，又约定定金的，在一方违约时，当事人只能选择适用违约金条款或者定金条款，不能同时要求适用两个条款。当事人可以根据实际情况选择对自己最为有利的赔偿方式。

第六节　合同的变更、转让与终止

一、合同的变更与转让

（一）合同的变更

《合同法》所称合同的变更是指合同内容的变更，不包括合同主体的变更。合同主体的变更属于合同的转让。

合同是双方当事人合意的体现，因此经当事人协商一致，当然可以变更合同。但法律、行政法规规定变更合同应当办理批准、登记等手续的，应当办理相应手续。《合同法》规定，当事人对合同变更的内容约定不明确的，推定为未变更。

合同的变更，仅对变更后未履行的部分有效，对已履行的部分无溯及力。

（二）合同的转让

合同的转让，即合同主体的变更，指当事人将合同的权利和义务全部或者部分转让给第三人。合同的转让分为债权的转让和债务的转让,当事人一方经对方同意,也可以将自己在合同中的权利和义务一并转让给第三人,即合同的概括移转。

1. 合同债权的转让

(1)债权转让的概念及条件。债权转让,是指债权人将合同的权利全部或者部分转让给第三人的法律制度。其中债权人是转让人,第三人是受让人。《合同法》规定,债权人转让权利的,无须债务人同意,但应当通知债务人。未经通知,该转让对债务人不发生效力。债权人转让权利的通知不得撤销,但经受让人同意的除外。根据此条规定,债权转让不以债务人的同意为生效条件,但是要对债务人发生效力,则必须通知债务人。

(2)禁止债权转让的情形。《合同法》规定,下列情形的债权不得转让:①根据合同性质不得转让。主要指基于当事人特定身份而订立的合同,如出版合同、赠与合同、委托合同、雇用合同等;②按照当事人约定不得转让;③依照法律规定不得转让。

2. 合同债务的承担

《合同法》规定,债务人将合同义务的全部或者部分转移给第三人的,应当经债权人同意。这是因为新债务人的资信情况和偿还能力须得到债权人的认可,以免债权人的利益受到不利影响。债务人转移义务的,新债务人可以主张原债务人对债权人的抗辩。新债务人应当承担与主债务有关的从债务,但该从债务专属于原债务人自身的除外。

3. 合同债权债务的概括移转

合同权利义务的概括移转,是指合同一方当事人将自己在合同中的权利义务一并转让的法律制度。《合同法》规定,当事人一方经他方当事人同意,可以将自己在合同中的权利义务一并转让给第三人。概括移转有意定的概括移转和法定的概括移转两种情形。意定的概括移转基于转让合同的方式进行。而法定的概括移转往往是因为某一法定事实的发生而导致。最典型的就是合同当事人发生合并或分立时,就会有法定的概括移转的发生。《合同法》规定,当事人订立合同后合并的,由合并后的法人或者其他组织行使合同权利,履行合同义务。当事人订立合同后分立的,除债权人和债务人另有约定的以外,由分立的法人或者其他组织对合同的权利和义务享有连带债权,承担连带债务。

二、合同的终止

(一)合同终止的原因

合同的终止,是指因发生法律规定或当事人约定的情况,使当事人之间的权利义务关系消灭,而使合同终止法律效力。

《合同法》规定的终止原因有:(1)债务已经按照约定履行;(2)合同解除;(3)债务相互抵消;(4)债务人依法将标的物提存;(5)债权人免除债务;(6)债权债务同归于一人,即混同;(7)法律规定或者当事人约定终止的其他情形。

合同的权利义务终止后,有时当事人还负有后合同义务,应当遵循诚实信用原则,根据交易习惯履行通知、协助、保密等义务。

(二)合同的解除

合同的解除,是指合同有效成立以后,没有履行或者没有完全履行之前,双方当事人通过协议或者一方行使解除权的方式,使得合同关系终止的法律制度。合同的解除,分为合意解除与法定解除两种情况。

(1)合意解除。合意解除,是指根据当事人事先约定的情况或经当事人协商一致而解除合同。其中协商解除是以一个新的合同解除旧的合同。而约定解除则是一种单方解除。即双方在订立合同时,约定了合同当事人一方解除合同的条件。一旦该条件成就,解除权人就可以通过行使解除权而终止合同。法律规定或者当事人约定了解除权行使期限的,期限届满当事人不行使的,该权利消灭。法律没有规定或者当事人没有约定解除权行使期限,经对方催告后在合理期限内不行使的,该权利消灭。合同订立后,经当事人协商一致,也可以解除合同。

(2)法定解除。法定解除,是指根据法律规定而解除合同。《合同法》规定,有下列情形之一的,当事人可以解除合同:(1)因不可抗力致使不能实现合同目的;(2)在履行期限届满之前,当事人一方明确表示或者以自己的行为表明不履行主要债务;(3)当事人一方迟延履行主要债务,经催告后在合理期限内仍未履行;(4)当事人一方迟延履行债务或者有其他违约行为致使不能实现合同目的;(5)法律规定的其他情形。

当事人一方行使解除权,或依照《合同法》规定主张解除合同的,应当通知对方。合同自通知到达对方时解除。对方有异议的,可以请求人民法院或者仲裁机构确认解除合同的效力。当事人解除合同,法律、行政法规规定应当办理批准、登记等手续的,应依照其规定办理。

合同解除后,尚未履行的,终止履行;已经履行的,根据履行情况和合同性质,当事人可以要求恢复原状、采取其他补救措施,并有权要求赔偿损失。

(三)债务抵消

抵消是双方当事人互负债务时,一方通知对方以其债权充当债务的清偿或者双方协商以债权充当债务的清偿,使得双方的债务在对等额度内消灭的行为。抵消分为法定抵消与约定抵消。抵消具有简化交易程序,降低交易成本,提高交易安全性的作用。

(1)法定抵消。《合同法》规定,当事人互负到期债务,该债务的标的物种类、品质相同的,任何一方可以将自己的债务与对方的债务抵消,但依照法律规定或者按照合同性质不得抵消的除外。

法定抵消中的抵消权性质上属于形成权,因此当事人主张抵消的,应当通知对方。通知自到达对方时生效。抵消不得附条件或者附期限。

(2)约定抵消。《合同法》规定,当事人互负债务,标的物种类、品质不相同的,经双方协商一致,也可以抵消。

（四）提存

（1）提存的概念。提存是指非因可归责于债务人的原因,导致债务人无法履行债务或者难以履行债务的情况下,债务人将标的物交由提存机关保存,以终止合同权利义务关系的行为。《合同法》规定的提存是以清偿为目的,所以是债消灭的原因。但是《担保法》规定的提存并非以清偿为目的,而是以担保为目的的提存。

（2）提存的原因。《合同法》规定,有下列情形之一,难以履行债务的,债务人可以将标的物提存:①债权人无正当理由拒绝受领;②债权人下落不明;③债权人死亡未确定继承人或者丧失民事行为能力未确定监护人;④法律规定的其他情形。

（3）提存的法律后果。标的物提存后,毁损、灭失的风险由债权人承担。提存期间,标的物的孳息归债权人所有。提存费用由债权人负担。标的物不适于提存或者提存费用过高的,债务人依法可以拍卖或者变卖标的物,提存所得的价款。

标的物提存后,合同虽然终止,但债务人还负有后合同义务。除债权人下落不明的以外,债务人应当及时通知债权人或者债权人的继承人、监护人。

债权人可以随时领取提存物,但债权人对债务人负有到期债务的,在债权人未履行债务或者提供担保之前,提存部门根据债务人的要求应当拒绝其领取提存物。债权人领取提存物的权利,自提存之日起5年内不行使则消灭,提存物扣除提存费用后归国家所有。此处规定的"5年"时效为不变期间,不适用诉讼时效中止、中断或者延长的规定。

（五）债的免除与混同

债权人免除债务人部分或者全部债务的,合同的权利义务部分或者全部终止。

债权和债务同归于一人,即债权债务混同时,合同的权利义务终止,但涉及第三人利益的除外。

三、案例评析示例

案例一

1. 案情

甲教授曾答应为乙校讲课,但因讲课当天临时有急事,便让自己的博士生代为授课。

问题:该合同的转让是否合法?

2. 处理结果

甲教授曾答应为乙校讲课,但因讲课当天临时有急事,便让自己的博士生代为授课。该行为不合法,因甲教授讲课是基于乙校对当事人特定身份和信赖而订立的合同,其将合同义务的全部或者部分转移给第三人的,应当经债权人乙校的同意。未经同意擅自转让属于违约行为。

3. 评析

《合同法》规定,债务人将合同义务的全部或者部分转移给第三人的,应当经债权人同意。

这是因为新债务人的资信情况和偿还能力须得到债权人的认可,以免债权人的利益受到不利影响。债务人转移义务的,新债务人可以主张原债务人对债权人的抗辩。新债务人应当承担与主债务有关的从债务,但该从债务专属于原债务人自身的除外

案例二

1. 案情

甲乙双方订立合同约定,甲应当于3月21日前向乙交付货物。交付期限届至,甲未能向乙交付货物。乙此时能否以甲不履行合同为由,提出与甲解除合同?

2. 处理结果

本案符合法定解除的条件,即当事人一方迟延履行主要债务,经催告后在合理期限内仍未履行的可以解除合同。本案须经乙催告后,甲在合理期限内仍未履行合同的,乙方可以通知对方解除合同。

3. 评析

合同的解除,是指合同有效成立以后,没有履行或者没有完全履行之前,双方当事人通过协议或者一方行使解除权的方式,使得合同关系终止的法律制度。合同的解除,分为合意解除与法定解除两种情况。法定解除,是指根据法律规定而解除合同。《合同法》规定,有下列情形之一的,当事人可以解除合同:(1)因不可抗力致使不能实现合同目的;(2)在履行期限届满之前,当事人一方明确表示或者以自己的行为表明不履行主要债务;(3)当事人一方迟延履行主要债务,经催告后在合理期限内仍未履行;(4)当事人一方迟延履行债务或者有其他违约行为致使不能实现合同目的;(5)法律规定的其他情形。当事人一方行使解除权,或依照《合同法》规定主张解除合同的,应当通知对方。合同自通知到达对方时解除。合同解除后,尚未履行的、终止履行;已经履行的,根据履行情况和合同性质,当事人可以要求恢复原状、采取其他补救措施,并有权要求赔偿损失。

第七节 违约责任

一、违约责任概述

(一)违约责任的概念

违约责任,是指合同当事人因违反合同义务所承担的责任。违约责任是特定当事人之间的关系,具有相对性,一般只能在合同当事人之间发生。

《合同法》规定,当事人一方不履行合同义务或者履行合同义务不符合约定的,应当承担继续履行、采取补救措施或者赔偿损失等违约责任。

《合同法》规定的违约责任归责原则为严格责任原则,不问债务人是否存在过失。因此只要合同当事人有违约行为存在,无论导致违约的原因是什么,除了法定或者约定的免责事由以

外,均不得主张免责。

(二)违约责任的种类

违约责任的种类根据合同当事人违反义务的性质、特点可以作不同的分类。结合《合同法》第一百零七条和第一百零八条的规定,我国将违约行为区分为预期违约和届期违约两种类型,每种类型又可以分为两类。

(1)预期违约。预期违约是指在履行期限到来之前一方无正当理由而明确表示其在履行期到来后将不履行合同,或者其行为表明其在履行期到来以后将不可能履行合同。《合同法》第一百零八条规定了预期违约,并将预期违约分为明示的预期违约和默示的预期违约两种。明示与默示的区别在于违约的合同当事人是否通过意思表示明确表达自己不再履行合同的意愿。

(2)届期违约。在履行期限到来以后,当事人不履行或不完全履行合同义务的,将构成届期违约。届期违约可以分为不履行和不适当履行两类。

(3)违约与侵权的竞合。《合同法》规定,因当事人一方的违约行为,侵害对方人身、财产权益的,受损害方有权选择依照《合同法》规定要求其承担违约责任或者依照其他法律要求其承担侵权责任。根据《合同法解释》的规定,债权人向人民法院起诉时做出选择后,在一审开庭以前又变更诉讼请求的,人民法院应当准许。但如对方当事人对变更后的诉讼请求提出管辖权异议,经审查异议成立的,人民法院应当驳回起诉。

二、承担违约责任的方式

《合同法》规定的承担违约责任的方式主要有:继续履行、补救措施、损害赔偿三种方式。

(一)继续履行

继续履行,又称实际履行,是指债权人在债务人不履行合同义务时,可请求人民法院或者仲裁机构强制债务人实际履行合同义务。

《合同法》规定,当事人一方未支付价款或者报酬的,对方可以要求其支付价款或者报酬。当事人一方不履行非金钱债务或者履行非金钱债务不符合约定的,对方可以要求履行,但有下列情形之一的除外:(1)法律上或者事实上不能履行;(2)债务的标的不适于强制履行或者履行费用过高;(3)债权人在合理期限内未要求履行。

(二)补救措施

补救措施,是债务人履行合同义务不符合约定,债权人在请求人民法院或者仲裁机构强制债务人实际履行合同义务的同时,可根据合同履行情况要求债务人采取的补救履行措施。《合同法》规定,当事人履行合同义务,质量不符合约定的,应当按照当事人的约定承担违约责任。对违约责任没有约定或者约定不明确,受损害方根据标的性质以及损失的大小,可以合理选择要求对方承担修理、更换、重作、退货、减少价款或者报酬等违约责任。

(三)损害赔偿

当事人一方不履行合同义务或者履行合同义务不符合约定的,在履行义务或者采取补救措施后,对方还有其他损失的,应当承担损害赔偿责任。损害赔偿的具体方式包括赔偿损失、支付违约金和适用定金罚则等多种情况。

(1)赔偿损失。损失赔偿额应当相当于因违约所造成的损失,包括合同履行后可以获得的利益,但不得超过违反合同一方订立合同时预见到或者应当预见到的因违反合同可能造成的损失。当事人可以在合同中约定因违约产生的损失赔偿额的计算方法。

经营者对消费者提供商品或者服务有欺诈行为的,依照《中华人民共和国消费者权益保护法》的规定承担损害赔偿责任,即按照购买商品的价款或者接受服务的费用承担双倍赔偿责任。

当事人一方违约后,对方应当采取适当措施防止损失的扩大;没有采取适当措施致使损失扩大的,不得就扩大的损失要求赔偿。当事人因防止损失扩大而支出的合理费用由违约方承担。

(2)支付违约金。违约金,是按照当事人约定或者法律规定,一方当事人违约时应当根据违约情况向对方支付的一定数额的货币。

约定的违约金低于造成的损失的,当事人可以请求人民法院或者仲裁机构予以增加;约定的违约金过分高于造成的损失的,当事人可以请求人民法院或者仲裁机构予以适当减少。根据《商品房买卖合同解释》规定,当事人以约定的违约金过高为由请求减少的,应当以违约金超过造成的损失30%为标准适当减少;当事人以约定的违约金低于造成的损失为由请求增加的,应当以违约造成的损失确定违约金数额。当事人就迟延履行约定违约金的,违约方支付违约金后,还应当履行债务。

(3)定金。当事人在合同中既约定违约金,又约定定金的,一方违约时,对方可以选择适用违约金或者定金条款,但两者不可同时并用。

三、免责事由

合同法规定的法定的免责事由仅限于不可抗力。

《合同法》规定,不可抗力"是指不能预见、不能避免并不能克服的客观情况"。常见的不可抗力有:(1)自然灾害如地震、台风、洪水、海啸等;(2)政府行为。政府行为一定是指当事人在订立合同以后发生,且不能预见的情形。如运输合同订立后,由于政府颁布禁运的法律,使合同不能履行;(3)社会异常形象。一些偶发的事件阻碍合同的履行,如罢工骚乱等。不可抗力虽为合同的免责事由,但有关不可抗力的具体事由很难由法律做出具体列举式的规定,因此根据合同自由原则,当事人可以在订立不可抗力条款时,具体列举各种不可抗力的事由。

不可抗力发生后对当事人责任的影响,要注意几点:(1)不可抗力并非当然免责,要根据不可抗力对合同履行的影响决定。《合同法》规定,因不可抗力不能履行合同的,根据不可抗力的影响,部分或者全部免除责任;(2)当事人迟延履行后发生不可抗力的,不能免除责任;(3)不可抗力事件发生后,主张不可抗力一方要履行两个义务:一是及时通报合同不能履行或者需要迟延履行、部分履行的事由;二是取得有关不可抗力的证明。

四、案例评析示例

1. 案情

某大学附近的旅店甲有4间客房门窗需要整修,以迎接1月17日开始的在某大学进行的省外艺术院校专业课考试。(按照惯例,住店高峰期于考试前3天即1月15日开始),旅店甲经理与个体装修工乙达成协议,由甲供料,乙负责在1月3日到1月12日期间将房间内门窗、地板整修合格,共支付工费1 000元。1月12日,甲方经理验收房间工程时,发现门窗地板严重不合格,无法对外出租,甲未向乙支付工费。为不耽误出租高峰期的营业,甲只好另雇佣4人于1月12日至1月14日白天、夜晚两班轮流施工,以赶上1月开始的住店高峰期,因为原工程质量太差,4人虽加班加点最终于1月17日完工,甲支付4工人工费2 000元,另支出材料费2 000元。1月18日开始对外出租,4间客房立即爆满。此时,每间房租已从1月15日的每间每天100元,攀升到每间每天150元。甲向法院起诉要求乙赔偿损失。乙应如何赔偿因其违约行为给甲造成的损失?

2. 处理结果

乙应赔偿因其违约行为给甲造成的全部损失。包括材料损失、另行雇工的损失都属于所受损害即实际损害。4房间因装修不合格,未能在住店高峰期1月15日~1月17日获得出租,因此损失的租金构成可得利益损失,乙对此损失也应予以赔偿。3天的租金应按正常租金计算,因市场涨价所增加的50元,已超出赔偿义务人的合理预见范围。

3. 评析

当事人一方不履行合同义务或者履行合同义务不符合约定的,在履行义务或者采取补救措施后,对方还有其他损失的,应当承担损害赔偿责任。损失赔偿额应当相当于因违约所造成的损失,包括合同履行后预期可以获得的利益,但不得超过违反合同一方订立合同时预见到或者应当预见到的因违反合同可能造成的损失。

本章案例导读解析

5月4日某自行车厂商向超市所发函电是希望同超市订立自行车买卖合同的要约,5月6日该超市回函将价格由500元变更为400元,并且提出货到后付款的新条件,这是对原要约的实质性变更,所以该函电是一个新的要约,原有的要约失效。5月7日自行车厂商的函电又将价格变更,是实质性变更,构成新要约。5月9日自行车厂商又给超市发函接受5月6日函电中提出的条件,但因5月6日函电已是一个失效的要约,因而5月9日的函电并不构成对要约的接受,而是对5月7日要约的变更,构成一个新的要约。即使函电中写明函到发货,表明不需超市的同意该合同就生效,但依据要约的效力,此规定对受要约人超市没有效力。超市对该函电未予以理会,未作出承诺,因而双方没有达成协议,合同没有成立,所以超市没有接受货物并付款的义务。该自行车厂商应为自己的行为承担损失。

复习思考题

1. 违约责任的构成要件包括哪些?
2. 双务合同和单务合同区分的意义?
3. 试述合同法的基本原则。
4. 试述合同成立的条件
5. 合同一般包括哪些条款?
6. 试述格式条款的特点和解释。
7. 要约与要约邀请的区别。
8. 要约的撤回与撤销的区别。
9. 缔约过失责任与违约责任的区别。
10. 合同成立于合同生效的区别。
11. 试述无效合同的种类。
12. 试述可变更可撤销合同的种类。
13. 合同生效的要件有哪些?
14. 效力待定的合同有哪些?
15. 附条件的合同和附期限的合同有何区别?
16. 合同履行的原则。
17. 担保的种类有哪些?并举例说明。
18. 试述定金和订金的区别
19. 合同义务转移的条件和效力。
20. 合同终止的原因与效力。
21. 合同解除的种类。
22. 合同法定解除的条件包括哪些?
23. 试述抵消的成立条件和效力。
24. 试述提存的条件和效力。

第六章
Chapter 6

市场规制法

【学习目标】
1. 掌握不正当竞争行为、垄断、消费者、产品质量等概念、特征;
2. 了解我国市场运行法律制度的历史沿革及调整范围;
3. 理解不正当竞争行为具体表现形式及其法律责任;我国反垄断法规制的垄断行为及法律责任;消费者的权利;产品生产者、销售者的产品质量责任及义务。

【能力目标】
1. 准确判断某种法律行为是否适用本章法律制度;
2. 准确分析经营者在交易中的公平义务;
3. 能够依照本章法律解决相应法律争端,并判断承担法律责任的形式。

【案例导读】
1. 某市大型国有洗衣粉厂生产的"净净"洗衣粉,因其质量稳定,价格保持在每公斤10元,市场销量好。2004年8月,该市某大型投资集团投资建立了"洁洁"洗衣粉厂,生产的"洁洁"洗衣粉质量尚好,只是市场一直打不开。2005年5月,"洁洁"厂将洗衣粉降价至每公斤6元,半年内销量大增。"净净"洗衣粉受冲击,于是进行技术改造,降低生产成本,出厂价保持5元/公斤。"洁洁"厂为挤垮竞争对手,凭借其雄厚的资金实力,再次大幅降价,以低于成本价的3元/公斤销售,半年后,"净净"洗衣厂难以维持而停产。"净净"洗衣粉厂愤而起诉,状告"洁洁"厂不正当竞争。问,"洁洁"厂行为属哪种不正当竞争行为?
2. 某县商场在迎春促销中,有下列活动,是否合法:
(1)该商场的一楼是开架自选市场,但偷盗频频,商场雇请大批营业人员尾随顾客,并要求顾客出来时脱大衣检查。(2)该商场张贴告示:"货经售出,概不退换。"(3)商场某柜台租给个体户A经营,消费者B在A处购得皮衣1件,10天后发现该皮衣系伪劣产品,找A时因A租赁期满而迁离,于是B找商场索赔,商场以柜台出租给A,A应对自己行为负责为由不予理赔。

3.2007年2月,某家用电器研究所工程师铁某触电身亡,经侦查,原因是铁某使用了该市宏达电器厂的电热毯,因电热毯质量不合格漏电所引起的。该电热毯处于研制阶段,未投放市场,铁某使用的这张电热毯系宏达电器厂请求家用电器研究所检测的产品。后铁某之妻依产品质量法起诉宏达电器厂。请问,法院是否会予以支持?

第一节　反不正当竞争法

一、不正当竞争法概述

(一)不正当竞争的概念和特征

所谓不正当竞争,是指经营者违反《反不正当竞争法》的规定,损害其他经营者的合法权益,扰乱社会经济秩序的行为。

为了准确把握不正当竞争概念的实质,有必要根据我国《反不正当竞争法》的具体规定,来揭示不正当竞争的特征:

(1)不正当竞争的行为主体,主要是从事竞争活动的经营者。这里的经营者系指从事商品经营或营利性服务的法人、其他经济组织和个人。另外,根据我国《反不正当竞争法》的具体规定,某些非经营者也可能成为不正当竞争的行为主体。如滥用行政权力限制竞争的政府及其所属部门,虽然其性质是国家行政机关,而非经营者,但同样是不正当竞争的行为主体。

(2)经营者必须实施了违反自愿、平等、公平、诚实信用原则和公认的商业道德的行为。

(3)经营者实施不正当竞争行为在主观上有过错,包括故意和过失两个方面。

(4)经营者所实施的不正当竞争行为损害了其他经营者的合法权益,扰乱了社会经济秩序。

(二)反不正当竞争法概念及调整范围

反不正当竞争法,是调整在制止不正当竞争行为、鼓励和保护公平竞争过程中发生的经济关系的法律规范的总称。这是反不正当竞争法广义的定义,在我国已颁布的《产品质量法》、《消费者权益保护法》、《广告法》、《价格法》、《商标法》、《专利法》、《招标投标法》……中都有反不正当竞争的规范。广义的反不正当竞争法包含了以上所有的法律规范。狭义的反不正当竞争法,是指我国1993年9月2日由第八届全国人民代表大会常务委员会第三次会议通过,并于1993年12月1日起施行的《中华人民共和国反不正当竞争法》。

反不正当竞争法是对狭义的不正当竞争行为进行禁止的法律,即禁止经营者在市场交易活动中违背诚实信用原则和商业道德的不正当竞争行为。我国《反不正当竞争法》制定中及制定后的一段时间里,我国《反垄断法》尚未出台,但是现实经济生活中行政性垄断,滥用行政权力限制竞争的行为相当严重,威胁着市场竞争的健康发展,另外,公用企业滥用优势地位强制交易的行为也甚为严重,对这一部分行政垄断及强制交易的限制竞争行为,我国《反不正当竞争法》也将其纳入该法的调整范围。因此,我国《反不正当竞争法》主要是禁止不正当竞争行为,同时也调整一部分限制竞争行为。

二、不正当竞争的表现形式

不正当竞争的形式不仅多种多样,且不断翻新。因此,我国《反不正当竞争法》第二章列举了各国《反不正当竞争法》普遍禁止的、典型的不正当竞争行为和我国现实经济生活中表现突出、危害严重、迫切需要制止的不正当竞争行为,共计有两大类12种:

(一)违反诚实信用原则和商业道德的不正当竞争行为

1. 欺骗性交易行为

这主要是指经营者以弄虚作假、模仿、擅自使用等违法行为从事市场交易,损害竞争对手和欺骗消费者。这是一种产生早、使用面积广、发生频率高和危害性大的不正当竞争行为。我国的反不正当竞争法具体列举了以下几类:

(1)假冒他人的注册商标。注册商标是受国家法律保护的商标。注册商标人对已经注册的商标享有专用权,任何他人未经注册商标人许可,不得在相同或相类似的商品或服务上使用与其注册商标相同或相类似的标志。假冒他人的注册商标,既是侵犯他人商标专用权的行为,也是不正当竞争行为。如假冒红塔山香烟、假冒茅台酒等。

(2)擅自使用知名商品特有的名称、包装、装潢,或者使用与知名商品近似的名称、包装、装潢,造成和他人的知名商品相混淆,使购买者误认为是知名商品。这里应注意两方面的问题:①必须是知名商品,也就是说该商品必须在相关大众中有一定知名度;②必须是特有的名称、包装、装潢,它是知名商品的象征,而不是带有共性的名称、包装、装潢,如易拉罐包装就不能作为特有的包装。

(3)擅自使用他人的企业名称或姓名,引人误认为是他人商品。企业依法对其名称享有专用权或姓名权,主要是保护附着于企业名称或者姓名中的一种无形财产——商誉。盗用他人的商誉是典型的不正当竞争行为。

(4)在商品上伪造或者冒用认证标志、名优标志等质量标志,伪造产地。产品质量标志是产品经营者用以表示其产品质量的特殊符号。其中的认证标志、名优标志是国家确认的能够表明产品质量合格且品质优良的符号。只有那些经法定程序认可的产品,才能使用它们。在商品上伪造或者冒用认证标志、名优标志,使人误以为该商品质量合格或享有某种质量荣誉,在质量上优于其他同类商品,是一种不正当竞争行为。如未经认证而在自己商品上印上

ISO—9000认证标志。商品的产地是指商品的制造、加工或者商品生产者的所在地。商品通常会因其产地独特的地理气候特点、较好的技术优势或者较好的商业信誉而获得市场优势。因此,在商品上伪造产地,也是一种不正当竞争行为。

2. 商业贿赂行为

商业贿赂是指经营者在市场交易活动中,为争取交易机会,通过秘密给付财物或者其他报酬等不正当手段收买客户的负责人、雇员、合伙人、代理人或政府有关部门等能够影响市场交易的有关人员的行为。商业贿赂行为的主体是从事市场交易的经营者,即使买方也可能是卖方;主观方面表现为故意,其目的是为了排挤竞争对手;客观方面表现为秘密给付财物或者其他报偿。

我国《反不正当竞争法》规定,在账外暗中给予对方单位或者个人回扣的,以行贿论处;对方单位或者个人在账外暗中收受回扣的,以受贿论处。经营者销售或购买商品,可以以明示的方式给对方回扣,可以给中间人佣金。经营者给对方折扣、给中间人佣金的,必须如实入账。接受折扣、佣金的经营者也必须如实入账。商业贿赂行为的主要表现形式为回扣。回扣与正当的折扣、佣金之间的区别主要表现为前者是账外暗中的秘密给付,而后者给付方和接受方都必须如实入账,是明示方式的支付。

3. 引入误解的虚假宣传

它是指经营者利用广告或者其他宣传方法,对商品质量、制作成分、性能、用途、生产者、有效期限、产地等做引人误解的虚假宣传;广告的经营者在明知或者应知的情况下,代理、设计、制作、发布虚假广告,亦属于此行为。

这种行为表现为两种情况:一是虚假宣传,宣传的内容与实际情况不相符合,如将人造革面料的衣服宣传为真皮服装;二是宣传上使用含糊语言,故意给消费者以误导,如某副食品店宣称自己销售的食品都是"进口"食品。

4. 侵犯商业秘密的行为

商业秘密是指不为公众所知悉,能给权利人带来经济利益,具有实用性并经权利人采取保密措施的技术信息和经营信息。一项技术信息或经营信息能否成为商业秘密,关键看它是否具备以下三项条件:(1)秘密性,即该项技术信息或经营信息不为公众所知悉,这是商业秘密的本质特征;(2)实用性,即该项技术信息或经营信息能给权力人带来实际的或潜在的经济利益及竞争优势,这是商业秘密的价值所在;(3)保密性,即权力人对该项技术信息或经营信息采取了合理的保密措施,这是商业秘密获得法律保护的前提。

侵犯商业秘密的行为主要包括:

(1)以盗窃、利诱、胁迫或者其他不正当手段获得权利人的商业秘密;(2)披露、使用或允许他人使用以不正当竞争手段获取的权利人的商业秘密;(3)违反约定或者违反权利人有关保守商业秘密的要求,披露、使用或允许他人使用其所掌握的商业秘密;(4)第三人明知或应知前述的违法行为,而获取、使用或者披露他人的商业秘密。

5. 违反规定的有奖销售行为

有奖销售是指经营者以提供奖品或奖金等手段推销商品的行为,主要包括附赠式有奖销售和抽奖式有奖销售两种形式。有奖销售作为经营者采用的一种促销手段,对顾客有着很强的吸引力。但是,不当的有奖销售,往往会影响消费者正常选择商品,即经营者借助于奖品和奖金的诱惑力,促使消费者购买滞销或者不很需要的商品。再者,由于有奖销售的竞争日趋激烈,特别是经济实力雄厚的大型商业企业推出规模更大、金额更高的有奖销售,这就会导致增加成本,提高销售价格等后果,使原本的质量、价格和服务的正常竞争受到扭曲。同时,中小商业企业因资金不足而无力设奖,给中小企业的销售活动带来冲击,破坏了公平的市场竞争秩序。

我国《反不正当竞争法》所禁止的有奖销售主要有三种:(1)采用谎称有奖销售或者故意让内定人员中奖的欺骗方式进行有奖销售;(2)利用有奖销售的手段推销质次价高的商品;(3)抽奖式的有奖销售,最高奖的金额超过5 000元。

国家工商行政管理局颁布的《关于禁止有奖活动中不正当竞争行为的若干规定》中对不正当的有奖销售行为进行细化,主要有:(1)谎称有奖销售或对所设奖的种类,中奖概率,最高奖金额,总金额,奖品种类、数量、质量、提供方法等做出虚假不实的表示;(2)采用不正当手段故意让内定人员中奖;(3)故意将没有中奖标志的商品或奖品标志的商品、奖券按不同时间投放市场;(4)抽奖式有奖销售,最高奖金的金额超过5 000元;(5)利用有奖销售手段推销质次价高的商品;(6)其他欺骗性有奖销售行为。

6. 诋毁他人商业信誉和商品声誉

这是指经营者在竞争活动中,捏造、散布虚假事实,损害竞争对手的商业信誉、商品声誉。在市场竞争中,信誉、声誉较高的经营者能够获得较多的利润。商业信誉和商品声誉虽然是经营者的人身权,但同时又与其财产权相联系。因此,诋毁、贬低竞争对手的商业信誉和商品声誉,就是侵犯他人的人身权利和财产权利。这一行为有两个要点:一是捏造不存在的事实;二是将捏造的事实广为散布。

(二)限制竞争的不正当竞争行为

1. 限制竞争行为的概念及其表现

限制竞争行为,是指经营者滥用其市场支配地位、政府及其所属部门滥用其行政权力或经营者相互之间通过合同、协议及其他方式排除竞争或损害竞争对手利益的行为。

限制竞争行为大体有如下表现:

(1)限制供给及限制价格。处于市场支配地位的经营者不正当的改变或调整商品的供给;不正当的确定、维持、变更商品的价格。

(2)差别待遇。经营者没有正当理由对条件相同的交易对象,就所提供的商品的价格或其他交易条件给予明显有利或不利的区别对待。

(3)强制交易。经营者采取利诱、胁迫或其他不正当的方法违背购买者的意愿,促使其他经营者从事违背意愿的交易活动,损害公平竞争的行为。

(4)搭售和附加不合理条件。经营者利用其经济优势,违背交易相对人的交易意愿,搭售交易对象本不愿购买的商品或迫使交易对手在交易过程中接受不合理限制条件的行为。

(5)掠夺性定价。经营者为了排挤竞争对手而在一定的市场和一定的时期内,以低于合理成本的价格销售商品而不正当地取得市场支配地位的行为。

(6)卡特尔行为。该行为为不正当的联合行动,两个以上的经营者以合同、协议等方式,恶意串通共同决定商品或服务的价格,或就商品的产销数量、技术标准、交易对象、销售地区等进行限制,共同阻碍竞争或排除竞争对手进入市场的行为。

2. 降价排挤行为

这是指经营者以排挤竞争对手为目的,以低于成本的价格销售商品的行为。这种行为主观方面体现为排挤竞争对手为目的,客观方面表现为商品销售价格低于成本价格。但有下列情形之一的,不属于不正当竞争行为:①销售鲜活产品;②处理有效期限即将到期的商品或者其他积压是商品;③季节性降价;④因清还债务、转产、歇业而降价销售商品。

3. 搭售或附加其他不合理条件的行为

这是指经营者违背购买者的意愿搭售产品或者附加其他不合理的条件销售商品的行为。搭售行为违反了诚实信用、平等自愿的商业道德,限制了自由竞争的开展,保护了劣质、滞销商品的销售,损害了经营者、消费者的利益,为我国《反不正当竞争法》所明文禁止。

4. 招投标中的串通行为

这是指投标者之间串通投标、抬高标价或者压低标价,以及投标者与招标者相互勾结,以排挤竞争对手的行为。招标与投标是一种在进行发包工程、购买成套设备等活动时常采用的有组织的市场交易行为,是市场竞争中常见的方式之一。招标与投标具有广泛性、公开性和公平性的特征。招标人为征寻合适的承包人,就要通过各种途径,广泛通告有能力、有兴趣投标的企业;而任何有资格、有能力履行承包合同的企业都可参加投标,各竞标企业本着公平原则,比报价、技术、经验、实力和信誉的好坏,在平等的基础上参与竞争,招标者择优选用。而串通竞标行为违背了招标投标的公开性和公平性原则,有悖于择优授标和鼓励竞争的宗旨,破坏了市场竞争秩序,为我国《反不正当竞争法》所禁止。

5. 公用企业等滥用经济优势的行为

它是指公用企业或者其他依法具有独占地位的经营者,限制他人购买其指定的经营者的商品,以排挤其他经营者的行为。这里的"公用企业"主要包括自来水公司、燃气公司、电力公司等从事公用事业的企业,这类公用企业都是独家经营,没有竞争对手,处于一种优势地位。其他依法具有独占地位的企业,主要是指国家规定对某一生产资料、生活资料或服务实行专卖、专营的企业,如烟草专卖企业、铁路运输企业。

该行为表现为:①限定用户、消费者只能购买和使用附带提供的相关产品,而不得购买和使用其他经营者所提供的符合技术标准要求的同类商品;②限定用户、消费者只能购买和使用其指定的经营者生产或经销的商品,而不得购买或使用其他经营者提供的符合技术标准要求的同类商品;③强制用户、消费者购买其提供的不必要的商品及配件;④强制用户、消费者购买其指定的经营者提供的不必要的商品;⑤以检验商品质量、性能为借口,阻碍用户、消费者购买、使用其他经营者提供的符合技术标准要求的其他商品;⑥对不接受其不合理条件的用户、消费者拒绝、中断或消减供应相关商品或者滥收费用;⑦其他限制竞争的行为。

6. 政府及其所属部门滥用职权行为

这是指政府及其所属部门滥用行政权力,限定他人购买其指定的经营者的商品,限制其他经营者正当的经营活动;限制外地商品进入本地市场,或者本地商品流向外地市场。这种行为在现实生活中表现为地区封锁、地方保护主义,这不仅会损害广大消费者的权益,破坏正常、公平的竞争秩序,影响国民经济健康发展,而且会滋生权钱交易、官商结合等腐败现象。

三、不正当竞争行为的法律责任

法律责任是指由于行为人实施了违法行为而应当承担的法律后果。不正当竞争行为是经营者违反《反不正当竞争法》的规定,损害其他经营者的合法权益,扰乱社会经济秩序的违法行为。所以,只要实施了各种不正当竞争行为以及与不正当竞争有关的违法行为,就要承担相应的法律责任。根据我国《反不正当竞争法》的规定,不正当竞争行为应承担的法律责任包括经济责任、民事责任、行政责任和刑事责任等责任形式。

(一)不正当竞争行为的经济责任和民事责任

《反不正当竞争法》规定经济责任、民事责任的意义在于保护合法经营者的合法权益不受侵害,以及受到实际损害时得以补偿。

(二)不正当竞争行为的行政责任

《反不正当竞争法》规定的行政责任,要通过不正当竞争行为的监督检查部门对不正当竞争行为的查处来实现。这样规定的目的在于使被破坏的市场竞争秩序得以恢复。《反不正当竞争法》规定的行政责任形式主要包括责令停止违法行为、责令改正、消除影响以及吊销营业执照等形式。此外,还规定了与不正当竞争行为有关的国家机关工作人员违法的行政处分。

(三)不正当竞争行为的刑事责任

刑事责任是对违法行为进行的最为严厉的法律制裁,适用于那些对其他经营者、消费者和社会经济秩序损害严重、情节恶劣的不正当竞争行为。对于刑事责任,《反不正当竞争法》只是作了原则规定,确定具体的刑事责任要适用我国刑法的相应规定。

(四)违反《反不正当竞争法》的具体的法律责任

根据《反不正当竞争法》第四章规定,经营者违反该法规定应承担的相应的、具体的法律责任有:

(1)给被侵害的经营者造成损害的,应当承担损害赔偿责任,被侵害的经营者的损失难以计算的,赔偿额为侵权人在侵权期间因侵权所获得的利润;并应当承担被侵害的经营者因调查该经营者侵害其合法权益的不正当竞争行为所支付的合理费用。

被侵害的经营者的合法权益受到不正当竞争行为损害的,可以向人民法院提起诉讼。

(2)经营者假冒他人的注册商标,擅自使用他人的企业名称或者姓名,伪造或者冒用认证标志、名优标志等质量标志,伪造产地,对商品质量作引人误解的虚假表示的,依照《中华人民共和国商标法》、《中华人民共和国产品质量法》的相关规定予以处罚。

经营者擅自使用知名商品特有的名称、包装、装潢,或者使用与知名商品近似的名称、包装、装潢,造成和他人的知名商品相混淆,使购买者误认为是该知名商品的,监督检查部门应当责令停止违法行为,没收违法所得,可以根据情节处以违法所得1倍以上3倍以下的罚款;情节严重的,可以吊销营业执照;销售伪劣商品,构成犯罪的,依法追究刑事责任。

(3)经营者采用财物或者其他手段进行贿赂以销售或者购买商品,构成犯罪的,依法追究刑事责任;不构成犯罪的,监督检查部门可以根据情节处以1万元以上20万元以下的罚款,有违法所得的,予以没收。

(4)公用企业或者其他依法具有独占地位的经营者,限定他人购买其指定的经营者的商品,以排挤其他经营者的公平竞争的,省级或者设区的市的监督检查部门应当责令停止违法行为,可以根据情节处以5万元以上20万元以下的罚款。被指定的经营者借此销售质次价高商品或者滥收费用的,监督检查部门应当没收违法所得,可以根据情节处以违法所得1倍以上3倍以下的罚款。

(5)经营者利用广告或者其他方法,对商品作虚假宣传,监督检查部门应当责令停止违法行为,消除影响,可以根据情节处以1万元以上20万元以下的罚款。

广告的经营者,在明知或者应知的情况下,代理、设计、制作、发布虚假广告的,监督检查部门应当责令停止违法行为,没收违法所得,并依法处以罚款。

我国《广告法》对不正当广告行为作了相应的法律责任的规定。利用广告进行虚假宣传还可能触犯刑律构成虚假广告罪。刑法第222条规定:广告主、广告经营者、广告发布者违反国家规定,利用广告对商品或者服务作虚假宣传,情节严重的处二年以下有期徒刑或者拘役,并处或者单处罚金。

(6)侵犯商业秘密的,监督检查部门应当责令停止违法行为,可以根据情节处以1万元以上20万元以下的罚款。

(7)经营者违法进行有奖销售,监督检查部门应当责令停止违法行为,可以根据情节处以1万元以上10万元以下的罚款。

(8)投标者串通投标,抬高标价或者压低标价;投标者和招标者相互勾结,以排挤竞争对手公平竞争的,其中标无效。监督检查部门可以根据情节处以1万元以上20万元以下的罚款。

我国《招标投标法》规定:"依法必须进行招标项目的招标人向他人透露以获取招标文件

潜在投标人的名称、数量或者可能影响公平竞争的有关招标投标其他情况的,或者泄露标底的,给予警告,可以并处1万元以上10万元以下的罚款;对单位直接负责的主管人员和其他直接责任人员依法给予处分;构成犯罪的依法追究刑事责任。前款所列行为影响中标结果的,中标无效。"

我国《招标投标法》还规定了:"投标人相互串通投标或者与招标人串通投标的,投标人以向招标人或者评标委员会成员行贿的手段谋取中标的,中标无效,处中标项目金额5‰以上10‰以下的罚款,对单位直接负责的主管人员和其他直接责任人员处单位罚款数额5%以上10%以下的罚款;有违法所得的,并处没收违法所得;情节严重的,取消其1年至2年内参加依法必须进行招标项目的投标资格并予以公告,直至由工商行政管理机关吊销营业执照;构成犯罪的依法追究刑事责任。给他人造成损失的,依法承担赔偿责任。"

(9)经营者有违反被责令暂停销售,不得转移、隐匿、销毁与不正当竞争行为有关的财物的行为的,监督检查部门可以根据情节处以被销售、转移、隐匿、销毁财物的价款的1倍以上3倍以下的罚款。

当事人对监督检查部门做出的处罚决定不服的,可以自收到处罚决定之日起15日内向上一级主管机关申请复议;对复议决定不服的,可以自收到复议决定书之日起15日内向人民法院提起诉讼;也可以直接向人民法院提起诉讼。

政府及其所属部门违法限定他人购买其指定的经营者的商品、限制其他经营者正当的经营活动,或者限制商品在地区之间正常流通的,由上级机关责令其改正;情节严重的,由同级或者上级机关对直接责任人员给予行政处分。被指定的经营者借此销售质次价高的商品或者滥收费用的,监督检查部门应当没收违法所得,可以根据情节处以违法所得1倍以上3倍以下的罚款。

监督检查不正当竞争行为的国家机关工作人员滥用职权、玩忽职守,构成犯罪的,依法追究刑事责任;不构成犯罪的,给予行政处分。监督检查不正当竞争行为的国家机关工作人员徇私舞弊,对明知有违反《反不正当竞争法》规定构成犯罪的经营者故意包庇不使他受追诉的,依法追究其刑事责任。

四、案例评析示例

案例一

1. 案情

扬州鼓风机厂是国家大型骨干企业,已有40年历史。"七五"以来,国家和企业先后投入9 200万元自行研制了几代产品。20世纪90年代后,该厂又独家引进了国外先进技术,所生产的"清风"牌鼓风机不仅在国内市场竞争中处于领先地位,而且远销30多个国家和地区。近几年来不少地区实施名牌战略,加大了培植名牌的力度。以名牌产品为纽带、名牌企业为龙头,"清风"也被当作龙头。可悲的是,当了龙头的"清风"却受到了不正当竞争的大肆蚕食,假冒侵权行为猖獗。假冒侵权所采用的不正当竞争手段极为嚣张:有的企业明目张胆地把销售部设在"清风"厂大门的周围;有的公然在自己的产品上擅自使用"清风"的商标;有的冒用扬州鼓风机厂的厂名,公然以"清风"自居进行经营活动;有的私刻该厂合同公章,擅印该厂的订货合同书;有的盗用该厂的产品说明书;有的厂家为了"证明"自己的生产能力,竟然把清风厂的照片堂而皇之地印在自己的产品样本上,如扬州市某鼓风机厂的产品样本中共有10幅照片,其中5幅就是"清风"厂生产车间的原照;有的雇人明目张胆地打着扬州鼓风机厂的牌子,在车站拦接清风厂的客户;有的甚至跑到清风厂招待所蒙骗客户;有的以清风厂名义或以及容易造成混淆和误认的企业名称,向各地用户发订货函;有的个体户干脆把回收的废旧鼓风机刷上新漆假冒"清风"出售,这些令人触目惊心的卑劣手段使无数用户上当受骗,以至不少当地人都认为炒股票都不如炒"清风"鼓风机。假冒不正当竞争行为对名牌产品的蚕食,给清风厂造成亿元的损失,使清风厂的市场占有率从50%下降到28%,在竞争中的优势地位正在削弱。

2. 处理结果

由商标主管部门依照《商标法》和《反不正当竞争法》的规定予以处罚,承担被侵害者的损害赔偿。被侵害的经营者的合法权益受到不正当竞争行为损害的,可以向人民法院提起诉讼。

3. 评析

假冒商标是指伪造或仿造他人已经注册的商标,将伪造或仿造他人商标用于自己生产和销售的商品,其目的在于混淆真伪,引起消费者的误认和误购,从中牟取非法利润。这种假冒行为直接侵犯商标专有权人的合法权利,损害消费者的合法权益,而且破坏社会主义市场经济秩序。假冒行为对社会的危害性和它本身违法性是显而易见的。《商标法》为保护注册商标专用权提供了基本的法律保障,但假冒他人注册商标的行为不仅侵犯了商标注册人的商标专有权,从竞争的角度讲,这类行为侵害诚实竞争对手的财产权利。因此,假冒他人的注册商标行为同样是一种典型的,违背诚实信用商业道德,危害社会经济秩序的不正当竞争行为。假冒注册商标行为是不正当竞争行为的一种常用手段,在提供合法注册商标专有权的法律保护方面,《商标法》与《反不正当竞争法》是以规范竞争行为为重点,对侵犯商标专有权行为进行禁止和做出制裁。《反不正当竞争法》是一部规范竞争行为的基本法,它不仅对侵犯商标权行为做了普通规定和原则规定。如果一项违法行为既构成假冒商标的不正当竞争行为又违反了《商标法》对注册商标专有权保护的规定,根据特别法优于普通法的原则,应优先适用《商标法》。

案例二

1. **案情**

"郎酒"为国优名酒,其瓶贴上的"郎"字是最显著的标记,又是这种国优名酒特有名称。某些酒厂将自己生产的非名牌酒起名为"雪郎"、"夜郎"、"玉郎",酒瓶外观标贴与国优名酒"郎酒"的外观几乎一样。虽然这些酒厂所使用的商品名称与知名商品所使用名称不完全相同,但大体相似,对"郎"字这个独特的标志仅仅做无碍大体的改变,标记最引人注意、最突出、最醒目的部分"郎"字依然保留,造成了许多普通购买者在一般情况的注意下发生了误认、误购。

2. 处理结果

由于工商行政管部门责令仿冒知名商品特有的外观标志的经营者停止违法行为,没收违法所得。同时可以根据情节处以违法所得 1 倍以上 3 倍以下的罚款。情节严重的,除给予前述处罚外,还可以吊销营业执照。采用这种不正当竞争手段销售伪劣商品,构成犯罪的,依法追究刑事责任。

3. 评析

仿冒知名商品其他标志的行为主要是指擅自使用知名商品特有的名称、包装、装潢,或者使用与知名商品混淆,使购买者误认为是该知名商品。商品的名称、包装、装潢是经营者用于创造商品形象、促销商品、开辟市场的一种竞争手段,是经营者的财富。尤其是知名商品的名称、包装、装潢本身就已成为知名商品享有盛誉的表征。擅自使用或者仿冒他人知名商品特有的标志,在市场上产生混淆,是购买者产生误认、误购。都构成了对知名商品财产权利的侵犯,属于破坏竞争秩序的不正当竞争行为。仿冒知名商品的名称、包装、装潢的构成要件有三个:第一,被仿冒的商品须为知名商品。一般认为,所谓知名商品是为广大消费者知名,在市场上能较为畅销,有一定知名度的商品。"郎酒"畅销国内外,享有较好信誉,为国优知名商品。第二,该外观标志须为知名商品所特有。所谓特有的名称、包装、装潢,是指经营者为自己的知名商品所设计的具有创造性和显著特点的外部形象。这种独特风格的名称、包装、装潢已经与商标一样,成为这种商品足以与其他商品相区别的标志,成为知名商品的象征,人们一见到这种独创性的外观形象就会产生对知名商品的联想,把这种外观形象标志与知名商品的名牌优良形象联系在一起。"郎酒"在白瓷瓶上有明显"郎"字标志为该知名商品的象征,与一般白酒通用的包装、装潢相区别,人们见到"郎"字就会产生对知名商品的联想,这种独特性的外观形象标志与名牌"郎"酒的优良形象联系在一起。第三,对他人知名商品特有的名称、包装、装潢擅自做相同或相近似的使用,致使与知名商品发生混淆。相同的使用是指仿冒的知名商品外观形状、色彩、标贴、图形、文字设计、名称与知名商品完全一样。近似是指知名商品的名称、包装、装潢仅仅做无碍大体的改变,其主要部分还是沿袭知名商品所特有的外观标志。

第二节 反垄断法

一、反垄断法概述

(一)垄断的概念及特征

广义的不正当竞争包括违反诚实信用商业道德的不正当竞争行为以及垄断和限制竞争行为,狭义的不正当竞争与垄断则是独立的、相互并列的关系。

垄断是由于自由竞争中生产高度集中所必然引起的,这是自由竞争发展的一般规律。需要说明的是,世界各国对垄断并没有也不可能有一个统一的定义。这除了各国的国情不同这一个原因之外,也因为各国的法律所禁止的垄断随着经济发展的不同阶段对市场结构的不同要求而随之变化。例如,美国在1890年制定的《谢尔曼法》中,对垄断的认定采用了绝对严格的"当然违法"的标准。但到20世纪初期就放松了对托拉斯的管制;到今天,美国几乎对托拉斯采用了更为放任的法律原则,只要这种垄断是不排斥竞争的,是无害于社会公益的,是有益于规模经济的。各国立法中加以规制的仅仅是非法的垄断,所以本文中所讨论的垄断应该是作为反垄断法所规制的垄断。所谓垄断是指经营者以独占或有组织的联合行动等方式,凭借经济优势或行政权力,操纵或支配市场,限制或排斥竞争的行为。

垄断具有以下几个特征:

(1)形成垄断的主要方式是独占或有组织的联合行动。垄断者凭借自己在市场中的独占地位,靠操纵市场来牟取非法利润;不具有独占地位经营者则依靠有组织的联合性行为,通过不合理的企业规模和减少竞争者数量以及对具有竞争性的企业实行控制等方式排挤竞争对手,控制市场。

(2)垄断者之所以能形成垄断势力凭借的是经济优势或行政权力。凭借经济优势形成的垄断属经济性垄断;凭借行政权力形成的垄断属行政垄断。不管是经济性垄断还是行政性垄断都是为了操纵或支配市场,获得垄断利润。

(3)垄断限制和排斥了竞争。垄断的直接结果是垄断者控制市场,垄断价格,排挤了竞争对手,使市场中没有竞争对手,窒息了竞争,垄断使竞争机制作用失效,从而限制和排斥了竞争,因此,各国竞争法禁止垄断行为。

(二)反垄断法定义

反垄断法是调整国家在管理市场主体或其他机构以控制或限制市场为目的的而实施的反竞争行为过程中所发生的经济关系的法律规范总称。反垄断法打击的是限制和排斥竞争等控制市场的行为。反不正当竞争法规范的是违反商业道德带有投机性的交易行为。《中华人民共和国反垄断法》于2007年8月30日经十届全国人大常委会第二十九次会议通过,自2008年8月1日起施行。该法包括总则、垄断协议、滥用市场支配地位、经营者集中、滥用行政权力排除限制竞争、对涉嫌垄断行为的调查、法律责任及附则,共计8章57个条款。

二、各国反垄断法所规制的垄断行为

(一)各国反垄断法所规制的垄断行为

(1)独占。是指在特定的市场范围内,一个或极少数几个经营者,或是取得了绝对优势地位而排除了竞争,或是放弃竞争而排除了竞争。处于独占地位的垄断者完全没有竞争的压力,所以在质量、价格和服务上随心所欲,为所欲为,为了获取垄断利润,滥用经济优势,损害其他经营者利益,损害消费者的利益。

(2)合并。是指那些通过减少企业数量,扩大经济集中形成垄断的结合行为。但只有当合并可能产生垄断或其实质上阻碍、排斥竞争时才为反垄断法所限制或禁止。

(3)兼并。是指企业通过有偿转让企业的方式或是购买另一企业的股票和资产以及采用租赁、许可等方式扩大市场控制实力,导致实质上减少竞争并形成垄断的行为。

(4)合谋协议。是指几个企业为了共同经济利益,采用某种协议或联合组织的方式,联合行动,排除竞争,排除竞争对手尤其是排挤弱小企业。合谋协议的主要形式有:价格固定协议、联合抵制、阻止竞争对手进入市场协议、划分市场协议、限定产量协议等。

(5)独家交易。是指生产某种特定产品或系列产品的企业只允许它的销售商经销该企业的产品,而不允许经销商销售其他同类竞争者的产品。这种垄断方式通过对经销商或承租人的胁迫、削弱竞争,导致垄断。

(6)股份保有。是指一个企业不正当地占有另一个企业的股票或资本份额,也包括两个企业彼此占有对方的股票或资本份额。股份保有可能造成对竞争的先知,使保有企业之间统一行动,排除彼此之间的竞争。

(7)董事兼任。是指一个公司的董事同时担任其他可能是竞争对手公司的董事。这种董事的交叉任职,势必在本具有竞争关系的公司减少或完全排除竞争。

(二)各国反垄断法的适用除外规定

为了适应经济生活的复杂性,各国反垄断法普遍保留对一些垄断和限制竞争行为的除外规定。国家基于社会经济发展和公共利益考虑,从立法政策上可能对某些特定行业、特定行为,或在特定时期、特定情况下对某些特定内容的行为赋予法律适用的豁免权。豁免的意义在于为实现社会整体效益和维护社会公共利益,国家调控竞争在合理适度范围内,避免特定情况、特定行业的过度竞争可能造成的资源浪费。

反垄断法适用除外的范围包括:

(1)特定经济部门。一般是指具有一定的自然垄断性质的公用公益事业,如电力、交通运输、水、煤气、银行、保险、邮电(近年众多国家已将邮电业不列为自然垄断行业)等行业。另外还有比较分散,容易波动的农业以及不应过多过滥的自然资源开采业也属此列。

(2)知识产权领域。知识产权本身就具有独占性和垄断性,因此不适用反垄断法。但需要说明的是,如果知识产权的权利专有人滥用权利,对受让人和被许可人的权利造成限制,严重影响竞争对手的利益和损害交易对方的利益,这就属于对竞争的危害,构成限制竞争行为,也要受反垄断法制裁。

(3)特定时期和特定情况下的垄断行为和联合行为。这是指在经济不景气的时期为调整产业结构的合并、兼并以及发生严重灾害及战争情况下的垄断行为。另外,反垄断法对企业间为技术进步与经济发展而实行的协作、对中小企业的联合行为、对发展对外贸易中的国内企业之间的协调行为等一般也予以豁免。

(三)我国反垄断法规制的垄断行为

1. 垄断协议

(1)垄断协议的定义。垄断协议是反垄断法规定的垄断行为之一,垄断协议是指排除限制竞争的协议、决定或者其他协同行为。"协同行为"是指企业之间虽然没有达成明确协议、决议,但进行了沟通,默契地实施了协调的排除、限制竞争的行为。垄断协议主观具有排除、限制竞争的目的或客观产生排除、限制竞争的效果。

(2)垄断协议的分类。根据参与协议的主体,可以将垄断协议分为横向协议和纵向协议。

1)横向垄断协议。横向垄断协议是指在生产或者销售过程中处于同一阶段的经营者之间(如生产商之间、批发商之间、零售商之间等)达成的协议。处于相互竞争关系的经营者之间的横向协议,往往会排除、限制竞争,因此多数横向协议都属于反垄断法所规制的垄断协议。

反垄断法禁止以下几种横向垄断协议:

①固定或者变更商品价格。经营者之间通过垄断协议方式固定和变更商品价格,严重扭曲市场信息,是严重的限制竞争行为,为反垄断法所禁止。②限制商品的生产数量或者销售数量。限制商品的生产或者销售数量将导致市场供给减少,从而引发价格上升,直接损害消费者利益。③分割销售市场或者原材料采购市场。经营者之间对经营地域、客户资源或原材料市场进行分割,限制了商品和原材料供应和经营者自由竞争。④限制购买新技术、新设备或者开发新技术、新产品。通过协议限制新技术的开发与使用,不利于降低成本和提高生产效率,限制并减少了有效竞争。⑤联合抵制交易。经营者联合起来不与其他竞争对手或上下游的生产商或销售商进行交易,是破坏竞争的行为,为反垄断法禁止。⑥国务院反垄断执法机构认定的其他垄断协议。这是针对垄断协议的兜底条款现实经济生活中可能出现一些垄断协议但并不在上述明确列举的垄断协议类型内,这一兜底条款赋予国务院反垄断执法机构一定的自由裁量权,以便应对实践中出现的复杂情况。

2)纵向垄断协议。纵向垄断协议是指在生产或是销售的过程之中处于不同阶段的经营者之间(如生产商与批发商之间、批发商与零售商之间)达成的协议。

反垄断法禁止经营者与交易相对人达成下列纵向垄断协议:

①固定向第三人转售商品的价格。一旦价格竞争被破坏,市场机制就无法发挥作用,因此固定转售商品价格协议与横向的固定价格协议一样,是最为严重的反竞争行为,大多数国家对此类纵向协议适用本身违法原则。②限定向第三人转售商品的最低价格。限制转售商品的最低价格不利于消费者利益,因此我国及大多数国家对其采取本身违法原则。如果是限制转售商品的最高价格,则会限制销售商的涨价幅度,有利于保护消费者,因此许多国家对其采取合理分析原则,我国垄断法也未列入绝对禁止的范围。③国务院反垄断执法机构认定的其他垄断协议。由于不同纵向协议的限制、排除竞争的后果并不相同,因此我国反垄断法在对纵向垄断协议进行具体列举的同时,又规定了一个兜底条款,授权国务院反垄断法机构对明确列举之外的纵向协议是否为垄断协议进行认定。

(3)垄断协议的豁免。

有些垄断协议虽然会产生排除、限制竞争的效果,但有可能在其他方面带来的好处要大于其对竞争秩序的损害,因此反垄断法对这类垄断协议予以豁免,即反垄断法不适用于这类垄断协议。

经营者能够证明所达成的协议属于下列情形之一的,不适用反垄断法对垄断协议禁止的规定。①为改进技术、研究开发新产品;②为提高产品质量、降低成本、增进效率,统一产品规格、标准或者实行专业化分工的;③为提高中小经营者经营效率,增强中小经营者竞争力的;④为实现节约能源、保护环境、救灾救助等社会公共利益的;⑤因经济不景气,为缓解销售量下降或者生产明显过剩的;⑥为保障对外贸易和对外经济合作中的正当利益的;⑦法律和国务院规定的其他情形。

《反垄断法》第十五条第二款规定了经营者承担垄断协议豁免的举证责任,即经营者应当证明所达成的协议不会严重的限制相关市场的竞争,并且能够使消费者分享由此产生的利益。

2. 滥用市场支配地位

反垄断法所称市场支配地位是指经营者在相关市场内具有能够影响控制商品价格、数量或者其他交易条件,或者能够阻碍、影响其他经营者进入相关市场能力的市场地位。反垄断法只是禁止具有市场支配地位的经营者滥用市场支配地位,从事排除、限制竞争的下列7种行为。①以不公平的高价销售商品或者以不公平的低价购买商品;②没有正当的理由,以低于成本的价格销售商品;③没有正当的理由,拒绝与交易相对人进行交易;④没有正当的理由,限定交易相对人只能与其进行交易或者只能与其指定的经营者进行交易;⑤没有正当的理由搭售商品,或者在交易时附加其他不合理的交易条件;⑥没有正当的理由,对条件相同的交易相对人在交易价格等交易条件上实施差别待遇;⑦国务院反垄断执法机构认定的其他滥用市场支配地位的行为。

3. 经营者集中

经营者集中是指经营者通过合并及购买股权或资产等方式进行的企业经营行为。通过经营者集中,可能导致的最直接后果就是同一竞争领域的经营者数量减少,竞争度降低。我国反垄断法第20条规定了经营者集中的3种情况。

①经营者合并。②经营者通过取得股权或者资产的方式取得对其他经营者的控制权。③经营者通过合同等方式取得其他经营者的控制或者能够对其他经营者施加决定性的影响。

我国反垄断法采取事前强制申报制度。经营者集中达到国务院规定的申报标准的,经营者应当事先向国务院反垄断法执法机构申报,未申报的不得实施集中。经营者集中的申报标准是参与集中的经营者作为是否申报并接受反垄断审查的法律依据。我国反垄断法没有明确规定经营者集中的申报标准,而是授权国务院对经营者集中的申报标准作出规定。

经营者集中有下列情形之一的,可以不向国务院反垄断执法机构申报:
①参与集中的一个经营者拥有其他每个经营者50%以上的表决权的股份或资产的;②参

与集中的经营者50%以上有表决权的股份或者资产被同一个参与集中的经营者拥有的。

4. 行政性垄断

滥用行政权力排除、限制竞争是我国体制转型时期经济发展中的重要问题。但由于该行为实施主体的特殊性,反垄断法第5章单独对此进行了规定,主要禁止滥用行政权力指定经营者和商品、限制商品流通、歧视限制外地经营者参加本地招投标、强制经营者从事排除、限制竞争的行为、制订排除限制竞争的规范性文件等。

(1) 限制交易行为。

行政机关和法律、法规授权的具有管理公共事务职能的组织不得滥用行政权力,限定或者变相限定单位或者个人经营、购买、使用其指定的经营者提供的商品。

(2) 妨碍商品流通。

行政机关和法律、法规授权的具有管理公共事务职能的组织不能滥用行政权力,实施妨碍商品在地区之间自由流通的行为。

(3) 歧视限制外地经营者参加本地招投标、在本地投资或者设立分支机构。

行政机关和法律、法规授权的具有管理公共事务职能的组织不得滥用行政权力,以设定歧视性资质要求、评审标准或者不依法发布信息等方式,排斥或者限制外地经营者参加本地招投标活动;不得滥用行政权力,采取本地经营者不平等待遇等方式,排斥或者限制外地经营者在本地投资或者设立分支机构。

(4) 强制从事垄断行为。

行政机关和法律、法规授权的具有管理公共事务职能的组织不得滥用行政权力,强制经营者从事反垄断法所禁止的垄断行为。经营者是市场经济的主体,享有法律规定范围内的经营自主权。受传统计划经济体制的影响,有些行政机构还试图运用行政手段调控本地区本部门经济的发展,但这些做法违背市场经济的基本规律,限制了经营者的经营自主权,损害了消费者的合法权益,为反垄断法所禁止。

(5) 抽象行政垄断行为。

行政机关不得滥用行政权力,制定含有排除、限制竞争内容的规定。这是禁止行政机关以抽象行政行为排除、限制竞争的法律规定,行政行为分为具体行政行为和抽象行政行为;具体行政行为是指行政机关针对特定的人或事做出直接产生法律法律后果的行为;抽象行政行为是以不特定的人或事为对象制定出具有普遍约束力的规范性文件的行为。由于抽象行政行为效力具有普遍性,可以反复使用并创立了一种新的行为模式,因此以抽象行政行为限制、排除竞争的后果比具体行政行为更为严重。

三、对垄断行为的监督检查

国务院设立反垄断委员会,负责组织、协调、指导反垄断工作,履行下列职责:①研究拟定有关竞争政策;②组织调查、评估市场总体竞争状况,发布评估报告;③制定、发布反垄断指南;

④协调反垄断行政执法工作;⑤国务院规定的其他职责。国务院反垄断委员会的组成和工作规则由国务院规定。

国务院规定的承担反垄断执法职责的机构依照反垄断法规定,负责反垄断执法工作。国务院反垄断执法机构根据工作需要,可以授权省、自治区、直辖市人民政府相应的机构,依照反垄断法规定负责有关反垄断执法工作。

四、法律责任

(1)经营者违反垄断法规定,达成并实施垄断协议的,由反垄断执法机构责令停止违法行为,没收违法所得,并处上一年度销售额1%以上10%以下的罚款;尚未实施所达成的断协议的处50万以下的罚款。经营者主动向反垄断执法机构报告达成垄断协议的有关情况并提供重要证据的,反垄断执法机构可以酌情减轻或者免除对该经营者的处罚。行业协会违反垄断法规定,组织本行业的经营者达成垄断协议的,反垄断执法机构可以处50万元以下的罚款;情节严重的,社会团体登记管理机关可以依法撤销登记。

(2)经营者违反垄断法规定,滥用市场支配地位的,由反垄断执法机构责令停止违法行为,没收违法所得,并处上一年度销售额1%以上10%以下罚款。

(3)经营者违反垄断法规定实施集中的,由国务院反垄断执法机构责令停止实施集中、限期处分股份或者资产、限期转让营业及采取其他必要措施恢复到集中前状态,可以处50万元以下的罚款。

经营者实施上述3种垄断行为,给他人造成损失的,依法承担民事责任。

(4)行政机关和法律、法规授权的具有管理公共事务职能的组织滥用行政权力,实施排除、限制竞争行为的,有上级机关责令改正;对直接负责的主管人员和其他直接责任人员依法给予处分。反垄断执法机构可以向有关上级机关提出依法处理的建议。法律、行政法规对行政机关和法律、法规授权的具有管理公共事务职能的组织滥用行政权力实施排除、限制竞争行为的处理另有规定的,依照其规定。

(5)对反垄断执法机构依法实施的审查和调查,拒绝提供有关材料、信息,或者提供虚假材料、信息,或者隐匿、销毁、转移证据,或者有其他拒绝、阻碍调查行为的,由反垄断执法机构责令改正,对个人可以处2万元以下的罚款,对单位可以处20万元以下的罚款;情节严重的,对个人处2万元以上10万元以下的罚款,对单位处20万以上100万元以下的罚款;构成犯罪的,依法追究刑事责任。

(6)反垄断执法机构工作人员滥用职权、玩忽职守、徇私舞弊或者泄露执法过程中知悉的商业秘密,构成犯罪的,依法追究刑事责任;尚不构成犯罪的,依法给予处分。

五、案例评析示例

1. 案情

2004年3月,某市一居民小区竣工,水、电、气等有待开通,竣工验收时,煤气公司的验收人员发现小区所用的煤气灶和热水器不是煤气公司指定的有关企业的产品,就认为不符合要求不能通气。承建小区的单位辩称:我们选用的煤气灶和热水器是具有生产许可证的企业通过认证的优质产品,质量好,价格合理,比煤气公司指定的产品畅销。煤气公司的领导要挟:必须换上煤气公司指定的产品,否则不能通气,以免出现安全问题。

2. 处理结果

依照我国《反垄断法》的规定:滥用市场支配地位的,由反垄断执法机构责令其停止违法行为,没收违法所得,并处上一年度销售额1%以上10%以下罚款。

3. 评析

煤气公司限定用户必须安装某种牌号的煤气灶和热水器,就构成了强制性交易行为。煤气灶、热水器等燃气具并不是国家授权由煤气公司统一经营的,而是由多家企业生产、经营,他们可以提供大体相同质量、相同价格和性能的多种商品,由用户自由选择。在这些生产、经营煤气、燃气具的经营者之间,本来是处于公平竞争地位,但是公用企业限定购买其所指定的经营者的商品,实际上是强制性地安排他人的交易活动。用户选择的煤气灶,其实符合国家标准,煤气公司假借安全问题为理由是不成立的,限制了用户的自由选择权,限制了燃气具生产、经营企业之间的公平竞争。

第三节 消费者权益保护法

一、消费者权益保护法概述

消费者权益保护法是调整在保护消费者权益过程中发生的经济关系的法律规范的总称。消费者权益保护法的调整对象是在保护消费者权益过程中发生的经济关系。

(一)"消费者"的含义

我国《消费者权益保护法》中的消费者,是指为生活消费需要而购买、使用商品或接受服务的个人。消费者具有的法律特征是:消费特征属生活消费;消费客体是商品或服务;消费方式包括购买、使用商品和接受服务;消费主体是指公民个人。农民购买、使用直接用于农业生产的生产资料时,也可列入消费者的范围。

(二)"消费者权益"的含义

消费者权益是指消费者依法享有的权利及该权利受到保护时而给消费者带来的应得利

益。其核心是消费者的权利,因为它是消费者所享有的一种最基本的人权——生存权的重要组成部分。消费者权利与传统民法上的权利在性质上是不同的。传统民法上的权利乃是基于"经济人对经济人的平等关系"上的权利。而消费者权利所产生的关系,是生产者与消费者之间的关系,在实质上是不平等的关系,是强者对弱者的关系。消费者权利正是以这种不平等关系为基础,其目的在于对消费者的弱者地位予以补救。

（三）消费者权利的起源和发展

消费者权利的概念,源于消费者运动和消费者权益保护法律对消费者的保护,是随着消费者运动的发展而逐步得到确认和发展的。

19世纪末20世纪初,资本主义由自由竞争发展到垄断阶段,消费者的地位日益恶化,消费者运动兴起,在消费者运动中,逐步提出对消费者进行特殊保护的"消费者主义"、消费权利等思想。一般认为,对"消费者权利"的概念首次加以明确概括的,是美国总统肯尼迪。1962年3月15日,肯尼迪向国会提出了"关于保护消费者利益的总统特别国情咨文",将消费者的权利概括为安全保障权,知悉真情权,自主选择权,提出建议权。这些权利为各国所接受并得到发展。也正因为其重要意义,1983年国际消费者组织联盟做出决定,将3月15日定为"国际消费者权益日"。

1993年我国颁布了《中华人民共和国消费者权益保护法》,根据消费法律关系的客观要求,广泛借鉴了各国消费者保护立法的经验与教训,规定了消费者的9项权利及经营者的相应义务,并以专章的形式规定了消费者权益的国家保护和社会保护。

二、我国《消费者权益保护法》所确认的消费者权利

（一）保障安全权

保障安全权是消费者最基本的权利。它是消费者在购买、使用商品和接受服务时所享有的保障其人身、财产安全不受损害的权利。由于消费者取得商品和服务是为了生活消费,因此,商品和服务必须绝对可靠,必须绝对保证商品和服务的质量不会损害消费者的生命和健康。消费者依法有权要求经营者提供的商品和服务必须符合保障人身、财产安全的条件。

消费者的保障安全权包括人身安全权和财产安全权。其主要表现为：

（1）经营者提供的商品应具有合理的安全性,不得提供有可能对消费者人身及财产造成损害的不合格产品或服务；

（2）经营者提供的服务必须有可靠的安全保障；

（3）经营者提供的消费场所应当具有必要的安全保障。

消费者保障安全权的实现主要是通过国家制定卫生、安全等标准,并加强监督检查来实现的。

(二)知悉真情权

知悉真情权,或称获取信息权、知情权、了解权,是消费者享有的知悉其购买、使用的商品或接受的服务的真实情况的权利。知情权是法律赋予消费者的一项基本权利,也是消费者购买、使用商品或接受服务的前提,应当得到经营者的尊重。根据我国消费者权益保护法的规定,消费者知情权的内容主要包括以下方面:

(1)关于商品或服务的基本情况。如商品的名称、商标、产地、生产者名称、生产日期,服务的内容、规格、费用等。

(2)关于商品的技术状况。主要包括商品的用途、性能、规格、等级、所含成分、有效期限、使用说明书、检验合格证等。

(3)关于商品或服务的价格以及商品的售后服务情况。

知情权作为消费者的一项法定权利,其实现受到法律的严格保护。根据消费者权益保护法的规定,消费者可以通过下述方式来实现自己的知情权:①消费者有权要求经营者按照法律、法规规定的方式标明商品或服务的真实情况。②消费者有权向经营者询问和了解商品或服务的有关情况,经营者有义务回答。③消费者因被欺诈或引人误解的宣传而与经营者交易的,有权主张该交易无效。

(三)自主选择权

选择权即消费者享有的自主选择商品或服务的权利,是民法中平等自愿原则在消费交易中的具体表现。其内容包括以下几个方面:①选择提供商品或服务的经营者的权利;②选择商品品种或服务方式的权利;③自主决定购买或不购买任何一种商品或服务的权利;④对商品或服务进行比较、鉴别和挑选的权利。

《反不正当竞争法》规定:经营者销售商品,不得违背购买者的意愿搭售商品或附加其他不合理的条件,不得进行欺骗性的有奖销售或以有奖销售为手段推销质次价高的商品或进行巨奖销售;政府及其部门不得滥用权力限定他人购买其指定的经营者的商品,限制外地商品进入本地或本地产品流向外地,这也是对消费者选择权的有力保护。

在消费者行使其自主选择权时,有两个问题应予注意:第一,必须合法行使,不得滥用自主选择权,即其选择权的行使必须符合法律的规定,尊重社会公德,不侵害国家、集体和他人的利益。第二,消费者的自主选择权并不排除经营者向消费者进行商品、服务的介绍和推荐。

(四)公平交易权

消费者的公平交易权,是指消费者在与经营者之间进行的消费交易中享有的获得公平的交易条件的权利。

公平交易的核心是消费者以一定数量的货币可换得同等价值的商品或服务。这是实际衡量消费者的利益是否得到保护的重要标志。此外,衡量是否公平交易,还包括:在交易过程中,当事人是否处于自愿,有无强制性交易或歧视性交易的行为;消费者是否得到实际上的满足或心理的满足等。

根据《消费者权益保护法》第十条的规定,公平交易权包括以下内容:

(1)获得商品或服务质量的保障的权利。这是公平交易的前提。消费者有权要求商品或服务符合国家规定的质量标准。

(2)要求价格合理的权利。即商品或服务的价格应与其价值大体相符。在制定商品价格和收费标准时,必须按照国家规定的权限和程序以及国家的《价格法》等法律的相关规定执行。

(3)要求计量正确的权利。计量正确包括两层含义:一是计量器具的使用要符合法律、法规的规定。二是计量准确,数量充足。

(4)拒绝经营者的强制交易行为的权利。强制交易是经营者违背消费者的意愿,采取各种手段强行推销产品,主要表现是,威胁、利诱消费者购买其商品或接受其服务;采取胡搅蛮缠的方法,尾随、硬拖消费者接受其商品或服务;采取先斩后奏的方法,硬性强塞迫使消费者购物付款等方法。

(五)依法求偿权

即消费者在因购买、使用商品或接受服务受到人身、财产损害时,依法享有的要求并获得赔偿的权利。依法求偿权是弥补消费者所受到损害的必不可少的救济性权利。

消费者的求偿权实质上是一种民事索赔权,但其除具有一般民事索赔权的特征外,还有其自身的经济法特点:

(1)消费者的求偿权仅存在于消费领域。其只发生于消费者与经营者之间,即消费者只可向相关的经营者主张这一权利。

(2)消费者的求偿权中有惩罚性赔偿的规定。我国《消费者权益保护法》从保护社会弱者的宗旨出发,规定了对不法经营者的惩罚性赔偿责任。

(六)依法结社权

消费者的依法结社权是指消费者享有的依法成立维护自身合法权益的社会团体的权利。依法结社权是随着消费者运动的兴起而在法律上的必然表现。因为消费者是孤立的、分散的个体社会成员,而其面对的经营者却时常表现为具有强大的经济实力的企业,双方实力悬殊巨大,因此不可能实现实质上的平等。同时,经营者为了垄断市场而常常进行联合,这就使消费者更处于不利的地位。因此消费者有必要组织起来,消费者有权自己建立自己的组织,实现自我救济、自我教育。另外,它还是宪法规定的结社权在消费领域的具体体现。

消费者的结社权是十分重要的,它使消费者能够从分散、弱小走向集中和强大,并通过集体的力量来改变自己的弱小地位,以与实力雄厚的经营者相抗衡。因此,对消费者的依法结社权应予保障,政府对合法的消费者团体不应加以限制,并且,在制定有关消费者方面的政策和法律时,还应向消费者团体征求意见,以求更好地保护消费者权利。

(七)接受教育权

接受教育权也称获取知识权,是从知悉真情权中引申出来的一种消费者权利,它是消费者所享有的获得有关消费和消费者权益保护方面的知识的权利。与其他消费者权利不同的是,消费者的接受教育权既是消费者的权利,又是消费者的义务。我国《消费者权益保护法》第十三条规定:"消费者享有获得有关消费和消费者权益保护方面的知识的权利。消费者应当努力掌握所需商品或者服务的知识和使用技能,正确使用商品,提高自我保护意识。"这种法律表述说明,消费者的接受教育权兼具权利和义务的双重属性。

消费者的接受教育权的内容主要包括两个方面:

(1)获得消费知识教育的权利。即获得关于商品、服务、市场、消费心理等方面的知识,具体指与消费者正确地选购、公平地交易、合理地使用商品或者接受服务有关的知识。

(2)获得消费者权益保护知识教育的权利。主要是指获得消费者权益保护方面的知识,涉及消费者权利、经营者义务;消费者在其合法权益受到侵害时应该如何保护自己,消费者在行使权利过程中应该注意的问题等。

只有保障消费者的接受教育权,才能使消费者更好地掌握所需商品或服务的知识和使用技能,已使其正确使用商品,提高自我保护意识。由于厂商与消费者在信息、实力等方面的差距越来越大,因此,在今天强调消费者要接受教育,获取相关知识,以提高自我保护的能力,已变得越来越重要。

(八)获得尊重权

获得尊重权是指消费者在购买、使用商品和接受服务所享有的其人格尊严、民族风俗习惯得到尊重的权利。尊重消费者的人格尊严和民族习俗,是社会文明进步的表现,也是尊重和保障人权的重要内容。

消费者的受尊重权分为消费者的人格尊严受尊重和民族风俗习惯受尊重两部分。前者主要是指消费者在购买、使用商品和接受服务时所享有的姓名、名誉、荣誉、肖像等人格不受侵犯的权利。消费者的民族风俗习惯获得尊重,是指在消费时其民族风俗习惯不受歧视、不受侵犯,并且经营者应当对其民族风俗习惯予以充分的尊重和理解,在可能的情况下,应尽量满足其带有民族意蕴的特殊要求。

(九)监督批评权

消费者的监督批评权,是指消费者对于商品和服务以及消费者保护工作进行监察和督导的权利。依据我国《消费者权益保护法》的规定,消费者享有对商品和服务以及保护消费者权益工作进行监督的权利。此外,消费者有权检举、控告侵害消费者权益的行为和国家机关及其工作人员在保护消费者权益工作中的违法失职行为,有权对保护消费者权益工作提出批评、建议。

三、经营者的义务

(一)经营者义务概述

1. 经营者的概念

经营者是向消费者提供其生产、销售的商品或者提供服务的公民、法人或者其他经济组织,他是以营利为目的从事生产经营活动并与消费者相对应的另一方当事人。

《消费者权益保护法》规定的经营者具有以下三个基本特征:

(1)经营者包括生产者、销售者和服务者。经营者的经营活动,不单指商品销售,也包括商品的生产和有偿服务活动,这是市场经济条件下经营的基本含义。

(2)经营者是与消费者相对应的另一方当事人。按照我国有关法律法规的规定,经营者应当是依法登记注册的从事生产经营活动的单位和个人。但在实践中,向消费者提供商品或服务的单位和个人也存在未登记注册的,这其中有依法不需登记注册的,如医院及进入集贸市场销售自产的农副产品的农民等,其在向消费者提供商品或服务时,处于与消费者对应的另一方当事人的地位,属于《消费者权益保护法》中的经营者。

(3)经营者提供商品或服务以营利为目的。

(二)经营者的义务

1. 经营者义务的概念

经营者的义务,是指法律(主要是与消费者权益保护相关的法律、法规、规章)规定或者消费者与经营者约定的,在消费过程中经营者必须对消费者做出一定行为或者不做出一定行为的约束。经营者的义务与消费者的权利是对立统一的概念。

2. 经营者义务的特征

经营者的义务可以从以下几个方面理解:

(1)义务主体是经营者,具体包括生产者、销售者和提供服务者;

(2)义务可以表现为消费者要求经营者做出一定行为,也可以表现为要求经营者必须抑制一定的行为;

(3)经营者的义务是由法律规定的或是与消费者约定的;

(4)经营者义务的履行是由国家强制力保障的。

3. 义务的种类

《消费者权益保护法》第十六条规定:"经营者向消费者提供商品或者服务,应当依照《中华人民共和国产品质量法》和其他有关法律、法规的规定履行义务。经营者与消费者有约定的,应当按照约定履行义务,但双方的约定不得违背法律、法规的规定。"据此,可将经营者的义务划分为法律规定的义务和当事人双方约定的义务两种类型。

(1)法定义务。法定义务,是指由法律、法规、规章直接规定的经营者应当承担的义务,是消费者与经营者进行交易时无须另行约定的义务,经营者必须予以履行。

(2)约定义务按照民事活动的意思自治原则,经营者与消费者在进行某项具体消费交易时,可以就双方的义务进行约定。约定义务在很大程度上是经营者义务的扩大化。

但应指出,经营者与消费者的约定义务不能违背法律法规的规定,否则就会因违法而无效。同时,就约定义务与法定义务的关系而言,法定义务是对经营者最基本的要求,是经营者应当履行的最低标准,它具有不可抛弃性与不可更改性。因此,经营者与消费者的约定义务,不得减轻或免除经营者的法定义务。经营者对消费者的约定义务一旦依法确立,就对经营者具有法律约束力,经营者必须依法履行。

(三)经营者的具体义务

1. 依法定或约定履行义务的义务

经营者向消费者提供商品或服务,应当依照我国的《产品质量法》和其他有关法律、法规的规定履行义务,即经营者必须依法履行其法定义务。此外,经营者和消费者有约定的,应当按照约定履行义务,但双方的约定不得违背法律、法规的规定。可见,在不与强行法规定发生抵触的情况下,经营者应依约定履行义务。

经营者提供商品或服务,按照国家规定或与消费者的约定,承担包修、包换或者其他责任的,应当按照国家规定或者约定履行,不得故意拖延或无理拒绝。这是该法为体现上述法定或约定履行义务的精神而作的具体规定。

2. 听取意见和接受监督的义务

我国《消费者权益保护法》第十七条规定:"经营者应当听取消费者对其提供的商品或服务的意见,接受消费者的监督。"

经营者听取消费者意见,接受消费者监督的义务,是与消费者的监督批评权相对应的。经营者听取消费者的意见,主要通过与消费者面对面的交流,书面征询消费者的意见,从新闻媒介了解消费者对商品和服务的看法与反映等方式来进行。经营者接受消费者监督,主要是通过设立意见箱、意见簿、投诉电话,及时处理消费者的投诉,自觉接受消费者的批评等方式进行。

听取消费意见,接受消费者监督是经营者的法定义务,经营者必须履行。法律规定经营者的此项义务,有利于提供和改善消费者的地位。

3. 保障人身和财产安全的义务

消费者的人身财产安全是其最基本的利益所在,安全权亦是消费者最基本的权利,消费者的这一权利要得到实现,就必须要求经营者提供的商品和服务具有可靠的安全性。《消费者权益保护法》第十八条规定了经营者保障消费者人身和财产安全的义务,主要内容包括:

(1)确保商品或服务符合安全要求。即经营者提供的商品和服务应当具有人们合理期待的安全性。在我国,凡具有国家安全标准和行业安全标准的,符合这些标准,即为具有安全性;没有标准的,若不存在不合理的危险,亦被认为具有安全性。

(2)对可能危及人身、财产安全的商品和服务,应当向消费者做出真实的说明和明确的警示,并说明和标明正确使用商品或者接受服务以及防止危害的方法。

(3)在发现商品或服务存在严重缺陷时采取必要措施。这主要针对一些在投放市场前或在消费者接受服务前,经营者自身尚未意识到存在危险的商品和服务。对于这些商品和服务,若经营者发现存在严重缺陷,即使正确使用商品和服务仍然可能对人身、财产安全造成危害时,经营者应当采取以下补救措施:立即向行政部门报告和告知消费者,并采取防止危害发生的措施。

4. 提供真实信息的义务

我国《消费者权益保护法》第十九条规定了经营者的这一义务。其主要包括以下内容:

(1)经营者应当向消费者提供有关商品和服务的真实信息,不得做引人误解的虚假宣传。

(2)对消费者就其提供的商品或服务的质量和使用方法等具体问题提出的询问,应当做出真实、明确的答复。

(3)在价格标示方面,商店提供商品应当明码标价。

经营者的此项义务是与消费者的知悉真情权相对应的。商品经济中信息失真现象是引起消费者问题的原因之一。消费者对商品或服务正确地判断、评价、选择、使用,均有赖于经营者提供必要的真实信息。因此,此项义务有助于克服信息失真的消极影响,改善消费者的地位。

5. 标明真实名称和标记的义务

经营者的名称,是其法律人格的体现;经营者的标记一般由企业商品的商标、本企业的形象设计等方面表现。其共同承载着经营者的商誉,是经营者的无形财产。我国《消费者权益保护法》第二十条规定了经营者的此项义务。

该义务的内容有:经营者应当标明其真实名称和标记;租赁他人柜台或场地的经营者,应当标明其真实名称和标记。

规定经营者的此项义务有两方面的意义,一是有利于消费者做出正确的判断、选择,避免上当受骗;二是便于消费者救济。此外,其还是消费者知悉真情权的延伸。

6. 出具相应凭证和单据的义务

购货凭证和服务单据通常表现为发票、收据、保修单等形式,它是经营者与消费者之间签订的合同凭证,是消费者借以享受有关权利以及在其合法利益受到损害时向经营者索赔的依据。在消费者利益受到损害的情况下,有关凭证单据可作为申诉、仲裁、诉讼程序中确定当事人责任的直接证据。

我国《消费者权益保护法》第二十一条规定了三种情况,经营者负有出具购货凭证或服务单据的义务:

(1)依照国家有关规定应当出具的。包括有关法律、法规、规章等的规定。

(2)依照商业惯例应当出具的。主要指在一些商品交换领域,由于长期交易活动而成为习惯,并逐渐形成的为所有参与交易者公认并普遍遵行的习惯做法。

(3)消费者索要购货凭证或者服务单据的。

这种规定明确了经营者出具凭证和单据的义务,有利于保护消费者权益。

7. 保证商品和服务质量的义务

质量是一切商品或者服务的灵魂,也是决定消费者是否与经营者进行交易的关键。所以,保证商品或服务的质量,是经营者的应尽之责。根据我国《消费者权益保护法》第二十二条的规定,经营者的质量义务包括以下含义:

(1)经营者的质量义务以消费者正常使用商品或接受服务为前提。正常使用一般为消费者按照正常的理解和商品或服务的说明而使用,而不是出于主观想象。

(2)经营者应当保证在正确使用商品或接受服务的情况下其提供的商品或服务应当具有相应的质量、性能和用途,亦即商品或服务应当具有适用性,能满足消费者的消费需求。

(3)消费者在购买该商品或接受该服务前已经知道其存在瑕疵的,经营者不受上述质量义务的约束。所谓瑕疵,是指商品或服务存在非根本性的缺点,亦即该商品的使用或该服务的接受并不导致对人体健康和财产安全的危害,仅是在质量、性能、用途上不能完全达到商品或者服务应有的质量要求。

(4)经营者以广告、产品说明、实物样品或其他方式表明商品或者服务的质量状况的,应当保证其提供的商品或服务的实际质量与表明的质量状况相符。

8. 不得从事不公平、不合理的交易

有些经营者从自己的利益出发,通过各种单方面的对消费者做出不公平、不合理的规定,并以此来减轻或免除自己应承担的责任。对此,《消费者权益保护法》第二十四条规定:"经营者不得以格式合同、通知、声明、店堂告示等方式做出对消费者不公平、不合理的规定,或者减轻、免除其损害消费者合法权益应当承担的民事责任。格式合同、通知、声明、店堂告示等含有前款所列内容的,其内容无效。"

格式合同,是指经营者事先制定好的对于经营者与消费者的权利与义务做出完整规定的合同。此种合同于消费者购买商品或接受服务时成立。店堂告示是指经营者在其经营场所内悬挂、张贴的带有警示性的标语、标牌,其内容主要是以经营者的口吻告诫消费者在购买商品或接受服务时应注意的事项或者是一些商业上的惯常用语。通知、声明,也是经营者的一种单方行为,是经营者单方面做出的合乎其主观意志的意思表示。

9. 不得侵犯消费者的人格尊严和人身自由的义务

这项义务是与消费者的人格尊严受尊重权相对应的。消费者的人身权是其基本人权,消费者的人身自由、人格尊严不受侵犯。具体表现为:经营者不得对消费者进行侮辱、诽谤,不得搜查消费者的身体及其携带的物品,不得侵犯消费者的人身自由。

四、争议的解决和法律责任

(一)争议的解决途径

为便于消费者依法行使权利,充分保护消费者的合法权益,我国《消费者权益保护法》对消费者和经营者之间发生的消费者权益争议,规定了以下解决途径,供消费者选择:(1)与经营者协商和解;(2)请求消费者协会调解;(3)向有关行政部门申诉;(4)根据与经营者达成的仲裁协议提请仲裁机构仲裁;(5)向人民法院提起诉讼。

(二)赔偿主体及程序

在现代社会化大生产的条件下,社会分工越来越细,社会协作越来越紧密,产品从生产者手中流入消费者手中,期间经过的环节日趋复杂。当消费者权益受到损害后,要凭借自身的力量,直接向真正的责任者要求赔偿,已变得十分艰难。为保证消费者在受到侵害之后能有效地行使自己的索赔权,法律针对不同情形的损害,规定了赔偿主体及程序:

(1)消费者在购买、使用商品时,其合法权益受到损害的,可以向销售者要求赔偿。销售者赔偿后,属于生产者的责任或者属于向销售者提供商品的其他销售者的责任的,销售者有权向生产者或者其他销售者追偿。

(2)消费者或其他受害人因商品缺陷造成人身、财产损害的,可以向销售者要求赔偿,也可以向生产者要求赔偿。属于生产者责任的,销售者赔偿后,有权向生产者追偿;属于销售者责任的,生产者赔偿后,有权向销售者追偿。

(3)消费者在接受服务时,其合法权益受到损害的,可以向服务者要求赔偿。

(4)消费者在购买、使用商品或者接受服务时,其合法权益受到损害,因原企业分立、合并的,可以向变更后的承受其权利义务的企业要求赔偿。

(5)使用他人营业执照的违法经营者提供商品或者服务,损害消费者合法权益的,消费者可以向其要求赔偿,也可以向营业执照的持有者要求赔偿。

(6)消费者在展销会、租赁柜台购买商品或者接受服务,其合法权益受到损害的,可以向销售者或者服务者要求赔偿。展销会结束或者柜台租赁期满后,也可以向展销会的举办者、柜台的出租者要求赔偿。展销会的举办者、柜台的出租者赔偿后,有权向销售者或者服务者追偿。

(7)消费者因产品经营者利用虚假广告提供商品或者服务,其合法权益受到损害的,可以向产品经营者要求赔偿。广告经营者发布虚假广告的,消费者可以请求行政主管部门予以惩处。广告经营者不能提供产品经营者的真实名称、地址的,由广告经营者承担赔偿责任。

(三)侵犯消费者权益的民事责任

1.关于民事责任的一般规定

经营者提供商品服务有下列情形之一的,除《消费者权益保护法》另有规定的以外,应当按照《产品质量法》和其他有关法律、法规的规定承担民事责任:(1)商品存在缺陷;(2)不具备商品应当具备的使用性能而在出售时未作说明;(3)不符合在商品或者其包装上注明采用的商品标准;(4)不符合商品说明、实物样式等方式表示的质量状况;(5)生产国家明令淘汰的商品或者销售失效、变质的商品;(6)销售的数量不足;(7)服务的内容和费用违反约定;(8)对消费者提出的修理、重做、更换、退货、补足商品数量、退还货款和服务费用或者赔偿损失的要求,故意拖延或者无理拒绝;(9)法律、法规规定的其他损害消费者权益的情形。

2. 侵犯消费者人身的民事责任的专门规定

它具有某些损害不可计量性的特点,其具体内容如下:

(1)经营者提供商品或者服务,造成消费者或者他人人身伤害的,应当支付医疗费、治疗期间的护理费、因误工减少的收入等费用;造成残疾的,还应当支付残疾者生活自助用具费、生活补助费、残疾赔偿金以及由其扶养的人所必需的生活费等费用。

(2)经营者提供商品或者服务,造成消费者或者其他受害人死亡的,应当支付丧葬费、死亡赔偿金以及由死者生前扶养的人所必需的生活费等费用。

(3)经营者侵犯消费者的人格尊严或者侵犯消费者人身自由的,应当停止侵害、恢复名誉、消除影响、赔礼道歉,并赔偿损失。

3. 侵犯消费者财产权的民事责任的专门规定

它具有损害可估量性,其具体内容如下:

(1)经营者提供商品或者服务,造成消费者财产损害的,应当按照消费者的要求,以修理、重做、更换、退货、补足商品数量、退还货款和服务费用或者赔偿损失等方式承担民事责任。消费者与经营者另有约定的,按照约定履行。

(2)对国家规定或者经营者约定包修、包换、包退的商品,经营者应当负责修理、更换或者退货。对包修、包换、包退的大件商品,消费者要求修理、更换、退货的,经营者应当承担运输等合理费用。

(3)经营者以邮购方式提供商品的,应当按照约定提供;未按照约定提供的,应当按照消费者的要求履行约定或者退回货款,并应当承担消费者必须支付的合理的费用。

(4)经营者以预收款方式提供商品或者服务的,应当按照约定提供;未按照约定提供的,应当按照消费者的要求履行约定或者退回预付款货款,并应当承担预付款货款的利息和消费者必须支付的合理费用。

(5)依法经有关行政部门认定为不合格的商品,消费者要求退货的,经营者应当负责退货。

(6)经营者提供商品或者服务有欺诈行为的,应当按照消费者的要求增加赔偿,其金额为消费者购买商品的价款或者接受服务的费用的一倍。

五、案例评析示例

案例一

1. 案情

2006年6月,吉林省某县江口村农民向该县农业技术综合服务公司购买了农药乐果。施用后,农田中的虫害未见好转。有些农民将残药送到县农业技术鉴定所进行抽样鉴定,结果表明:该批农药的含药量大大低于标准含药量,药性不良,属劣质农药。农民们持鉴定结论和购药发票到县农业技术综合服务公司,要求赔偿药款和全部经济损失。但该公司只同意退还药款,拒绝承担其他责任。农民们遂向县人民法院起诉,要求依据《消费者权益保护法》判令公司赔偿药款和全部经济损失;并要求根据该法第四十九条,认定该公司的销售行为为欺诈行为,判令其增加赔偿药款的1倍。该公司在答辩时称,《消费者权益保护法》第二条规定该法仅保护进行生活消费的消费者权益,而农民购买农药和使用农药不是生活消费,是农业生产性消费,因此不属于该法的保护范围。

2. 处理结果

法院经审查表明,该公司销售的农药确属劣质农药,给购买者和使用者造成巨大经济损失。法院根据《消费者权益保护法》和《产品质量法》等法律、法规的规定,判令该公司赔偿全部药款和全部经济损失,并增加赔偿药款的1倍。

3. 评析

本案中的县人民法院适用《消费者权益保护法》保护进行农业生产性消费的农民这一特殊消费者群,是符合法律的有关规定的。从原则上,《消费者权益保护法》只保护为生活消费需要购买、使用商品或接受服务的消费者;为生产消费需要而购买、使用商品或接受服务的消费者权益不受该法保护,而由其他法律保护。农民购买和使用种子、化肥、农药等生产资料进行农业生产,属于典型的生产消费。但考虑到我国目前农业生产规模不发达,生产单位以家庭联产承包为主,不具有规模效益,并且农民在购买使用农业用生产资料时经常受到伪、劣农药、种子等的侵害,而其合法权益又很难得到救济,《消费者权益保护法》第五十四条作了特别规定:"农民购买、使用直接用于农业生产的生产资料,参照本法执行。"这样,我国《消费者权益保护法》将直接进行农业生产消费的农民这一特殊消费群体纳入该法的保护范围之内。这是我国《消费者权益保护法》的一大特色。特别适用该法的农业生产消费必须具备以下要件:

(1)消费的主体是农民。农民不仅包括农民个人,还包括农户、农村承包经营户以及直接进行农业生产的农村集体经济组织。(2)消费的客体必须是直接用于农业生产的生产资料。农民购买、使用非农业生产资料或者购买农业生产资料用于非农业生产的,不得适用《消费者权益保护法》。(3)消费的方式仅限于购买和使用商品,而不包括接受服务。

在本案中,农民购买农药直接用于庄稼的虫害整治,属于典型的农业生产消费行为。这一行为完全符合《消费者权益保护法》第五十四条的规定,应适用该法。县农业技术综合服务公司的理解是片面的。该公司使用欺诈手段销售劣质商品,给消费者造成严重经济损失,根据《消费者权益保护法》第四十条、第四十九条和五十条的规定以及《产品质量法》第二十七条、第三十八条的规定,应该责令其停止销售,没收其违法所得并处违法所得1倍以上5倍以下罚款;同时,判令其赔偿农民的全部经济损失,并双倍赔偿药款。

案例二

1. 案情

林琛到某电子城购买收录机,并告诉售货员需要功能多的,最好能自动翻带。售货员拿起一台收录机,说这是目前市面上出售的同类产品中功能最齐全的,除了具备一般收录机的功能外,还有自动翻带功能等。林某选了一台,并要求当场试其性能。售货员说:"甭试了!这产品的质量等其他情况和产品说明书上表明的一样,不会有质量问题的,好多顾客买了反映不错!"林琛仔细看了产品说明书,发现与售货员说的一样,于是信以为真,买了一台。但回家却发现该收录机,只是一台普通收录机并无产品说明书上声称的那些功能。其当即赶回电子城,找到原售货员要求退货。售货员问:"有质量问题吗?""没质量问题退什么货?我们卖的都是符合标准的合格产品!"

林琛向法院起诉,要求解除其与电子城买卖合同关系。

2. 处理结果

法院受理了此案。在法院开庭审理时,被告电子城辩称,我城销售的乃合格产品,无质量瑕疵;而且价格合理的,因此没有理由退货。法院经查明事实后,依照《消费者权益保护法》和《产品质量法》判令电子城立即退货,退还林琛的购货款并赔偿损失150元。

3. 评析

本案中,经营者违背了提供真实信息的义务和产品质量保证的义务,侵犯了消费者的知情权。消费者有权依据《消费者权益保护法》和《产品质量法》等的规定,要求经营者承担责任。经营者以产品合格和价格合理为由主张免责,不能成立。现实中多有此种误解:只要销售的产品有合格证明,是合格产品销售者即可凭此免除其他一切责任;而消费者则明知不合理,亦无从反驳。其实,产品经检验合格,只是表明其符合了其依法所采用的质量标准所规定的各项技术指标,是对产品质量的一般保证。根据我国《消费者权益保护法》第二十二条的规定,经营者负有保障商品和服务质量的义务,其包括以下含义:

经营者的质量义务以消费者正常使用商品或接受服务为前提:

(1)经营者应当保证在正确使用商品或接受服务的情况下其提供的商品或服务应当具有相应的质量、性能、用途和有效期。(2)经营者以广告、产品说明、实物样品或其他方式表明商品或者服务的质量状况的,应当保证其提供的商品或服务的实际质量与表明的质量状况相符;(3)消费者在购买该商品或接受该服务前已经知道其存在瑕疵的,经营者不受上述质量约束。

此外,《消费者权益保护法》第十九条规定经营者负有提供真实信息的义务,其主要包括以下内容:(1)经营者应当向消费者提供有关商品和服务的真实信息,不得做引人误解的虚假宣传;(2)对消费者就其提供的商品或服务的质量和使用方法等具体问题的询问,应当做出真实、明确的答复;(3)在价格标示方面,商店提供商品应当明码标价。

消费者的知情权,是指消费者享有的知悉其购买、使用的商品或接受服务的真实情况的权利。我国《消费者权益保护法》第八条第一款明确规定了消费者的这一权利,并在第二款以经营者义务的方式对消费者的知情权加以强调和保证。为确保消费者知情权,消费者可以要求经营者提供商品或服务的有关信息。这些信息的内容主要包括三类:第一类是关于商品或服务的基础情况,如商品名称、产地、生产者名称、生产日期、商标等;第二类商品的有关技术状况的标志,如商品的用途、性能、等级、所含成分、使用说明书、有效日期、检验合格证明等;第三类是销售情况,如售后服务、价格等。其中,消费者对第二类信息难以把握,因此法律将举证责任加在经营者身上。特别需要指出一点是,经营者除有义务应消费者的要求提供相关真实情况外,还应当根据商品或服务的不同情况,积极主动地向消费者提供商品或服务的有关知识;尤其是对于结构复杂、性能多样的电子产品或危险的化工产品等,经营者不主动告知消费者操作要领和使用时的其他注意事项,实际上与消费者无异。反之,当经营者没有履行这些义务时,就构成对消费者知情权的侵犯,消费者有权获得国家的法律保护。本案中,经营者电子城并不拒绝提供商品的有关情况,但是其提供的情况不真实,已经侵犯了消费者林琛的知情权。不仅如此,如果电子城在主观上是故意的,则同时构成了欺诈行为,根据《消费者权益保护法》第四十九条之规定,电子城还应根据消费者的要求,增加赔偿收录机价款的1倍。

案例三

1. 案情

2005年12月,赵静姐妹俩到本市商业大楼购买化妆品。两人挑选了好几种口红,都不太满意,就把口红还给售货员准备离开。正在转身之际,售货员突然喊道:"口红怎么少了两支!你们俩先留下来!"并由大楼保安人员将两人带到经理室。经理问:"两位小姐是不是不小心把口红夹在包里了?"两人均严词否认。经理又说:"我商场确实丢了两支口红,现在怀疑两位拿了!"遂将两人带到另一个房间,有两位女工作人员强行翻检了两人携带的小包并搜查了两人的口袋。结果并未发现口红,于是不冷不热地说:"抱歉!请走!"两人出来后,顾客纷纷观望,指指点点,两人羞耻难当,精神受到很大伤害。回家后,即委托律师向人民法院起诉,要求商业大楼赔礼道歉、消除影响、恢复名誉并赔偿其精神损害。

2. 处理结果

法院审理后认为,商业大楼侵犯了消费者的人身自由和名誉权,给消费者造成了极大的精神痛苦,根据《民法通则》和《消费者权益保护法》的有关规定,判令商业大楼发布道歉声明,并赔偿精神损失费3万元。

3. 评析

人身自由是公民最基础的权利。我国《宪法》第三十七条规定:"中华人民共和国公民的人身自由不受侵犯。任何公民,非经人民检察院批准或者决定或者人民法院决定,并由公安机关执行，不受逮捕。禁止非法拘禁和以其他方法非法剥夺或者限制公民的人身自由，禁止搜查公民的身体。"公民作为消费者时，其人身自由还受《消费者权益保护法》的保护。该法第二十五条规定："经营者不得对消费者进行侮辱、诽谤，不得搜查消费者的身体及其随身携带的物品，不得侵犯消费者的人身自由。"第四十三条规定："经营者违反本法第二十五条规定，侵害消费者的人格尊严或者侵犯消费者人身自由的，应当停止侵害、恢复名誉、消除影响、赔礼道歉，并赔偿损失。"本案中，商业大楼作为一个企业，不是法律规定的特定的国家机关，无权限制公民的人身自由或搜查公民的身体。商业大楼强行扣留顾客并搜查其身体及其携带的物品，侵犯了顾客的人身自由，应依法承担相应的民事责任。即使商业大楼的确发现二人偷了东西，也只能将其送到公安机关，由公安机关和司法机关处理；而不得擅自拘禁并搜查两人的身体和物品。同时，商业大楼还侵犯了两人的人格尊严和名誉权。名誉是指民事主体的周围社会对其的看法和评价。商业大楼无故怀疑两人是小偷，并强行搜查，使不知情者误认为两人是小偷，从而对其人品产生怀疑，损害了两人的尊严和名誉权。对消费者人身自由和名誉权的侵犯，主要造成精神损害。对此经营者应当承担的责任形式一般包括停止侵害、恢复名誉、消除影响、赔礼道歉等非财产责任；除此以外，还应该包括精神损害赔偿的财产责任。精神损害赔偿数额，应当根据侵权行为的时间、地点、手段、后果、侵害对象以及侵权人的过错程度等具体情况确定；原则上以能够抚慰受害人精神创伤为限度。

第四节 产品质量法

一、产品质量法概述

（一）产品质量法的定义及历史

1. 定义

产品质量法是调整因产品质量监督管理和产品质量责任而发生的社会关系的法律规范的总称。它的调整对象包括产品质量监督管理关系和产品质量责任关系。产品质量监督管理关系是指国家质量管理机构及其质量检验机构对于企业生产和销售产品的行为进行监督和管理而产生的关系。产品质量责任关系则是为了确定产品的生产者和销售者对其生产和销售的产品所承担的责任而发生的关系。

2. 历史

1986年颁布的《民法通则》中，专门就因产品质量不合格造成他人财产、人身损失的产品制造者、销售者等依法应承担的民事责任问题做出了规定，这在我国产品质量立法方面具有重要意义。

1993年2月22日第七届全国人民代表大会常务委员会第三十次会议讨论通过了《中华人民共和国产品质量法》（以下简称《产品质量法》），自1993年9月1日起正式实施。2000年

7月8日第九届全国人民代表大会常务委员会第十六次会议对其进行了修订,修订后的《产品质量法》共有六章七十四条。《产品质量法》的修订,标志着我国适应社会主义市场经济发展需要的、比较完整的产品质量法律体系已经建立起来了。

(二)适用范围

1. 适用的产品范围

根据《产品质量法》的规定,所谓产品,是指经过加工、制作,用于销售的物品。构成产品有两个标准:第一,必须是经过加工、制作的产品,主要是指经过工业和手工业加工制作的工业产品、工艺品以及经过加工的农副产品等。第二,必须是用于销售,即投入流通的产品。

根据法律规定,建筑工程不适用本法规定。建筑工程是指工业、民用建筑物,包括土木建筑工程和建筑业范围内的线路、管道、设备安装工程的新建、扩建、改建活动及建筑装修装饰工程。建筑工程产品投资大,建筑工期长,有特殊的质量要求,难以与经过加工、制作的工业产品共同进行规范,需要由专门的法律调整。《建筑法》是调整建筑工程质量的法律。但是,建筑工程适用的建筑材料、建筑构配件和设备,属于加工、制作并用于销售的产品的,适用本法规定。

2. 适用的活动范围

"从事产品生产、销售活动,必须遵守本法",这是对产品经营活动范围的规定。产品的生产经营活动一般包括生产、运输、保管、仓储、销售等几个环节,《产品质量法》主要调整其中的生产和销售环节,因为这两个环节发生的产品质量问题与消费者有着最为直接的关系。《产品质量法》调整发生在运输、保管、仓储环节中的质量问题,仅限于运输人、保管人、仓储人故意为法律禁止生产销售的产品提供的运输、保管、仓储等便利条件的行为,对这些行为要给予行政处罚。另外,《产品质量法》也调整经营性环节的产品质量问题。

3. 适用的地域范围

"在中华人民共和国境内"是对适用的地域范围的规定。根据这个规定,在中华人民共和国境外从事产品生产、销售活动的,不适用本法,如设立在国外的中外合资经营企业、中外合作经营企业、中国独资企业从事产品生产、销售活动的,不适用本法,应当适用所在国的法律。

4. 特殊产品的法律适用

本法所称的产品包括药品、食品、计量器具等特殊产品,而这些产品如有专门的法律加以调整,根据特别法优于一般法的原则,如果《产品质量法》与这些特别法有不同规定的,应该分别适用特别法的规定,特别法没有规定的,适用本法的规定。

(三)产品质量的监督管理

1. 产品质量的监督管理具体内容

(1)企业质量体系认证制度。

企业质量体系认证制度是指国务院产品质量监督管理部门或者由它授权的部门认可的认

证机构,依据国际通用的"质量管理和质量保证"系列标准,对企业的质量体系和质量保证能力进行审核合格,颁发企业质量体系认证证书,以兹证明的制度。

认证实行自愿性原则,是企业自愿向国务院产品质量监督管理部门或者由它授权的部门认可的认证机构申请企业质量体系认证。这是法律赋予企业申请认证的依据是国家技术监督局颁布的 CB/T 19000—ISO 9000"质量管理和质量保证"系列国家标准。该标准等同于国际通用的"质量管理和质量保证系列标准。"

(2)产品质量认证制度。

产品质量认证制度是国际通行的提高产品信誉的制度,是依据产品标准和相应的技术要求,经认证机构确认并通过颁发认证证书和认证标志来证明某一产品符合相应标准和相应技术要求的活动。认证实行自愿原则,产品经认证合格的,由认证机构颁发产品质量认证书,准许企业在产品或其包装上使用产品质量认证标志。目前,经国家技术监督局批准的产品质量认证标志有三种:长城认证标志,用于获准认证的电工产品;PRC 认证标志,用于或准认证的电子元件产品;方圆认证标志,用于获准认证的其他产品。

(3)产品质量监督。

产品质量监督制度是维护市场经济秩序的有效手段。根据《产品质量法》的规定,产品质量监督可分为三种形式:①国家监督。是指国家对产品质量以抽查为主要方式的监督检查制度,重点检查可能危及人体健康和人身、财产安全的产品,影响国计民生的重要工业品以及对消费者、有关组织反映有质量问题的产品进行抽查。国家监督抽查的产品,地方不得另行重复抽查;上级监督抽查的产品,下级不得另行重复抽查。②社会团体监督。是指保护消费者权益的社会组织就消费者反映的产品质量问题建议有关部门负责处理,支持消费者对因产品质量造成的损害向人民法院起诉。③用户和消费者监督。是指用户和消费者有权就产品质量问题,向产品的生产者、消费者查询,向产品质量监督管理部门即有关部门申诉。有关部门对用户、消费者的申诉负有及时处理的职责。

2. 产品质量的监督管理主体及职权

《产品质量法》第八条规定,国务院产品监督部门主管全国产品质量监督工作。国务院有关部门在各自的职责范围内负责产品质量监督工作。县级以上地方产品质量监督部门主管本行政区域内的产品质量监督工作。县级以上地方民政有关部门在各自的职责范围内负责产品质量监督工作。法律对产品质量的监督部门另有规定的,依照有关法律的规定执行。产品质量监督部门的行政职权。《产品质量法》第十八条规定了县级以上产品质量监督部门在执法过程中享有的各项职权:

(1)现场检查权。

产品质量监督部门在对涉嫌违反本法规定的行为进行查处时,有权对当事人涉嫌从事违反法律的生产、销售活动的场所实行现场检查。实施现场检查的主要目的,是为了核实已经取得的违法嫌疑证据,确认被举报的违法事实,进一步收集新的违法证据。

（2）调查了解权。

产品质量监督部门在对涉嫌违反本法规定的行为进行查处时，有权向当事人的法定代表人、主要负责人和其他有关人员，调查、了解与涉嫌从事违反本法的生产、销售活动有关的情况。向上述人员调查了解这些情况，是为了直接取得违法活动的口头证据，为依法查处做准备。

（3）查阅、复制权。

产品质量监督部门在对涉嫌违反本法规定的行为进行查处时，有权查阅、复制当事人有关的合同、发票、账簿以及其他有关资料。复制这些资料，主要是为了防止这些证据灭失，否则被嫌疑人销毁、转移等，则对违法嫌疑人进一步查处无法进行。

（4）封存、扣押权。

产品质量监督部门在对涉嫌违反本法规定的行为进行查处时，对有根据认为不符合保障人体健康和人身、财产安全的国家标准、行业标准的产品或者有其他严重质量问题的产品，以及直接用于生产、销售该项产品的原辅材料、包装物、生产工具，予以封存或者扣押。封存权和扣押权作为行政强制措施，对生产者、销售者的生产、销售活动影响较大，在适用时必须十分慎重，不能随意使用，以免适用不当给当事人造成不必要的损失。根据《产品质量法》的规定，县级以上工商行政管理部门按照国务院规定的职责范围，对涉嫌违反本法规定的行为进行查处时，可以行使以上职权。

二、生产者、销售者的产品责任与义务

（一）生产者的产品责任与义务

1. 生产者对其产品质量的责任和义务

生产者对自己生产的产品负责，应提供符合以下要求的产品：

（1）不存在危及人身、财产安全的不合理的危险，有保障人体健康和人身、财产安全的国家标准、行业标准的，应当符合该标准。产品安全是法律对产品最基本的要求，也是衡量产品质量最起码的限度。

（2）产品具有应当具备的使用性能，但是，对产品存在使用性能的瑕疵作出说明的除外。

（3）产品应当符合在其表面或包装上注明采用的产品标准，符合产品说明、实物样品等方式表明的质量情况。对产品性能或采用标准的任何陈述都构成生产者对产品的购买者或使用者做出的产品质量担保，不论这种陈述采用的是什么形式，即使产品质量合格，但不符合生产者所作出的有关产品质量的陈述，生产者也要承担法律责任。

2. 生产者对其所做产品标志的责任和义务

产品标志是表明产品特征的记号或者标志。除裸装食品和其他根据产品特点难以标志的裸装产品外，生产者在其产品或产品包装上应做出符合以下规定的标志：(1)产品质量检验合格证明；(2)中文标明的产品名称、生产厂厂名和厂址；(3)根据产品的特点和使用要求，需要

标明产品规格、等级、所含主要成分的名称和含量的,应当予以标明;(4)限期使用的产品,应标明生产日期和安全使用期或者失效日期;(5)使用不当,容易造成产品本身损坏或者可能危及人身、财产安全的产品,应当有警示标志或者中文警示说明。

此外,剧毒、危险、易碎、储运中不能倒置以及其他有特殊要求的产品,其包装必须符合相应要求,并且有警示标志或者中文警示说明,标明储运注意事项。

3. 生产者的其他责任和义务

《产品质量法》规定,生产者不得为法律所禁止实施的下述行为:生产者不得生产国家明令淘汰的产品。生产者不得伪造产地,不得伪造或者冒用他人的厂名、厂址。生产者不得伪造或者冒用认证标志等质量标志。生产者生产产品,不得掺杂、掺假,不得以假充真、以次充好,不得以不合格产品冒充合格产品。

(二)销售者的产品责任与义务

1. 销售者承担进货检验义务

销售者应在进货时对产品进行验收检查,验明产品合格证明和其他标志。销售者的进货验收责任的范围是产品处于表面合格的状态。如果产品存在销售者无法直接辨认的内在品质缺陷,销售者不承担责任。

2. 销售者承担产品质量保持义务

销售者应当采取措施,保持销售产品的质量。销售者应按产品自身性质和特性保管产品,使产品一直处于符合生产者要求的环境,并在有效期内保持质量合格状态。

3. 销售者要对销售不合格产品负责

销售者不得销售失效、变质的产品。失效产品通常指已过保质期的产品,如过期食品和药品等;变质产品是指产品已经丧失应有的使用功能,不管是否已过有效期。

4. 销售者应遵守诚信原则

销售者应遵守诚信原则,其主要内容应包括:(1)销售者销售产品不得掺杂、掺假,不得以假充真,以次充好,不得以不合格产品冒充合格产品;(2)销售者不得伪造产地,不得伪造或者冒用他人的厂名、厂址;(3)销售者不得伪造或者冒用认证标志、名优标志等质量标志。

5. 销售者的产品标志义务

产品或其包装上的标志应符合《产品质量法》第十五条的规定。销售者承担的产品表面或包装上标识的责任与生产者相同。如果生产者未正确履行其在产品或产品包装上的义务,销售者应拒绝进货,否则也将承担法律责任。

三、产品质量责任的损害赔偿

(一)一般产品质量问题引起的赔偿责任

1. 一般产品质量问题

根据《产品质量法》第四十条的规定,一般产品质量问题是指:

(1)不具备产品应当具备的使用性能而事先未做说明的;
(2)不符合在产品或者其包装上注明采用的产品标准的;
(3)不符合以产品说明、实物样品等方式表明的质量状况的。

2. 一般产品质量责任

根据《产品质量法》的规定,生产者、销售者对产品内在质量所承担的义务可以概括为默示担保义务和明示担保义务两类。所谓默示担保义务,是指国家法律、法规规定的对产品质量的要求。本法规定的"具备产品应当具备的使用性能"是产品质量最重要的默示担保条件之一。所谓明示担保,是指生产者或销售者对产品的性能、质量通过直接表达意思的语言或者行为作出的一种保证或承诺。本法规定的"符合在产品或者包装上注明采用的产品标准的";"符合以产品说明、实物样品等方式表明的质量状况的",即是明示担保义务。

一般产品质量责任,又称瑕疵担保责任,是指违反上述明示或默示的关于产品的质量保证和承诺,给消费者造成损失所应当承担的损害赔偿责任。由于这种民事责任是基于合同关系发生的,因此这种民事责任是违约责任,责任主体是合同当事人。

3. 销售者承担一般产品质量责任的形式

根据《产品质量法》的规定,销售者售出的产品具有一般质量问题的,即应承担产品质量责任,销售者应当负责修理、更换、退货;给购买产品的消费者造成损失的,销售者应当赔偿损失。

(1)修理。产品虽然存在质量问题,但经过修理即可符合质量标准的消费者可以要求销售者进行修理。

(2)更换。产品存在质量问题,但通过修理仍不能符合质量标准的,可以要求更换。

(3)退货。如果存在产品质量问题严重,难以修复,或者由于修理、更换时间的延误,消费者已不再需要该产品,有权要求退掉产品。

(4)赔偿损失。产品质量不合格导致严重损毁或灭失,不能修理、更换或退货,给消费者造成损失的,可要求赔偿损失。

另外,根据《合同法》的规定,因产品质量不合格应承担产品质量责任的形式还有支付违约金、重做、减少价款或者报酬等。

(二)缺陷产品的损害赔偿责任

1. 产品缺陷及缺陷产品的损害赔偿责任

产品缺陷,是指产品存在可能危及人身、财产安全的不合理的危险;产品有保障人体健康和人身、财产安全的国家标准、行业标准的,是指不符合该标准。

产品缺陷可分为三类:

(1)设计上的缺陷,是指产品在设计上存在着不安全、不合理的因素,例如结构设置不合理等可能造成使用者的人身、财产安全受损害。

(2)制造上的缺陷,是指产品在加工、制作、装配等制造过程中,不符合设计规范,或者不符合建工工艺要求,没有完善的控制和检验手段,致使产品存在不安全的因素。

（3）指示上的缺陷,是指在产品的警示说明上或在产品的使用指示标志上未能清楚地告知使用人应当注意的使用方法,以及应当引起警惕的注意事项;或者产品使用了不真实、不适当的甚至是虚假的说明,致使使用人遭受损害。

缺陷产品的损害赔偿责任,是指产品存在可能危及人身、财产安全的不合理危险,造成消费者和他人人身伤害或除缺陷产品以外的其他财产损失后,缺陷产品的生产者、销售者应当承担的法律责任。这类责任又称为产品责任以区别于一般产品质量责任。

2. 生产者的责任

（1）归责原则。

根据《产品质量法》的规定,因产品存在缺陷,造成人身、缺陷产品以外的其他财产损害的,生产者应当承担赔偿责任。因此,生产者因其生产的缺陷产品致使他人人身、财产损害的,应当承担无过错责任。无过错责任是一种严格责任,是指生产者对于生产的缺陷产品无论有无过错,只要造成了他人的人身损害,都应承担民事责任。过错责任并非绝对责任,并不意味着产品的生产者没有抗辩理由,他可以依据法律规定的条款免除责任。

法律之所以规定生产者承担无过错责任是由生产者的特殊地位决定的,实行无过错责任原则的根本目的是为了保证产品质量,保护消费者的合法权益。

（2）生产者的免责条件。

《产品质量法》第四十一条第二款规定了生产者经过证明后能够免除赔偿责任的三个条件:①未将产品投入流通的。②产品流通时引起的缺陷尚不存在的。③将产品投入流通时的科学技术水平尚不能发现缺陷的存在的。这种情况又称为开发风险或发展风险。

但是对于上述情形的存在,生产者负有举证责任,即体现了举证责任倒置的原则。所谓举证责任倒置原则,是指在产品责任诉讼中,本应由受害人举证侵害人的过错,但是由于产品责任是一种特殊的责任,受害人无力举证,因而实行由侵害人进行反证,提供证据证明自己没有过错,将举证责任倒置于侵害人。当侵害人不能对法律规定的免责条件进行有效的抗辩,提供有效证据时,法律则推定侵害人应承担责任,以保护受害人的合法权益。

3. 销售者的责任

销售者在两种情形下承担赔偿责任:

（1）销售者因过错使用产品存在缺陷,造成他人人身、他人财产损害的,应当承担赔偿责任。

过错,是行为人实施行为的某种主观意志状态,包括故意和过失。故意是指行为人明知自己的行为可能造成某种损害结果,希望或放任这种损害结果的发生。如销售者在销售产品中掺杂使假,或以假充真。过失,是指行为人应当预见但却轻信能够避免损害结果的发生。如销售者进货时没有认真检验产品质量,把不合格的产品投放市场销售。

（2）销售者不能指明缺陷产品的生产者也不能指明缺陷产品的供货者,应当承担赔偿责任。

销售者在进货时应当依照法律的要求执行检查验收制度,验明产品合格证明和其他标志,包括生产厂名和厂址。如果销售者不能指明该缺陷产品的生产者和供货者,销售者就不能以证明自己没有过错而主张免责。这就是民法上的过错推定原则。法律明确规定销售者有义务知道生产者和供货者,销售者不知道或不能指明该缺陷产品的生产者和供货者的,就推定销售者主观上有过错,应当承担赔偿责任。

4. 受害人的赔偿请求权和先行赔偿人的追偿权

(1) 受害人的赔偿请求权。

受害人,是指因产品存在缺陷造成人身伤害、财产损失,有权要求赔偿的人,受害人又可分为缺陷产品的买受人、使用人和其他受害人。

受害人因产品存在缺陷遭受人身伤害、财产损失后,可向缺陷产品的生产者和销售者中的任何一方提出损害赔偿请求,也就是说,受害人享有选择赔偿人的权利。这种选择权由受害人根据自身的方便和利益决定,其目的是为了方便受害人进行诉讼,保护受害人的合法权益。

受害人在产品责任诉讼中也负有举证责任,主要有:①提供遭受损失的事实情况;②证明遭受损失是由于缺陷产品造成的,即损失与产品缺陷存在因果关系,但不要求证明产品存在缺陷的原因;③受害人需证明自己无过错,即证明自己是在正常情况下正当使用。

(2) 先行赔偿人的追偿权。

《产品质量法》规定,属于产品的生产者的责任,产品的销售者赔偿的,产品的销售者有权向产品的生产者追偿。属于产品的销售者的责任,产品的生产者赔偿的,产品的生产者有权向产品的销售者追偿。这是在产品责任诉讼中,造成损害的缺陷产品的生产者或销售者先行承担损害赔偿后,先行赔偿的一方有权向负有责任的人追还所先行支付的赔偿费用。此种规定是为使受害人能够方便、及时、充分地获得赔偿提供的相应保证。

5. 缺陷产品损害的赔偿范围

(1) 人身伤害的赔偿范围。

人身伤害,是指产品存在危及人身、财产安全的不合理的危险,造成消费者人身损害。包括身体疾病、肢体的损伤、残疾、死亡等。对人身的伤害一般分为三种情况:一般伤害、致人残疾、致人死亡。对于不同的损害,赔偿范围也不相同。

①一般伤害的赔偿范围。一般伤害是指伤害身体尚未造成残疾的。对于这种伤害,法律规定应当赔偿医疗费、治疗期间的护理费和因误工减少的收入等费用。

②致人残疾的赔偿范围。致人残疾是指伤害他人身体,造成残疾的情况。除应赔偿一般伤害应赔偿的医疗费、治疗期间的护理费和误工工资等全部费用以外,还应当赔偿残疾者生活自主用具费、残疾赔偿金以及由其抚养的人所必需的生活费等费用。

③致人死亡的赔偿范围。因产品缺陷造成受害人死亡的,侵害人不仅要赔偿死者在治疗、抢救过程中所支付的医疗费用、治疗期间的护理费和误工工资等,还要赔偿丧葬费、死亡赔偿

金以及死者生前抚养的人所必需的生活费等费用。

(2)财产损失的赔偿范围。

财产损失,是指侵害人因产品缺陷给受害人财产权益造成的损失。《产品质量法》规定因产品缺陷造成受害人财产损失的,侵害人应当恢复原状或者折价赔偿。受害人因此遭受其他财产损失的,侵害人应当赔偿损失。因此侵害人对受害人所造成的财产损失,应赔偿直接损失和间接损失。

①直接损失。所谓直接损失,就是因缺陷产品给受害人所造成的直接的财产上的损失,即实际损失。这种实际损失是可以以货币的形式计算的。直接损失不仅包括产品本身的损失,还包括与此有关的一些损失,即法律所称的"缺陷产品以外的其他财产的损害"。

②间接损失。即《产品质量法》所规定的"其他重大损失",这里的"其他重大损失"就是指的可得经济利益的间接损失。

③精神损失的赔偿问题。《产品质量法》及《消费者权益保护法》对精神损害赔偿未作出具体规定。在我国各级法院的产品责任案件审理中已越来越多做出个案的判例,扩大精神赔偿的范围,重视精神损害赔偿对受害人的补偿及对侵害人的惩罚作用。精神损害赔偿的范围一般限于身体上的伤害及其带来的精神上的刺激、痛苦等。

(三)诉讼时效和请求权期间

1. 诉讼时效

(1)一般产品质量责任问题的诉讼时效期间。

存在《产品质量法》第四十条规定的一般产品质量责任的,消费者可以依据《民法通则》第一百三十六条的规定,向人民法院申请保护其合法权益,诉讼时效期限为 1 年。

(2)缺陷产品造成的损害赔偿问题的诉讼时效期间。

《产品质量法》明确规定,因产品存在缺陷造成损害要求赔偿的诉讼时效期间为 2 年。之所以这样规定,主要是因为产品缺陷致人损害有其特殊性,许多缺陷产品造成损害很难立即发现,可能要有一个潜伏期,为了使受害人有较长时间观察自己受害的程度和危害后果,有充分的时间准备诉讼,《产品质量法》作出了不同于《民法通则》的规定。根据特别法优于一般产品法的原则,因缺陷产品造成的损害赔偿问题的诉讼时效期间应当适用《产品质量法》2 年的规定。

2. 请求权和请求权期间

请求权,是指请求他人为或不为一定行为的权利。《产品质量法》第四十五条第二款规定,因产品存在缺陷造成损害要求赔偿的请求权,在造成损害的缺陷产品交付最初消费者满 10 年丧失,但是,尚未超过明示的安全使用期的除外。这一规定参照了国际惯例。这样规定的理由是:

(1)因产品设计、制造商存在的缺陷,在产品投入流通、使用后 10 年内一般都会表现出来,受害人对因此受到的损害,应当及时行使索赔权。

(2) 产品投入流通、使用后,其物理、化学性能都会发生很大变化,生产者对产品的安全使用期的担保,一般不超过产品出厂日起10年,且在10年当中生产工艺、技术水平等都有了很大的发展,如果要让生产者或者销售者承担超过10年以上的产品责任,不够公平,不利于他们生产积极性和自身的发展。当然,生产者明示产品的安全期在10年以上的,不适用这10年的规定。因此,在产品标志、产品说明等明示保证中,明确规定安全使用期超过10年的,在生产者明示担保的安全使用期内,受害人都有权要求赔偿。根据法律规定,要求权自"缺陷产品交付最初消费者满10年丧失"。据此,交付最初消费者之日就是请求权期间的起算日。

(四) 产品质量纠纷的处理办法

《产品质量法》第四十七条规定,因产品质量问题发生民事纠纷时,当事人可以通过协商或者调解解决。当事人不愿意通过协商、调解解决或者协商、调解不成的,可以根据当事人各方的协议向仲裁机构申请仲裁;当事人各方没有达成仲裁协议或者仲裁协议无效的,可以直接向人民法院起诉。据此,处理产品质量民事纠纷有四种途径:协商、调解、仲裁和诉讼。当事人对这四种途径可以自由选择。

四、案例评析示例

案例一

1. 案情

2010年5月,某外国公司来我国内地考察并洽谈投资事宜,后决定投资500万美元在广东省建一玩具工厂,其生产的部分产品在大陆内销售,部分产品销往东南亚各国及欧美一些国家。该厂生产的系列电动玩具以其设计新颖独特、造型美观大方、质量优良可靠而在玩具市场小有名气,该外国公司也因此获利颇丰。但是,三年后由于各种原因,该玩具厂生产的电动玩具出现了若干质量问题。经有关部门检查验证,该厂生产的电动玩具不符合国家颁布的质量标准,电动玩具内的一些填充物不符合卫生标准要求,含有少量有毒化学物质,对儿童的身体健康有一定危害。

2. 处理结果

基于有关部门验证,国家工商行政管理部门决定对该玩具厂予以行政处罚,没收其已经生产的现有产品并加以罚款。

3. 评析

本案主要涉及《产品质量法》的适用范围的问题。《产品质量法》第二条规定,在中华人民共和国境内从事产品生产、销售活动,必须遵守本法,即是对《产品质量法》适用范围的明确规定。《产品质量法》的适用范围,包括适用的产品范围、活动范围和地域范围。

(1) 适用的产品范围 《产品质量法》适用的产品,是指经过加工、制作,用于销售的产品。根据法律规定,建筑工程和建筑业范围的路线、管道、设备安装工程的新建、扩建、改建活动及建筑装修装饰工程。建筑工程产品投资大,建筑工期长,有特殊的质量要求,难以与经过加工、制作的工业产品共同进行规范,需要由专门的法律调整。《构建法》是调整建筑工程质量的法律。但是,建筑工程使用的建筑材料、建筑构配件和设备,属于加工、制作并用于销售的产品的,适用本法规定。

(2)适用的活动范围 "从事产品生产、销售活动,必须遵守本法。"这是对产品经营活动范围的规定。产品的生产经营活动一般包括生产、运输、保管、仓储、销售等几个环节,《产品质量法》主要调整其中的生产和销售环节,因为这两个环节发生的产品质量问题与消费者有着最为直接的关系。《产品质量法》调整发生在运输、保管、仓储环节中的质量问题,仅限于运输人、保管人、仓储人故意为法律禁止生产销售的产品提供运输、保管、仓储等便利条件的行为,对这些行为要给予行政处罚。另外,《产品质量法》也调整经营性服务环节的产品质量问题。

(3)适用的地域范围 "在中华人民共和国境内"是对适用的地域范围的规定。根据这个规定,在中华人民共和国国境外从事产品生产、销售活动的,不适用本法,如设立在国外的中外合资经营企业、中外合作经营企业、中国独资企业从事产品生产、销售活动的,不适用本法,应当适用所在国的法律。在本案中,该玩具厂是由某外国公司单独投资设立的,系设立在中国境内的外商独资企业,属于《产品质量法》适用的范围。

案例二

1. 案情

2010 年 5 月 15 日傍晚,上海市一中学生吴某骑一辆河北某企业生产的自行车回家。当自行车骑至距家门 500 米处,在没有任何外力的情况下,自行车前主管根部折断,吴某立即摔倒,当时就昏迷不醒。傍晚散步的居某路过将其送到医院抢救。这一起事故造成吴某住院 10 天,鼻梁缝合 6 针,口腔内缝合 3 针,医疗费达 1 000 多元。吴某出院后,时常出现头昏,鼻梁和嘴唇两处留下很深的疤痕。因此,吴某投诉到市消费者协会,要求自行车生产厂家和销售商赔偿她的直接损失和间接损失。该自行车是吴某在上海一家大商厦购买的。时间是 2010 年 3 月份,价格为 690 元。

2. 处理结果

事故发生后该家商厦口头答应赔偿吴某一辆同型的自行车,至于其他损失,认为应由河北某企业承担。生产厂家在知晓了这一情况后,赶到上海进行了调查,确定是本厂生产的自行车存在着商品缺陷。在市消费者协会的调解下,三方签订了协议书,北京某商厦承担赔偿吴某一辆同型号的自行车,之后可以向生产者追偿损失。河北某企业承担了吴某的医疗费和间接损失共计 8 000 元。

3. 评析

虽然造成吴某人身伤害的是自行车本身存在着产品缺陷,也就是说,这一缺陷是因为生产者的行为而导致的,但是,根据《民法通则》第一百二十二条规定,因产品质量不合格造成他人人身、财产损害的制造者、销售者应依法承担民事责任。此外,《产品质量法》第四十三条也规定,因产品缺陷造成人身、他人财产损害的,受害人可以向产品的生产者要求赔偿,也可以向产品的销售者要求赔偿。所以当产品质量事故发生之后,首先应推定生产者和消费者都有责任,消费者可向其中的一人请求全部赔偿,生产者和销售者因法定理由不得拒绝。吴某在市消费者协会的支持下向产品生产者——河北某企业和销售者——上海某商厦要求赔偿的做法,符合《民法通则》和《产品质量法》的规定。但是,根据《产品质量法》的规定,产品责任侵权主体对同一产品缺陷造成的侵权侵害,负有连带责任。所谓连带责任是指有两个以上的债务人在共同负担债务未清偿之前,均负有全部清偿责任。各责任者在承担责任上没有先后顺序的差别,债权人可同时或先后要求负有连带责任的债务人清偿债务。

在本案中,产品责任侵权行为的责任主体是生产者河北某企业和销售者北京某商厦,他们二者应该成为共同侵权行为的侵害者。所以吴某有权向他们其中任何一方要求赔偿,而不存在着只能向生产者要求赔偿的限定。同时又根据《产品质量法》第四十三条规定,属于产品的生产者的责任,产品的销售者赔偿的,产品的销售者有权向产品生产者追偿。因此,上海某商厦在承担了赔偿受害人吴某的损失后,有权向自行车的生产者要求追偿一辆同一型号的自行车,这里符合责任人在承担全部清偿责任后,有权向其他责任人追偿的法律规定。

本章案例导读解析

案例一

"洁洁"厂行为属降价排挤行为。"净净"洗衣粉厂以技术改造降低生产成本为手段降价是一种正当竞争行为;而"洁洁"厂为挤垮竞争对手,以低于成本的价格降价销售是不正当竞争行为,属降价排挤行为。

案例二

1. 不合法。该商场尾随顾客并要求顾客脱衣检查这一行为严重侵犯消费者的尊严权。
2. 不合法。商场用店堂告示方式做出了不合理规定,严重侵犯了消费者公平交易权。
3. 不合法。在柜台租赁期满后,消费者有权向柜台出租者及商场索赔。

案例三

不予支持原告即铁某之妻诉讼请求。本案中铁某死亡的电热毯系研制的新产品,尚未投放市场根据产品质量法生产者不承担产品质量责任,故原告以产品质量法维权必然败诉。

复习思考题

1. 不正当竞争的特征是什么?
2. 不正当竞争中有哪些欺骗性交易行为?举例说明。
3. 垄断的特征是什么?
4. 生产者、销售者有哪些产品质量责任和义务?举例说明。
5. 消费者有哪些权利?侵犯消费者权益应负哪些法律责任?

第七章
Chapter 7

工业产权法

【学习目标】
1. 了解工业产权的概念、特征即法律体系；
2. 掌握授予专利权的条件；
3. 掌握专利权的主体、客体和内容；
4. 了解注册商标的禁止条件；
5. 掌握驰名商标的认定标准。

【能力目标】
1. 准确判断某种法律行为是否适用本章法律制度；
2. 能够适应商标和专利的申请审批程序；
3. 能够依照本章法律解决相应法律争端，并判断承担法律责任的形式。

【案例导读】
1997年8月15日，日本一家公司完成了一种新式的空调外观设计。同年9月30日，该公司向日本专利特许厅提交了外观设计专利申请。1998年4月3日，该日本公司又向我国国务院专利行政部门递交了同样的申请。而我国一家公司于1997年11月4日完成了相同的空调外观设计，并且于1998年1月5日向我国国务院专利行政部门递交了专利申请(日本为《保护工业产权巴黎公约》成员国)。

请分析：如果该发明创造符合我国专利法规定的授予专利权的条件，专利权应当授予哪个公司？为什么？

第一节 工业产权法概述

一、工业产权的概念

根据《保护工业产权巴黎公约》的规定,工业产权包括发明、实用新型、外观设计、商标、服务标记、厂商名称、货源标记或者原产地名称以及制止不正当竞争的权利。可见,工业产权实际上是指人们依照法律对应用于生产和流通领域中的发明创造以及显著标记等智力成果所具有的,在一定的期限和地域内所享有的受法律保护的专有权。这种无形财产权在工业生产和商业贸易的发展过程中产生和发展,又对工商业的发展起着巨大的推动作用。世界各国对工业产权普遍予以重视,并积极促进其发展。

我国所称的工业产权是知识产权的重要组成部分,主要是指商标权和专利权。

二、工业产权的法律特征

(一)专有性

国家法律赋予专利权人和商标专用人在有效期限内对发明创造和注册商标享有独占、使用、收益和处分的权利。一项工业产权,非经专有权人和商标专有权人的同意,任何单位和个人不得使用该项工业产权,否则,即构成侵权行为,并依法受到制裁。但是,法律另有规定的除外。

(二)地域性

一国的专利法、商标法所保护的工业产权,只能在该国范围内产生法律效力,对其他国家则不发生域外的效力。如果要获得他国的合法保护,必须依据他国的法律规定以获得其专利权、商标专用权。

(三)时间性

法律对工业产权的保护有一定期限,这个时间界限就是专利权、商标专有权的有效保护期。法律规定的保护期限届满以后,工业产权的财产权利将自行终止。

三、工业产权法的概念

工业产权法是调整因确认、保护、使用和管理工业产权而发生的社会关系的法律规范的总称。我国工业产权法包括《中华人民共和国商标法》、《中华人民共和国商标法实施细则》、《中华人民共和国专利法》、《中华人民共和国专利法实施细则》等专门的法律、法规,以及我国加入的工业产权方面的国际条约等有构成了我国现行的工业产权法律制度。工业产权法对于我国保护专利权人、商标权人的合法权利,鼓励发明创造和合法竞争,促进科学技术进步,推广先

四、工业产权的国际保护

有关工业产权国际保护的国际条约主要有《保护工业产权巴黎公约》、《商标注册条约》、《专利合作条约》等,特别是《保护工业产权巴黎公约》已有一百多个成员国,我国于1984年11月14日经第六届全国人民代表大会常务委员会第八次会议决定加入该公约。该公约确定了国民待遇原则、独立性原则和优先权制度。国际公约对于扩大各国的技术交流与合作,贸易发展起到重要作用。

第二节 专利法

一、专利法概述

(一)专利和专利权的概念

"专利"一词主要具有三层含义:一是从法律的角度理解,指专利就是专利人依法所享有的对某项发明创造在一定期限内的独占使用权;二是从技术的角度理解,专利就是指受专利法保护的发明创造;三是从内容的角度理解,专利就是指专利文献,具体包括国家专利机关和国际专利组织的审批和管理专利过程中所形成的各种专利申请文件和专利出版物。

专利权是指国家专利行政部门依照专利法规定的条件,授予专利申请人对其发明创造享有的专有权利。专利权是专利法最主要的保护对象,也是专利权人享有的最重要的权利。专利权是知识产权的重要组成部分,专利权除具有知识产权的排他性、时间性和地域性等共同特征之外,还具有以下法律特征:

(1)专利权具有法定的授权性。专利权的取得必须由发明设计人或者专利申请人等专利权主体向国家专利行政部门提出申请,并经国家专利行政部门严格审查后才能授予。

(2)专利权的内容具有公开性。专利权的取得必须以专利内容的公开为前提;它不同于对专有技术的保护,后者是通过采取保密措施对其内容进行保密,从而达到对该技术进行独占的目的。

(3)专利权的法律保护时效比商标权、著作权的保护期限更短。《专利法》四十二条规定,"发明专利权的期限为20年,实用新型专利权和外观设计专利权的期限为10年,均自申请日起计算。"

(二)专利法的概念

专利法是调整在确认、保护和行使发明创造专利权的过程中所发生的社会关系的各种法律规范的总称。我国主要的专利法律法规包括《专利法》和《专利法实施细则》,以及一些相关的司法解释和规定、国际公约与协定等。

1984年3月12日,第六届全国人民代表大会常务委员会第四次会议通过了《中华人民共和国专利法》,自1985年4月1日起实施。1992年、2000年、和2008年全国人民代表大会三次对《专利法》进行修正,最后修订的《专利法》与2009年10月1日起实施。此次专利法的修订立足于促进科技进步、推动经济社会发展、保障创新型国家建设,同时考虑与国际规则接轨并适当注意了该法的前瞻性,充分体现了以发明创造和自主创新的保护和鼓励。

二、专利权的主体、客体和内容

（一）专利权的主体

专利权的主体一般是指专利申请人和享有专利的人,专利申请人即有权提出专利申请的主体,既包括自然人,也包括法人和其他社会组织。我国《专利法》规定了以下主体:

1. 发明人、设计人

发明人、设计人是指完成发明创造的人。《专利法》保护的发明创造除发明之外,还包括实用新型和外观设计。《专利法》习惯上将发明的完成人称为发明人,实用新型和外观设计的完成人称为设计人。在这里为了表述简化统称为发明人。

依据《专利法》规定,发明人必须满足下列条件:

(1)发明人必须是直接参加发明创造活动的人。对只是负责组织、管理工作以及仅为提供相关物质性条件和便利的人,则不能确认为是发明人。

(2)发明人必须是对发明创造提供智力成果,且有实质性、创造性、突出性贡献的人。对于仅提供一般性意见的人,或者是提供单纯性的辅助性工作的人,均不能称为是发明人。

2. 申请人

申请人,是指就一项发明创造向专利局申请专利的人。通常情况下,各国专利法都承认发明人有权申请专利,因此一般情况下,发明人和申请人是同一人。但在现实中下列因素导致发明人和申请人不是同一人的情况:

(1)发明人以外的其他人通过合同或继承取得发明创造的专利申请权。

一项发明创造在其完成之后,发明人对其申请专利的权利,作为民法上的财产权是可以转让的。转让意味着将获取专利权的资格让与受让人。受让人获得专利后,如无特别约定,原发明人不再享有该项专利的财产权。《中华人民共和国继承法》中也专门规定,专利权中的财产权可以作为财产继承。我国新修订的《专利法》第十条规定,专利申请权和专利权可以转让。中国单位或者个人向外国人、外国企业或者外国其他组织转让专利申请权或者专利权的,应当有依照有关法律、行政法规的规定办理手续。转让专利申请人或者专利权的,当事人应当订立书面合同,并向国务院专利行政部门登记,由国务院专利行政部门予以公告。专利申请权或者专利权的转让自登记之日起生效。

(2)法律直接将专利申请权赋予发明人以外的其他人,这主要发生在职务发明创造上。

我国《专利法》第六条对职务发明做出了明确规定:"执行本单位任务主要是利用本单位物质技术条件所完成的发明创造为职务发明创造。职务发明创造申请专利的权利属于该单位;申请批准后,该单位为专利权人。"所谓执行本单位任务的发明创造,是指在本职工作中所做出的发明创造;履行本单位交付的本职工作之外的任务所做出的发明创造;退职、退休或调动工作一年内做出的,与其在原单位承担的本职工作或分配的任务有关的发明创造。所谓本单位物质条件,是指本单位的资金、设备、零部件、原材料或不向外公开的技术资料等。所谓本单位物质条件,是指本单位的资金、设备、零部件、原材料或不向外公开的技术资料等。利用本单位的物质条件所完成的发明创造,单位与发明人或者设计人订有合同,并对申请专利的权利和专利权的归属做出约定的,从其约定。

由于专利权的效力具有一国国内法的地域性,因此一项技术在他国享有专利权,则必须依该国的专利法申请专利。我国是《保护工业产权巴黎公约》的成员国,据此,外国人可以根据我国《专利法》及该国际公约规定申请专利权。

3. 专利权人

专利权人是指享有专利权的人。专利申请人和专利权人并不一定是同一人,因为一项发明创造申请专利后未必都能获得批准成为专利技术,即专利申请人未必就能成为专利权人。反之,由于专利权的可转让性或可继承性,专利权人与申请人也不一定相同。对于共同发明创造人,即一项发明创造由两个或两个以上的单位或个人共同完成时,这些完成发明创造的人即为共同发明创造人。除另有协议之外,申请专利的权利属于共同发明人。对于委托发明创造的发明人或设计人,即委托完成的发明创造是指一个单位或者个人接受其他单位或者个人委托的研究、设计任务所完成的发明创造。委托完成的发明创造,除另有协议的以外,申请专利的权利属于完成或者共同完成的单位或个人;申请被批准后,申请的单位或个人为专利权人。

(二)专利权的客体

专利权的客体是指专利权主体的权利和义务所共同指向的对象,即专利法所保护的对象,是指人们可依据专利法取得专有权利的发明创造。我国《专利法》第二条规定,我国专利权的客体包括发明、实用新型和外观设计三种。

1. 发明

发明是指人类在利用自然、改造自然的过程中所创造的具有积极意义并表现为技术形式的新的智力成果。它应当具备两个条件:第一,发明必须是利用自然规律的结果。如果不是利用自然规律进行创造性的构思,创造出前所未有的技术成果,而是对自然界存在的未知物质、现象、特征和规律的指示,则属于发现,发现不能被授予专利权。第二,发明必须是一种新的技术方案。如果该技术方案已被他人提出,也不能称之发明。

发明有分为产品发明、方法发明和改进发明。

(1)产品发明。产品发明是指人工制造的具有特定性质的可移动的有形物体,包括制造品发明、材料物品发明、新用途的产品发明。产品发明取得专利后称为产品专利,产品专利只保护产品本身,不保护该产品的制造方法。例如机器、设备、工具以及化学物质、合成物质的发明。

（2）方法发明是指把一种物品变成另一种物品所使用的或制造某一种物品所具有的特性的方法和手段,可以是化学方法、物理方法、测量方法、通信方法等。方法发明取得专利后,称为方法专利。例如机械制造工艺、制造合成树脂等。

（3）改进发明是指对已有的产品发明和方法发明提出实质性的改进和新技术方案,它是对已有的产品发明和方法发明的重大改革。改进发明不属于首创发明,它没有突破原有发明的格局,但给原有的发明带来新的特性、新的质变,促进了技术进步。

2. 实用新型

实用新型是指对产品的形状、构造或者二者的结合所提出的适于实用的新的技术方案。实用新型如果要申请为专利,必须满足两个条件:第一,该实用新型必须是对产品的形状、构造或二者的结合提出新的技术方案。既实用新型要求产品应有一定的形状或形态,液体、气体或者粉状、颗粒状的物品不能有实用新型。第二,实用新型必须具有使用价值或者实际用途,必须能够在工业上予以生产制造。

与发明相比,它们最大的共同之处在于都属于技术方案,但在具体规定上仍有较大差异。申请实用新型专利的只能是产品,而申请发明专利的既可以是产品,也可以是方法;实用新型的创造要求比发明低,因此又被称为"小发明"。同时,实用新型专利的审查程序比发明专利简单、快捷。

3. 外观设计

外观设计又称工业品外观设计,是指对产品的形状、图案、色彩或者其结合以及色彩、形状与图案的结合所做出的富有美感并适于工业上应用的新设计。它同实用新型一样也要求产品具备一定形状,因为外观必须物化在不定期的产品之上,否则只能是美术作品。外观设计还必须是一种工业上能应用的富有美感的新设计,即能够以工业方法大量、重复生产,并符合一般消费者的美感标准。

我国《专利法》不仅正面规定了专利权的上述三种客体,同时还从反面具体排除了几种不能成为专利权客体的对象。根据原《专利法》第二十五条第一款的规定,下列各项不授予专利权:①科学发现;②智力活动的规则和方法;③疾病的诊断治疗方法。但用于疾病的诊断和治疗的仪器、装置等医疗设备可以申请专利权;④动物和植物品种。其中,动物和植物品种的生产方法,可以依专利法的规定授予专利权。另外,按照国务院《植物新品种保护条例》的规定,具备法定条件的植物新品种可以取得植物品种权;⑤用原子核变换方法获得的物质。

（三）专利权的内容

1. 专利权人的权利

专利权人的权利包括人身权和财产权利。

人身权利是指发明人或者设计人有在专利文件中写明自己是发明人或设计人的权利,即使发明人或设计人不是专利权人时,发明人或设计人也享有署名权。新修订的《专利法》第十七条规定了专利权人的人身权;"发明人或者设计人有权在专利文件中写明自己是发明人或者设计人。专利权人有权在其专利产品或者该产品的包装上标明专利标志。"这种人身权与发明人或设计人的人身不可分离。因此,这是一种不能转让的、继承、赠与的权利,即使发明人或设计人死亡,也不能变更。

财产权利,是指专利权人通过对专利技术的占有而取得的经济权利,即能为专利权人带来经济利益或物质利益的权利。主要包括以下几种财产权利:

(1)专利实施权。

又称独占权,指专利权人排他地利用其专利的权利,所以也称为排他权或禁止权,即专利权人有自己制造、使用、销售和进口其专利产品和使用专利方法的权利。除法律另有规定动作的以外,任何单位和个人,未经专利权人许可,都不得以生产经营为目的制造、使用、销售和进口其专利产品,也不得使用、销售、进口依其专利方法直接以生产经营为目的制造、使用、销售和进口其专利产品,也不得使用、销售、进口依其专利方法获得的产品和使用专利方法。这是专利法权人最基本的权利,是享受其他权利的基础。

(2)专利许可权。

专利许可权是指专利权人享有的许可他人实施其专利并获得报酬的权利。任何单位或者个人实施他人专利的,应当与专利权人订立书面许可合同,向专利权人支付专利使用费。被许可人无权允许合同规定以外的任何单位或者个人实施该专利。

(3)专利转让权。

既处分权,专利权人有处分自己专利的权利。处分的方式为转让专利权,指专利权人作为转让方与受让方订立转让合同,由受让方支付约定价款而将某专利权的所有权或特有权转让给对方的行为。专利申请权和专利权原则上可以自由转让,但是全民所有制单位转让的必须经上级主管机关批准,中国单位或者个人向外国人转让的必须经国务院有关主管机关批准。此外,专利权的转让必须经过法定程序,履行转让手续,如签订书面合同、经国务院专利行政部门公告和登记等。

(4)标记专利标志权。

是指专利权人在其专利产品或者该产品的包装上标明专利标记和专利号的权利。同时,有权要求其他被许可人在销售其专利产品时使用专利标记。专利标记没有统一的规定,可以自行设计,而专利号是由国家专利行政部门赋予的,不能自行改动,是代表被授予的专利权。

(5)获得奖励和报酬权。

指专利权的所有单位或者持有单位对职务发明创造的发明人或者设计人给予的奖励和报酬。当作出的发明创造被认定为职务发明创造时,申请专利的权利属于单位,但是发明人或设计人允许其他单位或个人实施其全部或部分专利并取得专利使用费的权利。

2. 专利权人的义务

(1) 缴纳年费的义务。

专利权人应当自被授予专利权的当年开始缴纳专利年费,不按规定缴纳年费的,专利权应予终止。

(2) 不得滥用专利权的义务。

专利权人取得专利权后应当实施其发明创造专利,包括制造、使用、销售其专利产品,使用专利方法及许可他人实施其发明创造等活动,不得闲置专利。

(3) 接受专利实施强制许可和计划许可的义务。

三、授予专利权的条件

(一) 授予发明、实用新型专利权的条件

1. 新颖性

所谓新颖性,"是指该发明实用新型不属于现有技术;也没有任何单位或者个人就同样的发明或者实用新型在申请日以前向国务院专利行政部门提出过申请,并记载在申请日以后公布的专利申请文件公告的专利文件中。"根据修订后增加的第二十二条第五款的规定,"本法所称现有技术,是指申请日以前在国内外为公众所知的技术。"这是发明创造能否取得专利权的首要条件,由此我们可以得出判断新颖性的两个标准:申请日和公开。

(1) 我国《专利法》采用的是申请日标准。《专利法》第二十四条规定申请专利的发明创造在申请日以前6个月内有下列情形之一的,不丧失新颖性:在中国政府主办国际展览会上首次展出的;在规定的学术会议或者技术会议上首次发表的;他人未经申请人同意而泄露其内容的。

(2) 公开与否是确定发明、实用新型是否有新颖性的重要根据,公开的方式主要包括:

①以书面方式公开。这是最为普遍的一种公开方式。这种公开方式要求发明创造的内容必须以文字、数据、图表等形式表现于出版物上,即我国专利法所称的出版物上发表的形式。这些出版物必须是公开发行的,如公开发行的报纸、杂志、书籍等。由于现代科学的发展,发明创造的书面公开不仅可以表现在出版物的纸张上,还可能以文字、数据、图表等形式表现于胶卷、录像带、光盘、磁盘等介质上面。

②使用公开。一些产品或技术方法虽然没有在任何出版物上发表过,但通过使用已经公开。使用公开可以表现在以下两个方面:一是在任何人都能观察得到的地方公开使用;二是公开出售产品,技术内容包括在公开出售的产品中。这种公开使用包括商业目的的制造、使用和销售,以及为使用或销售而进行的展示。

③以其他方式公开,是指以"出版物"和"使用"外的其他任何方式,包括口头方式、广播电台、电视台或电子网络等传播方式。

2. 创造性

根据新修订的《专利法》,"创造性是指与现在技术相比,该发明具有突出的实质性特点和显著的进步,该实用新型具有实质性特点和进步。"其中,实质性特点是指发明创造所具有的技术特征同现有技术相比有本质性的突破;进步是指发明或者实用新型同现有技术相比有所发展和前进。

我国《专利法》对发明和实用新型的创造性要求是不同的。对于发明专利要求具有突出的特点和显著进步。①突出的实质性特点。是指发明的一个或几个技术特征与现在技术相比较具有本质上的区别,并且这种区别必须是突出的。要求它是发明人创造性构思的结果,而不是将现有技术加以改变而来,也不是从现有技术中通过逻辑分析或推理必然能获得的。因此,凡是对于发明所属技术领域的普通技术人员来说,并非显而易见的,也不能直接从现有技术中得出构成该发明的必要技术特征的,就应该认为该发明具有突出的实质性特点;②显著的进步。既要求该发明与现在技术相比较具有很大的进步,能够取得良好的效果。

对于实用新型来说,则只要有实质性特点和进步即可。其创造性是指同申请日以前的已有技术相比较具有实质性特点和进步,与发明的创造性相比,其要求相对低一些,说明两者的水平高低有所不同。

3. 实用性

所谓实用性,是指发明或者实用新型能够在工业上制造或使用,并且能够产生积极的效果。实用性包含技术属性和社会属性两层含义,前者是指该项发明或实用新型在工业上能够被制造和使用;后者是指该项发明或者实用新型的使用能够带来积极的社会效果,如节省了时间或者节约了能源,提高了质量等。不具有实用性的发明创造,主要包括发现、原理或者仅仅是理论或纯科学的概念、美学或艺术创作、抽象的方法体系。

在专利的新颖性、创造性、实用性的审查程序中,实用性的审查相对来说比较简单。因而在审查程序上也是最先审查实用性,而后再对新颖性和创造性进行审查,即只有具备实用性的创造才有可能进一步接受新颖性和创造性的审查。

(二)授予外观设计专利权的条件

新修订的《专利法》对原第二十三条的规定进行了修改,规定:"授予专利权的外观设计,应当不属于现有设计;也没有任何单位或者个人就同样的外观设计在申请日以前向国务院专利行政部门提出过申请,并记载在申请日以后公告的专利文件中。授予专利权的外观设计与现有设计或者现有设计特征的组合相比,应当具有明显区别。授予专利权的外观设计不得与他人在申请日以前已经取得的合法权利相冲突。"本法所称现有设计,是指申请日以前在国内外为公众所知的设计。

因此,我国授予外观设计专利权应满足下列条件:①新颖性和独创性。授予专利权的外观设计,应当与申请日以前在国内外出版物上公开发表过或者国内公开使用过的外观设计应当具有明显区别;②实用性。授予专利权的外观设计必须适于工业应用;③富有美感;④不得与他人在先取得的合法权利相冲突。

四、授予专利权的禁止

即禁止条件,是发明创造申请专利授予不得符合的条件。并不是所有的发明创造都可以申请并取得专利权。按照我国法律规定,不能授予专利权的情形有三种:

(1)违反法律和社会公德或者妨害公共利益的发明创造,这主要是指该发明创造的目的和主要用途违反法律、社会公德或者妨害公共利益。

(2)专利法规定不能授予专利的科学和技术,包括:科学发现,智力活动的规则和方法,疾病的诊断和治疗方法,动物和植物品种,用原子核变换方法获得的物质。

(3)对违反法律、行政法规的规定获取或者利用遗传资源,并依赖该遗传资源完成的发明创造,不授予专利权。

五、授予专利权的限制

（一）善意侵权

善意侵权是指在不知情的状态下销售或者使用了侵犯他人专利权的产品的行为,可不承担侵权责任。有人将这种情况概括为善意侵权。但是,如果销售商在得到专利权人通知之后仍然销售其库存的侵权产品,则不能认为其不知情。《专利法》将这种情况具体规定为"为生产经营目的使用或者销售不知道是未经专利权人许可而制造并售出的专利产品,或者依照专利方法直接获得的产品,能证明其产品合法来源的行为。"

（二）非营利性实施

非营利性实施专利技术的行为不被视为侵犯专利权。例如,为了科学研究和试验使用专利技术,以及为课堂教学而演示专利技术的行为均不属侵权行为。事实上,这些非营利性的实施专利的行为,与专利权人间不存在竞争关系,所以对专利权人的市场利益不会构成侵害。

（三）首次销售

所谓首次销售,是指当专利权人自己制造或者许可他人制造的专利产品上市并经过首席销售之后,专利权人对这些特定产品不再享有任何意义上的支配权,即购买者对这些产品的再转让或者使用都与专利权人无关。《专利法》中也有明文规定:"专利权人制造、进口或者经专利权人许可制造、进口的专利产品,或者依照专利方法直接获得的产品售出后,使用、许诺销售或者销售该产品的行为不视为侵犯专利权。"

（四）先行实施

先行实施是在专利申请日之前已经开始制造与专利产品相同的产品或使用与专利技术相同的技术,或者已经做好制造、使用准备的,依法可以在原有范围内继续制造、使用该项技术。例如,两人各自独立完成了相同的发明,只因其中一人先行提出了专利申请,从而导致另一人对其发明不再可能享有独占权。如果再进一步剥夺他人对该技术的实施权,则在一定程度上有悖于贯穿整个法律体系中的公平原则,而专利制度又不允许对统一发明创造授予两项以上的专利权。为了弥补专利制度本身所固有的这种缺陷,有必要对专利权做出限制,允许先行实施者在适当范围内继续实施其技术。在我国专利法中,先行实施权或先用权的范围仅限于在原有范围内制造或者使用,对于销售行为未予规定。

(五)临时过境

当交通工具临时通过一国领域时,为交通工具自身需要而在其设备或装置中使用有关专利技术的,不视为侵犯专利权。有关交通工具临时过境的规定源自《保护工业产权巴黎公约》。

六、专利的申请与审批

(一)专利申请的原则

1. 申请在先原则

对于同一项发明创造,有时会出现有两个或两个以上的申请人分别提出申请的情况,我国《专利法》规定,专利权授予最先申请的人。这就是申请在先原则,也是世界上大多数国家实行的原则。

判断申请先与后的问题,存在一个时间的标准,我国《专利法》采用的是专利的申请日。所说的申请日是指国务院专利行政部门收到专利申请人递交的专利申请文件之日;如果该申请文件是邮寄的,以寄出的邮戳日为申请日。如果两个以上申请人在同一日分别就同样的发明创造申请专利,应当在收到国务院专利行政部门的通知后自行协商确定有权提出申请的人。如果协商意见不一致,或者一方拒绝协商,则国家专利行政管理部门对双方都不授予专利权。

2. 申请单一性原则

又称发明-申请原则,即一项发明创造一件申请,它要求在一件专利申请文件中,只能记载一项发明创造,一件申请只能要求获得一项专利权。其意义在于,便于对申请进行分类、检索和审查,在专利权获批后,便于专利权的转让和许可使用。我国新修订的《专利法》第三十一条规定:"属于一个总的发明构思的两项以上的发明或者实用新型,可以作为一件申请提出。""同一产品两项以上的相似外观设计,或者用于同一类别并且成套出售或者使用的产品的两项以上外观设计,可以作为一件申请提出。"

3. 优先权原则

优先权原则是《巴黎公约》的一项重要原则,是《巴黎公约》成员国必须遵守的基本原则,它是指申请人在某一公约成员首次提出专利申请后,在一定期限内就相同主题的发明创造又向其他缔约国提出申请时,申请人有权要求以第一次申请的日期作为后申请的申请日日期,从而使得后申请对于在优先权期间内第三人提出的同样内容的其他申请具有优先地位。

它包括国内优先权和国际优先权。

(1)国际优先权。我国《专利法》第二十九条规定,"申请人自发明实用新型在外国第一次提出专利申请之日起12个月内,或者自外观设计在外国第一次提出专利申请之日起6个月内,又在中国就相同主题提出专利申请的,依照该外国同中国签订的协议或者共同参加的国际条约,依照相互承认优先权原则,可以享有优先权。"

(2)申请人自发明或者实用新型在中国第一次提出专利申请之日起12个月内,又向国务院专利行政部门就相同主题提出申请的,可以享有优先权。

发明与实用新型既可以享有国际优先权又可以享有国内优先权,而外观设计只享有国际优先权。

根据我国《专利法》规定,申请人要求优先权的,应当在申请的时候依法提出符合条件的书面声明,并且在3个月内提交第一次提出的专利申请文件的副本,否则视为未要求或未提出声明。

4. 充分公开原则

说明书应当对发明或者实用新型做出清楚、完整的说明,以所属技术领域的技术人员能够实现为准,必要的时候应当有附图。对实用新型除了有说明书之外,必须有附图。公开不充分是宣告请求无效的理由之一,也是驳回的根据之一。

(二)专利申请的提出

专利申请应当向国务院专利行政部门提出。申请专利必须提交书面的申请文件,《专利法》对申请文件的种类、内容和格式都有严格的规定。其中申请发明或者实用新型专利的,应当提交请求书、说明书、权利要求书及其摘要等文件。

(1)请求书。是专利申请人请求国家专利行政管理部门授予专利权的书面文件。应当写明发明或者实用新型的名称,发明人的姓名,申请人姓名或者名称、地址以及其他事项。

(2)说明书。是以文字形式说明请求专利保护的发明或实用新型的内容的技术性文件。它是专利申请文件的核心文件,其撰写的质量对最终能否通过起到至关重要的作用。

(3)权利要求书。是申请人用以说明请求保护的范围的文件。

(4)摘要。是对说明书内容的简短说明,是一种情报工具,本身不具有法律效力。

申请外观设计专利的要求提交请求书外,基于外观设计专利的特点还要求提供图片或照片以及必要的简要说明。

(三)专利申请的审批

世界各国专利机关在授予专利权之前,都要对专利进行审查,以便决定是否授予专利权。发明专利和实用新型及外观专利的审批程序是不同的,下面分别讨论。

1. 发明专利申请的审批

我国对发明专利申请采用"先期公开,延迟审查"制度,一般要经过提出申请受理、初步审

查、早期公开、实质审查和授予并公告五个阶段,具体程序如下:

(1)申请受理。国务院专利行政部门收到发明专利申请的请求书、说明书摘要、说明书和权利要求书,应当发给申请人受理通知书,明确申请日,给予申请号。缺少上述必须提交的文件或者所提交的文件不符合规定的,专利行政部门不予受理。

(2)初步审查。主要包括三方面的审查:对申请文件的审查;对与专利有关的其他文件的审查(如委托代理书、要求优先权声明书及撤回专利申请书等);其他各项的审查(如是否违反国家法律、社会公德等)。

(3)早期公布。发明专利申请经初步审查认为符合《专利法》要求的,自申请日起满18个月,即行公布。申请人可能填写、提交《提前公开请求书》要求早日公布其申请,国务院专利行政部门在初审合格后,可以立即在《发明专利公报》上公布。

(4)实质审查。发明专利申请自申请日起3年内,国务院专利行政部门可以根据申请人随时提出的要求,对其申请进行实质审查,国务院专利行政部门认为有必要的时候,可以自行对发明专利进行实质审查。

(5)授予并公告。对其专利申请经实质审查没有发现驳回的理由的,国务院专利行政部门应当做出授予发明专利权的决定,发给发明专利证书,并予以登记和公告。国务院专利行政部门发出授予专利权的通知后,申请人应当自收到通知之日起2个月内办理登记手续。申请人近期办理登记手续的,国务院专利行政部门应当授予专利权,并予以公告。发明专利权自公告之日起生效。期满未办理登记手续的,视为放弃取得专利权的权利。

2. 实用新型和外观设计专利申请的审批

我国《专利法》对实用新型和外观设计专利的审批采取的是"初审登记制",对这两种专利申请只进行形式审查,无须进行实质审查。而初步审查的内容,与对发明专利的初步审查基本相同。实用新型和外观设计专利申请经初步审查没有驳回理由的,由国务院专利行政部门做出授予实用新型专利权或外观设计专利权的决定,发给相应的专利证书,同时予以登记和公告。实用新型专利权和外观设计专利权自公告之日起生效。

七、专利权的期限和终止

(一)专利权的期限

发明专利权的期限为20年,实用新型专利权和外观设计专利权的期限为10年,均自申请之日起计算。

(二)专利权的终止

专利权的终止是指专利权人丧失了对发明创造的独占权。专利权的终止有两种情况:期限届满终止和提前终止。期限届满终止是正常终止,是指专利权的期限已到,自然终止其法律效力。提前终止是指专利权由于发生了法定终止事由而在专利权的期限到来之前终止。提前终止是由于专利权人没有按照规定缴纳年费,或者专利权人以书面形式声明放弃其专利权而导致的。专利权在期限届满前终止的,由国务院专利行政部门登记和公告。

八、专利实施的强制许可

专利实施的强制许可是指国务院专利行政部门在一定条件下可以不经过专利权的同意,通过行政程序直接准许有关单位和个人实施专利权人的专利的一种强制性法律手段。强制许可制度设立的目的是为了防止专利权的垄断损害社会公共利益和他人正当权益。根据我国《专利法》的规定,可以实施强制许可的是发明专利和实用新型专利。

我国新修订的《专利法》对专利实施的强制许可作了重大改动,根据规定,强制许可分为以下几种类型。

(1)基于公共利益目的强制许可。

《专利法》第四十九条规定,在国家出现紧急状态或者非常情况时,或者为公共利益的目的,国务院专利行政部门可以给予实施发明专利或者实用新型专利的强制许可。《专利法》第五十条规定,为了公共健康目的,对取得专利权的药品,国务院专利行政部门可以给予制造并将其出口到符合中华人民共和国参加的有关国际条约规定的国家或者地区的强制许可。

(2)普通强制许可。

《专利法》第四十八条规定,有下列情形之一的,国务院专利行政部门根据具备实施条件的单位或者个人的申请,可能给予实施发明专利或实用新型专利的强制许可:①专利权人自专利权被授予之日起满3年,且自提出专利申请之日起满4年,无正当理由未实施或者未充分实施其专利的;②专利权人行使专利权的行为被依法认定为垄断行为,为消除或者减少该行为对竞争产生的不利影响的。

(3)交叉强制许可。

《专利法》第五十一条规定该制度的目的是为了便于从属专利的实施。所谓从属专利,是指前后两个专利在技术上存在着从属关系,如果不实施前一个专利所保护的发明或实用新型,那么后一专利所保护的发明或实用新型也无法实施。因此法律通过授予强制许可的方式准许后一专利人实施前一专利人的专利,同时准许前一专利人实施后一专利人的专利,以保持其之间的利益平衡。

专利权人对国务院专利行政部门关于实施强制许可的决定不服的,专利权人和取得实施强制许可的单位或者个人对国务院专利行政部门关于实施强制许可的使用费的裁决不服的,可以自收到通知之日起3个月内向人民法院起诉。

九、专利权的法律保护

(一)专利权的保护范围

根据新修订的《专利法》第五十九条规定,发明或者实用新型专利权的保护范围以其权利要求的内容为准,说明书及附图可以用于解释权利要求的内容。外观设计专利权的保护范围以表示在图片或者照片中的该产品的外观设计为准,简要说明可以用于解释或者照片所表示的该产品的外观设计。

(二)侵犯专利权的行为

是指未经专利权人许可,以营利为目的实施了专利权人的专利的行为。主要包括以下几种:

(1)未经专利权人许可实施其专利的行为。

这种侵权行为主要有以下三种:①以生产经营为目的制造、使用、许诺销售、销售、进口其专利产品;②使用专利方法,以及使用、许诺销售、销售、进口依照该专利方法直接获得的产品;③外观设计专利权被授予后,未经专利权人许可,以生产经营为目的制造、销售、进口其外观设计专利产品。

(2)假冒他人专利的行为。

这种侵权行为主要有以下四种:①未经许可,在其制造或者销售的产品、产品的包装上标注他人的专利号;②未经许可,在广告或者其他宣传材料中使用他人的专利号,使人将所涉及的技术误认为是他人的专利技术;③未经许可,在合同中使用他人的专利号,使人将合同涉及的技术误认为是他人的专利技术;④伪造或者变造他人的专利证书、专利文件或者专利申请文件。

(3)冒充专利产品、专利方法的行为。

这种侵权行为主要有以下五种:①制造或者销售标有专利标记的非专利产品;②专利权被宣告无效后,继续在制造或者销售的产品上标注专利标记;③在广告或者其他宣传材料中将非专利技术称为专利技术;④在合同中将非专利技术称为专利技术;⑤伪造或者变造专利证书、专利文件或者专利申请文件。

(三)专利侵权行为的法律责任

(1)行政责任。

专利权被他人侵犯时,被侵犯人可能请求专利管理机关依法对侵权人进行行政处罚。如假冒他人专利的行为,除依法承担民事责任以外,由管理专利工作的部门责令改正并予公告,没收违法所得,可能并处违法所得3倍以下的罚款,没有违法所得的,可以处5万元以下的罚款;冒充专利的行为,由管理专利工作的部门责令改正并予公告,可能处5万元以下的罚款。

(2)民事责任。

一般来说,侵犯专利权的行为是民事侵权行为,被侵权人可以向人民法院提起诉讼,人民法院可根据不同情况追究侵权人的民事责任,进行法律制裁。制裁方式包括:责令侵权人停止侵权行为;责令侵权人赔偿损失、没收侵权产品;责令消除影响。

(3)刑事责任。

如果侵权人的侵权行为严重,触犯了刑律,应追究其刑事责任。如我国《刑法》第二百一十六条规定:假冒他人专利,情节严重,处3年以下有期徒刑或者拘役,并处或者单处罚金。单位犯本罪的,对单位判处罚金,并对其直接负责的主管人员和其他直接责任人员,依照自然人犯本罪的规定处罚。

十、案例评析示例

1. 案情

2001年5月,鼎盛化工公司临时工刘某看到公司提炼硫的设备比较先进,就召集甲、乙、丙三人利用该设备进行硫的纯化技术研究,其中刘某负责研究工作,甲负责沟通设备管理员以提供方便,乙负责项目的协调管理工作,丙负责项目的资料翻译与整理工作。2001年8月,鼎盛公司发现了刘某等人的研究工作,要求分享研究成果,最后与刘某等人协商约定:该技术申请发明专利时专利权归发明人,但公司在专利授权后10年内可以免费使用。2002年1月,该技术成果完成,刘某以自己的名义向专利局申请专利。

问题:

(1)刘某的发明创造属于哪种专利形式,你知道该种专利形式要获得专利权必须具备哪些条件吗?

(2)甲、乙、丙是否为发明人?请说明理由。

(3)案例中的发明创造是否为职务发明创造?专利权人应该是谁?

2. 处理结果

(1)刘某的技术研究属于发明。

(2)甲、乙、丙不是发明人。

(3)该案中的发明创造是职务发明创造。

3. 评析

(1)刘某的技术研究属于发明。发明要获得专利权必须具备新颖性、创造性、实用性三项条件。(2)甲、乙、丙不是发明人。我国专利法规定:"专利法所称发明人或者设计人。是指对发明创造的实质性特点作出创造性贡献的人。在完成发明创造过程中,只负责组织工作的人、为物质技术条件的利用提供方便的人或者从事其他辅助工作的人,不是发明人或者设计人。"因此,本案中,只有刘某才是发明人。甲、乙、丙不是发明人。(3)该案中的发明创造是职务发明创造。专利权人是刘某。因为,即便是临时工,只要在单位工作,该发明主要利用了单位的物质技术设备,就属于职务发明。但是,对于这类职务发明,单位与刘某约定专利权属于刘某的,从其约定。这与履行本单位任务的职务发明创造不同。

第三节　商标法

一、商标法概述

（一）商标的概念和特征

1. 商标的概念

商标是指商品和商业服务的标记，是商品生产者或经营者以及商业服务提供者用以标明自己所生产或经营的商品以及所提供的服务，与其他人的同一或同类商品以及同一或同类服务有所区别的标记，俗称"牌子"。商标的构成要素可以是文字、图形、字母、数字、三维标志或颜色组合，也可以是上述这些要素的组合。商标应当能够用视觉感受得到，由可视性标志构成的商标可以依法予以注册并受商标法的保护。

2. 商标的特征

（1）合法性。商标的所有者或使用者是而且只能是商品的生产者、经营者或服务的提供者；

（2）识别性。商标是人为地、有意识地附置于商品表面或标于与所提供的服务相关的物品上的，具有显著特征的简洁特殊形态的符号，便于识别，能够借以指代某一特定的经营者所经营的商品或者提供的服务。

（3）区别性。商标是区别商品或服务来源的标志，它反映的是经营某商品或服务的特定企业所具有的生产技术、管理水平、经营特色和市场信誉等。

（4）竞争性。商标是广大消费者进行消费决策的重要依据，因此商标也体现出明显的竞争性，使用该商标的商品是否具有较强的市场竞争力和较高的市场占有率，将决定它能否给特定经营者带来丰厚的利润。

（5）财产性。信誉卓著的商品的商标还具有财产的属性，这种属性主要体现在商标权的转让或许可使用方面，商标权人可以从中获取收入。因此，商标特别是驰名商标，是企业重要的无形资产。

（二）商标的分类

1. 按照商标的结构组成或状态分类

（1）形象商标。形象商标又包括文字商标、图形商标、组合商标和立体商标四种。

（2）非形象商标。非形象商标是指以音响、气味等通过听觉、嗅觉才能感知的商标。这类商标在世界范围内还鲜有注册保护的实例，我国现行法律不保护非形象商标。

2. 按照商标使用者分类

（1）商品商标。是指使用于商品上的商标。商标的使用者为商品的经营者，包括商品的生产者和商品的销售者使用的商标,在1993年《商标法》修改前相当长的时间内,《商标法》仅适用于商品商标。

(2)服务商标。是指服务的提供者为了表明自己的服务并区别他人同类服务而使用的商标。它与商品商标所不同的是,它表明的对象不是实物商品而是一种服务,所以它无法像商品商标那样直接将商标附于商品上,而是要通过广告、招牌等方式使用商标。

(3)集体商标。是指由工商业团体或其他行为性组织、协会依据共同制定的章程注册并提供给其成员共同使用的商标。集体商标的作用在于表明商品的经营者或服务的提供者属于同一组织,其生产的商品或提供的服务具有共同的特征。集体商标的所有权属于一个集体组织,其商标由这个组织的成员共同使用。集体商标不得转让。一般来说,集体商标也不得许可集体组织成员以外的人使用。例如,铁路、银行、邮政、电信的标志等。

(4)证明商标。是指由对某种商品或者服务具有监督能力的组织所控制,而由该组织以外的单位或者个人使用于其商品或者服务,用于证明该商品或者服务的原产地、原料、特殊质量、制造方法和工艺等达到了某种特定标准的标志。例如绿色食品标志、真皮标志、羽绒制品标志、国际羊毛组织的纯羊毛标志、安全认证标志、长城电工标志、邮电部通信设备进网标志等。

3. 按照商标是否经过注册分类

(1)注册商标。是指经商标注册机构核准注册的商标。我国《商标法》对依法注册的商标予以保护。

(2)未注册商标。是指未经商标注册机构核准的商标。一般不受法律保护,而且当未注册商标与注册商标相同或相近似时,未注册商标应当停止使用,否则构成侵权。

4. 按照商标知名度分类

(1)驰名商标。指在一定地域范围内享有较高声誉并为相关公众知晓的商标,驰名商标不一定是注册商标。驰名商标是企业的宝贵财富,代表着企业的形象和技术实力,具有较强的竞争力。在国际惯例中,驰名商标受到严格的保护。

(2)普通商标。普通商标与驰名商标都是相对而言的,即指驰名商标以外的商标。

(三)商标法概念

商标法是调整在商标的注册、使用、管理及保护的过程中所发生的各种社会关系的法律规范的总称。我国主要的商标法律规范有《商标法》、《商标法实施条例》、《驰名商标认定和管理暂行规定》、《商标代理管理办法》、《商标印制管理办法》等,以及我国参加缔结的有关商标权国际保护方面的条约和协定。

1982年8月23日第五届全国人大常委会第二十四次会议通过了我国第一部《商标法》,1993年2月22日和2001年10月27日分别由第七届全国人大常委会第三十次会议和第九届全国人大常委会第二十四次会议对《商标法》进行了修订。《商标法》对于加强商标管理,有力保护商标专用权,促使生产者、经营者保证商品和服务质量,维护商标信誉,以保障消费者、生产者和经营者的利益,促进社会主义市场经济的发展,都有着重要的作用。

二、商标权的主体、客体和内容

商标权又称商标专用权,是指商标注册人依法在法定期限内对经商标管理机关核准注册的商标所享有的独占地、排他地使用和处分的权利。商标权属于知识产权,具有专有性、时间性和地域性三个主要法律特征。

(一)商标权的主体

商标权的主体是指可以申请商标注册并取得商标专用权的单位和个人。在我国,自然人、法人和其他组织都可以成为商标权的主体。其中"其他组织"含非法人经济组织和相关团体、协会等。外国人、外国企业在中国申请商标注册的,应当按其所属国与我国签订的协议和共同参加的国际条约办理,或者按对等原则办理。

依法获得注册商标的主体,又称为商标权人,我国现行的《商标法》称之为商标专用权人,包括原始主体和继受主体。

(1)商标权的原始主体。是指商标注册人,凡符合商标注册申请人资格者,经法定程序取得商标注册证的即成为商标注册人。

(2)商标权的继受主体。是指通过转让、继承等民事法律行为从原商标权人那里取得商标权的人,注册商标转让经核准后,受让人即成为继受商标权人;原商标权人为自然人的,其死亡后,由其合法继承人作为继受商标权人。

(二)商标权的客体

商标权的客体即商标法保护的对象,指经过注册的商标。

1. 申请注册的商标应当具备的条件

(1)商标应当具备显著性和可区别性。《商标法》规定:申请注册的商标应当有显著特征,便于识别,并不得与他人在先取得的合法权利相冲突。

(2)商标应当符合可视性要求。《商标法》规定:任何能够将自然人、法人或者其他组织的商品与他人的商品区别开的可视性标志,均可以作为商标申请注册。我国规定,气味标志不能成为注册商标。

2. 注册商标的禁止条件

(1)不得侵犯他人的在先权利或合法权益。

① 不得在相同或类似商品上与已注册或申请在先的商标相同或近似;

② 就相同或者类似商品申请注册的商标是复制、模仿或者翻译他人未在中国注册的驰名商标,容易导致混淆的,不予注册并禁止使用;

③ 就不相同或者不相类似商品申请注册商标是复制、模仿或者翻译他人已经在中国注册的驰名商标,误导公众,致使该驰名商标注册人的利益可能受到损害的,不予注册并禁止使用;

④ 未经授权,代理人或者代表人以自己的名义将被代理人或者被代表人的商标进行注册,被代理人或者被代表人提出异议的,不予注册并禁止使用。

(2) 不得作为注册商标的标志。

① 仅有本商品的通用名称、图形、型号的;

② 仅仅直接表示商品的质量、主要原料、功能、重量、数量及其他特点的;上述所列标志经过使用取得显著特征,并便于识别的,则可以作为商标注册。

3. 作为商标使用的标志

根据我国《商标法》的规定,下列标志不得作为商标使用:

① 同中华人民共和国的国家名称、国旗、国徽、军旗、勋章相同或者近似的,以及同中央国家机关所在地特定地点的名称或者标志性建筑物的名称、图形相同的;

② 同外国的国家名称、国旗、国徽、军旗相同或者近似的,但该国政府同意的除外;

③ 同政府间国际组织的旗帜、徽记相同或者近似的,但该国政府同意的除外;

④ 与表明实施控制、予以保证的官方标志、检验印记相同或者近似的,但经授权除外;

⑤ 同"红十字"、"红新月"的名称、标志相同或者近似的;

⑥ 带有民族歧视性的;

⑦ 夸大宣传并带有欺骗性的;

⑧ 有害于社会主义风尚或者有其他不良影响的;

⑨ 县级以上行政区划的地名或公众知晓的外国地名。但是,地名具有其他含义或者作为集体商标、证明商标组成部分的除外。已经注册的使用地名的商标继续有效。

以上系商标注册的绝对禁止条件,上述内容不得作为商标注册,也不得作为商标使用。已注册的商标含有其中任何一项的,都是应当宣告无效。

(三) 商标权的内容

商标权的内容是指商标注册人依法享有的权利和承担的义务。

1. 商标权人的权利

商标权人的权利包括:

(1) 专用权。

也就是商标权人对其注册商标拥有完全独占使用的权利。商标权人有权合法使用自己的注册商标,如:注册商标使用在注册时所核准的商品和商品包装上,有权用其注册商标做广告等。

(2) 禁止权。

商标权人有权禁止他人未经其许可使用其注册商标,当未经商标权人同意,任何人不得使用与注册商标相同或相近似的商标。

(3) 使用许可权。

商标注册人可以通过签订商标使用许可合同,许可他人使用其注册商标。根据许可合同,被许可人支付了一定金额的使用费后,即取得了该注册商标的使用权,而许可人仍是该注册商标的所有人。商标使用许可通常有三种形式:

① 独占使用许可。是指商标注册人只允许某一被许可人在约定的期间、地域,以约定的方式使用其注册商标,而该商标注册人依约定则不得使用其注册商标。

② 排他使用许可。是指商标注册人在约定的期间、地域和以约定的方式,将该注册商标仅许可一个被许可人使用,商标注册人不得另行许可他人使用该注册商标,但商标注册人则依约定可以使用该注册商标。

③ 普通使用许可。是指商标注册人在约定的期间、地域或以约定的方式,许可若干被许可人使用其注册商标,且商标注册人亦可以使用该注册商标。

被许可人必须在使用注册商标的商品上标明被许可人的名称和商品产地,应当保证商品质量,许可人应当监督被许可人使用其注册商标的商品质量。

(4) 转让权。

是指注册商标所有人在法律允许的范围内,按一定的条件将其拥有的注册商标转移给他人所有并由他人专用。转让后,原注册商标所有人就不再享有该注册商标的专用权,而受让人成为该注册商标的所有人,享有商标专用权。包括合同转让和继承转让两种形式。转让人和受让人应当签订书面转让合同,并向商标局提交转让注册商标申请书,审核合法后发给受让人相应证明并予以公告。

商标权人对其在同种或者在类似商品上注册的相同或者近似的商标,应当一并转让;未一并转让的,由商标局通知其限期改正;期满不改正的,视为放弃转让该注册商标的申请,商标局应当书面通知申请人。对可能产生误认、混淆或者其他不良影响的转让注册商标申请,商标局不予核准,书面通知申请人并说明理由。

(5) 投资权。

商标权人享有将注册商标作价投资的权利。投资作价出双方商定或由评估机构评估。

(6) 请求保护权。

当商标专有权受到不法侵害时,商标权人有权向有关工商行政管理部门或者人民法院请求保护,追究侵权人的法律责任。

(7) 续展权。

商标注册的有效期为10年,自核准注册之日起计算。商标注册有效期满需要继续使用的,应当在期满前6个月内申请续展注册;在此期间未能提出申请的,可以给予6个月的宽展期。宽展期满仍未提出申请的,注销其注册商标。每次续展注册的有效期为10年。续展注册经核准后,予以公告。

(8) 放弃权。

商标权人享有通过主动申请注销注册商标或者在注册商标有效期满时不续展等方式放弃注册商标专用权的权利。

2. 商标权人的义务

(1) 依法使用注册商标。

商标权人必须合法使用其注册商标。商标使用必须符号核定的商品范围;使用注册商标时应在商品上标明注册商标,即标明"注册商标"字样或其简化的注册标记,在商品上不便标记的,应当在商品包装或者说明书及其他附着物上标明;商标权如果连续3年不使用或者停止使用的,由商标局责令限期改正或撤销其注册商标;商标权人不得自行转让注册商标。

(2) 必须保证产品和服务的质量。

商标权人既要保证自己使用注册商标的产品和服务的质量,许可他人使用时,还要监督被许可人使用其注册商标的产品和服务的质量。如果使用注册商标的商品粗制滥造,以次充好,欺骗消费者的,由各级工商行政管理机关分别不同情况,责令限期改正,并可予以通报或者处以罚款;情节严重的,报商标局撤销其注册商标。

(3) 不得擅自改变注册事项。

商标注册人自行改变注册商标的构成要素;不得自行改变注册商标标志;不得自行改变注册人名称、地址等注册事项。如发生上述行为,由商标局责令限期改正;拒不改正的,由商标注册人所在地工商行政管理机关报请商标局撤销其注册商标。

(4) 应依法缴纳有关费用

申请商标注册和办理其他商标事宜的,应当依照有关收费标准缴纳费用。

三、授予商标权的原则

(一) 注册原则

我国《商标法》第三条规定,经商标局核准注册的商标为注册商标。商标注册人享有商标使用权,受法律保护。由此可见,我国对于商标权的取得采取注册原则。商标使用人将其使用的商标依照《商标法》及《商标法实施条例》规定的注册条件、程序向商标管理机构提出注册申请,经商标管理机关审查核准,在商标注册簿上登记,并发给商标注册证,予以公告,授权予其商标专用权。因此,商标权通过注册取得,不管商标是否经申请人使用,只要符合《商标法》的规定,经商标局核准注册,申请人便获得商标权。反之,如果商标所有人不向商标局提出注册申请,即使其商标经过长期使用,也同样不能获得商标权。未注册商标不具有排他的权利,因而无权禁止他人使用相同或近似的商标于同类商品之上。

(二) 自愿注册和强制注册相结合原则

对于商标所有人是否申请注册,我国《商标法》根据国际惯例采取自愿注册原则,由商标使用人根据自己的实际需要,自由选择是否予以注册,并没有一律要求所有使用商标必须申请注册。但《商标法》第六条规定:"国家规定必须使用注册商标的商品,必须申请商标注册,未经核准注册的,不得在市场销售。"目前我国对人用药品和烟草制品等与人身健康有关的少数商品实行强制注册。

(三) 申请在先和使用在先分别适用原则

申请在先原则是指国家商标管理部门对在先申请注册的申请人授予商标权。这一原则确立了商标专用权归属问题的判断标准,同时亦可以督促商标使用者及时申请商标注册。根据《商标法》规定,两个或者两个以上的商标注册申请人,在同一种商品或者类似商品上,以相同或者近似的商标申请注册的,初步审定并公告申请在先的商标。

使用在先原则是指按使用商标的先后来确定商标专用权的归属问题。根据《商标法》的规定,同一天申请的,初步审定并公告使用在先的商标,驳回其他人的申请,不予公告。

因此,我国实行的是申请在先与使用在先分别使用的原则。

(四) 分类申请原则

即商标-申请的原则。我国《商标法》规定,申请商标注册的,应当按照规定的商品分类表来填报使用商标的商品名称和类别;同一申请人在不同类别的商品上使用同一商标的,应按商品分类表分别提出注册的申请。

商标经注册,就应该严格在注册范围内使用,若使用范围需要变更,如在企业的其他类产品上使用该商标,或者在同类产品的其他产品上使用该商标,都要重新提出注册申请。否则,扩大使用范围的产品商标为非注册商标,不受《商标法》的保护。

(五) 优先权原则

优先权是指第一次申请注册的商标,在《保护工业产权巴黎公约》(简称《巴黎公约》)成员国内享有6个月的优先权。在规定的6个月内,申请人在任何成员国申请商标注册的第一个日期,可以作为在以后其他成员国的申请日期。我国《商标法》第二十四条规定:"商标注册申请人自其商标在外国第一次提出商标申请之日起6个月内,又在中国就相同商品以同一商标提出商标注册申请的,依照该外国同中国签订的协议或者共同参加的国际条约,或者依照相互承认的优先权原则,可以享有优先权。"在这里,不论该商标注册申请人是中国人还是外国人、是中国企业还是外国企业,均可以平等地享有优先权。

申请人主张优先权的,应当在申请商标注册的同时,提交书面声明,并提交在《巴黎公约》成员国中第一次提出商标注册申请的副本,并有该国主管机关的证明,写明第一次提出商标注册申请的日期、申请号和受理国家。

四、商标注册的申请和审批

(一) 商标注册的申请

1. 商标注册申请前的准备

商标注册申请前的准备工作主要有:①商标查询。商标注册申请人应亲自或委托商标代理人到商标注册机关查询有关商标登记注册情况,以了解自己准备申请注册的商标是否与他人已经注册或正在申请注册的商标相同或相似。申请前的查询工作,是商标注册申请的重要步骤,是商标注册申请能否被核准的先决条件。②按商品和服务国际分类表填写商标注册申请书。从1988年11月1日起,我国实行商标注册用商品国际分类,将商品和服务分为42类,其中商品34类、服务8类。商标注册申请人在提出注册申请时,首先应当依照公布的商品分类表按类申请,填写使用商标的商品类别和商品名称。

2. 交送申请书件与费用

商标注册申请人应当交送的申请书件包括:商标注册申请书、商标图样和有关证明文件。申请国家规定必须使用注册商标的商品,申请人应当附送有关证明文件。申请人用药品商标注册的,应当附送卫生行政部门发给的证明文件;申请卷烟、雪茄烟和有包装烟丝的商标注册,应当附送国家烟草主管机关批准生产的证明文件。申请国家规定必须使用注册商标的其他商品的商标注册,应当附送有关主管部门的批准文件。

商标注册申请人申请商标注册、转让商标、续展注册、变更、补证、评审及其他有关事项,必须按规定缴纳费用。

(二) 商标注册的审批

我国《商标法》对申请注册的商标实行形式审查和实质审查相结合的制度,主要包括形式审查、实质审查、公告、核准程序。对于有争议的商标,还可能发生复审或者裁定程序。

1. 形式审查

商标局收到商标注册申请文件后,应当首先进行形式审查。形式审查的目的主要是审查该商标注册申请的文件和手续是否符号法定条件,以确定对该商标注册申请是否受理。

形式审查的内容主要包括:①申请人是否具备申请资格;②申请文件是否齐全、申请手续是否完备,填写内容是否合乎规定;③申请事项是否符合申请原则;④是否按规定缴纳了申请注册的相关费用;⑤外国人或外国企业在我国申请商标注册,还要审查是否有指定的商标代理委托书国籍证明书和有关证明书公证认证手续。

经过形式审查,凡符合规定的,商标局予以受理,编定申请号,发给受理通知书。对不符合规定的,予以退回,申请日期不予保留。对于基本符合规定,但需要补正的,通知予以补正。在规定期限内补正的,保留申请日期;未在规定期限内补正的,予以退回,申请日期不予保留。

2. 实质审查

实质审查是对决定受理的商标的实体内容和条件进行的审查,实质审查将决定着申请人的商标能否核准予以注册,是商标注册的关键程序。

实质审查的内容主要包括以下几项:① 商标是否符合法定的构成要素;②是否使用了《商标法》禁止使用的文字、图形;③是否具备显著性特征;④ 是否属于恶意申请注册等。

经过实质审查后,对符号规定的商标予以初步审定。对不符合规定的,予以驳回,书面通知申请人并说明理由。

3. 公告

经过实质审查,凡是符合条件的,予以初步审定并公告。由商标局编定初步审定号,建立审查检索卡片,将商标注册申请书以及有关文书存档,以便征询社会公众的意见。

申请人对商标局驳回申请、不予公告的决定不服的,可以在收到通知之日起 15 天内向商标评审委员会申请复审。当事人对商标评审委员会的决定不服的,可以自收到通知之日起 30 日内向人民法院起诉。

4. 核准注册

经过初步审定的商标,自公告之日起 3 个月内无人提出异议,或者虽有人提出异议但经裁定异议不能成立的,商标局对该申请注册的商标予以核准注册,发给商标注册证,并予以公告,注册商标申请人就此获得了该商标的专用权。

五、商标专用权的期限

我国《商标法》规定,注册商标的有效期为 10 年,自核准注册之日起计算。

注册商标有效期满,需要继续使用的,应当在期满前 6 个月内申请续展注册,应当向商标局提交商标续展注册申请书;在此期间未能提出申请的,可以给予 6 个月的宽展期。宽展期满仍未提出申请的,注销其注册商标。每次续展注册的有效期为 10 年,自该商标上一届有效期届满的次日起计算。商标局核准商标注册续展申请后,发给相应证明,并予以公告。续展注册可以连续进行,经商标局核准后,商标所有人就可以继续享有该商标专用权。

六、商标权的管理

商标使用的管理是指商标局对注册商标、未注册商标的使用进行监督管理,并对违反商标法规定的侵权行为予以制裁的活动。

(一)注册商标的管理

经商标局核准注册的商标,商标注册人依法享有商标专用权,受法律保护。根据《商标法》的规定,商标行政管理部门对注册商标的使用依法实行管理,具体管理工作包括以下内容:

1. 对正确使用注册商标的管理

使用注册商标,有下列行为之一的,由商标局责令限期改正或者撤销其注册商标:①自行改变注册商标的;②自行改变注册商标的注册人名义、地址或者其他注册事项的;③自行转让注册商标的;④连续 3 年停止使用的。

2. 对必须使用注册商标的商品的管理

对按照国家规定必须使用注册商标的商品,未申请注册而在市场销售的,由地方工商行政管理部门责令限期申请注册,可以并处罚款。

3. 监督使用注册商标的商品质量

使用注册商标,其商品粗制滥造、以次充好、欺骗消费者的,由各级工商行政管理部门分别不同情况,责令限期改正,并可以予以通报或者处以或者由商标局撤销其注册商标。

4. 对被撤销或者注销的商标的管理

注册商标被撤销的或者期满不再续展的,自撤销或者注销之日起1年内,商标局对与该商标相同或者近似的商标注册申请,不予核准。

(二) 未注册商标的管理

我国《商标法》采取自愿注册的原则,对于未注册的商标,商标使用人不得享有商标权,不受法律的保护。但未注册商标的使用同样涉及商品或者服务质量的保证和消费者利益的保障,因此,商标管理工作也包括对未注册商标使用的管理。

根据《商标法》的规定,使用未注册商标,有下列行为之一的,由地方工商行政管理部门予以制止,限期改正,并可以予以通报或者处以罚款:①冒充注册商标的;②违反商标法中不得作为商标使用的标志的规定的;③粗制造,以次充好,欺骗消费者的。

(三) 商标印制管理

商标行政管理机关有依法对商标标志的印制行为进行监督管理并查处非法印制和买卖商标标志的权利。商标印制管理是整个商标管理中十分重要的环节,可以从源头杜绝各种虚假违法商标的活动。

我国《商标印制管理办法》根据规定,商品印制单位如果违反商标印制管理规定,由所在地工商行政管理局责令其限期改正,并视其情节予以警告,处以非法所得额3倍以下的罚款,但最高不得超过3万元,没有违法所得的,可以处以1万元以下的罚款。

七、注册商标的法律保护

(一) 商标侵权的概念和构成要素

商标侵权行为,是指违反《商标法》的规定,侵犯他人注册商标专用权的行为,判断行为是否属于《商标法》所规定的商标侵权行为,必须满足一定的构成要素,行为人主观上存在故意;实施了侵害他人专用权的行为;发生了商标注册人的商标权受到损害的事实;商标侵权行为与商标权的损害之间存在着因果联系。

(二) 商标侵权行为表现

根据《商标法》第五十二条、《商标法实施细则》第五十条及最高人民法院于2002年10月15日公布的《关于审理商标民事纠纷案件适用法律若干问题的理解》,商标侵权行为的具体表现有:

(1) 经商标注册人的许可,在同一种商品或者类似商品上使用与其注册商标相同或者近似的商标的;

(2)销售侵犯注册商标专用权的商品的;

(3)伪造、擅自制造他人注册商标标志或者销售伪造、擅自制造的注册商标标志的;

(4)未经商标注册人同意,更换其注册商标并将该更换商标的商品又投入市场的;

(5)给他人的注册商标专用权造成其他损害的。

具体包括:①在同一种或者类似商品上,将与他人注册商标相同或者近似的标志作为商品名称或者商品装潢使用,误导公众的;②故意为侵犯他人注册商标专用权行为提供仓储、运输、邮寄、隐匿等便利条件的;③将与他人注册商标相同或者近似的文字作为企业的字号在相同或者类似商品上突出使用,容易使相关公众产生误认的;④复制、模仿、翻译他人注册的驰名商标或其主要部分在不相同或者不相类似商品上作为商标使用,误导公众,致使该驰名商标注册人的利益可能受到损害的;⑤将与他人注册商标相同或者相近似的文字注册为域名,并且通过该域名进行相关商品交易的电子商务,容易使相关公众误认的。

(三)侵犯注册商标专用权的法律责任

侵犯注册商标专用权的法律责任包括行政责任、民事责任和刑事责任。

1. 行政责任

依照《商标法》第五十三条的规定,因侵犯商标专用权行为引起纠纷的,由当事人协商解决。不愿协商或协商不成的,商标注册人或利害关系人可以向人民法院起诉,也可向侵权人所在地或侵权行为地县级以上工商行政管理机关控告或检举。工商行政管理机关依照《商标法》及其他相关规定查处侵犯商标专用权的行为。依据《商标法》第五十三条的规定,工商行政管理部门认定侵权行为成立的,可采取责令立即停止侵权行为,没收、销毁侵权商品和专门用于制造侵权商品、伪造注册商标标志的工具的措施,以制止侵犯商标权行为,并可处以非法经营额3倍以下的罚款,非法经营额无法计算的罚款数额为10万元以下。

2. 民事责任

民事责任主要包括:①停止侵犯;②消除影响;③赔偿损失等。根据《商标法》的规定,侵犯商标专用权的赔偿数额为侵权人在侵权期间因侵权所获得的利益,或者被侵权人在被侵权期间因被侵权所受到的损失,包括被侵权人为制止侵权行为所支付的合理的开支,如权利人或者委托代理人对侵权行为进行调查、取证的费用等。上述所称侵权人因侵权所得利益,或者被侵权人因被侵权所受损失难以确定的,由人民法院根据侵权行为的情节判决50万元以下的赔偿。

此外,我国《最高人民法院关于审理商标民事纠纷案件适用法律若干问题的解释》第二十一条第二款规定:"工商行政管理部门对同一侵犯注册商标专用权行为已经给予行政处罚的,人民法院不再予以民事制裁。"《商标法》第五十六条第三款规定:"销售不知道是侵犯注册商标专用权的商品,能证明该商品是自己合法取得并能说明提供者的,不承担赔偿责任。"

3. 刑事责任

《商标法》第五十九条的规定,侵犯注册商标构成犯罪的,除赔偿侵权人的损失外,依法追究刑事责任。根据《刑法》第二百一十三条至第二百一十五条的规定,侵犯注册商标权构成犯罪的有:假冒注册商标罪;伪造、擅自制造他人注册商标标志或者销售伪造、擅自制造注册商标标志罪;销售明知是假冒注册商标的商品罪。构成侵犯注册商标犯罪的,处3年以下有期徒刑或者拘役,并处或者单处罚金;情节特别严重的或销售金额巨大的,处3年以上7年以下有期徒刑,并处罚金。单位犯罪的,对单位处罚金,并对其直接负责的主管人员和其他直接责任人员处以刑罚。

八、驰名商标的特别保护

(一)驰名商标的概念和立法

驰名商标通常是指那些在一国或世界范围的市场上享有较高声誉、知名度和为相关公众所熟知,有较强竞争力并经法定机构认定的商标。驰名商标一词,最早见1883年在巴黎《保护工业产权巴黎公约》。

我国现行的《商标法》和《商标法实施条例》对驰名商标的保护作出了规定,2003年4月国家工商总局正式颁布了《驰名商标认定和保护规定》,最高人民法院于2009年4月22日公布了《最高人民法院关于审理涉及驰名商标保护的民事纠纷案件应用法律若干问题的解释》(以下简称《司法解释》),对驰名商标在实践中的保护起到指导作用。在我国认定驰名商标的主体是商标局、商标评审委员会和人民法院。

(二)驰名商标的认定

根据我国相关法律规定,认定驰名商标应当考虑下列因素:

1. 相关公众对该商标的知晓程度

我国《驰名商标认定和保护规定》第二条规定,相关公众包括与使用商标所标示的某类商品或者服务有关的消费者,生产商品或者提供服务的其他经营者,以及经销渠道中所涉及的销售者和相关人员等。比如,使用某商标的商品或者服务属于计算机信息技术领域,与计算机信息技术领域相联系的众多人员对该商标的知晓程度就是"相关公众对该商标的知晓程度";而不与计算机信息技术领域相联系的众多人员知晓或者不知晓该商标,并不影响该商标被认定为驰名商标。也就是说,驰名不是指为所有人所认知或者在所有社会公众中均有很高的知名度而是指在相关的消费者中驰名就可以,即不必"广为人知"。

2. 该商标使用的持续时间

商标权利人利用和行使商标专用权的主要方式是使用其商标。商标不论注册与否,只有使用才能在交易中体现其价值,才能把商标的无形财产权转化为物质财富。对于未注册商标,只有不断使用才能体现其商标的存在,才有可能通过使用产生显著性,从而在相关公众中产生知名度,否则公众就无从了解该商标,更谈不上驰名了。对于注册商标权利人,使用商标是其应履行的义务。因此,把商标使用的持续期限作为认定驰名商标的一个因素也是非常必要的。

根据《驰名商标认定和保护规定》第三条第二项的规定,证明该商标使用持续时间的有关材料,包括该商标使用、注册的历史和范围的有关材料。

3. 该商标的任何宣传工作的持续时间、程度和地理范围

在市场竞争日益激烈的今天,不论是商品的生产商还是服务的经营者,他们都把宣传、推销自己的产品作为重中之重,宣传力度不断加大,特别是随着通信技术、信息网络技术的发展,电视、广播、网络、报刊等各种宣传媒体的宣传效果越来越明显,不少公众对某个品牌(商标)的知晓来源于生产商或者经营者的各种广告宣传。因此,通过了解对一个商标任何宣传工作的持续时间、程度和地理范围,就可以比较明确地得知该商标在一定区域内公众的知晓程度。根据《驰名商标认定和保护规定》第三条第三项的规定,证明该商标的任何宣传工作的持续时间、程度和地理范围的有关材料,包括广告宣传和促销活动的方式、地域范围、宣传媒体的种类及广告投放量等有关材料。

4. 商标作为驰名商标受保护的记录

如果一个商标曾经作为驰名商标在我国被保护过,那么该商标的所有人就可以提供相关证明文件,这对于认定该商标是否具有驰名商标有非常重要的参考价值。如果一个商标在国外曾经作为驰名商标受过保护,那么该商标所有人也可以提供出认定该商标为驰名商标的各种证明文件。这些文件在我国认定驰名商标时同样具有重要的参考作用。根据《驰名商标认定和保护规定》第三条第四项的规定,证明该商标作为驰名商标受保护记录的有关材料,包括该商标曾在中国或者其他国家和地区作为驰名商标受保护的有关材料。

5. 该商标驰名的其他因素

该商标驰名的其他因素主要是指其他能够证明该商标具备驰名特征的相关材料。

(三)对驰名商标的法律保护

我国《商标法》对驰名商标的保护与普通商标的保护相比较有两点特殊之处:第一,保护的范围不仅包括在中国注册的驰名商标,还包括未在中国注册的驰名商标;第二,注册驰名商标所有人的禁止权不限于类似商品上的近似使用,而是扩展到非类似商品的使用。

1. 对未在我国注册的驰名商标的保护

就相同或者类似商品申请注册的商标是复制、摹仿或者翻译他人未在中国注册的驰名商标,容易导致混淆的,不予注册并禁止使用。

2. 对已在我国注册的驰名商标的保护

就不相同或者不相类似商品申请注册的商标是复制、摹仿或者翻译他人已经在中国注册的驰名商标,误导公众,致使该驰名商标注册人的利益可能受到损害的,不予注册并禁止使用。

3. 对驰名商标淡化的保护

驰名商标的淡化是指能够产生减少、削弱驰名商标的识别性和显著性,以及损害、玷污其商誉的行为。此类行为不仅损害了商标权人的利益,而且对广大公众产生误导,造成欺骗或误解。如果他人将驰名商标作为企业名称登记,产生了上述的淡化后果的,则可以请求工商主管

部门依法撤销。

4. 我国现行立法规定的其他保护

(1) 已经注册的商标,违反商标法相关规定的,自商标注册之日起5年内,商标所有人或者利害关系人可以请求商标评审委员会裁定撤销该注册商标。对恶意注册的,驰名商标所有人不受5年的时间限制。

(2) 使用商标违反《商标法》第十三条规定的,有关当事人可以请求工商行政管理部门禁止使用。经商标局依照《商标法》第十四条的规定认定为驰名商标的,由工商行政管理部门责令侵权人停止违反《商标法》第十三条规定使用该驰名商标的行为,收缴、销毁其商标标志。商标标志与商品难以分享的,一并收缴、销毁。

(3) 他人的域名或其主要部分构成对驰名商标的复制、摹仿、翻译或者音译的,应当认定其注册使用域名等行为构成侵权或者不正当竞争。

九、案例评析示例

1. 案情

杭州张小泉剪刀厂于1963年在杭州市工商行政管理局注册登记了"杭州张小泉剪刀厂"企业名称。南京张小泉刀具厂于1992年8月24日在南京市工商行政管理局注册登记了"南京张小泉刀具厂"企业名称。杭州张小泉剪刀厂生产的菜刀商标为"张小泉"牌,1989年1月经国家工商行政管理局商标局注册登记,取得"张小泉"商标专用权。南京张小泉刀具厂开办后,未申请使用注册商标,在其菜刀产品上使用非注册商标"小泉"牌,同时,在该产品及其包装盒上刻印有"南京张小泉"和"张小泉"字样。为此,杭州张小泉剪刀厂曾与南京张小泉刀具厂交涉处理此事。南京张小泉刀具厂于1992年9月30日致函杭州张小泉剪刀厂,称其从1992年10月1日起终止在剪刀和菜刀上刻印"南京张小泉"字样。在1992年10月28日的双方会议备忘录上,南京张小泉刀具厂亦承认库存菜刀有4 000余把。1992年12月13日,双方再次交涉,将南京方使用的"南京张小泉不粘刀"、"中国江苏南京张小泉"钢印各一枚交由有关部门封存。1993年2月,杭州张小泉剪刀厂向南京市中级人民法院起诉,诉称,被告南京张小泉刀具厂使用"张小泉"作为其企业字号,并在其产品菜刀上刻上"南京张小泉"字样,采用与原告同类产品十分相似的产品包装,这一行为侵犯了原告的企业名称权和注册商标专用权。要求判令被告立即停止侵权行为,并赔偿企业名称侵权损失10万元,商标侵权损失1万元。被告南京张小泉刀具厂辩称,"南京张小泉刀具厂"系经国家有关部门正式批准的,不构成对原告企业名称权的侵权。至于在产品上打印"南京张小泉"字样,是为了产品进入市场,便于消费者识别。

问题:

(1) 南京张小泉刀具厂对杭州张小泉剪刀厂是否构成企业名称侵权? 为什么?

(2) 南京张小泉刀具厂对杭州张小泉剪刀厂是否构成商标侵权? 为什么?

(3)本案应如何处理?

2. 处理结果

(1)对原告杭州张小泉剪刀厂起诉被告南京张小泉刀具厂侵犯其企业名称权的诉讼请求予以驳回。(2)被告南京张小泉刀具厂立即停止在其产品菜刀及外包装上刻印"张小泉"和"南京张小泉"标志的侵权行为。(3)被告南京张小泉刀具厂赔偿原告杭州张小泉剪刀厂经济损失1万。

3. 评析

(1)原告杭州张小泉剪刀厂和被告南京张小泉刀具厂分别在当地工商行政管理机关核准登记注册,其企业名称在各自冠用的行政区划范围内享有专用权,被告南京张小泉刀具厂所用企业名称,不构成对原告杭州张小泉剪刀厂企业名称权的侵犯。(2)原告杭州张小泉剪刀厂依法享有"张小泉"注册商标专用权,被告南京张小泉刀具厂自成立后在同类产品及其外包装上刻印"张小泉"和"南京张小泉"标志,足以造成消费者误认,这种行为已构成对"张小泉"注册商标专用权的侵犯。(3)依照《企业法人登记管理条例》第十条第一款、《企业法人登记管理条例施行细则》第二十四条第一、二款、《商标法》第三十八条第三项、《中华人民共和国商标法实施细则》第四十一条第二项之规定,本案做出上述处理结果。

本章案例导读解析

专利权应当授予我国公司。因为,虽然日本同我国一样是《保护工业产权巴黎公约》的成员国,该国公司向我国申请专利享受优先权的待遇,但我国专利法规定,"外观设计在外国第一次提出专利申请之日起6个月内,又在中国就相同主题提出专利申请的,依照该外国同中国签订的协议或者共同参加的国际条约,或者依照相互承认优先权的原则,可以享有优先权。"本案中的发明创造属于外观设计专利,享有优先权的时间是6个月,该日本公司于1997年9月30日向日本专利特许厅提交了外观设计专利申请,而于1998年4月3日向我国国务院专利行政部门递交了同样的申请,时间上已经超过了6个月,因此它已经丧失了优先权,它在中国的申请时间只能确定为1998年4月3日。

按照我国法律的规定,在两个以上的申请人分别就同样的发明创造申请专利的情况下,对先提出申请的申请人授予专利权。本案中,我国公司于1998年1月5日向专利行政部门递交了专利申请,该日期早于日本公司申请的日期,因此,该专利权应当授予我国公司。

复习思考题

1. 授予专利权的发明和实用新型应当具备什么条件?
2. 关于优先权原则《专利法》是如何规定的?
3. 《专利法》规定不予授予专利权的项目有哪些?
4. 我国商标注册的基本原则有哪些?

5.《商标法》规定的禁止使用的标志有哪些?
6.认定驰名商标的标准有哪些?
7.我国对驰名商标的特殊保护措施有哪些?

第八章
Chapter 8

金融法律制度

【学习目标】

1. 掌握汇票、本票、支票的基本原理和实务；证券发行、证券交易、上市公司收购的法律规定；保险合同的相关内容；

2. 熟悉中国人民银行的职责和商业银行的业务范围、违反票据法的法律责任规定、有关证券法律责任的法律规定；

3. 了解证券交易所、证券公司、证券交易服务机构的有关法律规定。

【能力目标】

1. 准确判断某种法律行为是否适用本章法律制度；

2. 培养学生熟悉最基本的票据、证券的能力，能够在实践中学会运用票据的能力。

3. 能够依照本章法律解决相应法律争端，并判断承担法律责任的形式。

【案例导读】

甲拾得一张出票人王朝公司、收款人为飞云公司的汇票后，以飞云公司的名义将票据背书转让给乙，乙支付了对价。乙要求付款时被拒绝。此时，飞云公司认为自己是真正的票据权利人，要求乙返还票据。乙辩称其对甲为非处分权人并不知情，其已经善意取得了票据权利。

请问：乙能否构成票据权利的善意取得？为什么？飞云公司认为自己是真正的票据权利人，能否要求乙返还票据？为什么？

第一节　银行法

一、银行法律制度概述

(一)银行的概念和分类

银行是指以吸收公众存款、发放贷款、办理结算等业务的信用中介机构。根据银行的性质不同，可以把我国银行分成中央银行、商业银行和政策性银行三种。

中国人民银行是中华人民共和国的中央银行。中国人民银行在国务院领导下，制定和实施货币政策，对金融业实施监督管理。

商业银行是指依法设立、以吸收公众存款、发放贷款、办理结算等为业务的、以营利为目的的企业法人。

政策性银行是指由政府设立、不以营利为目的、专门从事政策性融资活动、配合实现国家宏观经济调控制目标的特殊金融机构。

(二)银行法

银行法是调整银行在设立及开展业务及其管理活动中所发生的经济关系和管理关系的法律规范的总和。我国并没有统一的银行法典，通常说的银行法，包括《中央银行法》、《商业银行法》以及政策性银行法等法律、法规。目前我国的银行法主要有《中央银行法》，即《中华人民共和国中国人民银行法》(以下简称《中国人民银行法》)、《中华人民共和国商业银行法》(以下简称《商业银行法》)。除此之外，银行法还包括其他有关各类银行组织与活动的法律与行政法规。

二、中国人民银行法

《中国人民银行法》第二条规定："中国人民银行是中华人民共和国的中央银行。中国人民银行在国务院领导下制定和实施货币政策，防范和化解金融风险，维护金融稳定。"该法第八条规定："中国人民银行的全部资本由国家出资，属于国家所有。"从这些规定可以看出，在性质上，人民银行是我国的中央银行，是特殊的国家机关。作为中央银行，人民银行在国务院领导下，制定和实施货币政策；拥有资本，可依法开展业务，行使发行的银行、政府的银行、银行的银行和金融调控的银行的职能。

(一)中国人民银行的职责

中国人民银行的基本职责是制定和实施货币政策，对金融业实施监督和管理。根据《中国人民银行法》第四条的规定，中国人民银行履行下列职责：

(1)发布与履行其职责有关的命令和规章；(2)依法制定和执行货币政策；(3)发行人民

币,管理人民币流通;(4)监督管理银行间同业拆借市场和银行间债券市场;(5)实施外汇管理,监督管理银行间外汇市场;(6)监督管理黄金市场;(7)持有、管理、经营国家外汇储备、黄金储备;(8)经理国库;(9)维护支付、清算系统的正常运行;(10)指导、部署金融业反洗钱工作,负责反洗钱的资金监测;(11)负责金融业的统计、调查、分析和预测;(12)作为国家的中央银行,从事有关的国际金融活动;(13)国务院规定的其他职责。

(二)中国人民银行的组织机构

1. 行长

中国人民银行实行行长负责制。行长领导中国人民银行的工作,副行长协助行长工作。中国人民银行行长的人选,根据国务院总理的提名,由全国人民代表大会决定;全国人民代表大会闭会期间,由全国人民代表大会常务委员会决定,由中华人民共和国主席任免。中国人民银行副行长由国务院总理任免。

2. 货币政策委员会

中国人民银行设立货币政策委员会。货币政策委员会的职责、组成和工作程序,由国务院规定,报全国人民代表大会常务委员会备案。

3. 中国人民银行的分支机构

中国人民银行可以根据履行职责的需要设立分支机构,作为中国人民银行的派出机构。中国人民银行对分支机构实行集中统一领导和管理。中国人民银行的分支机构根据中国人民银行的授权,负责本辖区的金融监督管理,承办有关业务。

(三)人民币

我国的法定货币是人民币。以人民币支付我国境内的一切公共的和私人的债务,任何单位和个人不得拒收。人民币的单位为元,辅币单位为角、分。人民币由中国人民银行指定的专门企业印制,并由中国人民银行统一发行。

1. 人民币的印制、发行

中国人民银行发行新版人民币,应当报国务院批准,并将发行时间、面额、图案、式样、规格、主色调、主要特征等予以公告。中国人民银行对人民币的发行是通过设立人民币发行库予以组织实施的。发行库即人民币发行基金保管库。人民币发行基金是中国人民银行人民币发行库保管的尚未进入流通的人民币。中国人民银行设立人民币发行库,在其分支机构设立分支库。分支库调拨人民币发行基金,应当按照上级库的调拨命令办理。任何单位和个人不得违反规定,动用发行基金。

2. 人民币的禁止

《中国人民银行法》第十九条规定:禁止伪造、变造人民币。禁止出售、购买伪造、变造的人民币。禁止运输、持有、使用伪造、变造的人民币。禁止故意毁损人民币。禁止在宣传品、出版物或者其他商品上非法使用人民币图样。

此外，任何单位和个人不得印制、发售代币票券，以代替人民币在市场上流通。残缺、污损的人民币，按照中国人民银行的规定兑换，并由中国人民银行负责收回、销毁。

(四) 中国人民银行的业务

中国人民银行作为我国中央银行，它的业务，是中国人民银行职责的具体化。中央银行业务一般由《中央银行法》确定，即称为中央银行的法定业务。根据《中国人民银行法》的规定，我国中央银行法定业务的具体范围包括以下几个方面。

1. 依法制定和执行货币政策

货币政策是中央银行为实现其特定的经济目标而采取的各种控制和调节货币供应量或者信用的方针和措施的总称。货币政策是宏观经济政策，是一种长期性的政策目标。我国的货币政策目标就是稳定币值促进经济增长。根据《中国人民银行法》第二十三条的规定，中国人民银行为执行货币政策，可以运用下列货币政策工具：

①要求金融机构按照规定的比例交存存款准备金；②确定中央银行基准利率；③为在中国人民银行开立账户的金融机构办理再贴现；④向商业银行提供贷款；⑤在公开市场上买卖国债和其他政府债券及外汇；⑥国务院确定的其他货币政策工具。

中国人民银行为执行货币政策，运用前款所列货币政策工具时，可以规定具体的条件和程序。

2. 经理国库

国库就是国家金库，是负责办理国家预算资金的收入和支出的出纳机关。《中国人民银行法》和《中华人民共和国国家金库条例》都规定，中国人民银行依照法律、行政法规的规定经理国库。因此，经理国库是中国人民银行的一项重要职责。

3. 经营政府证券业务

《中国人民银行法》第二十五条规定：中国人民银行可以代理国务院财政部门向各金融机构组织发行、兑付国债和其他政府债券。中国人民银行作为政府的银行，具有监督管理金融市场的职责。其经营证券业务的目的，不在于营利，而是为了调剂市场的资金供求，实现货币币值的稳定，并以此促进经济增长的目的。中国人民银行不经营企业债券。

4. 清算业务

清算，是指避免现款支付的麻烦，而以转账方式了结债权债务关系。银行之间的债权债务关系需要通过一个中枢机构办理转账结算，这种中枢机构一般是由中央银行兼任。《中国人民银行法》规定，中国人民银行应当组织或者协助组织金融机构相互之间的清算系统，协调金融机构相互之间的清算事项，提供清算服务。可见，清算是中央银行一项重要的法定业务。

5. 向商业银行提供贷款

中央银行不办理普通银行贷款业务，贷款对象必须是银行和其他金融机构，它不是为了追求盈利，而是为了调节金融，借以实现对金融活动的管理。《中国人民银行法》第二十八条规定：为执行货币政策的需要，中国人民银行可以向商业银行提供贷款，并且可以决定对商业银行贷款的数额、期限、利率和方式,但贷款的期限不得超过1年。中国人民银行不得向地方政府、各级政府部门提供贷款,不得向非银行金融机构以及其他单位和个人提供贷款,但国务院决定中国人民银行可以向特定的非银行金融机构提供贷款的除外。中国人民银行不得向任何单位和个人提供担保。

(五)违反《中国人民银行法》的法律责任

1. 违反《中国人民银行法》的行为

根据《中国人民银行法》的有关规定,违反《中国人民银行法》的有为主要有:①伪造人民币、出售伪造的人民币或者明知是伪造的人民币而运输的;②变造人民币、出售变造的人民币或者明知是变造的人民币而运输的;③购买伪造、变造的人民币或者明知是伪造、变造的人民币而持有、使用;④在宣传品、出版物或者其他商品上非法使用人民币图样的;⑤印制、发售代币票券,以代替人民币在市场上流通的;⑥违反法律、行政法规有关金融监督管理规定的;⑦中国人民银行有违反有关业务规定行为的;⑧地方政府、各级政府部门、社会团体和个人强令中国人民银行及其工作人员违反有关规定提供贷款或者担保的;⑨中国人民银行的工作人员泄露国家秘密;⑩中国人民银行的工作人员贪污受贿、徇私舞弊、滥用职权、玩忽职守。

2. 违反中国人民银行法的法律责任

根据《中国人民银行法》有关规定,对于违反《中国人民银行法》的单位,中央银行应当责令停止、改正违法行为,给予相应的行政处罚,没收违法所得,并处以罚款,造成损失的,应当承担赔偿责任。

对于违反《中国人民银行法》负有直接责任的人员,情节轻微,依法给予行政处分;造成损失的,应当承担赔偿责任,构成犯罪的,依法追究刑事责任。

三、商业银行法

商业银行,是指依照《中华人民共和国商业银行法》(以下简称《商业银行法》)和《中华人民共和国公司法》设立的吸收公众存款、发放贷款、办理结算等业务的企业法人。商业银行是特殊的公司企业法人。同时,由于商业银行以效益性、安全性、流动性为经营原则,它与同是银行的政策性银行也是不同的。政策性银行不经营商业性信贷业务,不以盈利为目标,实行保本经营的原则。

目前,我国商业银行体系中,除中国工商银行、中国农业银行、中国银行和中国建设银行等国有商业银行外,还有交通银行、中信银行、光大银行、华夏银行、招商银行、福建兴业银行、广东发展银行、深圳发展银行、上海浦东发展银行等。

(一)商业银行的设立和组织机构

1. 商业银行的设立

根据《商业银行法》的规定,设立商业银行,应当经中国人民银行审查批准。未经中国人民银行批准,任何单位和个人不得从事吸收公众存款等商业银行业务,任何单位不得在名称中使用"银行"字样。

设立商业银行,应当具备下列五项条件:①有符合《商业银行法》和《中华人民共和国公司法》规定的章程;②有符合《商业银行法》规定的注册资本最低限额(设立商业银行的注册资本最低限额为10亿元人民币。城市合作商业银行的注册资本最低限额为1亿元人民币,农村合作商业银行的注册资本最低限额为5 000万元人民币。注册资本应当是实缴资本);③有具备任职专业知识和业务工作经验的董事长(行长)、总经理和其他高级管理人员;④有健全的组织机构和管理制度;⑤有符合要求的营业场所、安全防范措施和与业务有关的其他设施。

2. 商业银行的组织机构

《商业银行法》第十七条规定:商业银行的组织形式、组织机构适用《中华人民共和国公司法》的规定。本法施行前设立的商业银行,其组织形式、组织机构不完全符合《中华人民共和国公司法》规定的,可以继续沿用原有的规定,适用前款规定的日期由国务院规定。我国《公司法》规定的公司形式为有限责任公司(包括国有独资公司)和股份有限公司两种,相应的我国商业银行的组织形式也应有两种:有限责任商业银行(包括国有独资商业银行)和股份有限商业银行。中国工商银行、中国银行、中国农业银行、中国建设银行等国有独资商业银行,必须适用国有独资公司的规定。

(二)商业银行的经营范围

我国《商业银行法》第三条规定了商业银行的经营业务有:①吸收公众存款;②发放短期、中期和长期贷款;③办理国内外结算;④办理票据贴现;⑤发行金融债券;⑥代理发行、代理兑付、承销政府债券;⑦买卖政府债券;⑧从事同业拆借;⑨买卖、代理买卖外汇;⑩从事银行卡业务;⑪提供信用证服务及担保;⑫代理收付款项及代理保险业务;⑬提供保管箱服务;⑭经国务院银行业监督管理机构批准的其他业务。

各商业银行可以经营上述业务的一部分,也可以经营其全部业务。经营业务的范围由该商业银行的章程规定,并报中国人民银行批准。未经中国人民银行批准,任何单位和个人不得从事吸收公众存款等商业银行业务。

(三)商业银行的存款业务

存款是企业、机关、团体或个人根据可以收回的原则,把货币资金存入银行或其他信用机构并获取存款利息的一种信用活动形式。吸收公众存款是商业银行最基本的业务。保护存款人的合法权益是商业银行法的立法宗旨之一。为规范商业银行吸收公众存款的行为,保护存款人合法权益,我国《商业银行法》等法律、行政法规,对存款人的保护作出了明确的规定。

(1)商业银行办理个人储蓄存款业务,应当遵循存款自愿、取款自由、存款有息、为存款人保密的原则。对个人储蓄存款,商业银行有权拒绝任何单位或者个人查询、冻结、扣划,但法律另有规定的除外。

(2) 对单位存款,商业银行有权拒绝任何单位或者个人查询,但法律、行政法规另有规定的除外;有权拒绝任何单位或者个人冻结、扣划,但法律另有规定的除外。

(3) 商业银行应当按照中国人民银行规定的存款利率的上下限,确定存款利率,并予以公告。

(4) 商业银行应当按照中国人民银行的规定,向中国人民银行交存存款准备金,留足备付金。

(5) 商业银行应当保证存款本金和利息的支付,不得拖延、拒绝支付存款本金和利息。

(四) 商业银行的贷款业务

贷款,是指银行向客户转让货币资金的使用权,并按约定的期限和利息等条件加以回收的一种信用活动形式。贷款业务是商业银行的主要经营业务。商业银行根据国民经济和社会发展的需要,在国家产业政策指导下开展贷款业务。

《商业银行法》规定,商业银行贷款,应当对借款人的借款用途、偿还能力、还款方式等情况进行严格审查,并且必须实行审贷分离、分级审批的制度。借款人应当向贷款银行提供担保,商业银行应当对保证人的偿还能力,抵押物、质物的权属和价值以及实现抵押权、质权的可行性进行严格审查。经商业银行审查、评估,确认借款人资信良好,确能偿还贷款的,也可以不要求其提供担保。商业银行贷款,还应当与借款人订立书面合同;应当按照中国人民银行规定的贷款利率的上下限,确定贷款利率。

(五) 违反商业银行法的法律责任

1. 商业银行的法律责任

(1) 商业银行有违反有关存款业务规定,对存款人或者其他客户造成财产损害的,应当承担支付迟延履行的利息以及其他民事责任。并由国务院银行业监督管理机构责令改正,有违法所得的,没收违法所得,违法所得5万元以上的,并处违法所得1倍以上5倍以下罚款;没有违法所得或者违法所得不足5万元的,处5万元以上50万元以下罚款。

(2) 商业银行有违反其他有关规定的,由国务院银行业监督管理机构责令改正,有违法所得的,没收违法所得,并处罚款;情节特别严重或者逾期不改正的,可以责令停业整顿或者吊销其经营许可证;构成犯罪的,依法追究刑事责任。

2. 商业银行工作人员的法律责任

(1) 商业银行工作人员利用职务上的便利,索取、收受贿赂或者违反国家规定收受各种名义的回扣、手续费,构成犯罪的,依法追究刑事责任;尚不构成犯罪的,应当给予纪律处分。有上述行为,发放贷款或者提供担保造成损失的,应当承担全部或者部分赔偿责任。

(2) 商业银行工作人员利用职务上的便利,贪污、挪用、侵占本行或者客户资金,构成犯罪的,依法追究刑事责任;尚不构成犯罪的,应当给予纪律处分。

(3) 商业银行工作人员违反本法规定玩忽职守造成损失的,应当给予纪律处分;构成犯罪的,依法追究刑事责任。违反规定徇私向亲属、朋友发放贷款或者提供担保造成损失的,应当承担全部或者部分赔偿责任。

(4)商业银行工作人员泄露在任职期间知悉的国家秘密、商业秘密的,应当给予纪律处分;构成犯罪的,依法追究刑事责任。

(5)单位或者个人强令商业银行发放贷款或者提供担保的,应当对直接负责的主管人员和其他直接责任人员或者个人给予纪律处分;造成损失的,应当承担全部或者部分赔偿责任。商业银行的工作人员对单位或者个人强令其发放贷款或者提供担保未予拒绝的,应当给予纪律处分;造成损失的,应当承担相应的赔偿责任。

四、案例评析示例

1. 案情

飞龙塑胶制品有限公司(以下简称"飞龙公司"),系中外合资经营企业,主要生产和销售塑胶玩具。飞龙公司与某包装租赁有限公司(以下简称"包装公司")签订了租赁塑胶玩具生产线的融资租赁合同,约定承租方支付出租方租金共200万美元。出租方同时提出需由银行提供担保。当地县政府因急于发展外向型经济,遂指令中国人民银行某县支行(以下简称"县支行")予以担保,县支行向包装公司出具了《不可撤销的经济担保书》。融资租赁合同签订后,包装公司交付了租赁设备,而飞龙公司仅支付租金18万美元。偿还期限届满,包装公司向承租人和担保人催收租金和滞纳金未果。遂以县支行为第一被告向人民法院提起诉讼,请求法院判令县支行承担飞龙公司应支付的逾期租金及滞纳金折合人民币1 500余万元的连带责任。

2. 处理结果

人民法院受理此案后,经审理认为:县支行属国家机关,其保证行为无效,应承担因其过错给包装公司造成经济损失的赔偿责任。并作出一审判决,包装公司的经济损失,应当由县支行和飞龙公司、包装公司根据各自过错的大小分别承担相应的责任。

3. 评析

县支行出具的《不可撤销的经济担保书》是一种保证担保方式,《中华人民共和国中国人民银行法》第二十九条第二款规定:"中国人民银行不得向任何单位和个人提供担保",《中华人民共和国担保法》第八条同样规定,"国家机关不得为保证人"。中国人民银行从其性质看是进行宏观调控和负责金融监管的国家机关,不具备作为保证人的资格。故县支行向包装公司提供的《不可撤销的经济担保书》不具有法律效力,该保证行为无效。

《中华人民共和国中国人民银行法》第四十八条规定,地方政府、各级政府部门、社会团体和个人强令中国人民银行及其工作人员提供担保的,对负有直接责任的主管人员和其他责任人员,依法给予行政处分;构成犯罪的,依法追究刑事责任;造成损失的,应当承担部分或者全部赔偿责任。

第二节 票据法

一、票据法的一般理论

(一)票据的概念和种类

1. 票据的概念

票据的概念有广义和狭义之分。广义上的票据包括各种有价证券和凭证,如股票、企业债券、发票、仓单、提单等;狭义上的票据则是指我国《票据法》第二条中规定的"本法所称票据,是指汇票、本票和支票。"由此可见,我国票据法上的票据是指出票人依法签发的,约定自己或委托他人于到期日或见票时向收款人或持票人无条件支付一定金额的有价证券。

2. 票据的种类

我国使用的票据分为汇票、本票和支票三种。

汇票是由出票人签发的,委托付款人在见票时或者在指定日期无条件支付确定的金额给收款人或者持票人的票据。本票是由出票人签发的,承诺自己在见票时无条件支付确定的金额给收款人或持票人的票据。支票是出票人签发的,委托办理支票存款业务的银行或者其他金融机构在见票时无条件支付确定的金额给收款人或持票人的票据。

3. 票据法概述

《票据法》是指规定票据的种类、形式、内容以及各当事人之间权利义务关系的法律规范的总称。我国的票据法是 1995 年 5 月 10 日第八届全国人大常委会第十三次会议通过的《中华人民共和国票据法》(以下简称《票据法》),该法自 1996 年 1 月 1 日起施行。票据法的制定与施行,对于规范票据行为,保障票据活动中当事人的合法权益,维护社会经济秩序,促进社会主义市场经济的发展具有重要意义。

(二)票据法律关系

票据法律关系是指票据当事人之间在票据的签发和转让等过程中发生的权利义务关系,包括票据关系和票据法上的非票据关系两方面的内容。

票据关系是指票据当事人之间基于票据行为而发生的债权债务关系。其中,票据的持有人(持票人)享有票据权利,对于在票据上签名的人可以主张行使票据法规定的一切权利;在票据上签名的票据债务人负担票据义务,即依自己在票据上的签名按照票据上记载的文义,承担相应的义务。

票据法上的非票据关系指由《票据法》所规定的、不是基于票据行为直接发生的法律关系。如票据上的正当权利人对于因恶意而取得票据的人行使票据返还请求权而发生的关系、因手续欠缺而丧失票据上权利的持票人对于出票人或承兑人行使利益偿还请求权而发生的关系、票据付款人付款后请求持票人交还票据的关系等。

票据法律关系与其他民事法律关系一样,由主体、客体和内容三大要素构成。

1. 票据法律关系的主体

票据法律关系的主体,即票据法律关系的当事人。

票据当事人根据票据关系的性质可分为票据债权人和票据债务人;根据签发票据时是否存在可分为基本当事人和非基本当事人;根据流通转让后形成的转让关系可分为前手与后手。

2. 票据法律关系的客体

票据法律关系的客体是指票据法律关系的权利和义务共同指向的对象,是权利和义务的载体。票据法律关系是因支付或清偿一定的金钱而发生的法律关系,所以其客体只能是一定的货币资金,而不是其他资产。

3. 票据法律关系的内容

票据法律关系的内容是指参加票据法律关系的主体依法所享有的权利和承担的义务。其权利是指票据法律关系的当事人依照票据法或票据行为可以为一定行为或者要求他人为一定行为,其义务是指票据法律关系的当事人依照票据法或票据行为必须为或不为一定的行为。

(三)票据行为

1. 票据行为的概念

票据行为是指票据关系的当事人之间以发生、变更或终止票据关系为目的而进行的法律行为。

票据当事人是指在票据法律关系中,享有票据权利、承担票据义务的主体,包括基本当事人和非基本当事人。票据当事人是指在票据作成和交付时就已经存在的当事人,包括出票人、付款人和收款人三种。汇票和支票的基本当事人有出票人、付款人与收款人;本票的基本当事人有出票人与收款人。非基本当事人是指在票据作成并交付后,通过一定的票据行为加入票据关系而享有一定权利、承担一定义务的当事人,包括背书人、承兑人、被背书人、保证人和其他当事人。

2. 票据行为成立的有效条件

(1)行为人必须具有从事票据行为的能力。

《票据法》第六条规定:"无民事行为能力人或者限制民事行为能力人在票据上签章的,其签章无效,但是不影响其他签章的效力。"因此,在票据行为中,在票据上签章的自然人必须是具有完全民事行为能力的人;否则,该签章不具有任何效力,签章者并不因此而成为票据上的债务人,其他票据当事人也不得据此签章向无民事行为能力人或限制行为能力人主张任何票据债权。

(2)行为人的意思表示真实或者无缺陷。

根据民法一般原则,意思表示真实是指行为人的内心意思与外在表示一致,意思表示无缺陷即是指意思表示不存在法律上的障碍或欠缺。票据行为作为一种意思表示行为,必须意思表示真实且无缺陷。我国《票据法》第十二条规定:"以欺诈、偷盗或者胁迫等手段取得票据的,或者明知有前列情形,出于恶意取得票据的,不得享有票据权利。"这一规定表明,尽管票据的形式符合法定条件,但从事票据行为的意思表示不真实或存在缺陷,票据持有人亦不得享有票据上的权利,该等行为无效。

(3)票据行为的内容必须符合法律、法规的规定。

我国《票据法》第三条规定:"票据活动应当遵守法律、行政法规,不得损害社会公共利益。"由此可见,票据行为是一种合法行为,即票据行为的进行程序、记载的内容等必须符合法律、法规的规定。

(4)票据行为的形式要件必须合法。

票据行为是一种要式行为,即须采用法律规定的形式,因此,票据行为必须符合法律、法规规定的形式。具体表现在两个方面:

①签章。《票据法》第七条规定:"票据上的签章,为签名、盖章或者签名加盖章。"法人和其他使用票据的单位在票据上的签章,为该法人或者该单位的盖章加其法定代表人或者其授权的代理人的签章。在票据上的签名,应当为该当事人的本名。

②票据记载事项。票据记载事项一般分为绝对记载事项、相对记载事项和任意记载事项等。绝对记载事项是指票据法明文规定必须记载的,如无记载,票据即为无效的事项;相对记载事项是指某些应该记载而未记载,适用法律的有关规定而不使票据失效的事项;任意记载事项是指票据法规定由当事人任意记载的事项。

根据票据法的规定,各类票据共同必须绝对记载的事项分为:

第一,票据种类的记载。即表明汇票、本票、支票的记载。

第二,票据金额的记载。票据金额以中文大写和数码同时记载,二者必须一致,二者不一致的,票据无效。

第三,票据收款人的记载。收款人是票据到期收取票款的人,并且是票据的主债权人,因此,票据必须记载这一事项,否则票据即为无效。

第四,年、月、日的记载。年、月、日是判定票据权利义务的发生、变更和终止的重要标准,因此票据必须将此作为必须记载的事项,否则票据即为无效。

正是基于票据金额、日期、收款人名称等内容在票据上的重要性,我国《票据法》第九条规定:"票据金额、日期、收款人名称不得更改,更改的票据无效。"

票据金额、出票日期和收款人名称如记载错误,只能由出票人重新签发票据,而不能在票据上进行更改。如果付款人对更改金额、出票日期或者收款人名称的票据付款的,由付款人承担责任。

3.票据行为的代理

票据行为是一种民事法律行为,除适用民法中关于代理的一般规定外,还适用《票据法》中的特别规定。《票据法》规定,票据当事人可以委托其代理人在票据上签章,并应当在票据上表明其代理关系。即表明票据代理一般采取书面形式,在票据上注明"代理"等字样或类似文句,表明代理关系,并要求代理人在行使代理权限时,按代理人的委托在票据上签章。

(四)票据权利

1. 票据权利的概念

票据权利是指持票人向票据债务人请求支付票据金额的权利。根据我国《票据法》第四条第四款的规定,票据权利包括付款请求权和追索权。

票据权利是以获得一定金钱为目的的债权,即金钱债权,表现为请求支付一定数额货币的权利。但票据权利与一般的金钱债权又有所不同。它表现为两次请求权,第一次请求权是付款请求权,这是票据上的主要权利;第二次请求权为追索权,是付款请求权得不到满足时,向付款人以外的其他债务人要求清偿票据金额及有关费用的权利,又称偿还请求权。

2. 票据权利的取得

当事人取得票据主要有以下几种情况:从出票人处取得;从持有票据的人背书转让而取得票据;依税收、公司合并、继承、赠与、强制执行等取得票据。

票据的取得,必须给付对价,即应当给付票据双方当事人认可的相对应的代价。持票人取得的票据是无对价或者不相当对价的,其享有的权利不能优于其前手的权利,因此票据债务人可以对抗持票人前手的抗辩事由对抗该持票人。

因税收、继承、赠与可以依法无偿取得票据的,不受给付对价的限制。但是,所享有的票据权利不得优于其前手的权利。

以欺诈、偷盗或者胁迫等手段取得票据的,或者明知有前列情形,出于恶意取得票据的,不得享有票据权利。

持票人因重大过失取得不符合票据法规定的票据的,也不得享有票据权利。

3. 票据权利的消灭

票据权利的消灭是指因发生一定的法律事实而使票据权利不复存在。票据权利消灭之后,票据上的债权、债务关系也随之消灭。在一般情况下,票据权利因为履行、免除、抵消等事由的发生而消灭。此外,票据权利还因为时效而消灭。根据《票据法》第十七条的规定,票据权利在下列期限内不行使而消灭:

(1)持票人对票据的出票人和承兑人的权利,自票据到期日起2年;见票即付的汇票、本票,自出票日起2年。

(2)持票人对支票出票人的权利,自出票之日起6个月。

(3)持票人对前手的(首次)追索权,自被拒绝承兑或者被拒绝付款之日起6个月。

(4)持票人对前手的再追索权,自清偿日或者被提起诉讼之日起3个月。

4. 票据权利的补救

票据权利与票据是紧密相连的。如果票据丧失,票据权利的实现就会受到影响。为此,我国《票据法》第十五条规定:票据丧失,失票人可以及时通知票据的付款人挂失止付,但是,未记载付款人或者无法确定付款人及其代理付款人的票据除外。失票人应当在通知挂失止付后3日内,也可以在票据丧失后,依法向人民法院申请公示催告,或者向人民法院提起诉讼。无论是采取哪一种补救措施,均必须符合以下几个条件:

(1)必须有丧失票据的事实。

(2)失票人必须是真正的票据权利人。

(3)丧失的票据必须是未获付款的有效票据。

(五)票据抗辩

票据抗辩是指票据债务人根据《票据法》规定对票据债权人拒绝履行义务的行为。票据抗辩是票据债务人的一项权利,是债务人保护自己的一种手段。根据抗辩原因不同以及抗辩效力的不同,票据抗辩可分为对物的抗辩和对人的抗辩。

1. 对物抗辩

对物抗辩是指票据债务人根据票据本身的内容发生的事由而向票据债权人行使的抗辩。例如因票据记载事项欠缺而为的抗辩,因无权代理或超越权限进行票据行为而为的抗辩,因持票人的票据权利有瑕疵而为的抗辩,因票据权利消灭而为的抗辩,因票据系伪造、变造而为的抗辩等等。

2. 对人抗辩

票据债务人可以对不履行约定义务的与自己有直接债权债务关系的持票人,进行抗辩。例如,张某签发一张票据给李某而购买商品,张某就可以李某未交货,不具有对价为由向李某主张抗辩。

二、汇票

(一)汇票的概念和种类

汇票是出票人签发的,委托付款人在见票时或者在指定的日期无条件支付确定的金额给收款人或持票人的票据。由此可见,汇票包括三方基本当事人,即出票人、收款人和付款人;汇票是由出票人委托他人支付的票据,是一种委托证券。

我国《票据法》将汇票分为银行汇票和商业汇票。银行汇票是出票银行签发的,由其有见票时按照实际结算金额无条件支付给收款人或者持票人的票据。商业汇票是银行之外的企事业单位、机关、团体等出票人签发的,委托付款人在指定日期无条件支付确定的金额给收款人或者持票人的票据。

(二)出票

1. 出票的概念

《票据法》第二十条规定:"出票是指出票人签发票据并将其交付给收款人的票据行为。"依此规定,出票实际包括两个行为:一是出票人依据票据法的规定作成票据,即在原始票据上记载法定事项并签章;二是将作成的票据交付收款人。

根据《票据法》的规定,就票据的实质内容而言,汇票的出票人在为出票行为时,必须与付款人具有真实的委托付款关系,并且具有支付汇票金额的可靠资金来源;除因税收、继承、赠与可以依法无偿取得票据外,汇票的出票人不得签发无对价的汇票。

2. 汇票出票的记载事项

汇票是一种要式证券,出票行为是一种要式行为,汇票的作成必须具有法定的形式要件。依据不同记载事项对汇票效力的影响程度,汇票出票的记载事项可分绝对记载事项、相对记载事项和任意记载事项。

(1) 汇票的绝对记载事项。

根据《票据法》第二十二条的规定,汇票必须记载下列事项:汇票上未记载前款规定事项之一的,汇票无效。

表明"汇票"的字样;无条件支付的委托;确定的金额;付款人名称;收款人名称;出票日期;出票人签章。

(2) 汇票的相对记载事项。

这也是汇票上必须应记载的内容,但是,相对应记载事项未在汇票上记载,并不影响汇票本身的效力,汇票仍然有效。

《票据法》第二十三条规定:汇票上记载付款日期、付款地、出票地等事项的,应当清楚、明确。

①付款日期。汇票上未记载该事项的,视为见票即付。

②付款地。若汇票上未记载,以付款人的营业场所、住所或者经常居住地为付款地。

③出票地。汇票上未记载的,以出票人的营业场所、住所或经常居住地为出票地。

(3) 汇票的任意记载事项。

除上述法定记载事项外,汇票上还可以记载非法定事项即任意记载事项,但该记载事项不具有汇票上的效力。法律规定以外的事项主要是指与汇票的基础关系有关的事项,如签发票据的原因或用途、该票据项下的合同号码等。这些事项尽管有利于当事人清算方便,但却与票据关系本身关系不大,故其不具有票据上的效力。

3. 出票的效力

出票人在完成出票行为之后,即产生票据上的效力,表现为:

(1) 对收款人的效力。收款人在接受出票人交付的汇票后,即取得包括付款请求权和追索权在内的票据权利。

(2) 对付款人的效力。出票行为是单方行为,付款人并不因此而有付款义务,只有在其对汇票进行承兑之后,才成为汇票上的主债务人。

(3) 对出票人的效力。出票人签发汇票后,即承担保证该汇票承兑和最终付款的责任。出票人在汇票得不到承兑或者付款时,应当向持票人清偿票据规定的金额和费用。

（三）背书

1. 背书的概念

背书是指在票据背面或者粘单上记载有关事项并签章的票据行为。持票人可以将汇票权利转让给他人或者将一定的汇票权利授予他人行使，但是应当背书并交付汇票。

2. 背书的记载事项

背书包括两项绝对应记载事项，即背书人的签章和被背书人的名称；一项相对应记载事项，即背书日期，如果未记载，则视为在汇票到期日前背书。

背书不得记载的内容有两项：一是附条件背书，二是部分背书。背书时附有条件的，所附条件不具有汇票上的效力；而背书人将汇票金额的一部分转让或者将汇票金额分别转让给两人以上的背书，则导致背书无效。

3. 背书连续

背书连续是指在票据转让中，转让汇票的背书人向受让汇票的被背书人在汇票上的签章依次前后连接。汇票的背书应当连续，以表明汇票上的一切权利实现了由背书人向被背书人的转移，并起到票据权利担保的效力，当汇票不获承兑或不获付款时，背书人对于被背书人及其所有后手均负有偿还票款的义务。背书连续主要是指背书在形式上连续，如果背书在实质上不连续，如有伪造签章的，付款人仍应对持票人付款。但是，如果付款人明知持票人不是真正票据权利人，则不得向持票人付款，否则应自行承担责任。对于非经背书转让，而以其他合法形式（如税收、继承、赠与）取得汇票的，不受背书连续的限制。只有取得汇票的人依法举证，表现其合法取得汇票的方式，证明其票据权利，就可以享有票据权利。

4. 委托收款背书

委托收款背书是背书人委托被背书人行使票据权利的背书。该背书方式不以转让票据权利为目的，而是以授予他人一定代理权为目的，其确立的法律关系属于票据上的权利转让与被转让关系，而是背书人（原持票人）与被背书人（代理人）之间在民法的代理关系，该关系形成后，被背书人可以代理行使票据上的一切权利。此时，背书人仍是票据权利人，被背书人只是代理人，未取得票据权利，因此不能转让。

《票据法》第三十五条第一款规定："背书记载'委托收款'字样的，被背书人有权代背书人行使被委托的汇票权利。但是，被背书人不得再以背书转让汇票权利。"这就是说，被背书人因委托收款背书而取得代理权后，可以代为行使付款请求权和追索权，但是不能行使转让票据等处分权利。如果转让的，原背书人对后手的被背书人不承担票据责任，但不影响出票人、承兑人以及原背书人之前手的票据责任。

5. 质押背书

汇票可以设定质押，质押时应当以背书记载"质押"字样。质押背书是持票人以票据权利设定质权为目的而在票据上作成的背书。背书人是原持票人，也是出质人，被背书人则是质权人。质押背书确立的是一种担保关系，即是在背书人（原持票人）与被背书人之间产生一种质押关系,而不是票据权利的转让。因此,质权人并不享有票据权利,不得将其转让。如果转让的,原背书人对后手的被背书人不承担票据责任,但不影响出票人、承兑人以及原背书人之前手的票据责任。

6. 禁止背书

禁止背书是指出票人或者背书人在票据上记载"不得转让"等字样,以禁止票据权利的转让,包括出票人的禁止背书和背书人的禁止背书两种。

出票人的禁止背书应记载在汇票的正面。如果收款人或者持票人将出票人作此禁止背书的汇票转让,该转让不发生票据法上的效力。背书转让后的受让人不得享有票据权利,票据的出票人、承兑人对受让人不承担票据责任。

背书人的禁止背书应记载在汇票的背面。背书人在票据上记载"不得转让"字样,其后手再背书转让的,原背书人对后手的被背书人不承担票据责任。

7. 背书的效力

票据背书的效力主要有:

(1)票据权利的转移。背书成立后,汇票上的一切权利均由背书人转移给被背书人。后者成为汇票的债权人,前者则成为票据的债务人。

(2)票据权利的证明。只要最后的被背书人持有票据,就推定他是合法权利人。

(3)票据权利的担保。背书人应按照汇票的文意,担保汇票的承兑和付款。汇票不获承兑或者不获付款时,背书人对于被背书人及其所有后手均负有偿还票款的义务。

(四)承兑

1. 承兑的概念

承兑是指汇票付款人承诺在汇票到期日支付汇票金额的票据行为。就汇票的有效作成而言,它是出票人的一种单方法律行为,付款人没有直接参与汇票的制作过程,付款人与出票人之间存在的具体委托关系又游离于票据关系之外,无法在票面上得到体现,因此付款人并不负有当然的付款义务。为此,必须在出票之外设定一个新的票据程序,以补足票据的整体效力,其基本功能在于使付款人的付款责任得以确认。由于本票与支票都不具有这样的特性,因此承兑便成为汇票所独有的制度。

2. 提示承兑

提示承兑是指持票人向付款人出示汇票,并要求付款人承诺付款的行为。根据付款形式的不同,汇票可以分为必须提示承兑和无需提示承兑两种。

(1)必须提示承兑的汇票。定日付款或者出票后定期付款的汇票,持票人应当在汇票到期日前向付款人提示承兑;见票后定期付款的汇票,持票人应当自出票日起1个月内向付款人提示承兑。

(2)无需提示承兑的汇票。见票即付的汇票无需提示承兑。这类汇票有两种:一是在汇票上明确记载"见票即付"字样的汇票;二是汇票上未记载付款日期的,视为见票即付的汇票。

3. 承兑的记载事项

《票据法》第四十二条规定:"付款人承兑汇票的,应当在汇票正面记载'承兑'字样和承兑日期并签章;见票后定期付款的汇票,应当在承兑时记载付款日期。"汇票上未记载承兑日期的,付款人对向其提示承兑的汇票,应当自收到提示承兑的汇票之日起3日内承兑或者拒绝承兑。承兑记载的事项包括三项:承兑文句,承兑日期和承兑人签章,其中承兑文句和承兑人签章是绝对应记载事项,承兑日期属于相对应记载事项,但见票后定期付款的汇票,则必须记载付款日期。承兑不得附有条件,附条件的承兑视为拒绝承兑。接受承兑意味着付款人向持票人做出了到期无条件付款的承诺,否则应承担法律责任。

4. 承兑的效力

承兑生效后,即对付款人产生相应的效力。《票据法》第四十四条规定:"付款人承兑汇票后,应当承担到期付款的责任。"这就是有关承兑效力的规定。该到期付款的责任是一种绝对责任,其意味着:承兑人于汇票到期日必须向持票人无条件地支付汇票上的金额,否则其必须承担延迟付款责任;承兑人必须对汇票上的一切权利人承担责任,包括付款请求权人和追索权人;承兑人不得以其与出票人之间的资金关系来对抗持票人,拒绝支付汇票金额。

(五)保证

1. 保证的概念

票据保证是指票据债务人以外的第三人以担保特定债务人履行票据债务为目的,而在票据上所为的一种附属票据行为。担保票据债务履行的人叫票据保证人,被担保的特定票据债务人叫被保证人。

2. 保证的记载事项

保证的记载事项分为绝对必要记载事项和相对必要记载事项。绝对必要记载事项主要有:表明"保证"的字样;保证人签章。相对必要记载事项主要有:保证人的名称和住所;被保证人的名称;保证日期。未记载保证人名称的,可由其签章认定。未记载保证人的名称和住所的,由其签章认定名称,其营业场所或者经常居住地为住所。未记载被保证人名称的,已承兑的汇票,承兑人为被保证人;未承兑的汇票,出票人为被保证人。未记载保证日期的,出票日期为保证日期。保证不得附有条件;附有条件的,不影响对汇票的保证责任。

3. 保证的效力

一是被保证的汇票,保证人应当与被保证人对持票人承担连带责任。保证人向持票人清偿债务后,取得票据而成为持票人,享有票据上的权利,有权对被保证人及其前手行使追索权。

二是如果被保证人的债务因形式要件欠缺而无效,保证人的保证责任归于无效;如果被保证人的债务因实质原因导致无效,保证人的保证责任则不能免除。

(六)付款

1. 付款的概念

付款是汇票的付款人或者承兑人向持票人支付汇票金额,以消灭票据权利义务的行为。

2. 付款的提示

提示付款是指持票人向付款人或者承兑人现实地出示汇票,请求其付款的行为。持票人应按下列期限提示付款:①见票即付的汇票,自出票日起1个月内向付款人提示付款;②定日付款、出票后定期付款或者见票后定期付款的汇票,自到期日起10日内向承兑人提示付款。付款的提示是票据权利的保全和行使,如果持票人未按上述规定期限提示付款的,则丧失对其前手的追索权,但在做出说明后,承兑人或者付款人仍应当继续对持票人承担付款责任。通过委托收款银行或者通过票据交换系统向付款人提示付款的,视同持票人提示付款。

3. 付款要求

持票人在法定期限内提示付款的,付款人必须在当日足额付款,可以由付款人亲自支付,也可由付款代理人代为支付。付款人及其代理付款人付款时,应当审查汇票的背书是否连续,并审查提示付款人的合法身份证明或者有效证件。付款人及其代理付款人以恶意或者有重大过失付款的,应当自行承担责任。持票人获得付款的,应当在汇票上签收,并将汇票交给付款人。持票人委托银行收款的,受委托的银行将代收的汇票金额转账收入持票人账户,视同签收。

(七)追索权

1. 追索权的概念

追索权,是指持票人因票据到期未获付款或期前不获承兑或有其他法定原因,并在实施行使或保全票据上权利的行为后,可以向其前手请求偿还票据金额、利息及其他法定款项的一种票据权利。追索权是在票据权利人的付款请求权得不到满足之后,法律赋予持票人对票据债务人进行追偿的权利。追索权的当事人包括享有追索权的人和被追索人。而享有追索权的人包括票据的最后一个持票人和清偿票据债务后的持票人。偿还义务人包括出票人、背书人、承兑人、保证人,它们共同对持票人承担连带责任。

2. 追索权适用的情形

汇票追索适用于两种情形,分别为到期后追索和到期前追索。

到期后追索,是指汇票到期被拒绝付款的,持票人可以对背书人、出票人以及汇票的其他债务人行使追索权。

到期前追索,是指汇票到期日前,有下列情形之一的,持票人也可以行使追索权:

(1) 汇票被拒绝承兑的;

(2) 承兑人或者付款人死亡、逃匿的;

(3) 承兑人或者付款人被依法宣告破产的或者因违法被责令终止业务活动的。

3. 追索的内容

持票人行使追索权,可以请求被追索人支付下列金额和费用:①被拒绝付款的汇票金额;②汇票金额自到期日或者提示付款日起至清偿日止,按照中国人民银行规定的利率计算的利息;③取得有关拒绝证明和发出通知书的费用。被追索人清偿债务时,持票人应当交出汇票和有关拒绝证明,并出具所收到利息和费用的收据。

被追索人依照规定清偿后,可以向其他汇票债务人行使再追索权,请求其他汇票债务人支付下列金额和费用:①已清偿的全部金额;②前项金额自清偿日起至再追索清偿日止,按照中国人民银行规定的利率计算的利息;③发出通知书的费用。行使再追索权的被追索人获得清偿时,应当交出汇票和有关拒绝证明,并出具所收到利息和费用的收据。

4. 追索权的行使

持票人在行使追索权时可以不按照汇票债务人的先后顺序,对其中任何一人、数人或者全体行使追索权。持票人对汇票债务人中的一人或数人已经进行追索的,对其他汇票债务人仍可以行使追索权。持票人为出票人的,对其前手无追索权;持票人为背书人的,对其后手无追索权。

持票人应当自收到被拒绝承兑或者被拒绝付款的有关证明之日起3日内,将被拒绝事由书面通知其前手;其前手应当自收到通知之日起3日内书面通知其再前手。持票人也可以同时向各汇票债务人发出书面通知。在规定期限内将通知按照法定地址或者约定的地址邮寄的,视为已经发出通知。

未按照规定期限通知的,持票人仍可以行使追索权。因延期通知给其前手或者出票人造成损失的,由没有按照规定期限通知的汇票当事人,承担对该损失的赔偿责任,但是所赔偿的金额以汇票金额为限。

三、本票

(一)本票的概念

本票是指出票人签发的,承诺自己在见票时无条件支付确定的金额给收款人或者持票人的票据。根据《票据法》的规定,本票仅限于银行本票,即银行出票,银行付款。

按照现行立法体例,《票据法》总则中的内容,汇票中关于出票、背书、保证、付款、追索权等有关规定,除法律有明确规定的以外,都适用于本票。

(二)本票的出票

本票的出票与汇票一样,包括作成票据和交付票据。本票的出票行为是以自己负担支付本票金额的债务为目的的票据行为。因此,《票据法》第七十四条规定:"本票的出票人必须具有支付本票金额的可靠资金来源,并保证支付。"由此可见,本票出票人是票据金额的直接支付人,与汇票的承兑人相同,这与汇票的出票人只承担担保责任是不同的。

1. 本票的绝对应记载事项

根据《票据法》第七十五条的规定,本票的绝对应记载事项包括以下6个方面的内容:①表明"本票"的字样;②无条件支付的承诺;③确定的金额;④收款人名称;⑤出票日期;⑥出票人签章。

2. 本票的相对应记载事项

根据《票据法》第七十六条的规定，本票的相对应记载事项包括两项内容：

（1）付款地。本票上未记载付款地的，出票人的营业场所为付款地。

（2）出票地。本票上未记载出票地的，出票人的营业场所为出票地。

（三）本票的付款

根据《票据法》的规定，银行本票是见票付款的票据，收款人或持票人在取得银行本票后，随时可以向出票人请求付款。为了防止收款人或持票人久久不提示票据而给出票人造成不利，《票据法》第七十八条规定了本票的付款提示期限，即："本票自出票之日起，付款期限最长不得超过2个月。"持票人依照前述规定的期限提示本票的，出票人必须承担付款的责任。如果持票人超过提示付款期限不获付款的，在票据权利时效内向出票银行作出说明，并提供本人身份证或单位证明，可持银行本票向出票银行请求付款。本票的持票人未按照规定期限提示见票的，丧失对出票人以外的前手的追索权。

四、支票

（一）支票的概念和种类

支票是出票人签发的，委托办理支票存款业务的银行或其他金融机构在见票时无条件支付确定的金额给收款人或持票人的票据。支票的基本当事人为出票人、付款人和收款人。其中，出票人为在经中国人民银行当地分行批准办理支票业务的银行机构开立可以使用支票的存款账户的单位或个人。

我国的支票分为现金支票、转账支票和普通支票。现金支票专门用于支取现金。这种支票在票面上预先印制"现金"字样。转账支票专门用于转账，不得支取现金。这种支票在票面上印制"转账"字样。普通支票可以支取现金，也可以转账。在普通支票左上角划两条平行线的，为划线支票，划线支票只能用于转账，不得支取现金。

按照现行立法体例，《票据法》总则中的内容，汇票中关于出票、背书、保证、付款、追索权等有关规定，除法律有明确规定的以外，都适用于支票。

（二）支票的出票

出票人签发支票并交付的行为即为出票。但是，出票人签发支票必须具备一定的条件，即为经中国人民银行当地分行批准办理支票业务的银行机构开立可以使用支票的存款账户的单位或个人。开立支票存款账户，申请人必须使用其本名，并提交证明其身份的合法证件，预留其本名的签名式样和印鉴。开立支票存款账户和领用支票，应当有可靠的资信，并存入一定的资金。

1. 支票的绝对应记载事项

根据《票据法》第八十四条的规定，支票的绝对应记载事项共有6项内容：①表明"支票"

的字样;②无条件支付的委托;③确定的金额;④付款人名称;⑤出票日期;⑥出票人签章。

支票上未记载前述 6 项规定事项之一的,支票无效。支票的金额、收款人名称可以由出票人授权补记,未补记前,不得背书转让和提示付款。

2. 支票的相对应记载事项

根据《票据法》第八十六条的规定,支票的相对应记载事项有两项:

(1)付款地。未记载付款地的,以付款人的营业场所为付款地。

(2)出票地。未记载出票地的,以出票人的营业场所、住所或者经常居住地为出票地。

我国票据法禁止签发空头支票、与其预留本名的签名式样或者印鉴不符的支票。

(三)支票的付款

出票人必须按照签发的支票金额承担保证向持票人付款的责任。出票人在付款人处的存款足以支付支票金额时,付款人应当在当日足额付款。支票限于见票即付,不得另行记载付款日期。另行记载付款日期的,该记载无效。支票的持票人应当自出票日起 10 日内提示付款。超过提示付款期限的,付款人可以不予付款;付款人不予付款的,出票人仍应当对持票人承担票据责任。付款人依法支付支票金额的,对出票人不再承担受委托付款的责任,对持票人不再承担付款的责任。

五、违反票据法的法律责任

(一)票据欺诈行为的法律责任

《票据法》第一百零二条规定:有下列票据欺诈行为之一的,依法追究刑事责任;情节轻微,不构成犯罪的,依照国家有关规定给予行政处罚。①伪造、变造票据的;②故意使用伪造、变造的票据的;③签发空头支票或者故意签发与其预留的本名签名式样或者印鉴不符的支票,骗取财物的;④签发无可靠金来源的汇票、本票,骗取资金的;⑤汇票、本票的出票人在出票时作虚假记载,骗取财物的;⑥冒用他人的票据,或者故意使用过期或者作废的票据,骗取财物的;⑦付款人同出票人传票人恶意串通,实施上述行为之一的。

(二)金融机构工作人员的法律责任

金融机构工作人员在票据业务中玩忽职守,对违反《票据法》规定的票据予以承兑、付款或者保证的,给予处分;造成重大损失,构成犯罪的,依法追究刑事责任。由于金融机构工作人员因玩忽职守行为给当事人造成损失的,由该金融机构和直接责任人员依法承担赔偿责任。

(三)付款人故意压票,拖延支付的法律责任

票据的付款人对见票即付或者到期的票据,故意压票,拖延支付的,由金融行政管理部门处以罚款,对直接责任人员给予处分。票据的付款人故意压票、拖延支付,给持票人造成损失的,依法承担赔偿责任。

六、案例评析示例

1. 案情

王某为某私营纺织厂的业主,1998年4月间,在搬迁厂房和办公场所的过程中,不慎遗失空白支票格式凭证3张。王某未及时按中国人民银行有关票据格式凭证管理的规定报失和刊登告示。后所遗失的其中一张支票格式凭证被孙某拾到并伪刻名称为"某某建材公司"的财务章加以签署。支票的收款人处空白,金额填写为20万元。其后,孙某又持该伪造支票及身份证,到某商场购物,当场将该商场填写为支票的收款人。商场将该支票送达银行入账时,遭到退票。公安机关凭支票格式凭证编号查实该支票格式凭证系王某所遗失,但无任何证据显示上述骗购货物事件与王某有关;而"某某建材公司"则根本不存在。某商场起诉王某,要求他支付该支票票款或赔偿货物损失。

2. 处理结果

王某不用支付该支票票款亦不用赔偿货物损失。

3. 评析

王某丢失的是支票格式凭证,并非经签章的空白支票。王某因为没有在票据上签章,未进行任何票据行为,故不承担票据责任。事实上,王某亦无须承担普通民事责任。因为王某丢失支票格式凭证的行为,与某商场的损失之间无任何法律上的必然因果关系。但是,王某因怠于履行经济管理关系中的义务,应受到金融主管机关的处罚。但这属于另一法律关系了。

第三节 证券法

一、证券法概述

(一)证券的概念

一般认为,证券有广义和狭义之分。广义的证券是指记载并且代表一定权利的所有凭证,主要包括三种:一是财物证券,如提货单、购物券等;二是货币证券,如支票、本票、汇票等;三是资本证券,如股票、债券等。狭义的证券仅指资本证券。《中华人民共和国证券法》规定的证券为股票、公司债券以及国务院依法认定的其他证券。

(二)证券法的概念

证券法有广义和狭义之分。广义的证券法是指一切与证券有关的法律规范的总称。狭义的证券法专指《中华人民共和国证券法》(以下简称《证券法》),它是规范证券发行、交易及其监管过程中产生的各种法律关系的基本法,是证券市场各类行为主体必须遵守的行为规范,由国家权力机关制定,以国家强制力保障实施。

1998年12月29日,第九届全国人民代表大会常务委员会第六次会议通过了《中华人民共和国证券法》,自1999年7月1日起施行。2004年8月28日,第十届全国人民代表大会常务委员会第十一次会议通过了《关于修改〈中华人民共和国证券法〉的决定》,对《证券法》个别条款作了修改。2005年10月27日,第十届全国人民代表大会常务委员会第十八次会议审议通过了重新修订的《证券法》,自2006年1月1日起施行。

二、证券发行

(一)证券发行的一般规定

1. 公开发行证券

《证券法》规定,公开发行证券,必须符合法律、行政法规规定的条件,并依法报经国务院证券监督管理机构或者国务院授权的部门核准;未经依法核准,任何单位和个人不得公开发行证券。

有下列情形之一的,为公开发行:

(1)向不特定对象发行证券。这是指向社会公众发行证券。无论发行对象人数多少,只要是不特定的社会公众,都属于公开发行。

(2)向特定对象发行证券累计超过200人的。"特定对象"主要包括发行人的内部人员,如股东、公司员工及其亲朋好友等,以及与发行人有联系的公司、机构和人员等;还有一类是机构投资者,如基金管理公司、保险公司等。向特定对象发行证券,一般涉及人数较少,发行对象与发行人有一定联系,对发行人的情况比较了解。

(3)法律、行政法规规定的其他发行行为。

2. 公开发行证券实行保荐制度

《证券法》规定,发行人申请公开发行股票、可转换为股票的公司债券,依法采取承销方式的,或者公开发行法律、行政法规规定实行保荐制度的其他证券的,应当聘请具有保荐资格的机构担任保荐人。保荐人应当遵守业务规则和行业规范,诚实守信,勤勉尽责,对发行人的申请文件和信息披露资料进行审慎核查,督导发行人规范运作。

(二)股票的发行

股份有限公司发行股票,分为首次发行和增发新股两种情况,两者均必须符合我国《公司法》以及《证券法》等法律、法规规定的条件。

1. 首次公开发行股票的条件

(1)首次公开发行股票的条件。

首次公开发行或称设立发行,是指发起人通过发行公司发行股票来筹措经营资本,成立股份有限公司的行为。首次公开发行应当具备下列条件:①股份有限公司的生产经营符合国家产业政策。②发行的普通股限于一种,同股同权。③发起人认购的股本数额不少于公司拟发行的股本总额的35%。④在公司拟发行的股本总额中,发起人认购的部分不少于人民币3 000万元,国家另有规定的除外。⑤向社会公众发行的部分不少于公司拟发行的股本总额的25%,其中公司职工认购的股本总额不得超过拟向社会公众发行的股本总额的10%,平均不得超过5 000股。公司拟发行的股本总额超过人民币4亿元的,向社会公众发行部分的比例最低不少于公司拟发行的股本总额的10%。⑥发起人在近3年内没有重大违法行为。⑦国务院证券监督管理机构规定的其他条件。

(2)发行股票应报送的文件。

设立股份有限公司公开发行股票,除符合上述条件外,还应当向国务院证券监督管理机构报送募股申请和以下文件:①公司章程;②发起人协议;③发起人姓名或者名称,发起人认购的股份数、出资种类及验资证明;④招股说明书;⑤代收股款银行的名称及地址;⑥承销机构名称及有关的协议。依法应当聘请保荐人的,还应当报送保荐人出具的发行保荐书。法律、行政法规规定设立公司必须报经批准的,还应当提交相应的批准文件。

2. 新股发行的条件

(1)发行新股的条件。

《证券法》规定,公司公开发行新股,应当符合下列条件:①具备健全且运行良好的组织机构;②具有持续盈利能力,财务状况良好;③最近3年财务会计文件无虚假记载,并无其他重大违法行为;④经国务院批准的国务院证券监督管理机构规定的其他条件。

上市公司非公开发行新股,应当符合经国务院批准的国务院证券监督管理机构规定的条件,并报国务院证券监督管理机构核准。

(2)发行新股应报送的文件。

公司公开发行新股,应当向国务院证券监督管理机构报送申请和下列文件:①公司营业执照;②公司章程;③股东大会决议;④招股说明书;⑤财务会计报告;⑥代收股款银行的名称及地址;⑦承销机构名称及有关的协议。依法应当聘请保荐人的,还应当报送保荐人出具的发行保荐书。

为了规范公开发行股票所募集资金的使用,《证券法》规定,公司对公开发行股票所募集资金,必须按照招股说明书所列资金用途使用。改变招股说明书所列资金用途,必须经股东大会做出决议。擅自改变用途而未作纠正的,或者未经股东大会认可的,不得公开发行新股。

(三)公司债券的发行

债券发行是指发行人以借贷资金为目的,依照法定程序向投资者发行代表一定债权和兑付条件债券的行为。债券发行有政府债券发行、企业债券发行和公司债券发行。《证券法》主要对公司债券进行了比较详细的规定。

1. 公司债券发行的条件

①股份有限公司的净资产不低于人民币3 000万元,有限责任公司的净资产不低于人民币6 000万元;②累计债券余额不超过公司净资产的40%;③最近三年平均可分配利润足以支

付公司债券一年的利息;④筹集的资金投向符合国家产业政策;⑤债券的利率不超过国务院限定的利率水平;⑥国务院规定的其他条件。

2. 公司债券发行的申请文件

①公司营业执照;②公司章程;③公司债券募集办法;④资产评估报告和验资报告;⑤国务院授权的部门或者国务院证券监督管理机构规定的其他文件。

3. 有下列情形之一的,不得再次公开发行公司债券

①前一次公开发行的公司债券尚未募足;②对已公开发行的公司债券或者其他债务有违约或者延迟支付本息的事实,仍处于继续状态;③违反证券法规定,改变公开发行公司债券所募资金的用途。

(四)证券的承销

所谓证券承销,是指证券公司与证券的发行人订立合同,由证券公司帮助证券的发行人发行证券,而发行人向证券公司支付费用的一种法律行为。根据《证券法》的规定,证券发行必须由证券公司承销,而且只有综合类的证券公司才可以为发行人承销证券,同时这些证券公司应当依照法律、行政法规的规定承销证券。

1. 承销方式

《证券法》规定,证券承销业务采取代销或者包销的方式。所谓证券代销,是指证券公司代发行人发售证券,在承销期结束时,将未售出的证券全部退还给发行人的承销方式。所谓证券包销,是指证券公司将发行人的证券按照协议全部购入或者在承销期结束时将售后剩余证券全部自行购入的承销方式。

2. 承销协议

证券公司承销证券,应当同发行人签订代销或者包销协议。承销协议应当载明下列事项:①当事人的名称、住所及法定代表人姓名;②代销或者包销证券的种类、数量、金额及发行价格;③代销或者包销的期限及起止日期;④代销或者包销的付款方式及日期;⑤代销或者包销的费用和结算办法;⑥违约责任;⑦国务院证券监督管理机构规定的其他事项。

3. 承销团承销与承销期

《证券法》规定,向社会公开发行的证券票面总值超过人民币5 000万元的,应当由承销团承销。承销团应当由主承销和参与承销的证券公司组成。《证券法》还规定,证券的代销、包销期最长不得超过90日。

三、证券交易

(一)证券交易的一般规定

证券交易是指证券所有人转移证券的所有权于买受人,买受人支付相应价款的法律行为。《证券法》规定,证券交易当事人依法买卖的证券,必须是依法发行并交付的证券。非依法发

行的证券,不得买卖。在证券交易中应当遵守以下基本规则:

1. 转让期限有限制性规定的证券,在限定期内不得买卖

我国《证券法》第三十八条规定:依法发行的股票、公司债券和其他债券,法律对其转让期限有限制性规定的,在限定的期限内不得买卖。我国《公司法》第一百四十二条明确规定:发起人持有的本公司股份,自公司成立之日起1年内不得转让。公司公开发行股份前已发行的股份,自公司股票在证券交易所上市交易之日起1年内不得转让。公司董事、监事、高级管理人员应当向公司申报所持有的本公司的股份及其变动情况,在任职期间每年转让的股份不得超过其所持有本公司股份总数的25%;所持本公司股份自公司股票上市交易之日起1年内不得转让。上述人员离职后半年内,不得转让其所持有的本公司股份。

2. 证券交易活动的场所必须合法

依法公开发行的股票、公司债券及其他证券,应当在依法设立的证券交易所上市交易或者在经国务院批准的其他证券交易所转让。目前,我国内地依法设立的证券交易场所有两个,即上海证券交易所和深圳证券交易所。

3. 证券从业人员不得买卖股票

证券交易所、证券公司和证券登记结算机构的从业人员、证券监督管理机构的工作人员以及法律、行政法规禁止参与股票交易的其他人员,在任期或者法定限期内,不得直接或者以化名、借他人名义持有、买卖股票,也不得收受他人赠送的股票。任何人在成为前款所列人员时,其原已持有的股票,必须依法转让。

4. 证券交易所、证券公司、证券登记结算机构必须依法为客户开立的账户保密

证券交易所、证券公司、证券登记结算机构知悉投资者有关重要信息数据,为了保护投资者合法权益,防止泄密给投资者造成损失,证券交易所、证券公司、证券登记结算机构必须依法为客户开立的账户保密,否则将承担相应的法律责任。

5. 限期内买卖股票收益归入公司

上市公司董事、监事、高级管理人员、持有上市公司股份5%以上的股东,将其持有的该公司的股票在买入后6个月内卖出,或者在卖出后6个月内又买入,由此所得收益归该公司所有,公司董事会应当收回其所得收益。但是,证券公司因包销购入售后剩余股票而持有5%以上股份的,卖出该股票不受6个月时间限制。

(二) 证券上市

1. 申请证券上市交易的一般规定

《证券法》规定,申请证券上市交易,应当向证券交易所提出申请,由证券交易所审核同意,并由双方签订上市协议。根据该规定,申请证券上市交易,应当向上海或者深圳证券交易所提出申请,证券交易所依照法律的规定进行审核,并根据依法制定的、经国务院证券监督管理机构批准的上市规则、交易规则和会员

管理规则决定是否同意该证券上市。

2. 股票上市

(1) 股票上市的条件。

《证券法》规定,股份有限公司申请股票上市交易,应当符合下列条件:①股票经国务院证券监督管理机构核准已公开发行;②公司股本总额不少于人民币 3 000 万元;③公开发行的股份达到公司股份总数的 25% 以上;④公司股本总额超过人民币 4 亿元的,公开发行股份的比例为 10% 以上;公司最近 3 年无重大违法行为,财务会计报告无虚假记载。证券交易所可以规定高于上述规定的上市条件,并报国务院证券监督管理机构批准。

(2) 申请股票上市。

根据《证券法》的有关规定,申请股票上市交易,应当向证券交易所报送下列文件:①上市报告书;②申请股票上市的股东大会决议;③公司章程;④公司营业执照;⑤依法经会计师事务所审计的公司最近 3 年的财务会计报告;⑥法律意见书和上市保荐书;⑦最近一次的招股说明书;⑧证券交易所上市规则规定的其他文件。

股票上市交易申请经证券交易所审核同意后,签订上市协议的公司应当在规定的期限内公告股票上市的有关文件,并将该文件备置于指定场所供公众查阅。同时还应当公告下列事项:①股票获准在证券交易所交易的日期;②持有公司股份最多的前 10 名股东的名单和持股数额;③公司的实际控制人;④董事、监事、高级管理人员的姓名及其持有本公司股票和债券的情况。

(3) 股票暂停上市。

上市公司有下列情形之一的,由证券交易所决定暂停其股票上市交易:①公司股本总额、股权分布等发生变化不再具备上市条件;②公司不按规定公开其财务状况,或者对财务会计报告作虚假记载,可能误导投资者;③公司有重大违法行为;④公司最近 3 年连续亏损;⑤证券交易所上市规则规定的其他情形。

(4) 股票终止上市。

上市公司有下列情形之一的,由证券交易所决定终止其股票上市交易:①公司股本总额、股权分布等发生变化不再具备上市条件,在证券交易所规定的期限内仍不能达到上市条件;②公司不按规定公开其财务状况,或者对财务会计报告虚假记载,且拒绝纠正;③公司最近 3 年连续亏损,在其后一个年度内未能恢复盈利;④公司解散或者被宣告破产;⑤证券交易所上市规则规定的其他情形。

3. 公司债券上市

(1) 公司债券上市交易的条件。

根据《证券法》的规定,公司申请公司债券上市交易,应当符合下列条件:①公司债券的期限为 1 年以上;②公司债券实际发行额不少于人民币 5 000 万元;③公司申请债券上市时仍符合法定的公司债券发行条件。

(2) 公司债券上市交易报送的文件。

申请公司债券上市交易,应当向证券交易所报送下列文件:①上市报告书;②申请公司债务上市的董事会决议;③公司章程;④公司营业执照;⑤公司债务募集办法;⑥公司债券的实际发行数额;⑦证券交易所上市规则规定的其他文件。申请可转换为股票的公司债券上市交易,还应当报送保荐人出具的上市保荐书。

公司债券上市交易申请经证券交易所审核同意后,签订上市协议的公司应当在规定的期限内公告公司债券上市文件及有关文件,并将其申请文件置备于指定场所供公众查阅。

(3)公司债券暂停上市交易和终止上市交易。

公司债券上市交易后,公司有下列情形之一的,由证券交易所决定暂停其公司债券上市交易:①公司有重大违法行为;②公司情况发生重大变化不符合公司债券上市条件;③公司债券所募集资金不按照核准的用途使用;④未按照公司债券募集办法履行义务;⑤公司最近2年连续亏损。

公司有上述第①项、第④项所列情形之一经查实后果严重的,或者有上述第②项、第③项、第⑤项所列情形之一,在限期内未能消除的,由证券交易所终止其公司债券上市交易。

(三)持续信息公开

持续信息公开也称信息披露,是指证券的发行人和其他法定的相关负有信息公开义务的人在证券发行、上市、交易过程中,按照法定或约定要求将应当向社会公开的财务、经营及其他信息向证券监督管理机构和证券交易所报告,并向社会公众公告的活动。根据我国《公司法》、《证券法》等法律、法规规定,上市公司应当公开披露的信息包括以下几个方面。

1. 招股说明书

招股说明书是股份有限公司公开发行股票时就招募股份事宜以书面形式发布的说明通告。招股说明必须载明法定内容。

2. 中期报告

上市公司和公司债券上市交易的公司,应当在每一会计年度的上半年结束之日起2个月内,向国务院证券监督管理机构和证券交易所报送记载以下内容的中期报告,并予以公告:①公司财务会计报告和经营情况;②涉及公司的重大诉讼事项;③已发行的股票、公司债券变动情况;④提交股东大会审议的重要事项;⑤国务院证券监督管理机构规定的其他事项。

3. 年度报告

上市公司和公司债券上市交易的公司,应当在每一会计年度结束之日起4个月内,向国务院证券监督管理机构和证券交易所报送记载以下内容的年度报告,并予以公告:①公司概况;②公司财务会计报告和经营情况;③董事、监事、高级管理人员简介及其持股情况;④已发行的股票、公司债券情况,包括持有公司股份最多的前10名股东的名单和持股数额;⑤公司的实际控制人;⑥国务院证券监督管理机构规定的其他事项。

4. 临时报告

发生可能对上市公司股票交易价格产生较大影响而投资者尚未得知的重大事件时,上市公司应当立即将有关该重大事件的情况向国务院证券监督管理机构和证券交易所报送临时报告,并予以公告,说明事件的起因、目前的状态和可能产生的法律后果。根据《证券法》第六十七条的规定:下列情况为所称重大事件:①公司的经营方针和经营范围的重大变化;②公司的重大投资行为和重大的购置财产的决定;③公司订立重要合同,可能对公司的资产、负债、权益和经营成果产生重要影响;④公司发生重大债务和未能清偿到期重大债务的违约情况;⑤公司发生重大亏损或者重大损失;⑥公司生产经营的外部条件发生的重大变化;⑦公司的董事、1/3以上监事或者经理发生变动;⑧持有公司5%以上股份的股东或者实际控制人,其持有股份或者控制公司的情况发生较大变化;⑨公司减资、合并、分立、解散及申请破产的决定;⑩涉及公司的重大诉讼,股东大会、董事会决议被依法撤销或者宣告无效;⑪公司涉嫌犯罪被司法机关立案调查,公司董事、监事、高级管理人员涉嫌犯罪被司法机关采取强制措施;⑫国务院证券监督管理机构规定的其他事项。

四、禁止的交易行为

根据《证券法》规定,禁止的交易行为包括内幕交易行为、操纵证券市场行为、虚假陈述行为和欺诈客户行为。

(一) 内幕交易行为

1. 内幕交易的概念

内幕交易是指证券交易内幕信息的知情人员利用内幕信息进行证券交易的行为。这种行为的主体是内幕知情人员,行为特征是利用自己掌握的内幕信息买卖证券,或者是建议他人买卖证券。内幕知情人员自己未买卖证券,也未建议他人买卖证券,但将内幕信息泄露给他人,接受内幕信息的人依此买卖证券的,也属于内幕交易行为。

2. 内幕信息知情人员

根据《证券法》的规定,证券交易内幕信息的知情人包括:①发行股票或者公司债券的公司董事、监事、经理、副经理及有关的高级管理人员;②持有公司5%以上股份的股东;③发行股票公司的控股公司的高级管理人员;④由于所任公司职务可以获取公司有关证券交易信息的人员;⑤证券监督管理机构工作人员以及由于法定的职责对证券交易进行管理的其他人员;⑥由于法定职责而参与证券交易的社会中介机构或者证券登记结算机构、证券交易服务机构的有关人员;⑦国务院证券监督管理机构规定的其他人员。

3. 内幕信息

内幕信息,是指在证券交易中,涉及公司的经营、财务或者对该公司证券的市场价格有重大影响的尚未公开的信息。下列信息属于内幕信息:①《证券法》第六十七条所列应报送临时报告的重大事件(见前述持续信息公开临时报告涉及的重大事件);②公司分配股利或者增资的计划;③公司股权结构的重大变化;④公司债务担保的重大变更;⑤公司营业用主要资产的抵押、出售或者报废一次超过该资产的30%;⑥公司的董事、监事、经理、副经理或者其他高级管理人员的行为可能依法承担重大损害赔偿责任；⑦上市公司收购的有关方案；⑧国务院证券监督管理机构认定的对证券交易价格有显著影响的其他重要信息。

证券交易内幕信息的知情人和非法获取内幕信息的人，在内幕信息公开前，不得买卖该公司的证券，或者泄露该信息，或者建议他人买卖该证券。内幕交易行为给投资者造成损失的，行为人应当依法承担赔偿责任。

（二）操纵市场行为

1. 操纵市场行为的概念

操纵市场是指单位或个人利用掌握的资金、信息等优势或者滥用职权影响证券市场价格，人为地制造证券行情，操纵或影响证券市场价格，诱导或者致使证券投资者在不了解事实真相的情况下进行证券买卖，从而为自己牟取利益或者转嫁风险的行为。我国《证券法》禁止任何操纵证券市场的行为。

2. 操纵证券市场行为的情形

根据《证券法》的规定，操纵证券市场的行为主要有以下情形：

（1）单独或者通过合谋，集中资金优势、持股优势或者利用信息优势联合或者连续买卖，操纵证券交易价格或者证券交易量；

（2）与他人串通，以事先约定的时间、价格和方式相互进行证券交易，影响证券交易价格或者证券交易量；

（3）在自己实际控制的账户之间进行证券交易，影响证券交易价格或者证券交易量；

（4）以其他手段操纵证券市场。

操纵证券市场行为给投资者造成损失的，行为人应当依法承担赔偿责任。

（三）虚假陈述行为

1. 虚假陈述行为的概念

虚假陈述行为是指行为人在提交和公布的信息披露文件中作出的虚假记载、误导性陈述和重大遗漏的行为。虚假记载，是指信息披露义务人在披露信息时，将不存在的事实在信息披露文件中予以记载的行为。误导性陈述，是指虚假陈述行为人在信息披露文件中或者通过媒体，作出使投资者对其投资行为发生错误判断并产生重大影响的陈述。重大遗漏，是指信息披露义务人在信息披露文件中，未将应当记载的事项完全或者部分予以记载。

2. 虚假陈述行为的情形

根据《证券法》以及有关规定，虚假陈述行为包括以下情形：

（1）编造、传播影响证券交易的虚假信息；

（2）发行人、上市公司、证券经营机构在招募说明书、上市公告书、公司报告及其他文件中作出的虚假陈述；

（3）律师事务所、会计师事务所、资产评估机构等专业证券服务机构出具的法律意见书、

审计报告、资产评估报告及参与制作的其他文件中作出的虚假陈述;

（4）证券交易所、证券业协会或者其他证券自律性组织作出的对证券市场产生影响的虚假陈述;

（5）发行人、上市公司、证券经营机构、专业证券服务机构、证券业自律性组织在向证券监管部门提交的各种文件、报告和说明中作出虚假陈述;

（6）其他证券发行、交易及其相关活动中的虚假陈述。

（四）欺诈客户行为

1. 欺诈客户行为的概念

欺诈客户是指在证券公司及其从业人员在证券交易中违背客户的真实意愿,严重侵害客户利益的违法行为。欺诈客户行为的主体是证券公司及其从业人员,行为人在主观上具有故意特征,即故意隐瞒或作出与事实不符的虚假陈述,使客户陷入不明真相的境地而作出错误的意思表示。

2. 欺诈客户行为的情形

根据《证券法》的规定,欺诈客户的行为主要有以下情形:①违背客户的委托为其买卖证券;②不在规定时间内向客户提供交易的书面确认文件;③挪用客户所委托买卖的证券或者客户账户上的资金;④未经客户的委托,擅自为客户买卖证券,或者假借客户的名义买卖证券;⑤为牟取佣金收入,诱使客户进行不必要的证券买卖;⑥利用传播媒介或者通过其他方式提供、传播虚假或者误导投资者的信息;⑦其他违背客户真实意思表示,损害客户利益的行为。欺诈客户行为给客户造成损失的,行为人应当依法承担赔偿责任。

（五）其他有关禁止的交易行为

我国《证券法》还规定了下列禁止的交易行为:①禁止法人非法利用他人账户从事证券交易;②禁止法人出借自己或者他人的证券账户;③禁止资金违规流入股市;④禁止任何人挪用公款买卖证券。

《证券法》还规定,国有企业和国有资产控股的企业买卖上市交易的股票,必须遵守国家有关规定。证券交易所、证券公司、证券登记结算机构、证券服务机构及其从业人员对证券交易中发现的禁止交易行为,应当及时向证券监督管理机构报告。

五、上市公司的收购

（一）上市公司收购的概念

上市公司收购,是指收购人通过在证券交易所的股份转让活动持有一个上市公司的股份达到一定比例或通过证券交易所股份转让活动以外的其他合法方式控制一个上市公司的股份达到一定程度,导致其获得或者可能获得对该公司的实际控制权的行为。此种收购是对上市公司股份的收购,不是对上市公司资产的收购,目的在于获得或者进一步巩固对上市公司的控制权。上市公司收购可以采取要约收购或者协议收购的方法。

(二)要约收购

1. 要约收购的概念

要约收购是指通过证券交易所的证券交易,投资者持有或者通过协议、其他安排与他人共同持有一个上市公司已发行的股份达到30%时,继续进行收购的,应当依法向该上市公司所有股东发出收购上市公司全部或者部分股份的要约,即为要约收购。要约收购是一种公开收购行为,即向被收购公司的全体股东发出公开要约,并披露有关信息。要约收购的要约是收购人的单方意思表示,被收购公司的股东是否出售所持股票,由其自己决定,这与协议收购不同。

2. 要约收购的适用条件

根据《证券法》和《上市公司收购管理办法》的规定,要约收购的适用条件为:

(1)持股比例达到30%。投资者通过证券交易所的证券交易,或者协议、其他安排持有或与他人共同持有一个上市公司已发行的股份达到30%(含直接持有和间接持有)。

(2)继续增持股份。在前一个条件下,投资者继续增持股份时,应当依法向上市公司所有股东发出收购上市公司全部或者部分股份的要约的义务。

只有在上述两个条件同时具备时,才适用要约收购。

3. 要约收购的程序

(1)编制并报送上市公司收购报告书。以要约方式收购上市公司股份的,收购人应当编制要约收购报告书,并向国务院证券监督管理机构、证券交易所报送上市公司收购报告书。

(2)公告收购要约。收购人依法报送上市公司收购报告书之日起15日后,国务院证券监督管理机构没有表述异议的,公告其收购要约。收购要约约定的收购期限不得少于30日,并不得超过60日,但是出现竞争要约法的除外。在收购要约确定的承诺期限内,收购人不得撤销其收购要约。收购人需要变更收购要约的,必须事先向国务院证券监督管理机构及证券交易所提出报告,经批准后,予以公告。采取要约收购方式的,收购人在收购期限内,不得卖出被收购公司的股票,也不得采取要约规定以外的形式和超出要约的条件买入被收购公司的股票。

(3)终止上市交易和应当收购。收购期限届满,被收购公司股权分布不符合上市条件的,该上市公司的股票应当由证券交易所依法终止上市交易;其余仍持有被收购公司股票的股东,有权向收购人以收购要约的同等条件出售其股票,收购人应当收购。

(4)收购结束报告与公告。收购行为完成后,收购人应当在15日内将收购情况报告国务院证券监督管理机构和证券交易所,通知被收购公司,并予以公告。

(三)协议收购

1. 协议收购的概念

协议收购是指收购人在证券交易所之外,通过与被收购公司的股东协商一致达成协议,受让其持有的上市公司的股份而进行的收购。协议收购是针对特定的股东进行的,但是采取协议收购方式的,收购人收购或者通过协议、其他安排与他人共同收购一个上市公司已发行的股份达到30%时,继续进行收购的,应当向该上市公司所有股东发出收购上市公司全部或者部分股份的要约,此时即转化为要约收购。但是,经国务院证券监督管理机构免除发出要约的除外。

2. 协议收购的程序

(1)拟订收购协议。采取协议收购方式的,收购人可以依照法律、行政法规的规定同被收购公司的股东以协议方式进行股份转让,并签订收购协议。

(2)达成协议。以协议方式收购上市公司时,达成协议后,收购人必须在3日内将该收购协议向国务院证券监督管理机构及证券交易所作出书面报告,并予公告。在公告前不得履行收购协议。

(3)委托相应机构保存股票与存放资金。采取协议收购方式的,协议双方可以临时委托证券登记结算机构保管协议转让的股票,并将资金存放于指定的银行。

(4)过户。收购报告公告后,协议收购相关当事人应当按照相关规定和程序,办理股票过户手续。

六、证券机构

(一)证券交易所

1. 证券交易所的概念

证券交易所是指为证券集中交易提供场所和设施,组织和监督证券交易,实行自律管理的法人。按照证券交易所的组织形式划分,证券交易所可分为会员制证券交易所和公司制证券交易所两类。我国的证券交易所属于前一种。目前,我国有两家证券交易所,即1990年12月设立的上海证券交易所和1991年7月设立的深圳证券交易所。

2. 证券交易所的组织机构

(1)会员大会。《证券交易所管理办法》规定,会员大会是证券交易所的权力机构,决定证券交易所的重大问题,但它只是一个议事机构,不是常设机构。

(2)理事会。理事会是证券交易所的执行机构,执行会员大会决议,处理日常工作。

(3)总经理。证券交易所设总经理1人,由国务院证券监督管理机构任免。总经理为证券交易所的法定代表人,主持证券交易所的日常管理工作。

有《公司法》第一百四十七条规定的情形或者下列情形之一的,不得担任证券交易所的负责人:

(1)因违法行为或者违纪行为被解除职务的证券交易所、证券登记结算机构的负责人或者证券公司的董事、监事、高级管理人员,自被解除职务之日起未逾5年;

(2)因违法行为或者违纪行为被撤销资格的律师、注册会计师或者投资咨询机构、财务顾问机构、资信评级机构、资产评估机构、验证机构的专业人员,自被撤销资格之日起未逾5年。

因违法行为或者违纪行为被开除的证券交易所、证券登记结算机构、证券服务机构、证券公司的从业人员和被开除的国家机关工作人员,不得招聘为证券交易所的从业人员。

3. 证券交易所的交易规则

(1)进入证券交易所参与集中交易的,必须是证券交易所的会员。

(2)投资者应当与证券公司签订证券交易委托协议,并在证券公司开立证券交易账户,以书面、电话以及其他方式,委托该证券公司代其买卖证券。

(3)证券公司根据投资者的委托,按照证券交易规则提出交易申报,参与证券交易所场内的集中交易,并根据成交结果承担相应的清算交收责任;证券登记结算机构根据成交结果,按照清算交收规则,与证券公司进行证券和资金的清算交收,并为证券公司客户办理证券的登记过户手续。

(4)证券交易所的负责人和其他从业人员在执行与证券交易有关的职务时,与其本人或者其亲属有利害关系的,应当回避。

(5)按照依法制定的交易规则进行的交易,不得改变其交易结果。对交易中违规交易者应负的民事责任不得免除;在违规交易中所获利益,依照有关规定处理。

4. 证券交易所的职责

(1)证券交易所应当为组织公平的集中交易提供保障,公布证券交易即时行情,并按交易日制作证券市场行情表,予以公布。未经证券交易所许可,任何单位和个人不得发布证券交易即时行情。

(2)因突发性事件而影响证券交易的正常进行时,证券交易所可以采取技术性停牌的措施;因不可抗力的突发性事件或者为维护证券交易的正常秩序,证券交易所可以决定临时停市。证券交易所采取技术性停牌或者决定临时停市,必须及时报告国务院证券监督管理机构。

(3)证券交易所对证券交易实行实时监控,并按照国务院证券监督管理机构的要求,对异常的交易情况提出报告。证券交易所应当对上市公司及相关信息披露义务人披露信息进行监督,督促其依法及时、准确地披露信息。

(4)证券交易所应当从其收取的交易费用和会员费、席位费中提取一定比例的金额设立风险基金。风险基金由证券交易所理事会管理。风险基金提取的具体比例和使用办法,由国务院证券监督管理机构会同国务院财政部门规定。

(5)证券交易所依照证券法律、行政法规制定上市规则、交易规则、会员管理规则和其他有关规则,并报国务院证券监督管理机构批准。

(二)证券公司

证券公司是指依照《公司法》和《证券法》的规定设立的经营证券业务的有限责任公司或者股份有限公司。

1. 证券公司的设立条件

根据《证券法》的规定,设立证券公司,应当具备下列条件:①有符合法律、行政法规规定的公司章程;②主要股东具有持续盈利能力,信誉良好,最近3年无重大违法违规记录,净资产不低于人民币2亿元;③有符合《证券法》规定的注册资本;④董事、监事、高级管理人员具备任职资格,从业人员具有证券从业资格;⑤有完善的风险管理与内部控制制度;⑥有合格的经营场所和业务设施;⑦法律、行政法规规定的和经国务院批准的国务院证券监督管理机构规定的其他条件。

2. 证券公司的业务范围

根据《证券法》规定,经国务院证券监督管理机构批准,证券公司可以经营下列部分或者全部业务:①证券经纪;②证券投资咨询;③与证券交易、证券投资活动有关的财务顾问;④证券承销与保荐;⑤证券自营;⑥证券资产管理;⑦其他证券业务。

证券公司经营上述第①项至第②项业务的,注册资本最低限额为人民币5 000万元;经营第④项至第⑦项业务之一的,注册资本最低限额为人民币1亿元;经营第④项至第⑦项业务中两项以上的,注册资本最低限额为人民币5亿元。证券公司的注册资本应当是实缴资本。

3. 证券公司的经营管理

证券公司应当根据《公司法》和《证券法》的规定建立和完善公司法人治理结构,建立、健全管理制度和内部控制制度,实行监事会制度、信息披露制度,自觉防范和化解经营风险。

(1)建立健全内部控制与业务隔离制度。证券公司应当建立健全内部控制制度,采取有效隔离措施,防范公司与客户之间、不同客户之间的利益冲突。证券公司必须将其证券经纪业务、证券承销业务、证券自营业务和证券资产管理业务分开办理,不得混合操作。

(2)提取交易风险准备金。证券公司从每年的税后利润中提取交易风险准备金,用于弥补证券交易的损失,其提取的具体比例由国务院证券监督管理机构规定。

(3)以自己的名义进行经营。证券公司的自营业务必须以自己的名义进行,不得假借他人名义或者以个人名义进行,必须使用自有资金和依法筹集的资金。证券公司不得将其自营账户借给他人使用。

(4)禁止挪用客户资金。证券公司客户的交易结算资金应当存放在商业银行,以每个客户的名义单独立户管理。具体办法和实施步骤由国务院规定。证券公司不得将客户的交易结算资金和证券归入其自有财产。禁止任何单位或者个人以任何形式挪用客户的交易结算资金和证券。证券公司破产或者清算时,客户的交易结算资金和证券不属于其破产财产或者清算财产。非因客户本身的债务或者法律规定的其他情形,不得查封、冻结、扣划或者强制执行客户的交易结算资金和证券。

(5)按规定提供买卖服务。证券公司办理经纪业务,应当置备统一制定的证券买卖委托书,供委托人使用。证券公司为客户买卖证券提供融资融券服务,应当按照国务院的规定并经国务院证券监督管理机构批准。客户的证券买卖委托,不论是否成交,其委托记录应当按照规定的期限,保存于证券公司。

(三)证券登记结算机构

1. 证券登记结算机构的概念

证券登记结算机构是指为证券交易提供集中登记、存管与结算服务,不以营利为目的的法人单位。

2. 证券登记结算机构的设立

设立证券登记结算机构必须报经国务院证券监督管理机构批准。设立证券登记结算机构,应当具备以下条件:①自有资金不少于人民币2亿元;②具有证券登记、存管和结算服务所必需的场所和设施;③主要管理人员和从业人员必须具有证券从业资格;④国务院证券监督管理机构规定的其他条件。证券登记结算机构的名称中应当标明"证券登记结算"字样。

3. 证券登记结算机构的职能

《证券法》规定,证券登记结算机构履行下列职能:①证券账户、结算账户的设立;②证券的存管和过户;③证券持有人名册登记;④证券交易所上市证券交易的清算和交收;⑤受发行人的委托派发证券权益;⑥办理与上述业务有关的查询;⑦国务院证券监督管理机构批准的其他业务。

4. 证券登记结算机构的管理

根据《证券法》以及有关规定,证券登记结算机构,应当做好下列管理工作:

(1)名册登记。证券登记结算机构应当向证券发行人提供证券持有人名册及其有关资料。证券登记结算机构应当根据证券登记结算的结果,确认证券持有人持有证券的事实,提供证券持有人登记资料。证券登记结算机构应当保证证券持有人名册和登记过户记录真实、准确、完整,不得隐匿、伪造、篡改或者毁损。

(2)保证业务的正常进行。证券登记结算机构应当采取下列措施保证业务的正常进行:①具有必备的服务设备和完善的数据安全保护措施;②建立完善的业务、财务和安全防范等管理制度;③建立完善的风险管理系统。

(3)保存原始凭证。证券登记结算机构应当妥善保存登记、存管和结算的原始凭证及有关文件和资料。其保存期限不得少于20年。

(4)设立结算风险基金。证券登记结算机构应当设立证券结算风险基金,用于垫付或者弥补因违约交收、技术故障、操作失误、不可抗力造成的证券登记结算机构的损失。证券结算风险基金从证券登记结算机构的业务收入和收益中提取,并可以由结算参与人按照证券交易业务量的一定比例缴纳。证券结算风险基金的筹集、管理办法,由国务院证券监督管理机构会同国务院财政部门规定。证券结算风险基金应当存入指定银行的专门账户,实行专项管理。证券登记结算机构以证券结算风险基金赔偿后,应当向有关责任人追偿。

(四)证券服务机构

1. 证券服务机构的概念

证券服务机构是指从事证券投资咨询、财务顾问、资信评级、资产评估、为证券发行和上市交易提供专业性服务的机构。包括专业的证券服务机构和其他证券服务机构。专业的证券服务机构包括证券投资咨询机构、资信评估机构；其他证券服务机构主要是指经批准可以兼营证券投资咨询服务的律师事务所、会计师事务所及资产评估机构等。

2. 证券服务机构行为规范

从事证券服务业务的投资咨询机构和资信评级机构,应当按照国务院有关主管部门规定的标准或者收费办法收取服务费用。

投资咨询机构及其从业人员从事证券服务业务不得有下列行为：①代理委托人从事证券投资；②与委托人约定分享证券投资收益或者分担证券投资损失；③买卖本咨询机构提供服务的上市公司股票；④利用传播媒介或者通过其他方式提供、传播虚假或者误导投资者的信息；⑤法律、行政法规禁止的其他行为。

有上述所列行为之一,给投资者造成损失的,依法承担赔偿责任。

证券服务机构为证券的发行、上市、交易等证券业务活动制作、出具审计报告、资产评估报告、财务顾问报告、资信评级报告或者法律意见书等文件,应当勤勉尽责,对所依据的文件资料内容的真实性、准确性、完整性进行核查和验证。其制作、出具的文件有虚假记载、误导性陈述或者重大遗漏,给他人造成损失的,应当与发行人、上市公司承担连带赔偿责任,但是能够证明自己没有过错的除外。

七、违反证券法的法律责任

（一）违反证券发行行为及其法律责任

证券发行违法行为主要包括：①擅自发行证券或者以欺骗手段骗取发行证券的；②证券公司承销或者代理买卖擅自发行的证券；③保荐人不履行法定职责；④发行人、上市公司或者其他信息披露义务人未按规定披露信息,或者披露的信息有虚假记载、误导性陈述或有重大遗漏的。

做出上述行为的,有关主体分别承担相应的责任。责任包括：①行政责任,如责令违法主体停止发行、责令改正、罚款等；②民事责任,如退还所募资金并加算银行同期存款利息等；③刑事责任,构成犯罪的,按刑法规定追究刑事责任。

（二）违反证券交易行为及其法律责任

证券交易违法行为主要包括：①内幕交易行为；②操纵市场行为；③虚假陈述行为；④欺诈客户行为；⑤挪用公款买卖证券行为；⑥为客户进行融资、融券交易；⑦禁止持有、买卖或者限制买卖股票的人员持有、买卖股票。

做出上述行为的,有关主体分别承担相应的责任。责任包括：①行政责任,如责令依法处理非法获得的证券,没收违法所得,罚款,给予直接负责的主管人员和直接责任人员行政处分等；②民事责任,如赔偿损失等；③刑事责任,即构成犯罪的,按刑法规定追究刑事责任。

（三）违反证券机构管理的行为及其法律责任

违反证券机构管理的行为主要包括：①证券公司、证券登记结算机构挪用客户的资金或者证券，或者未经客户的委托，擅自为客户买卖证券的；②证券公司办理经纪业务，接受客户的全权委托买卖证券的，或者证券公司对客户买卖证券的收益或者赔偿证券买卖的损失作出承诺的；③证券公司及其从业人员私下接受客户委托买卖证券的；④证券公司未经批准经营非上市证券的交易的；⑤证券公司超出业务许可范围经营证券业务的；⑥证券公司对其业务，不依法分开办理，混合操作的；⑦证券公司或者其股东、实际控制人违反规定，拒不向证券监督管理机构报送或者提供经营管理信息和资料，或者报送、提供的经营管理信息和资料有虚假记载、误导性陈述或者重大遗漏的；⑧证券服务机构未勤勉尽责，所制作、出具的文件有虚假记载、误导性陈述或者重大遗漏的；⑨擅自设立证券登记结算机构的；⑩投资咨询机构、财务顾问机构、资信评级机构、资产评估机构、会计师事务所未经批准，擅自从事证券服务业务的。

做出上述行为的，有关主体分别承担相应的责任。责任包括：①行政责任，如依法取缔，责令改正，取消证券业务许可，责令关闭，责令停业，吊销责任人员资格证书，没收违法所得，罚款，给予直接负责的主管人员和直接责任人员行政处分等；②民事责任，如赔偿损失等；③刑事责任，构成犯罪的，按刑法规定追究刑事责任。

八、案例评析示例

1. 案情

2007年12月17日，中国证监会认定，周建明在2006年1月至11月期间，利用在短时间内频繁申报和撤销申报手段操纵"大同煤业"等15只股票价格，违法所得为1762239.85元，构成了操纵证券市场，予以行政处罚。周建明操纵的股票包括：大同煤业、四川路桥、同科、中海、嘉宝集团、中纺投资、上海医药、嘉宝、中炬高新、安阳钢铁、贵研、成都建设等。

2. 处理结果

周建明的行为构成了操纵证券市场行为，给予行政处罚同时没收违法所得。

3. 评析

操纵市场是指单位或个人利用掌握的资金、信息等优势或者滥用职权影响证券市场价格，人为地制造证券行情，操纵或影响证券市场价格，诱导或者致使证券投资者在不了解事实真相的情况下进行证券买卖，从而为自己牟取利益或者转嫁风险的行为。《证券法》第七十七条对操纵市场作了归纳，"禁止任何人以下列手段操纵证券市场：①单独或者通过合谋，集中资金优势、持股优势或者利用信息优势联合或者连续买卖，操纵证券交易价格或者证券交易量；②与他人串通，以事先约定的时间、价格和方式相互进行证券交易，影响证券交易价格或者证券交易量；③在自己实际控制的账户之间进行证券交易，影响证券交易价格或者证券交易量；④以其他手段操纵证券市场。"操纵证券市场行为给投资者造成损失的，行为人应当依法承担赔偿责任。

第四节 保险法

一、保险与保险法概述

（一）保险

保险的基本含义是指以集中起来的保险费建立保险基金,用于对被保险人因保险事故造成的经济损失进行补偿,或对被保险人的人身伤亡或疾病等给予保险金的行为。我国《保险法》第二条规定:本法所称保险,是指投保人根据合同约定,向保险人支付保险费,保险人对于合同约定的可能发生的事故因其发生所造成的财产损失承担赔偿保险金责任,或者当被保险人死亡、伤残、疾病或者达到合同约定的年龄、期限等条件时承担给付保险金责任的商业保险行为。

（二）保险法

保险法是调整保险活动中,保险人与投保人、被保险人以及受益人之间法律关系的法律规范的总称。保险法有广义和狭义之分,狭义的保险法仅仅指以保险法命名的法律,如《中华人民共和国保险法》;广义的保险法,除了狭义的保险法之外,还包括其他法律、行政法规中关于保险的规定。

为了规范保险活动,保护保险活动当事人的合法权益,加强对保险业的监督管理,促进保险事业的健康发展,1995年6月30日第八届全国人大常委会第十四次会议通过了《中华人民共和国保险法》(以下简称《保险法》),并于同年10月1日起施行。2002年10月28日第九届全国人民代表大会常务委员会第三十次会议通过了《关于修改〈中华人民共和国保险法〉的决定》修正。2009年2月28日第十一届全国人民代表大会常务委员会第七次会议修订通过,修订后的《中华人民共和国保险法》自2009年10月1日起施行。

二、保险合同

（一）保险合同的概念

保险合同是投保人与保险人约定保险权利义务关系的协议。这一概念有以下含义:
(1)保险合同的当事人只能是投保人和保险人;
(2)保险合同当事人之间的关系是关于保险权利义务的关系,即依照保险合同,投保人向保险人支付保险费,保险人则在约定的保险事故发生或者约定的保险事件出现或者期限届满时,履行赔偿或者给付保险金的义务;
(3)保险合同是当事人意思表示一致的结果。

（二）保险合同的内容

保险合同是要式合同，应当采用书面形式。根据《保险法》第十八条的规定，保险合同应当包括下列事项：①保险人的名称和住所；②投保人、被保险人的姓名或者名称、住所，以及人身保险的受益人的姓名或者名称、住所；③保险标的；④保险责任和责任免除；⑤保险期间和保险责任开始时间；⑥保险金额；⑦保险费以及支付办法；⑧保险金赔偿或者给付办法；⑨违约责任和争议处理；⑩订立合同的年、月、日。

投保人和保险人可以约定与保险有关的其他事项。

受益人是指人身保险合同中由被保险人或者投保人指定的享有保险金请求权的人。投保人、被保险人可以为受益人。

保险金额是指保险人承担赔偿或者给付保险金责任的最高限额。

（三）保险合同的种类

根据我国《保险法》的规定，可对保险合同作如下分类：

1. 人身保险合同

人身保险合同是指以人的寿命和身体为保险标的保险合同。依照人身保险合同，投保人向保险人支付保险费，保险人对被保险人在保险期间内因保险事故遭受人身伤亡，或者在保险期届满时符合约定的给付保险金条件时，应当向被保险人或者受益人给付保险金。人身保险合同可分为人寿保险合同、人身意外伤害保险合同和健康保险合同。

2. 财产保险合同

财产保险合同是指以财产及其有关利益为保险标的保险合同。财产保险在于补偿财产灭失或损坏而造成的损失，赔偿数额取决于真正所受的损失，因此性质上属于损失保险。财产保险合同包括普通财产保险、农业保险、保证保险、责任保险和信用保险等。

（四）保险合同的当事人和关系人

1. 保险合同当事人

保险合同的当事人是指订立保险合同并享有和承担保险合同所确定的权利义务的人，包括保险人和投保人。

（1）保险人。保险人是指与投保人订立保险合同，并按照合同约定承担赔偿或者给付保险金责任的保险公司。

（2）投保人。投保人是指与保险人订立保险合同，并按照合同约定负有支付保险费义务的人。投保人可以是被保险人本人，也可以是被保险人以外的第三人。但无论属于何种情形，作为保险合同当事人一方的投保人必须具备民事权利能力和民事行为能力，并对保险标的具有保险利益。

2. 保险合同关系人

保险关系人是指在保险事故或者保险合同约定的条件满足时，对保险人享有保险金给付请求权的人,包括被保险人和受益人。

(1)被保险人。被保险人是指其财产或者人身受保险合同保障,享有保险金请求权的人。无论财产保险合同,还是人身保险合同,投保人与被保险人既可为同一人,也可为不同的人。被保险人一般也是享有赔偿请求权的人,但在财产保险和人身保险中并不相同,财产保险中,由于只是财产上的毁损灭失,被保险人可自己行使赔偿请求权,但在人身保险尤其是人寿保险中的死亡保险,一旦保险事故发生,被保险人无法行使赔偿请求权,故法律规定可由受益人享有赔偿请求权。

(2)受益人。受益人又称保险金受领人,是指由投保人或被保险人在保险合同中指定的,于保险事故发生时,享有赔偿请求权的人。我国《保险法》第十八条规定:受益人是指人身保险合同中由被保险人或者投保人指定的享有保险金请求权的人。投保人、被投保人以及第三人都可以为受益人。

(五)保险合同的订立、变更和解除

1. 订立

订立保险合同,投保人首先提出保险请求,即投保,实质为保险要约。投保要由投保人填写投保单。保险人收到投保单后,经必要的审核或与投保人协商后,没有异议而在投保单上签字盖章的,保险合同即告成立。保险合同成立后,保险人应当及时签发保险单或保险凭证。如果保险人未签发保险单或保险凭证,仍应承担保险合同中规定的义务。订立保险合同,保险人应当向投保人说明保险合同的条款内容,并可以就保险标的或被保险人的有关情况提出询问,要不然应当如实告知。投保人故意不履行如实告知义务的,保险人对于保险合同解除前发生的保险事故,不承担赔偿或者给付保险金的责任,并不退还保险费。投保人因过失不履行如实告知义务的,对保险事故的发生有严重影响的,保险人对于保险合同解除前发生的保险事故,不承担赔偿或者给付保险金的责任,但可以退还保险费。

2. 变更

在保险合同有效期内,投保人和保险人经协商同意,可以变更保险合同的有关内容。变更保险合同的,应当由保险人在原保险单或其他保险凭证上批注或者附贴批单,或者由投保人和保险人订立变更的书面协议。

3. 解除

保险合同的解除是指在保险合同成立后,基于法定的或约定的事由,保险合同当事人行使解除权,从而使保险合同发生自始无效的法律行为。保险合同成立后即具有法律约束力,当事人不得随意解除合同。当事人解除合同,应当依照法律的规定或者当事人的约定。

(1)投保人的解除权。除保险法另有规定或者保险合同另有约定外,保险合同成立后,投保人可以解除合同。

(2)保险人的解除权。与投保人的解除权相反,除保险法另有规定或者保险合同另有约定外,保险人不得解除合同。我国《保险法》第十七条第二款规定:投保人故意隐瞒事实,不履行如实告知义务的,或者因为过失未履行如实告知义务,足以影响保险人决定是否同意承保或者提高保险费率的,保险人有权解除保险合同。

三、保险公司

(一)保险公司的概念

依照我国保险法的规定,保险公司是指经过保险监督管理机构核准经营保险业而设立的,专营保险业务的股份有限公司和国有独资公司。公司形式是我国保险法确认的唯一的保险业组织形式。

(二)保险公司设立的条件

保险公司的设立首先应当适用保险法的规定,保险法没有规定的,应当适用公司法以及其他行政法规的规定。

(1)有符合保险法和公司法规定的章程。

保险公司的章程是规范保险公司业务经营活动和组织结构的行为准则,也是保险法和公司法要求的保险公司必须具备的法律文件,是成立保险公司的必要条件。

(2)有符合保险法规定的注册资本最低限额。设立保险公司,其注册资本的最低限额为人民币2亿元。保险公司注册资本最低限额必须为实缴货币资本。保险监督管理机构根据保险公司业务范围、经营规模,可以调整其注册资本的最低限额,但是不得低于法定的最低限额。

(3)有具备任职专业知识和业务工作经验的高级管理人员。

(4)有健全的组织机构和管理制度。

(5)有符合要求的营业场所和与业务有关的其他设施。

(三)保险公司的变更与终止

1.保险公司的变更

保险组织的变更是指保险公司的名称、组织机构、业务范围等方面的变化。《保险法》第八十四条规定,保险公司有下列变更事项之一的,须经保险监督管理机构批准:①变更名称;②变更注册资本;③变更公司或者分支机构的营业场所;④撤销分支机构;⑤公司分立或者合并;⑥修改公司章程;⑦变更出资额占有限责任公司资本总额5%以上的股东,或者变更持有股份有限公司股份5%以上的股东;⑧国务院保险监督管理机构规定的其他情形。

2.保险公司的终止

保险组织的终止是指保险公司的消灭。《保险法》第九十三条规定:保险公司依法终止其业务活动,应当注销其经营保险业务许可证。根据保险法的有关规定,保险公司终止的原因主要有以下几项:

(1)解散。《保险法》第八十九条规定:保险公司因分立、合并需要解散,或者股东会、股东大会决议解散,或者公司章程规定的解散事由出现,经国务院保险监督管理机构批准后解散。

保险公司解散,应当依法成立清算组进行清算。但是,经营有人寿保险业务的保险公司,除因分立、合并或者被依法撤销外,不得解散。

(2)破产。《保险法》第九十条规定:保险公司不能清偿到期债务,并且资产不足以清偿全部债务或者明显缺乏清偿能力的,经国务院保险监督管理机构同意,保险公司或者其债权人可以依法向人民法院申请破产清算;国务院保险监督管理机构也可以依法向人民法院申请对该保险公司进行破产清算。保险公司被宣告破产的,由人民法院组织保险监督管理机构等有关部门和有关人员成立清算组,进行清算。

四、保险经营规则

(一)保险公司的业务范围

保险公司的业务范围包括:①财产保险业务,包括财产损失保险、责任保险、信用保险等;②人身保险业务,包括人寿保险、健康保险、意外伤害保险等。

(二)保险公司的经营规则

同一保险人不得同时兼营财产保险业务和人身保险业务。经金融监管部门的核定,保险公司可以经营上述保险业务的再保险业务。

为了确保投保人的利益和维护保险业务的安全,保险公司应当具有与其业务规模相适应的最低偿付能力,并且提取赔偿准备金、公积金和保险保障基金。

在资金运用上,保险公司必须遵循增值与安全性原则,并保证资产的保值增值。其资金运用途径按照《保险法》的规定限于在银行存款、买卖政府债券、金融债券和国家规定的其他资金运用形式,不得用于设立证券经营机构和向企业投资。

保险公司开展业务,应当遵循公平竞争的原则,不得从事不正当竞争。根据《保险法》第一百一十六条的规定,保险公司及其工作人员在保险业务活动中不得有下列行为:①欺骗投保人、被保险人或者受益人;②对投保人隐瞒与保险合同有关的重要情况;③阻碍投保人履行本法规定的如实告知义务,或者诱导其不履行本法规定的如实告知义务;④给予或者承诺给予投保人、被保险人、受益人保险合同约定以外的保险费回扣或者其他利益;⑤拒不依法履行保险合同约定的赔偿或者给付保险金义务;⑥故意编造未曾发生的保险事故、虚构保险合同或者故意夸大已经发生的保险事故的损失程度进行虚假理赔,骗取保险金或者牟取其他不正当利益;⑦挪用、截留、侵占保险费;⑧委托未取得合法资格的机构或者个人从事保险销售活动;⑨利用开展保险业务为其他机构或者个人牟取不正当利益;⑩利用保险代理人、保险经纪人或者保险评估机构,从事以虚构保险中介业务或者编造退保等方式套取费用等违法活动;⑪以捏造、散布虚假事实等方式损害竞争对手的商业信誉,或者以其他不正当竞争行为扰乱保险市场秩序;⑫泄露在业务活动中知悉的投保人、被保险人的商业秘密;⑬违反法律、行政法规和国务院保险监督管理机构规定的其他行为。

五、保险代理人和保险经纪人

（一）保险代理人

保险代理人是根据保险人的委托，向保险人收取佣金，并在保险人授权的范围内代为办理保险业务的机构或者个人。保险代理机构包括专门从事保险代理业务的保险专业代理机构和兼营保险代理业务的保险兼业代理机构。

从保险代理的性质来看，保险代理人根据保险人的授权代为办理保险业务的行为，由保险人承担责任。由此可见，保险代理亦是民事代理的一种，所以，关于保险代理的法律适用，亦适用民法有关代理的规定

（二）保险经纪人

保险经纪人是基于投保人的利益，为投保人与保险人订立保险合同提供中介服务，并依法收取佣金的机构。保险经纪人不是保险合同的当事人，而仅是居间服务，为投保人与保险人订立保险合同提供中介服务。保险经纪人以自己的名义从事中介服务活动，承担由此产生的法律后果。

（三）保险代理人、保险经纪人的业务规则

保险代理人、保险经纪人应当具备保险监督管理机构规定的资格条件，并取得保险监督管理机构颁发的经营保险代理业务许可证或者经纪业务许可证，向工商行政管理机关办理登记，领取营业执照，并缴存保证金或者投保职业责任保险。保险代理人、保险经纪人应当有自己的经营场所，设立专门账簿记载保险代理业务或者经纪业务的收支情况，并接受保险监督管理机构的监督。

根据我国《保险法》第一百三十一条的规定，保险代理人、保险经纪人及其从业人员在办理保险业务活动中不得有下列行为：

(1) 欺骗保险人、投保人、被保险人或者受益人；

(2) 隐瞒与保险合同有关的重要情况；

(3) 阻碍投保人履行本法规定的如实告知义务，或者诱导其不履行本法规定的如实告知义务；

(4) 给予或者承诺给予投保人、被保险人或者受益人保险合同约定以外的利益；

(5) 利用行政权力、职务或者职业便利以及其他不正当手段强迫、引诱或者限制投保人订立保险合同；

(6) 伪造、擅自变更保险合同，或者为保险合同当事人提供虚假证明材料；

(7) 挪用、截留、侵占保险费或者保险金；

(8) 利用业务便利为其他机构或者个人牟取不正当利益；

(9) 串通投保人、被保险人或者受益人，骗取保险金；

(10) 泄露在业务活动中知悉的保险人、投保人、被保险人的商业秘密。

六、法律责任

(1) 投保人、被保险人或者受益人进行保险欺诈活动，构成犯罪的，依法追究刑事责任。

(2) 保险公司及其工作人员在保险业务中有隐瞒与保险合同有关重要情况，欺骗投保人、被保险或受益人，不履行保险合同等违反保险经营规则行为的，都应依法承担相应的法律责任。

(3) 保险代理人和保险经纪人在其业务活动中有欺骗行为，非法从事保险代理业务或者经营业务的，要依法承担相应的法律责任。

(4) 擅自设立保险公司或者非法从事商业保险业务活动的，或超出核定的业务范围从事保险业务的，或未经批准、擅自变更保险公司的名称、章程、注册资本、公司或者公司分支机构的营业场所等事项的，由金融监管部门进行处理。

七、案例评析示例

1. 案情

2008年1月，哈尔滨市民黄某，通过平安保险公司业务员陈某为其50岁的母亲叶某投保1份重大疾病终身险。陈某未对叶某的身体状况进行询问就填写了保险单，事后陈某也未要求叶某做身体检查。2008年7月，叶某不幸病逝，黄某要求保险公司理赔。保险公司以投保时未如实告知被保险人在投保前因患心脏病住院治疗的事实为由，拒绝理赔。黄某遂上诉法院，要求给付保险合同约定的保险金20万元。

2. 处理结果

法院判决保险公司应予赔付保险金20万元。

3. 评析

根据《保险法》第十六条的规定：订立保险合同，保险人就保险标的或者被保险人的有关情况提出询问的，投保人应当如实告知。投保人故意或者因重大过失未履行前款规定的如实告知义务，足以影响保险人决定是否同意承保或者提高保险费率的，保险人有权解除合同。投保人故意不履行如实告知义务的，保险人对于合同解除前发生的保险事故，不承担赔偿或者给付保险金的责任，并不退还保险费。投保人因重大过失未履行如实告知义务，对保险事故的发生有严重影响的，保险人对于合同解除前发生的保险事故，不承担赔偿或者给付保险金的责任，但应当退还保险费。根据上述条文可以认为：如实告知并不是主动告知。本案中业务员陈某未对被保险人、投保人进行任何询问，就填写了保险单中有关被保险人病史内容。事后陈某也未要求被保险人叶某做身体检查，不能认定被保险人故意隐瞒事实、不履行如实告知义务。所以保险公司应予赔付。

本章案例导读解析

票据权利的善意取得是指票据受让人(被背书人)善意且无重大过失的情况下,取得了背书连续的票据,即使该票据的出让人(背书人)并非真实票据权利人,票据受让人(被背书人)也取得票据权利,不必向实际票据权利人返还票据。

乙构成票据权利的善意取得。因为题目中涉及的乙支付了对价,且未透露乙的任何恶意,应该认定为善意,因此,飞云公司不能要求乙返还票据,因为乙已经善意取得该票据权利。飞云公司可以就自己遭受的损失向甲索赔,此处为一般的民事责任,不属于票据责任。

复习思考题

1. 简述中国人民银行的职能。
2. 简述商业银行的经营范围。
3. 简述票据法律关系与票据行为。
4. 简述公司股票的发行条件。
5. 简述保险合同的内容。

第九章
Chapter 9

经济纠纷解决机制

【学习目标】
1. 掌握仲裁和诉讼的概念；
2. 掌握仲裁原则和仲裁协议规定；
3. 掌握诉讼管辖规定；
4. 了解经济仲裁和经济诉讼的程序。

【能力目标】
1. 准确判断某一具体的经济纠纷可以应用何种方式予以解决纷争；
2. 判断具体案件的仲裁程序是否合法；
3. 能够运用民事诉讼程序有效处理和解决具体经济案件。

【案例导读】
2007年3月，运输专业户魏某为更新车辆，向张波借款1万元，约定年底还清本息。由于魏某的妻子生病住院，所借张波的钱年底一分未还。2008年1月，张波向县法院提起诉讼。同年4月28日，县法院当庭口头判决魏某必须在判决生效后6个月内付清本息1.2万元。5月18日，法院向双方送达判决书。判决后，双方均未上诉。由于魏某的妻子尚未出院，业务不能正常开展，加之妻子住院需用钱，魏某一时不能履行义务，张波遂于2008年11月24日向县法院申请执行。2008年11月28日，县法院执行员宋涛接手张波的执行案件，当天下午将魏某的运输用车扣押，扣押时只有魏某11岁的儿子在场。3天后，魏某从医院回到家，得知车被扣押，遂到法院询问，被告知早在前一天(12月1日)执行员宋涛已将扣押的运输用车估价2 000元卖给了法院后勤的一名司机。

问题：请根据《民事诉讼法》的规定，指出本案例中法院的哪些行为是错误的。

第一节　经济纠纷解决机制概述

一、经济纠纷的概念

我国正处于社会主义市场经济的迅速发展阶段,各类经济主体在复杂的经济活动中难免发生经济纠纷。所谓经济纠纷又称经济争议,是指平等主体之间发生的,以经济权利和经济义务为内容的社会纷争。主要有经济合同纠纷和经济侵权纠纷两种。常见的经济合同纠纷如买卖合同纠纷、借款合同纠纷、加工承揽合同纠纷、技术合同纠纷等;常见的经济侵权纠纷如专利权、商标权的侵权纠纷,所有权、经营权的侵权纠纷等。随着我国经济的不断发展,经济纠纷涉及的领域迅速扩展,如房地产纠纷、证券和票据纠纷、期货纠纷以及涉外的经济纠纷等。

经济纠纷的存在使得社会经济关系处于紊乱、不确定的状态,严重扰乱了社会正常的经济秩序,势必影响市场经济机制的正常运转,影响经营者之间的交易安全。因此,正确、及时、高效地解决经济纠纷,对稳定社会经济关系,维护当事人合法权益,保障市场经济秩序都具有重要意义。

二、经济纠纷的解决方式

根据我国《民法》、《合同法》、《物权法》、《民事诉讼法》、《仲裁法》及其他相关法律文件的规定,结合我国司法的实践经验,我国解决经济纠纷的主要方式有:协商(和解)、调解、仲裁和诉讼。由于诉讼和仲裁在解决经济纠纷中具有重要而独特的地位和作用,因此本章将在第二、三节中针对这两个问题作具体的阐述,在此仅介绍协商和调解两种经济纠纷解决方式。

(一)协商

协商又称和解,是指经济纠纷的各方当事人,当发生经济纠纷后,在平等自愿、互谅互让的基础上,进行磋商,自行协商达成和解协议,从而解决争议的一种方式。这种方式的前提是当事人各方平等、自愿,对协商的时间、地点和方式都由双方确定,当事人在分清是非的基础上,消除误解、明确责任。这不仅有利于具体纷争的解决,也有利于稳定和发展双方的信任与合作关系,同时这种方式既可省去仲裁、诉讼的程序和费用,也可减轻仲裁机关、法院的负担。由于其简单方便,灵活自由,因而我国大多数的经济纠纷都是通过这一方式解决,是最受推崇的解决经济纠纷的方式,在国际贸易中得到广泛的应用。

(二)调解

调解是指经济纠纷的双方当事人在第三方的主持下,通过对当事人之间所发生的纠纷予以从中调停,说服劝解,最终促使双方自愿就争议事项达成和解协议的一种方式。这里所说的调解,是仲裁、诉讼程序之外的调解。采用此种方式解决经济纠纷时,必须坚持当事人双方的自愿和合法的原则,主持调解的第三方,不得把自己的意志强加于当事人。任何单位和个人不得强迫当事人接受调解,也只有在当事人自愿达成和解协议的基础上,协议的履行才会自动进行。同时要求经调解所达成的协议必须符合法律的规定,遵循合法原则,不能损害国家、集体和他人的利益。通过调解方式解决经济纠纷,使得双方当事人的自主性增强,有利于团结,不伤和气,可以彻底解决纷争,更便于自动履行。

此外,在仲裁、诉讼过程中也贯彻着仲裁机关和法院的调解书在送达当事人后,和生效的仲裁裁决书、法院判决书的效力一样,一方当事人不履行,另一方当事人可向人民法院申请强制执行。

我国还存在着民间调解和行政调解两种方式。民间调解又称人民调解,是指在村民委员会、居民委员会或企业、事业单位中设立的人民调解委员会主持下,调解民事纠纷的一种方式。行政调解是指在国家行政机关主持下,对特定的经济纠纷和其他纠纷依法进行的调解,调解人是国家行政机关,调解范围仅限于行政机关职权管辖之内的事项。根据最高人民法院2009年8月5日颁布的《关于建立健全诉讼与非诉讼相衔接的矛盾纠纷解决机制的若干意见》之有关规定,此类调解还包括商事调解和行业调解以及其他具有调解职能组织的调解。这些调解若具有民事合同性质的,经调解组织和调解员签字盖章后,当事人可以申请有管辖权的人民法院确认其效力。

第二节 仲 裁

一、仲裁的概念和特征

(一)仲裁的概念

仲裁是指双方当事人在经济纠纷发生之前或发生之后自愿达成书面的仲裁协议,将协议所约定的争议提交约定的仲裁机构进行审理,并由仲裁机构做出具有法律约束力的仲裁裁决的一种经济纠纷解决的方式。

(二)仲裁的特征

仲裁是一种民间性的针对财产性权益纠纷的裁判制度,它不同于民间调解和当事人的自行和解,也不同于诉讼。仲裁具有如下特点:

1. 自愿性

仲裁以双方当事人的自愿为前提,"双方当事人自愿"有以下几个含义:①双方当事人自愿选择以仲裁方式解决争议;②双方当事人自愿达成仲裁协议,没有仲裁协议的,仲裁机构不能进行裁决;③双方当事人自愿选择就哪些事项进行仲裁;④双方当事人自愿选择仲裁机构、仲裁员以及仲裁地点;⑤双方当事人自愿选择仲裁程序和规则。上述内容是在当事人自愿的基础上,由双方当事人协商确定的。因此,仲裁是最能充分体现当事人意思自治原则的争议解决方式。

2. 专业性

民商事纠纷涉及特定的知识领域,法律规范庞杂,涉及跨界的部门法诸多,由相关的专家来裁判,更能体现专业权威性,利于当事人接受和执行。根据我国仲裁法的规定,仲裁机构都备有分专业的、由专家组成的仲裁员名册供当事人进行选择,专家仲裁成为民商事仲裁的重要特点之一。因此,由有一定专业水平和能力的专家担任仲裁员对当事人之间的纠纷进行裁决是仲裁公正性的重要保障。

3. 经济性

仲裁与诉讼程序相比较而言,其经济性表现在程序上实行一裁终局制,即仲裁一经做出就发生法律效力,仲裁程序简单,不像诉讼程序中的一审、二审等程序诸多影响结案进度,避免了经历诉讼程序的烦琐。另外,仲裁的方式较灵活,双方当事人可以选择书面协议,协议不开庭,所以审理快捷,能迅速解决纷争。仲裁无须多审级收费,降低成本。这也是仲裁与诉讼的主要区别。

4. 独立性

仲裁机构独立于行政机构,仲裁机构之间也无隶属关系。在仲裁过程中,仲裁庭独立进行仲裁,不受任何机关、社会团体和个人的干涉,也不受其他仲裁机构的干涉,显示出其最大的独立性,也保障了仲裁的公正性。

5. 保密性

仲裁以不公开审理为原则,当事人之所以自愿选择仲裁方式解决纷争,考虑的原因之一就是为了保守商业秘密,维护当事人双方的商业信誉和今后的合作关系。正是基于此,相当数量的纠纷选择了以仲裁方式解决。另外,有关的仲裁法律和仲裁规则也同时规定了仲裁员及仲裁秘书人员的保密义务,因此当事人的商业秘密和贸易活动不会因仲裁活动而泄露。

二、仲裁法

(一)仲裁沿革

仲裁起源于罗马,当时主要用于仲裁国内商业纠纷。随着跨国商业贸易的兴起,国际贸易纠纷增多,又逐渐发展成涉外仲裁。现在,西方国家有比较系统的仲裁规则和比较完备的仲裁机构,著名的有英国伦敦仲裁院、美国仲裁协会、瑞典斯德哥尔摩仲裁院、日本商事仲裁协会等。这些机构一般采用非政府的民间仲裁组织形式,根据自己制定的较为健全的仲裁规则处理当事人之间的经济争议。20 世纪中叶以来,为适应国际贸易发展的需要,产生了国际性的仲裁公约。1958 年 6 月 10 日,联合国通过了《承认与执行外国仲裁裁决公约》,1976 年 4 月 28 日联合国国际贸易法委员会通过了《联合国国际贸易法委员会仲裁规则》,经济仲裁在国际经济往来中得到广泛应用,并发挥着越来越重要的作用。

我国1954年设立了对外经济贸易仲裁委员会和海事仲裁委员会,分别受理对外经济贸易争议案件和海事争议案件,建立了涉外经济仲裁制度。20世纪80年代初期,我国建立了四级统一的经济合同仲裁机构,但是这些仲裁带有极浓厚的行政色彩,带有明显的行政强制性,不具有民间性质。自1995年我国《仲裁法》实施,仲裁机构与行政机关彻底分离,我国实行"或裁或审、一裁终局"制度,开始建立起与国际接轨的现代仲裁制度。

(二)仲裁法概念和特点

1. 仲裁法概念

仲裁法是国家制定或认可的,规范仲裁法律关系的主体行为、调整仲裁法律关系、确认仲裁制度和法律责任的法律规范的总称。仲裁法包括专门的仲裁法、其他法律法规中包括仲裁法律规定的部分、国家缔结和参加的国际公约或双边协定中有关仲裁的规定,以及仲裁机构的章程和规则等。

我国第八届全国人大常委会第九次会议于1994年8月31日通过了《中华人民共和国仲裁法》(以下简称《仲裁法》),自1995年9月1日起施行。

2. 仲裁法的特点

(1)我国采取仲裁和调解相结合制度。

依据《仲裁法》规定,仲裁庭在做出最终仲裁裁决之前,如果当事人自愿调解的,仲裁庭应当进行调解;仲裁庭也可以先行进行调解;调解达成协议的,仲裁庭应当制作调解书或者根据协议的结果制作裁决书。对调解不成的,仲裁庭应当及时做出裁决书。调解书和裁决书具有同等的法律效力。

(2)我国采取机构仲裁制度。

根据《仲裁法》规定,我国只允许仲裁机构进行裁决,不允许临时仲裁。即当事人在订立仲裁协议时,只能对已经设置具体的仲裁机构进行约定选择,而不可以自行组建临时仲裁。

(三)《仲裁法》的适用范围

我国《仲裁法》第二条、第三条明确了其适用的范围仅限于平等主体的公民、法人和其他经济组织之间发生的合同纠纷和其他财产权益纠纷。

《仲裁法》规定下列纠纷不能仲裁:

(1)涉及婚姻、收养、监护、抚养、继承方面的纠纷不能仲裁。这类纠纷虽然属于民事纠纷,一定程度上也涉及财产权益,但这类纠纷与当事人的身份关系密切联系。

(2)行政纠纷不能仲裁。行政纠纷是指国家行政机关之间或者国家行政机关与企事业单位、社会团体及公民之间,由于行政管理行为而引发的争议。这类争议通过行政复议和行政诉讼程序由国家机构或人民法院解决。

(3)农业集体经济组织内部的农业承包合同纠纷,不适用《仲裁法》。

(4)劳动争议、人事争议亦不适用《仲裁法》。

三、仲裁的基本原则

仲裁的基本原则是指在仲裁过程中起到指导性作用的准则和制度,是仲裁机构和双方当事人必须遵守的行为规范。根据我国《仲裁法》的规定,仲裁的基本原则有:

(1)仲裁自愿原则。

自愿原则是仲裁制度的基本原则,首先是规定了或裁或审的制度,是尊重当事人自愿选择解决争议途径的。其次我国《仲裁法》从多方面充分体现了当事人意思自治原则。例如:当事人可以通过仲裁协议自主决定或选择仲裁机构、仲裁员、仲裁的事项和仲裁规则等。当然,当事人的意思自治也并非绝对,有时还要受到一定的限制,比如当事人约定的仲裁事项不能超越《仲裁法》的适用范围的规定,同时在选择仲裁时也必须按照《仲裁法》规定的书面仲裁协议和内容的有效方式等的要求。

(2)仲裁独立原则。

《仲裁法》规定仲裁机构是独立于任何机关的,不产生依附关系和隶属关系,其仲裁权利是来源与当事人双方的自愿选择。仲裁依法独立进行,不受行政机关、社会团体和个人的干预,对案件独立审理和裁决。仲裁的独立原则有助于仲裁在没有外来压力和干扰的情况下公正、及时做出裁决。当然,仲裁机构必须在仲裁过程中遵守国家有关法律规定,不能独立于国家的法律之外。

(3)公平合理原则。

即根据事实,符合法律规定,公平合理地解决纠纷的原则。仲裁机构在进行仲裁时,应尊重事实,注重调查研究,站在公正的角度,以事实为依据,以法律为准绳,公平合理地解决纠纷。这亦是仲裁机构提高威信的必然要求。

(4)一裁终局原则。

我国《仲裁法》第九条规定:"仲裁实行一裁终局的制度。裁决做出后,当事人就同一纠纷再申请仲裁或者向人民法院起诉的,仲裁委员会或者人民法院不予受理。"可见仲裁机构对当事人提交的案件所作出的裁决具有终局的法律效力,对当事人具有约束力,当事人必须自动履行该裁决。

四、仲裁机构

仲裁机构实指有权对当事人提交的经济纠纷进行审理和裁决的机构。依据我国《仲裁法》规定,我国的仲裁机构是仲裁委员会和仲裁协会,其性质为民间机构。仲裁机构是仲裁的组织保障。

(一)仲裁委员会

1. 仲裁委员会的机构设置

根据《仲裁法》的规定,仲裁委员会由省一级人民政府组织有关部门和商会统一组建,可以设立在省一级人民政府所在地,也可以根据需要设立在其他设区的市设立,不得按行政区划层层设立,县级行政区域不设。仲裁委员会独立于行政机关,与行政机关无隶属关系,仲裁委员会之间也没有隶属关系。

2. 设立仲裁委员会的条件

根据《仲裁法》规定,设立仲裁委员会应具备下列条件:①有自己的名称、住所和章程;②有必要的财产;③有该委员会的组成人员。仲裁委员会由主任1人、副主任2~4人和委员7~11人组成,仲裁委员会的主任、副主任和委员由法律、经济贸易专家和有实际工作经验的人员担任。仲裁委员会的组成人员中,法律、经济贸易专家不得少于2/3;④有聘任的仲裁员。仲裁员由仲裁委员会从公道、正派且符合下列条件之一的人员中聘任:从事仲裁工作满8年的;从事律师工作满8年的;曾任审判员满8年的;从事法学研究、教学工作并且具有高级职称的;具有法律知识、从事经济贸易等专业工作并具有高级职称的;具有法律知识或具有同等专业水平的。

仲裁委员会的设立,应进行程序性登记,以取得法律认可的仲裁资格。登记机关是省、自治区、直辖市的司法行政部门。未经设立登记的仲裁委员会,其仲裁裁决不具有法律效力。

(二)仲裁协会

中国仲裁协会是社会团体法人,是以仲裁机构或仲裁员为会员的自律性组织。其职责是依法制定仲裁规则、协会章程;建立自我约束、自我发展的自律性运行机制;组织会员培训,提高仲裁员素质;根据章程对仲裁委员会及其组成人员、仲裁员的违纪行为进行监督;维护仲裁员的合法权益。

五、仲裁协议

(一)仲裁协议的概念

仲裁协议是指双方当事人在经济纠纷发生之前或发生之后,共同自愿订立的,愿意将其纠纷提交仲裁委员会仲裁的一种书面协议。

我国《仲裁法》第四条、第五条规定,当事人采用仲裁方式解决纠纷,应当双方自愿,达成仲裁协议。没有仲裁协议,一方申请仲裁的,仲裁委员会不予受理。可见,仲裁协议是仲裁活动的基础和前提,具有如下法律特征:①仲裁协议只能由具有利害关系的合同双方(或多方)当事人或其授权的代理人订立;②仲裁协议是当事人申请仲裁、排除法院管辖的法律依据;③仲裁协议具有相对的独立性,合同无效并不影响仲裁协议条款的效力。

(二)仲裁协议的形式和内容

1. 仲裁协议的形式

《仲裁法》第十六条规定,"仲裁协议包括合同中订立的仲裁条款和以其他书面方式在纠纷发生前或纠纷发生后达成的请求仲裁的协议"。在仲裁实践中,仲裁协议必须采用书面形式。仲裁协议有两类形式:

(1)仲裁条款。即双方当事人在合同中订立的有关将经济纠纷提交仲裁的条款。

(2)仲裁协议书。即指双方当事人为把有关经济纠纷提交仲裁委员会,而单独订立的一种书面协议。仲裁协议书是独立于主合同之外的特别协议。

实践中,仲裁条款被广泛采用,当事人达成单独仲裁协议的较少。相对于合同的其他条款或整个合同而言,两种书面仲裁协议都是独立存在的,经济合同的变更、解除、终止或无效,都不影响仲裁协议的效力。

2. 仲裁协议的内容

根据我国《仲裁法》第十六条的规定,仲裁协议应当具有下列内容:①请求仲裁的意思表示;②仲裁事项;③选定的仲裁委员会。

(三)仲裁协议的效力

1. 仲裁协议的有效条件

有效的仲裁协议应具备以下条件:①仲裁协议订立人必须是完全民事行为能力人;②双方自愿申请仲裁;③仲裁事项不超出法律规定的仲裁范围;④仲裁机构明确;⑤仲裁协议须为书面形式。

当事人自愿将争议提交仲裁解决的仲裁协议一旦依法签订,就具备了法律效力,对双方当事人均有约束力。具体地说,仲裁协议的法律效力主要表现在以下四个方面:①仲裁协议对当事人的约束性;②仲裁协议对仲裁机构和仲裁员的授权性;③仲裁协议对法院管辖权的排斥性;④仲裁协议的执行依据性。

2. 仲裁协议的无效

仲裁协议的无效是指仲裁协议不具备法律效力。出现以下情形之一时,仲裁协议无效:①无民事行为能力人或者限制民事行为能力人签订的仲裁协议;②约定的仲裁事项超出了仲裁的范围;③仲裁协议对仲裁事项或仲裁委员会没有约定或者约定不明确,当事人又达不成补充协议的;④一方采取胁迫手段,迫使对方订立仲裁协议的;⑤双方当事人口头订立的仲裁协议而无书面仲裁协议的;⑥仲裁终局性不确定的仲裁协议,即或裁或审的协议。

六、仲裁程序

仲裁程序是仲裁委员会仲裁经济纠纷案件所适用的程序。仲裁程序由《仲裁法》和根据《仲裁法》制定的仲裁规则确定,仲裁委员会和当事人应按仲裁程序进行仲裁活动。

(一)仲裁申请和受理

1. 仲裁的申请

仲裁的申请是指合同纠纷或财产权益纠纷的当事人根据仲裁协议,将所发生的争议依法请求仲裁机构进行仲裁的意思表示。《仲裁法》第二十一条对当事人申请仲裁的条件做了如下规定:①有仲裁协议;②有具体的仲裁请求和事实、理由;③属于仲裁委员会的受理范围。当事人申请仲裁,应当向仲裁委员会递交仲裁协议、仲裁申请书及副本。

仲裁申请书应当载明下列事项:①当事人的姓名、性别、年龄、职业、工作单位和住所,法人或者其他组织的名称、住所和法定代表人或者主要负责人的姓名、职务;②仲裁请求和所根据的事实、理由;③证据和证据来源、证人姓名和住所。

2. 仲裁的受理

仲裁的受理是指仲裁机构对当事人的申请进行审查后,认为符合法定条件,决定立案进行仲裁的行为。仲裁委员会收到仲裁申请书之日起5日内,认为符合条件的,应当受理,并通知当事人;认为不符合受理条件的,应当书面通知当事人不予受理,并说明理由。仲裁委员会受理仲裁申请后,应当在规定期限内将仲裁规则和仲裁员名册送达双方当事人,并将仲裁申请书副本送达被申请人。被申请人应在规定时期内提交答辩书,未提交答辩书不影响仲裁程序的进行。

(二)仲裁庭的组成

1. 仲裁庭的组成形式

根据仲裁委员会的仲裁规则,仲裁庭是由仲裁员组成的对具体案件进行仲裁的临时性的组织。仲裁庭分为独任仲裁庭和合议仲裁庭两种形式。当事人可以约定仲裁庭的组成形式。

(1)独任仲裁庭。独任仲裁庭由1名仲裁员组成,应当由当事人共同选定或者共同委托仲裁委员会主任指定。

(2)合议仲裁庭。合议仲裁庭由3名仲裁员组成,应当由当事人双方各自选定或者各自委托仲裁委员会主任指定1名仲裁员,第3名仲裁员由当事人共同选定或者共同委托仲裁委员会主任指定。第3名仲裁员是首席仲裁员。

当事人没有在仲裁规则规定的期限内约定仲裁庭的组成方式或者选定仲裁员的,由仲裁委员会主任指定。仲裁庭组成后,仲裁委员会应当将仲裁庭的组成情况书面通知当事人。

2. 仲裁员的回避

为了保证公正仲裁,对仲裁员实行回避制度。《仲裁法》规定仲裁员有下列情况之一的,必须回避,当事人也有权提出回避申请:①是本案当事人或者当事人、代理人的近亲属;②与本案有利害关系;③与本案当事人、代理人有其他关系,可能影响公正仲裁的;④私自会见当事人、代理人,或者接受当事人、代理人的请客送礼的。

当事人提出回避申请,应当说明理由,并在首次开庭前提出。回避事由在首次开庭后知道的,可以在最后一次开庭终结前提出。仲裁员是否回避,由仲裁委员会主任决定;仲裁委员会主任担任仲裁员时,由仲裁委员会集体决定。仲裁员因回避或者其他原因不能履行职责的、应当依照《仲裁法》的规定重新选定或者指定仲裁员。

(三) 开庭和裁决

1. 开庭

开庭是指仲裁庭在双方当事人及其代理人的参加下,依法对经济纠纷进行审理和裁决的活动。它是仲裁活动的实质阶段,其目的是查清事实、分清是非、解决纠纷,使当事人之间的争议得到解决。

根据《仲裁法》的规定,仲裁应当开庭进行,如果当事人协议不开庭,仲裁庭可以根据仲裁申请书、答辩书以及其他材料作出裁决。仲裁庭开庭审理案件不公开进行。如果当事人协议公开,除涉及国家秘密的以外,可以公开进行。申请人经书面通知,无正当理由不到庭或者未经法庭许可中途退庭的,可以视为撤回仲裁申请。被申请人经书面通知,无正当理由不到庭或者未经仲裁庭许可中途退庭的,可以缺席裁决。

仲裁庭的开庭程序一般包括开庭前准备、开庭调查、开庭辩论、调解、开庭终结五个步骤。

(1) 开庭前准备。

在开庭前,由首席仲裁员或独任仲裁员查明当事人是否到庭,告知当事人的权利和义务,宣布仲裁庭组成方式和仲裁庭组成人员,询问当事人是否申请回避,宣布开庭纪律。

(2) 开庭调查。

首先由申请人提出仲裁请求,被申请人进行答辩、提出反请求。其次根据申请和答辩,查清争议发生的时间、地点、经过及争议的主要焦点。再次就双方当事人提供的或仲裁庭收集的证据进行调查。当事人应当对自己的主张提供证据,仲裁庭认为有必要收集的证据,可以自行收集。仲裁庭对专门性问题认为需要鉴定的,可以交由当事人约定的鉴定部门鉴定,也可以由仲裁庭指定的鉴定部门鉴定。根据当事人的请求或者仲裁庭的要求,鉴定部门应当派鉴定人参加开庭。当事人经仲裁庭许可,可以向鉴定人提问。证据应当在开庭时出示,当事人可以质证。在证据可能灭失或者以后难以取得的情况下,当事人可以申请证据保全。当事人申请证据保全的,仲裁委员会应当将当事人的申请提交证据所在地的基层人民法院。

(3) 开庭辩论。

当事人在仲裁过程中有权进行辩论。一般的辩论顺序是,先由双方当事人及其代理人分别向仲裁庭陈述其意见,然后由双方当事人及代理人就争议问题互相进行辩论。辩论终结时,首席仲裁员或者独任仲裁员应当征询当事人的最后意见。仲裁庭应当将开庭情况记入笔录。当事人和其他仲裁参与人认为对自己陈述的记录有遗漏或者差错的,有权申请补正。如果不予补正,应当记录该申请。笔录由仲裁员、记录人员、当事人和其他仲裁参与人签名或者盖章。

(4) 调解。

当事人申请仲裁后,可以自行和解。仲裁庭在作出裁决前,仲裁庭在作出裁决前,可以先行调解。当事人自愿调解的,仲裁庭应当调解。调解不成的,应当及时作出裁决。

(5) 开庭终结。

开庭终结时,当事人阅读开庭笔录,并在笔录上签字。仲裁庭成员也应在笔录最后一页签字。

2. 裁决

裁决是指仲裁庭在实体上对当事人双方权利、义务作出裁断。它标志着案件的审结,是仲裁审理的最终程序。

(1) 裁决的作出。

仲裁庭应在事实清楚的基础上,及时裁决。调解达成协议的,仲裁庭应当制作调解书或者根据协议的结果制作裁决书。调解书与裁决书具有同等法律效力。调解书经双方当事人签收后,即发生法律效力。在调解书签收前当事人反悔的,仲裁庭应当及时做出裁决。

裁决应当按照多数仲裁员的意见作出,少数仲裁员的不同意见可以记入笔录。仲裁庭不能形成多数意见时,裁决应当按照首席仲裁员的意见作出。仲裁裁决为终局裁决,裁决书自作出之日起发生法律效力。裁决一经作出即发生法律效力。仲裁实行一裁终局的制度。裁决作出后,当事人就同一纠纷再申请仲裁或者向人民法院起诉的,仲裁委员会或者人民法院不予受理。

裁决书应当写明仲裁请求、争议事实、裁决理由、裁决结果、仲裁费用的负担和裁决日期。

根据《仲裁法》规定,裁决文书的形成有三种情况:①仲裁庭调解不成依法作出的裁决书;②仲裁庭主持调解,当事人达成调解协议制作的调解书或根据协议的结果作出的裁决书;③当事人自行和解达成和解协议后,请求仲裁庭根据和解协议作出的裁决书。上述三种裁决法律文书具有同等的法律效力。

(2) 裁决的执行。

仲裁裁决作出后,双方当事人应当自觉履行裁决或调解协议。由于仲裁机构是民间性质的机构,对裁决没有强制执行权。因此,在一方当事人不履行裁决所确定的义务的情况下,另一方当事人可以依照民事诉讼法的相关规定向被申请人住所地或者财产所在地的人民法院申请执行。接受申请的人民法院应当执行。申请执行的法定期限:双方或一方当事人是公民的为1年,双方是法人或者其他组织的为6个月,从仲裁裁决书规定的履行期间最后一日起算。

另外,被申请人提出证据证明裁决有《民事诉讼法》第二百一十七条第二款规定的情形之一的,经人民法院组成合议庭审查核实,裁定不予执行。一方当事人申请执行裁决,另一方当事人申请撤销裁决的,人民法院应当裁定中止执行。人民法院裁定撤销裁决的,应当裁定终结执行。撤销裁决的申请被裁定驳回的,人民法院应当裁定恢复执行。

(3) 裁决的撤销。

当事人提出证据证明裁决有下列情形之一的,可以向仲裁委员会所在地的中级人民法院申请撤销裁决:①没有仲裁协议的;②裁决的事项不属于仲裁协议的范围或者仲裁委员会无权仲裁的;③仲裁庭的组成或者仲裁的程序违反法定程序的;④裁决所根据的证据是伪造的;⑤对方当事人隐瞒了足以影响公正裁决的证据的;⑥仲裁员在仲裁该案时有索贿受贿,徇私舞弊,枉法裁决行为的。

人民法院经组成合议庭审查核实裁决有前款规定情形之一的,应当裁定撤销。人民法院认定该裁决违背社会公共利益的,应当裁定撤销。当事人申请撤销裁决的,应当自收到裁决书之日起6个月内提出。人民法院应当在受理撤销裁决申请之日起2个月内作出撤销裁决或者驳回申请的裁定。人民法院受理撤销裁决的申请后,认为可以由仲裁庭重新仲裁的,通知仲裁庭在一定期限内重新仲裁,并裁定中止撤销程序。仲裁庭拒绝重新仲裁的,人民法院应当裁定恢复撤销程序。裁决被人民法院依法裁定撤销或者不予执行的,当事人就该纠纷可以根据双方重新达成的仲裁协议申请仲裁,也可以向人民法院起诉。

七、仲裁的监督

由于仲裁实行一裁终局制度,且仲裁委员会不能实行仲裁的自我监督,因此,各国都将法院作为仲裁的监督机构,实行以审判权为内容的仲裁司法监督。人民法院对仲裁的监督主要有以下三个方面:

(一)裁定确认仲裁协议的效力

《仲裁法》第二十条规定:"当事人对仲裁协议的效力有异议的,可以请求仲裁委员会作出决定或者请求人民法院作出裁定。一方请求仲裁委员会作出决定,另一方请求人民法院作出裁定的,由人民法院裁定。"

(二)裁定撤销仲裁裁决

当事人提出证据证明仲裁裁决有《仲裁法》第五十八条第一款法定情形之一的,或符合该条第三款的,可向仲裁委员会所在地的中级人民法院申请撤销。人民法院组成合议庭审查核实后,应当裁定撤销。

(三)通知仲裁庭重新仲裁

人民法院受理撤销裁决的申请后,认为案件可以由仲裁庭重新仲裁的,应书面通知仲裁庭在一定期限内重新仲裁,并裁定中止撤销程序。该通知书具有否定裁决的效力,并成为仲裁庭重新仲裁的依据。

(四)对裁决裁定不予执行

法院在裁决的执行程序中,被执行人提出证据,证明仲裁裁决有《民事诉讼法》第二百一十七条第三款规定的法定情形之一的,或人民法院认为执行该裁决违背社会公共利益的,经人民法院组成合议庭审查核实,可裁定不予执行。

八、案例评析示例

1. 案情

甲公司与乙公司于2003年6月签订了一份融资租赁合同,约定由甲公司进口一套化工生产设备,租给乙公司使用,乙公司按年交付租金。丙银行出具担保函,为乙公司提供担保。后来甲公司与乙公司因履行合同发生争议。

问题:

(1)如果甲公司与乙公司签订的合同中约定了以下仲裁条款:"因本合同的履行所发生的一切争议,均提交丁仲裁委员会仲裁。"申请仲裁,将乙公司和丙银行作为被申请人。甲公司因乙公司无力支付租金,向丁仲裁委员请求裁决被申请人给付拖欠的租金。甲公司的行为是否正确?为什么?

(2)如果存在上问中所说的仲裁条款,甲公司能否向人民法院起诉乙公司和丙银行,请求支付拖欠的租金?为什么?

(3)如果本案通过仲裁程序处理,甲公司申请仲裁委员会对乙公司的财产采取保全措施,仲裁委员会应当如何处理?

(4)如果本案通过仲裁程序处理后,在对仲裁裁决执行的过程中,法院裁定对裁决不予执行,在此情况下,甲公司可以通过什么法律程序解决争议?

2. 处理结果

(1)甲公司的行为是正确的。(2)甲公司不能向人民法院起诉。(3)仲裁委员会应将该财产保全申请依法提交给人民法院。(4)甲公司可以根据双方达成的书面仲裁协议重新申请仲裁,也可以向人民法院起诉。

3. 评析

(1)因为本案中的仲裁协议是合法有效的;丙银行作为连带责任保证人,可以与乙公司一同成为被申请人。

(2)因为双方当事人已自愿达成了仲裁协议。

(3)根据仲裁法规定,一方当事人因另一方当事人的行为或者其他原因,可能使裁决不能执行或者难以执行的,可以申请财产保全。当事人申请财产保全的,仲裁委员会应当将当事人的申请依照民事诉讼法的有关规定提交人民法院。

(4)依照《民事诉讼法》规定,人民法院裁定不予执行仲裁裁决后,当事人可以重新达成书面仲裁协议申请仲裁,也可以向人民法院起诉。

第三节 经济诉讼

一、经济诉讼概述

(一)经济诉讼的概念和特征

经济诉讼是指人民法院在经济纠纷当事人和其他诉讼参加人的参加下,审理和解决经济纠纷的诉讼活动,以及由此产生的诉讼关系的总和。

(1)诉讼标的特定性。经济诉讼标的只能是平等经济主体之间发生的合同纠纷和财产性权益的纷争,法院是对民事法律关系作出的审理。

(2)经济诉讼程序的法定性和规范性。经济诉讼程序必须严格依据《中华人民共和国民事诉讼法》(以下简称《民事诉讼法》)的有关规定操作和进行。

(3)双方当事人在诉讼上对抗的特殊性。经济诉讼程序包括起诉、反诉和上诉、申诉等对抗性程序,当事人选择的自由性。

(4)解决纠纷的最终性和强制性。经过法定程序完结的经济纠纷裁判具有不可替代的最终法律效力,并受国家强制力保障其执行。

(二)经济诉讼的基本原则

经济诉讼的基本原则是指依据法律所规定的,贯彻于整个经济诉讼过程中起到指导作用的基本准则。根据《民事诉讼法》规定,经济诉讼适用的基本原则包括诉讼的共同性原则和经济诉讼特有的原则(简称特有原则)。现仅就经济诉讼的特有原则阐述如下:

1. 当事人诉讼权利平等原则

《民事诉讼法》规定的诉讼权利平等原则是指人民法院在审理经济纠纷案件的诉讼过程中,应当保障当事人平等地行使诉讼权利,即双方当事人所享有的诉讼权利和承担的诉讼义务是平等的;人民法院有责任保障双方当事人充分、平等地行使诉讼权利,不能偏袒任何一方当事人。当然,由于当事人所处的诉讼地位不同,导致他们所享有的诉讼权利有些不是完全相同的,例如原告拥有起诉权,而被告拥有反诉权,虽然内容不同,但并不影响诉讼的双方当事人在诉讼权利上的平等性。

2. 法院调解自愿与合法原则

调解是人民法院解决经济纠纷的一种方式,人民法院在查清案件事实的基础之上,主持双方当事人平等协商,互相体谅和谦让,自愿达成调解协议,人民法院根据自愿和合法的原则所制作的调解书具有与生效判决同等的法律效力。对于调解未达成协议或调解书送达时一方或双方当事人反悔的,人民法院依法应当及时作出判决。

3. 辩论原则

辩论权是当事人的一项重要诉讼权利,贯穿审判程序的全过程。辩论原则,是指在人民法院主持下,双方当事人有权就案件的事实和争议的问题,阐述各自主张和根据,互相进行辩驳和论证,以维护自己的合法权益。辩论原则的适用有助于人民法院查清事实,正确裁量。当事人采用的辩论形式既可以是言辞辩论,也可以提交书面辩论意见,其辩论的内容主要围绕经济纠纷的事实、证据以及法律适用。

4. 处分原则

处分原则是指当事人有权在法律规定的范围内自由处分自己依法所享有的经济实体权利和经济诉讼权利。当事人行使处分权利的行为亦贯穿于整个诉讼过程中,并且其处分行为只有经人民法院审查认可后方为有效。当事人行使处分权利时不得超出法律所允许的范围,亦不得侵害国家、集团和他人的合法权益。

二、经济诉讼的主体

(一)人民法院

在经济诉讼中,人民法院代表国家依法行使审判权,在诉讼中处于主导地位,其依法履行相应的职责,对经济纠纷的解决起到决定性的作用。人民法院在经济诉讼中即是诉讼的组织者,亦是诉讼的参与者,依法行使诉讼权利并履行诉讼义务。

(二)诉讼当事人

经济诉讼当事人是指因经济纠纷,以自己的名义参加诉讼,并与案件审理结果有直接利害关系的诉讼参与人,包括公民、法人和其他组织。当事人主要包括原告、被告和第三人。当事人有权委托代理人,提出回避申请,收集、提供证据,进行辩论,请求调解,提起上诉,申请执行。当事人可以查阅本案有关材料,并可以复制本案有关材料和法律文书。查阅、复制本案有关材料的范围和办法由最高人民法院规定。当事人必须依法行使诉讼权利,遵守诉讼秩序,履行发生法律效力的判决书、裁定书和调解书。双方当事人可以自行和解。原告可以放弃或者变更诉讼请求。被告可以承认或者反驳诉讼请求,有权提起反诉。

(三)诉讼代理人

诉讼代理人是指根据民法规定,以被代理人的名义进行诉讼活动的诉讼参与人。诉讼代理人在代理权限的范围内进行诉讼活动,其行为视为当事人的行为,其诉讼结果由被代理人即当事人承受法律效力。诉讼代理人代为承认、放弃、变更诉讼请求,进行和解,提起反诉或者上诉,必须有委托人的特别授权。诉讼代理人的权限,如果变更或者解除,当事人应当书面告知人民法院,并由人民法院通知对方当事人。代理诉讼的律师和其他诉讼代理人有权调查搜集证据,可以查阅本案有关材料。

(四)其他诉讼参与人

其他诉讼参与人是指除上述人员以外的其他参与诉讼活动的人,包括证人、鉴定人、勘验人和翻译人员等。其他诉讼参与人以自己的名义参加诉讼活动,但其与案件的审理结果没有直接的利害关系,不受人民法院的裁判拘束,只是依法履行相关职责或诉讼义务,根据案件审理的需要,协助人民法院依法完成审判活动。

三、经济审判机构的受案范围和诉讼管辖

(一)受案范围

经济案件的受案范围,是指人民法院依法可以对哪些经济案件予以受理和审判。依据我国法律规定,人民法院受理平等主体的公民、法人、其他组织相互之间因财产关系发生的经济权益纠纷案件,主要包括各类合同纠纷案件和经济损害赔偿案件。

根据《人民法院组织法》的规定,我国的经济审判机构是各级人民法院经济审判庭,铁路运输、海事等专门法院经济审判庭。从2000年开始,根据最高人民法院的规定,法院庭审机构作了较大调整,其中原经济审判庭的受案范围改为民事审判庭第二庭受理。具体内容有合同纠纷案件、涉外或港澳台经济纠纷案件、农村承包合同纠纷案件、经济损害赔偿纠纷案件、企业破产案件、企业承包合同和企业租赁经营合同纠纷案件等。对于海事法院,我国分别在大连、天津、青岛、上海、宁波、厦门、广州、海口、北海、武汉设立了海事法院,它们与普通中级人民法院同级,二审法院为各海事法院所在地的高级人民法院。海事法院内设海事审判庭和海商审判庭。海事法院受理的案件包括海事侵权纠纷案件、海商合同纠纷案件、共同海损纠纷案件、海事执行案件和海事请求保全案件。

(二)诉讼管辖

诉讼管辖是指人民法院系统内各级法院之间以及同级法院之间受理第一审经济纠纷案件的分工和权限。依法确定案件由哪个人民法院管辖,可以避免人民法院在受理案件时相互推诿,可以使当事人充分、便利、有效地行使诉讼权。根据《民事诉讼法》的规定,经济纠纷案件的管辖完全适用民事诉讼法的规定,诉讼管辖主要有级别管辖、地域管辖、移送管辖和指定管辖。

1. 级别管辖

级别管辖是指确定不同级别人民法院受理第一审经济纠纷案件的分工和权限。我国人民法院设置为基层人民法院、中级人民法院、高级人民法院和最高人民法院四级。确定各级法院的级别管辖可依据被诉主体的隶属关系、诉讼标的金额、案件疑难复杂程度、社会影响大小等因素。基层人民法院管辖大部分的第一审案件;中级人民法院管辖重大涉外案件、在本辖区内有重大影响的案件、最高人民法院确定由中级法院管辖的案件;高级人民法院管辖在本辖区内有重大影响的案件;最高人民法院管辖在全国有重大影响的案件和认为应当由自己审理的案件。

2. 地域管辖

地域管辖是指同级人民法院受理第一经济纠纷案件的分工和权限。它是案件根据级别管

辖确定由哪一级人民法院关系之后,进一步确定由同一级中的哪一个法院管辖的问题。它分为一般地域管辖和特殊地域管辖。

(1)一般地域管辖。

一般地域管辖是指案件应由被告人住所地人民法院管辖。一般地域管辖以由被告住所地法院管辖(即"原告就被告")为主,以由原告住所地法院管辖(即"被告就原告")为辅。被告住所地与经常居住地不一致的,由经常居住地人民法院管辖。同一诉讼的几个被告住所地、经常居住地在两个以上人民法院辖区的,各该人民法院都有管辖权。

(2)特殊地域管辖。

特殊地域管辖是指以诉讼标的所在地、法律事实所在地及被告住所地为标准确定的管辖。根据《民事诉讼法》的规定,特殊地域管辖有以下情形。

①因合同纠纷提起的诉讼,由被告住所地或者合同履行地人民法院管辖。

②因保险合同纠纷提起的诉讼,由被告住所地或者保险标的物所在地人民法院管辖。

③因票据纠纷提起的诉讼,由票据支付地或者被告住所地人民法院管辖。

④因铁路、公路、水上、航空运输和联合运输合同纠纷提起的诉讼,由运输始发地、目的地或者被告住所地人民法院管辖。

⑤因侵权行为提起的诉讼,由侵权行为地或者被告住所地人民法院管辖。

⑥因铁路、公路、水上和航空事故请求损害赔偿提起的诉讼,由事故发生地或者车辆、船舶最先到达地、航空器最先降落地或者被告住所地人民法院管辖。

⑦因船舶碰撞或者其他海事损害事故请求损害赔偿提起的诉讼,由碰撞发生地、碰撞船舶最先到达地、加害船舶被扣留地或者被告住所地人民法院管辖。

⑧因海难救助费用提起的诉讼,由救助地或者被救助船舶最先到达地人民法院管辖。

⑨因共同海损提起的诉讼,由船舶最先到达地、共同海损理算地或者航程终止地的人民法院管辖。

(3)协议管辖。

协议管辖是双方当事人以书面协议自愿达成选择解决其民事、经济纠纷管辖法院。合同的双方当事人可以在书面合同中协商选择被告住所地、合同履行地,合同签订地、原告住所地、标的物所在地人民法院管辖,但不得违反《民事诉讼法》对级别管辖和专属管辖的规定。协议管辖应符合以下条件:必须是第一审合同纠纷案件;只能在被告住所地、合同履行地、合同签订地、原告住所地、标的物所在地的法院中选择一个法院;不得违反民事诉讼法关于级别管辖、专属管辖的规定;必须采用书面形式。

(4)专属管辖。

专属管辖是指对某类特殊的经济纠纷案件,法律强制规定只能由特定的人民法院行使管辖权。专属管辖具有强制性和排他性。对专属管辖的案件,其他任何法院均无管辖权,当事人也不得协议变更管辖法院。根据《民事诉讼法》的规定,专属管辖的种类有:因不动产纠纷提起的诉讼,由不动产所在地人民法院管辖;因港口作业中发生的纠纷提起的诉讼,由港口所在地法院管辖。属于我国法院专属管辖的案件,外国法院无权管辖。

3. 移送管辖

移送管辖是指人民法院发现已受理的案件不属于本法院管辖,依法将案件移送给有管辖权的人民法院审理。

4. 指定管辖

指定管辖是指在特殊情况下或者管辖权发生争议时,上级人民法院指定下级人民法院对某一具体案件行使管辖权。

四、诉讼证据

(一)证据的概念和特点

证据是用来证明案件真实情况的一切事实。证据必须经过查证属实,才能作为判案的根据。证据具有客观性、合法性和关联性的特点。

(二)证据的种类

我国《民事诉讼法》把证据分为以下7种:

(1)书证。以文字、符号、图表表达一定的思想,并且能够证明案件真实情况的证据,称为书证。

(2)物证。以外形、重量、规格、质量、数量等外在特征来证明待证事实的部分或全部的,称为物证。

(3)视听资料。视听资料是用录音、录像带或其他科学方法反映的形象和声音,以及电脑中储存的资料等,来证明案件事实的一种证据。

(4)证人证言。证人向人民法院就案情所做的陈述即证人证言。

(5)当事人的陈述。当事人陈述是指当事人在诉讼中向法院所做的关于案情事实的叙述。

(6)鉴定结论。鉴定结论是指在诉讼中鉴定人员根据人民法院的要求对被鉴定对象通过科学分析所得出的结论。

(7)勘验笔录。勘验笔录是指审判人员对物证或现场进行勘察检验的笔录。

(三)举证责任

举证责任是指当事人对自己提出的主张有责任提供相应的证据予以证明。举证责任包括两个方面的内容:一是谁主张谁举证;二是当举不出证据证明案件事实时,其后果自负。

当事人及其诉讼代理人因客观原因不能自行收集的证据,或者人民法院认为审理案件需要的证据,人民法院应当调查收集。证据由于时过境迁或其他原因,有可能灭失、失真或难以取得,诉讼参加人可以向人民法院申请保全证据,对证据采取措施加以收取和固定,人民法院也可以主动采取保全措施。

五、第一审普通程序

第一审程序是指人民法院审理民事、经济案件时普遍适用的基础程序。包括普通程序和简易程序。普通程序是人民法院审理第一审经济纠纷案件通常适用的程序,包括了审判程序的全部主要内容,是最完整、最系统的审判程序,充分体现了经济诉讼的基本原则和制度,因此具有广泛的适用性特点。简易程序即是第一审普通程序的简化,是基层人民法院及其派出法庭在审理第一审简单的经济纠纷案件时所适用的程序。

第一审普通程序包括以下阶段:

1. 起诉和受理

起诉是公民、法人或其他组织,认为自己的经济权利受到侵犯或与他人发生争议时,以自己的名义,请求人民法院依法审判,给予司法保护的诉讼行为。受理是指人民法院通过审查原告的起诉,认为符合起诉条件,而决定立案审理的诉讼行为。普通程序的开始是起诉与受理两个诉讼行为的结合。起诉是当事人一项重要的诉讼权利,亦是诉讼程序开始的前提,因此,起诉必须符合下列条件:①原告是与本案有直接利害关系的公民、法人和其他组织;②有明确的被告;③有具体的诉讼请求和事实、理由;④属于人民法院受理经济诉讼的范围和受诉人民法院管辖。起诉应当向人民法院递交起诉状,并按照被告人数提出副本。人民法院对起诉状进行审查,认为符合起诉条件的,应当在7日内立案,并通知当事人;对认为不符合起诉条件的,应当在7日内裁定不予受理;原告对裁定不服的,可以提起上诉。

2. 审理前的准备

审理前的准备,是人民法院受理案件后,在开庭审理前,为保证案件顺利开庭审判,依法所做的各项准备工作。人民法院审理前的准备工作主要包括:

(1)人民法院应当在立案之日起5日内将起诉状副本发送被告,被告在收到之日起15日内提出答辩状。被告提出答辩状的,人民法院应当在收到之日起5日内将答辩状副本发送原告。被告不提出答辩状的,不影响人民法院审理案件。被告在提出答辩状的同时,有权提起反诉。

(2)人民法院对决定受理的案件,应当在受理案件通知书和应诉通知书中向当事人告知有关的诉讼权利义务,或者口头告知。

(3)合议庭组成人员确定后,应当在3日内告知当事人。

(4)认真审核诉讼材料,调取收集必要的证据。

(5)通知必要的诉讼参与人参加诉讼。

(6)决定采取诉讼财产保全或先予执行。

财产保全是指人民法院对可能因当事人一方的行为或者其他原因,使判决不能执行或者难以执行的案件,可以根据当事人的申请,作出财产保全的裁定。当事人没有提出申请的,人民法院在必要时也可以裁定采取财产保全措施。财产保全限于请求的范围,或者与本案有关的财物。财产保全采取查封、扣押、冻结或者法律规定的其他方法。财产保全申请有错误的,申请人应当赔偿被申请人因财产保全所遭受的损失。

先予执行,是指人民法院对某些经济纠纷案件作出终审判决前,为解决一方当事人的生活或生产经营的急需,裁定另一方当事人先履行一定的给付义务,并立即交付执行的措施。

3. 开庭审理

开庭审理是指人民法院在当事人和其他诉讼参与人的参加下,全面审查,认定案件事实,并依法作出裁定或调解的活动。开庭审理是第一审普通程序最核心、最主要的诉讼阶段,是审判的中心环节。人民法院审理经济纠纷案件,除涉及国家秘密或者法律另有规定的以外,应当公开进行。涉及商业秘密的案件,当事人申请不公开审理的,可以不公开审理。

开庭3日前人民法院应通知当事人、代理人和其他诉讼参与人。开庭审理一般遵循审理预备、法庭调查、法庭辩论、评议和宣判几个步骤。开庭时,当事人可以辩护、提出新的证据,经法庭许可,可以向证人、鉴定人、勘验人发问;还可要求重新进行调查鉴定或勘验。当事人经人民法院传票传唤,无正当理由拒不到庭或未经法庭许可中途退庭的,若是原告,可按撤诉处理,被告反诉的,可以缺席判决;若是被告,可缺席判决。人民法院宣告判决,不论案件是否公开审理,一律公开进行。宣告判决分为当庭宣判和定期宣判两种。当庭宣判的,应当在10日内送达判决书;定期宣判的,宣判后立即送达判决书。送达判决书时还应告知当事人上诉权利、上诉期限和上诉法院。当事人在判决书送达之日起15日内不上诉的,判决即发生法律效力。

六、第二审程序

第二审程序是指当事人不服第一审人民法院的未生效的判决或者裁定,在法定的期间内向上一级人民法院提出上诉,上一级人民法院对案件进行审理所适用的程序。第二审程序因当事人上诉引起,因而也可称为上诉审程序。上诉是当事人的诉讼行为,上诉权是当事人的重要诉讼权利。同时通过第二审程序可以维护第一审人民法院的正确裁判,或者及时纠正第一审法院的错误,以维护当事人的合法权益,从而实现我国上级人民法院对下级人民法院审判工作的依法监督与指导。

当事人提出上诉必须在法定期限内提出,即判决的上诉期限是判决书送达之日起15日内,裁定的上诉期限是裁定书送达之日起10日内。上诉必须递交上诉状,不能用口头形式。上诉状应当通过原审人民法院提出,并按照对方当事人或者代表人的人数提出副本。当事人直接向第二审人民法院上诉的,第二审人民法院应当在5日内将上诉状移交原审人民法院;原审人民法院收到上诉状,应当在5日内将上诉状副本送达对方当事人,对方当事人在收到之日起15日内提出答辩状。人民法院应当在收到答辩状之日起5日内将副本送达上诉人。对方当事人不提出答辩状的,不影响人民法院审理。原审人民法院收到上诉状、答辩状,应当在5日内连同全部案卷和证据,报送第二审人民法院。

第二审人民法院对上诉案件应当组成合议庭,开庭审理,应当围绕当事人上诉请求的范围进行,当事人没有提出请求的,不予审理。经过阅卷和调查,以及询问当事人,在事实核对清楚后,合议庭认为不需要开庭审理的,也可以径行判决、裁定。

第二审人民法院对上诉案件经过审理,按照下列情形,分别处理。

(1)原判决认定事实清楚,适用法律正确的,判决驳回上诉,维持原判决。

(2)原判决适用法律错误的,依法改判。

(3)原判决认定事实错误,或者原判决认定事实不清、证据不足,裁定撤销原判决,发回原审人民法院重审,或者查清事实后改判。

(4)原判决违反法定程序,可能影响案件正确判决的,裁定撤销原判决,发回原审人民法院重审。当事人对重审案件的判决、裁定,可以上诉。

七、审判监督程序

审判监督程序,是指人民法院发现已发生法律效力的判决、裁定和调解书确有错误,依法决定对案件进行再审的程序。它不是每一个案件必经的审判程序,而是纠正人民法院已发生法律效力的判决、裁定错误的一种补救程序。

审判监督程序的发生有三种情况:

1. 人民法院依审判监督程序决定再审

人民法院对发生法律效力但确有错误的裁判可依法定程序提起再审:

(1)各级法院院长对本院已生效的判决、裁定,发现确有错误,认为需要再审的,应当提交审判委员会讨论决定。

(2)最高人民法院对地方各级人民法院已生效的判决、裁定,上级人民法院对下级人民法院已生效的判决、裁定发现确有错误的,有权提审或指令下级法院再审。

(3)最高人民检察院对各级人民法院已生效的判决、裁定,上级人民检察院对下级法院已生效的判决、裁定,发现有《民事诉讼法》第一百七十九条情形之一的,应当提出抗诉。对人民检察院抗诉的案件,人民法院应当再审。

2. 当事人申请再审

当事人对已生效的判决、裁定,认为有错误的,可依法向上一级人民法院申请再审,但不停止原判决、裁定的执行。当事人对已经发生法律效力的调解书,提出证据证明调解违反自愿原则或者调解协议的内容违反法律的,可以申请再审,经人民法院审查属实的,应当再审。根据《民事诉讼法》第一百七十九条之规定,当事人的申请符合下列情形之一的,人民法院应当再审:

(1)有新的证据足以推翻原判决、裁定的;

(2)原判决、裁定认定的事实缺乏证据证明的;

(3)原判决、裁定认定事实的主要证据是伪造的;

(4)原判决、裁定认定事实的主要证据未经质证的;

(5)对审理案件需要的证据,当事人因客观原因不能自行收集,书面申请人民法院调查收集,人民法院未调查收集的;

(6)原判决、裁定适用法律确有错误的;

(7)违反法律规定,管辖错误的;

(8)审判组织的组成不合法或者依法应当回避的审判人员没有回避的;

(9)无诉讼行为能力人未经法定代理人代为诉讼或者应当参加诉讼的当事人,因不能归责于本人或者其诉讼代理人的事由,未参加诉讼的;

(10)违反法律规定,剥夺当事人辩论权利的;

(11)未经传票传唤,缺席判决的;

(12)原判决、裁定遗漏或者超出诉讼请求的;

(13)据以作出原判决、裁定的法律文书被撤销或者变更的;

对违反法定程序可能影响案件正确判决、裁定的情形,或者审判人员在审理该案件时有贪污受贿、徇私舞弊、枉法裁判行为的,人民法院应当再审。

当事人申请再审,应当在判决、裁定发生法律效力后2年内提出;2年后据以作出原判决、裁定的法律文书被撤销或者变更,以及发现审判人员在审理该案件时有贪污受贿、徇私舞弊、枉法裁判行为的,自知道或者应当知道之日起3个月内提出。

3. 人民检察院抗诉提起的再审

抗诉是指人民检察院对人民法院已经生效的判决、裁定,发现确有错误的,要求人民法院再行审理以纠正其错误的诉讼程序。抗诉是人民检察院依法行使对审判的监督权,维护司法公正。对人民检察院依法提出的抗诉案件,人民法院必须再审。人民法院依审判监督程序决定再审的案件,应裁定中止原判决的执行,并另行组成合议庭审理案件。人民法院按照审判监督程序再审的案件,发生法律效力的判决、裁定是由第一审法院做出的,按照第二审程序审理,所做的判决、裁定,当事人可以上诉;发生法律效力的判决、裁定是由第二审法院做出的,按照第二审程序审理,所做的判决、裁定,是发生法律效力的判决、裁定。上级人民法院按照审判监督程序提审的,按照第二审程序审理,所做的判决、裁定是发生法律效力的判决、裁定。

八、督促程序

督促程序,是指人民法院根据债权人给付金钱和有价证券的申请,以支付令的形式,催促债务人限期履行义务,如债务人不履行债务也不提出异议,支付令即发生法律效力的程序的特殊程序。它是一种用简便、快捷方式解决债务纠纷的程序,它不需要开庭,不需要传唤债务人,不需要进行大量的调查取证,只就债权人提供的事实和证据,即可发出支付令,督促债务人清偿债务。非常适合社会主义市场经济快速流转的需要。

督促程序的适用必须符合以下条件:

(1)督促程序的标的必须是具有给付内容的金钱和汇票、本票、支票以及股票、债券、国库券、可转让的存款单等有价证券;

(2)申请人的请求必须没有对等给付的义务,即债权人与债务人无其他债务纠纷;

(3)请求给付的金钱或者有价证券已到期且数额确定,并写明了所根据的事实、证据的;

(4)支付令必须能够送达债务人;

(5)必须向有管辖权的基层人民法院书面申请支付令。

债权人提出申请后,法院应当在5日内通知债权人是否受理。法院受理后,经审查认为债权、债务关系明确、合法的,应在受理之日起15日内向债务人发出支付令;申请不成立的,法院应裁定驳回。债务人自收到支付令之日起15日内清偿债务,或向法院提出书面异议。若债务人在法定期限内提出书面异议,法院应裁定终结督促程序,支付令自动失效,债权人可依普通程序向人民法院起诉;若债务人逾期不提异议又不履行支付义务的,债权人可向人民法院申请强制执行。督促程序终结后,债权人可以向有管辖权的人民法院提起诉讼,通过诉讼方式实现自己的债权。

九、公示催告程序

公示催告程序是指人民法院根据失去票据的当事人的申请,以公告的方法催促不明确的利害关系人在一定期间内申报权利,如不申报,则判决宣告票据无效的程序。这是对票据权利人丧失票据后进行补救的一种程序。票据一旦丧失,则票据权利人不能依票据主张权利,其票据上的权利还有可能被他人冒领,损害票据权利人的利益。适用公示催告程序,票据权利人则可以通过人民法院的除权判决重新获得票据上的权利,从而使票据权利人的合法权益不受损害。公示催告程序对保护票据关系的合法权益、保障票据的正常使用和流通、促进社会主义市场经济的发展,具有重要意义。

公示催告程序只适用于可以背书转让的票据或法律规定的其他事项,当事人一方必须处于不明的状态。申请公示催告的条件是:

(1)必须是可以背书转让的票据或其他事项;

(2)必须是基于票据遗失、灭失或被盗;

(3)申请人是票据丧失前的最后持票人;

(4)应向票据支付地基层人民法院提交申请书。申请书的内容应包括:票据种类、票面金额、发票人、持票人、背书人等票据的主要内容及申请的事实和理由。

人民法院在决定受理申请的同时,应通知支付人停止支付。对该票据负有支付义务的支付人,收到支付通知后,不得向票据持有人再行支付,直至公示催告程序终结。人民法院受理申请后,还应当在3日内发出公告,催促利害关系人申报权利。申报权利的期间由法院指定,但不得少于60日。利害关系人在此期间申报权利的,人民法院应当通知其向法院出示票据,并通知公示催告申请人在指定的期间查看票据。申请公示催告的票据与利害关系人出示的票据不一致的,应裁定驳回申报。如公示催告的票据与申报人出示的票据相同的,人民法院应裁定终结公示催告程序。申请人和申报人如果对票据有实体上的争议,可以向有管辖权的人民法院起诉,按照普通程序解决。如果在公告期间无人申报权利,或者申报被驳回的,公示催告申请人应自申报权利期间届满的次日起1个月内,申请人民法院作出除权判决,逾期不申请的,终结公示催告程序。除权判决生效后,申请人有权持判决书向支付人请求付款。

十、执行程序

执行程序,是指人民法院执行组织进行执行活动和申请执行人、被执行人以及协助执行人进行执行活动必须遵守的程序。执行程序是审判程序完成之后的一个独立的程序,但不是审判程序完成之后的必经程序。我国人民法院实行审执分离制度,人民法院设立专门负责执行工作的执行机构,执行工作由执行员负责。

人民法院强制执行所依据的具有给付内容的生效法律文书有:人民法院制作的判决书、裁定书、调解书、支付令;仲裁机构制作的裁决书;公证机关制作的具有强制执行效力的债权文书等。

当事人申请执行的期间为2年。申请执行时效的中止、中断,适用法律有关诉讼时效中止、中断的规定。

根据《民事诉讼法》第二百一十七条至第二百三十一条的规定,人民法院的执行措施有以下内容:

(1)报告当前以及收到执行通知之日前1年的财产情况;
(2)查询、冻结、划拨被执行人的存款;
(3)扣留、提取被执行人的收入;
(4)查封、扣押、冻结、拍卖、变卖被执行人的财产;
(5)搜查被执行人隐匿的财产;
(6)强制被执行人迁出房屋或退出土地;
(7)强制被执行人交付法律文书指定的财物或票证;
(8)强制转移有关财产证照;
(9)强制被执行人完成法律文书指定的行为;
(10)强制被执行人支付迟延履行期间的利息或迟延履行金。

十一、案例评析示例

1.案情

某省甲县与乙、丙、丁、戊四县相邻。2003年5月3日,甲县纸品加工厂与乙县饮料厂在乙县签订一饮料软包装的加工承揽合同。合同中约定:"运输方式采用纸品加工厂代办托运;履行地点为纸品加工厂在丙县的仓库。""发生纠纷的解决方式为:双方可以申请在丁县的仲裁委员会仲裁,也可以向乙县或丁县的人民法院起诉。"合同签订后,纸品加工厂即在其设于戊县的分厂进行加工,并且在戊县车站就近发货。饮料厂收到货物后立即投入使用。

但因饮料软包装的质量不合格,造成饮料厂的饮料变酸甚至有些发臭,损失近10万元。纸品加工厂虽与饮料厂几经协商,但未能达成协议。饮料厂法定代表人朱厂长找到某律师事务所咨询,并且提出必须在乙县法院打官司。

分析本案中:

(1)甲县法院是否有管辖权?为什么?

(2)乙县法院是否有管辖权?为什么?

(3)丙县法院是否有管辖权?为什么?

(4)丁县法院是否有管辖权?为什么?

(5)根据我国法律规定,此案应通过仲裁解决还是诉讼解决?为什么?

2. 处理结果

(1)甲县法院有管辖权。(2)乙县法院无管辖权。(3)丙县法院有管辖权。(4)丁县法院没有管辖权。(5)此纠纷应当通过诉讼解决。

3. 评析

(1)甲县法院有管辖权。从本案案情来看,虽然在加工承揽合同中双方当事人约定可以向乙县和丁县人民法院起诉,但由于其约定的两个管辖法院,不符合《民事诉讼法》关于协议管辖选择的法院应是确定的、唯一之规定,因此该协议管辖的条款无效。甲县为被告住所地,依民事诉讼法之规定,甲县法院对本案有管辖权。(2)乙县法院无管辖权。本案中双方当事人达成的协议管辖条款不具有法律效力,因此即使乙县是合同签订地,该县法院也无管辖权。(3)丙县法院有管辖权。因为合同中的协议管辖条款无效,同时,《民事诉讼法》第二十四条规定:"因合同纠纷提起的诉讼,由被告住所地或者合同履行地人民法院管辖"。本案中,丙县为合同履行地,因此丙县法院有管辖权。(4)丁县法院没有管辖权。《民事诉讼法》第二十五条规定:"合同的双方当事人可以在书面合同中协议选择被告住所地、合同履行地、合同签订地、原告住所地、标的物所在地人民法院管辖,但不得违反本法对级别管辖和专属管辖的规定。"本案中,丁县既非被告住所地或合同履行地,也非合同签订地、原告住所地、标的物所在地,与合同无任何联系,因此合同中协议选择丁县法院管辖是不符合我国法律规定的,因此丁县法院没有管辖权。(5)此纠纷应当通过诉讼解决。因为《仲裁法》第十条规定:"仲裁委员会可以在直辖市和省、自治区人民政府所在地的市设立,不按行政区划层层建立。"因此,在我国县一级不设立仲裁委员会,合同中丁县的仲裁委员会是根本不存在的,故本案只能通过诉讼解决。

本章案例导读解析

1. 法庭不得口头判决,应制作判决书。

2. 判决书送达时间过长,应在10天之内送达。

3. 扣押时应有不少于2人在场,且应为完全民事行为能力人。扣押应出具相关证件。
4. 宋涛无权私自处理运输车。

复习思考题

1. 我国解决经济纠纷的方式有哪几种?
2. 仲裁协议应具备哪些内容?
3. 仲裁的基本原则是什么?
4. 起诉应具备什么条件?
5. 民事诉讼的强制措施有哪些?
6. 仲裁开庭有哪些程序?
7. 民事诉讼有哪些程序?
8. 强制执行措施有哪些种类?
9. 经济诉讼的管辖有哪些类型?
10. 公示催告和督促程序的适用条件?

参考文献

[1] 郭海霞. 经济法[M]. 北京:电子工业出版社,2010.
[2] 陈亚平,满广富. 经济法实用教程[M]. 北京:北京大学出版社,2008.
[3] 张树兴. 经济法概论[M]. 北京:电子工业出版社,2009.
[4] 钱晓英. 经济法概论[M]. 北京:电子工业出版社,2010.
[5] 张建斌. 经济法[M]. 北京:电子工业出版社,2009.
[6] 牛慧,银福成. 经济法[M]. 北京:经济科学出版社,2010.
[7] 曲振涛. 经济法教程[M]. 北京:高等教育出版社,2010.
[8] 史际春,邓峰. 经济法总论[M]. 北京:法律出版社,2008.
[9] 刘天善,张力. 经济法教程[M]. 北京:清华大学出版社,2008.
[10] 王瑜. 经济法原理与实务[M]. 北京:化学工业出版社,2009.
[11] 魏振瀛. 民法[M]. 北京:高等教育出版社,2000.
[12] 谭要,夏红军. 经济法[M]. 长沙:湖南人民出版社,2007.
[13] 张建斌. 经济法[M]. 北京:北京理工大学出版社,2006.
[14] 侯怀霞. 经济法学[M]. 北京:北京大学出版社,2003.
[15] 杨紫烜. 经济法[M]. 北京:高等教育出版社,2001.
[16] 财政部注册会计师考试委员会办公室. 经济法[M]. 北京:经济科学出版社,2004.
[17] 王利明,房绍坤,王轶. 合同法[M]. 北京:中国人民大学出版社,2007.
[18] 隋彭生. 合同法[M]. 北京:九州出版社,2004.
[19] 郭明瑞,张平华. 合同法学案例教程[M]. 北京:知识产权出版社,2003.
[20] 王丽萍. 经济法[M]. 重庆:西南财经大学出版社,2006.
[21] 孙艺军. 经济法考点扫面及练习题库[M]. 北京:北京大学出版社,2009.
[22] 隋彭生. 合同法案例教程[M]. 北京:中国法制出版社,2003.
[23] 崔明霞. 合同法[M]. 武汉:武汉大学出版社,2010.
[25] 李永军. 合同法案例[M]. 北京:中国人民大学出版社,2005.
[26] 贵立义,林清高. 经济法概论[M]. 大连:东北财经大学出版社,2007.
[27] 赵大利. 经济法概论[M]. 北京:电子工业出版社,2007.
[28] 教学辅导中心/组. 公司法配套测试[M]. 北京:中国法制出版社,2007.
[29] 贵立义,林清高. 经济法概论[M]. 北京:东北财经大学出版社,2007.

[30] 韩雪琴.经济法概论[M].北京:东北财经大学出版社,2007.
[31] 韩雪琴.经济法概论学习指导[M].北京:东北财经大学出版社,2008.
[32] 王丽萍.经济法课程随堂练习[M].成都:西南财经大学出版社,2006.
[33] 华本良.经济法概论习题与解答[M].大连:东北财经大学出版社,2007.

读者反馈表

尊敬的读者:

您好!感谢您多年来对哈尔滨工业大学出版社的支持与厚爱!为了更好地满足您的需要,提供更好的服务,希望您对本书提出宝贵意见,将下表填好后,寄回我社或登录我社网站(http://hitpress.hit.edu.cn)进行填写。谢谢!您可享有的权益:

☆ 免费获得我社的最新图书书目　　☆ 可参加不定期的促销活动
☆ 解答阅读中遇到的问题　　　　　☆ 购买此系列图书可优惠

读者信息
姓名_____ □先生 □女士　　年龄_____　学历_____
工作单位_____ 职务_____
E-mail _____ 邮编_____
通讯地址_____
购书名称_____ 购书地点_____

1. 您对本书的评价
   内容质量　□很好　　　□较好　　□一般　　□较差
   封面设计　□很好　　　□一般　　□较差
   编排　　　□利于阅读　□一般　　□较差
   本书定价　□偏高　　　□合适　　□偏低

2. 在您获取专业知识和专业信息的主要渠道中,排在前三位的是:
   ①_____　　②_____　　③_____
   A. 网络 B. 期刊 C. 图书 D. 报纸 E. 电视 F. 会议 G. 内部交流 H. 其他:_____

3. 您认为编写最好的专业图书(国内外)

书名	著作者	出版社	出版日期	定价

4. 您是否愿意与我们合作,参与编写、编译、翻译图书?
   _____

5. 您还需要阅读哪些图书?
   _____

网址:http://hitpress.hit.edu.cn
技术支持与课件下载:网站课件下载区
服务邮箱 wenbinzh@hit.edu.cn　duyanwell@163.com
邮购电话 0451-86281013　　0451-86418760
组稿编辑及联系方式　赵文斌(0451-86281226)　杜燕(0451-86281408)
回寄地址:黑龙江省哈尔滨市南岗区复华四道街10号　哈尔滨工业大学出版社
邮编:150006　传真 0451-86414049